卓越教师教育精品丛书
学科教学设计与案例研究系列

中学地理教学设计与案例研究

主　编　李家清
副主编　户清丽　黄莉敏
参　编　（按姓氏笔画排序）
龙　泉　冯士季　李文田
张胜前　赫兴无

科学出版社
北　京

内 容 简 介

本书是“卓越教师教育精品丛书·学科教学设计与案例研究系列”中的一本。全书共10章，分别是理念引领：地理教学设计与案例分析的架构；迈出藩篱：地理教学系统与地理教学设计；遵循规律：地理教学设计的理论基础；审慎规划：地理教学设计及其基本架构；厘定方向：地理教学目标设计；生本取向：地理教学方法设计；注重组合：地理教学媒体设计；系统优化：地理教学过程设计；关注差异：地理基础知识的教学设计；多元取向：地理教学评价设计。

本书能为地理课程与教学论研究生、免费师范生攻读教育硕士、中学地理教师学习和研究地理教学设计打下坚实的基础，也可供地理教育理论工作者和教研人员参考。

图书在版编目（CIP）数据

中学地理教学设计与案例研究/李家清主编．—北京：科学出版社，2012
（卓越教师教育精品丛书·学科教学设计与案例研究系列）

ISBN 978-7-03-034928-6

Ⅰ．①中…　Ⅱ．①李…　Ⅲ．①中学地理课－教学设计　Ⅳ．①G633.552

中国版本图书馆CIP数据核字（2012）第131695号

责任编辑：胡云志　任俊红　刘志巧／责任校对：邹慧卿
责任印制：张　伟　／封面设计：华路天然工作室

科学出版社出版
北京东黄城根北街16号
邮政编码：100717
http://www.sciencep.com
北京虎彩文化传播有限公司印刷
科学出版社发行　各地新华书店经销
*
2012年7月第　一　版　　开本：787×1092　1/16
2023年8月第九次印刷　　印张：21
字数：541 000

定价：59.00元

（如有印装质量问题，我社负责调换）

本丛书获得华中师范大学国家教师教育创新平台
教师教育理论创新与实践研究项目资助

前　言

党的二十大报告明确提出“培养高素质教师队伍”，“加强教材建设和管理”。华中师范大学作为培养高素质教师队伍的主要高校之一，历来重视对教材的建设。本书在教师教育发展的新背景下编写出版，它契合了教育部颁布的研究生培养计划中的课程方案，也是实践《教师教育课程标准（实验）》的重要举措。

本教材编写的特点和独到之处体现在：建构新的理论框架、创新教学内容、注重实证研究、突出自主学习等方面。

建构新的理论框架。编写研究生《中学地理教学设计与案例研究》教材在我国尚属首次。本书编写所建构的地理教学设计与案例研究的架构、地理教学系统与地理教学设计、地理教学设计的理论基础、地理教学设计及其基本架构、地理教学目标设计、地理教学方法设计、地理教学媒体设计、地理教学过程设计、地理基础知识的教学设计和地理教学评价设计10个篇章所组成教材的体系，首次展现《中学地理教学设计与案例研究》的理论框架，具有创新性，既系统地反映了地理教学设计的理论前沿，最新进展，又紧密联系了新课程地理教学设计实践，能为学习者提供地理教学设计方面的新经验和理论成果。

创新教学内容。本教材的编写中体现了内容创新性。《中学地理教学设计与案例研究》作为研究生课程教材，需要为学习者提供丰富的课程资源。本教材在编写中查阅、搜集了地理新课程改革以来大量的文献信息，在整理、比较、甄别的基础上，充分吸纳了在地理新课程改革教学设计实践中涌现出来的诸多典型案例、鲜活做法、实践经验、差异性设计、同课异构等内容，使教材内容不仅具有丰富性、现实性，而且对地理新课程改革实践中的教学设计素材进行经验总结和理论提升，创新了教学内容，体现了继承性、发展性和创新性。

注重实证研究。本教材在编写中十分注意实证研究。因为“教育理论是一种独特努力的产物，这种努力是要去获得教育实践的理智而深沉的理解；这种理解涉及方方面面，既有课程的，也有制度的；既有经验的，也有评价的……（郑金洲，2007）”本教材涉及地理教学设计的基本理论，在编写中运用例-规法、规-例法，对教学设计的基本理念、原则、策略进行了深度诠释和博引互证；教材中所呈现的100多个新课程实践的典型案例，通过以理及案，以案析理方式解读、延伸和拓展，旨在帮助学习者将理论学习与教学实践紧密结合，提高学习效能，也意在为学习者提供地理教学设计实践中可以参考的范式。

突出自主学习。教材提出的基于文本课程的学习方法，基于典型案例的学习方法和基于网络环境的学习方法和基于教学实践与反思的学习方法，能为学习者自主学习提供指导。

在研究中学习，在学习中研究，这是研究生学习方式的主要特点，也是在职教师学习的主要形式。本教材在编写中力图突出学习自主性，努力实践“由‘教材’向‘学材’的转型”。本教材的编写不仅从知识与技能、过程与方法、情感、态度与价值观的三维视角提出了本课程教材的学习目标，为学习者提供学习方向的指引和进行自我评价的参照，而且按章节设计提供了学习目标关键词、案例研究、随堂讨论、资料卡片、复习与思考、拓展资源等学习栏目，为学习者自主学习，开展地理教学设计与案例研究创设了多种条件。

本书经过编著者的辛勤努力，在编写理念、内容建构、方法体系、案例选择、实践总结和体例设计等方面均有较大的发展和创新突破，能作为研究生“地理教学设计与案例研究”课程的教材和重要的学习资源，能成为优秀地理教师成长的“良师益友”。

本书的编著者既有在地理课程与教学论领域从事教学和科研工作，多年指导和培养研究生的老教师，也有近年来活跃在我国地理教学论领域，颇有影响的青年学者。本书的编写分工是：华中师范大学李家清，第 1 章，理念引领：地理教学设计与案例研究的架构；第 2 章，迈出藩篱：地理教学系统与地理教学设计；广西师范学院张胜前，第 3 章，遵循规律：地理教学设计的理论基础；河南信阳师范学院李文田，第 4 章，审慎规划：地理教学设计及其基本架构；第 8 章，系统优化：地理教学过程设计；湖北咸宁学院黄莉敏，第 5 章，厘定方向：地理教学目标设计；第 9 章，关注差异：地理基础知识的教学设计；华中师范大学户清丽，第 6 章，生本取向：地理教学方法设计；河南新乡学院赫兴无，第 7 章，注重组合：地理教学媒体设计；广西师范大学冯士季，第 10 章，多元取向：地理教学评价设计。华中师范大学户清丽、冯士季、龙泉参与统稿，全书由李家清审稿、定稿。

本书是教育部 985 教师教育创新平台华中师范大学教师教育理论创新与实践重大项目“教师教育课程创新与教学改革研究”子课题“文科教学论教学改革研究”项目成果（编号：985ZB0403）和湖北省教育科学“十一五”规划课题“新时期高师地理教师教育课程体系重构与实践”项目成果（编号：2009B067）。

由于本书的编写过程时间紧促，加上编写者的学识局限，本书可能存在诸多不足之处，敬请读者和同仁提出宝贵意见。

在本书付梓之际，感谢华中师范大学教师教育学院诸位领导的策划和支持，感谢科学出版社编审人员的辛勤付出。

华中师范大学城市与环境科学学院
李家清　教授　博士生导师
2012 年 2 月
2023 年 8 月修改

目　录

第 1 章 理念引领：地理教学设计与案例研究的架构

学习目标

1. 能简述“地理教学设计与案例研究”的组成内容，并解释其逻辑关系。
2. 能举例说明“地理教学设计与案例研究”的学习目标，并解释其对地理教学实践的意义。
3. 能结合中学地理教学“课例”，说明“地理教学设计与案例研究的学习方法”的指导价值。
4. 以《中学教师专业标准（试行）》为指导，说明“地理教学设计与案例研究”对地理教师专业成长的意义。

1.1 地理教学设计与案例研究的内容简介

关键词 地理教学设计；基本理论；基本方法；实践能力

地理教师最基本的工作是地理教学。“学校教学都是有目的和有计划进行的。通俗地说，在教学活动之前，教师或其他专业人员对与教学活动有关的目标、内容、过程、方法、媒体等的预先筹划和安排都可以称为教学设计。教学设计是教师日常工作的一部分”。[①] 地理教学是一个有目的的动态过程。地理教学的实践需要教学设计。地理教学设计是实现有效地理教学的基本保障。

启动于21世纪初的基础教育地理教材改革是我国地理教育发展的里程碑。地理新教材在教材理念、教材目标、教学内容、教学方法等方面提出了更新更高的要求。与以往的地理教材相比，新教材环境发生了很大变化。学习地理教学设计的基本理论，掌握地理教学设计的基本方法，提高地理教学设计的实践能力，是地理教师专业成长的需要，也是推进新教材改革实践的需要。

资料卡片 1-1

教学设计在我国的发展

从1974年加涅的《教学设计原理》一书问世算起，现代教学设计已有30多年的历史。我国学者对这一领域关注得很少。浙江大学教育系的盛群力和李志强合作编著的《现代教学设计》一书对现代教学设计在中国的研究情况做了较全面忠实的回顾，指出：“我国对教学设计的研究起步较迟。在20世纪90年代中期以前的教育学、教学论和教育心理学著作、教科书中几乎看不到有关教学设计方面的论述。在人们眼里，教学设计大体相当于课时计划（教案设计），教育理论工作者无暇也无需过多予以关注。”

摘自：皮连生，刘杰．现代教学设计．北京：首都师范大学出版社，2005：12

---

① 皮连生，刘杰．现代教学设计．北京：首都师范大学出版社，2005：1.

《中学地理教学设计与案例研究》是研究生"地理教学设计与案例研究"课程的配套教材。

本书的主旨是以指导地理教师专业成长为导向，以地理教学设计与案例研究的理论学习与实践并重为基本原则，帮助学习者熟悉我国地理教学设计的发展历程，了解国际地理教学设计的发展趋势，深刻理解地理教学设计的基本概念，深入分析影响地理教学设计的基本要素，全面认识地理教学系统的基本特征，并能结合地理教学熟练地进行地理教学设计实践。

本书的基本内容包括以下单元：地理教学设计与案例研究的架构；地理教学系统与地理教学设计；地理教学设计的理论基础；地理基础知识的教学设计；地理教学设计及其基本架构；地理教学目标设计；地理教学方法设计；地理教学媒体设计；地理教学过程设计和地理教学评价设计，如图 1-1 所示。

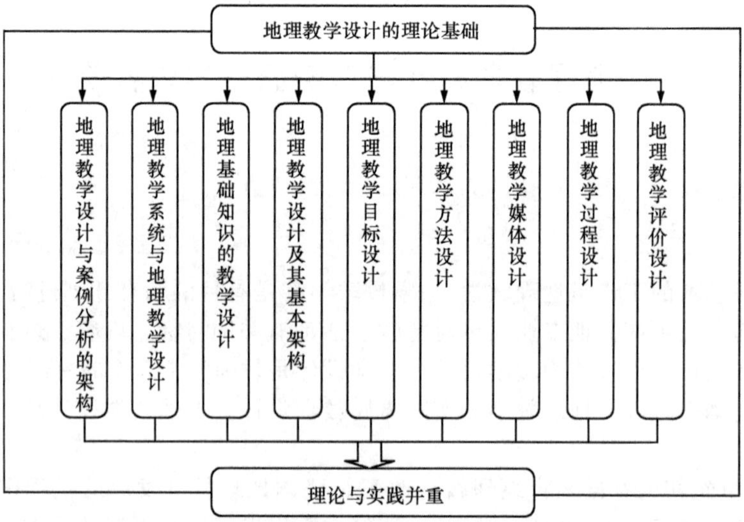

图 1-1 地理教学设计与案例研究内容框架

1.1.1 地理教学设计与案例研究的架构单元

地理教学设计与案例研究的架构的目的是阐释本书编写的基本思路、基本结构，为《中学地理教学设计与案例研究》教材学习提出框架概念，为学习者有序学习、自主选择学习提供参考；从地理教学设计与案例研究的知识目标、能力目标和价值观念三个维度，提出了学习本教材的基本目标，为学习者认识地理教学设计的功能与特点，领会地理教学设计的多种联系，解释地理教学设计的教学意义，实践地理教学设计的教学过程，树立新理念下的地理教学设计理念，进行新教材地理教学实践提供基础；从基于文本教材的学习方法、基于典型案例的学习方法、基于网络环境的学习方法和基于教学实践与反思的学习方法等四个方面提出了地理教学设计与案例研究学习方法建议。其中，基于文本教材的学习方法包括系统分析的学习方法和专题分析的学习方法；基于典型案例的学习方法包括"以理析案"的学习方法、"以案及理"的学习方法和"案例优化"的学习方法；基于网络环境的学习方法包括网络环境的自主学习方法和网络环境的交互学习方法；基于教学反思性学习方法包括基于实验教学的反思性学习方法和基于教学实践的反思性学习方法。

1.1.2　地理教学系统与地理教学设计单元

“教学系统（instructional system）是由一定数量的相互联系的组成部分（如教师、学生、教学内容、教学媒体、教学方法与教学环境等）有机结合起来具有某种教学功能的综合体。教学系统有不同的层次，一个学校的全部教材设置计划、一门具体的教材、一个教学单元等，都可以看成不同层次的教学系统”。①

地理教学系统是学校教学系统的组成，是学校教学系统的子系统。地理教学系统是由地理教学目标、学生、教师、教学内容、教学方法、教学媒体和教学反馈等因素构成。地理教学是地理教材的实施过程，是学生在地理教师有目的、有计划的指导下，积极主动地掌握系统的地理基础知识和基本技能、过程与方法，形成一定的地理态度、情感和价值观的过程。

地理教学系统与地理教学设计单元，阐释地理教学系统组成的每个要素的基本含义及其基本特点，说明发挥每个要素主要功能的基本方式和路径，论述地理教学系统具有灰色系统、运动系统、生命系统等基本特征，说明其主要功能和教学意义，为合理进行地理教学设计提供思想支持。

1.1.3　地理教学设计的理论基础单元

没有地理教学设计，就不可能做到地理教学的优化。而只有掌握先进的教学思想理念，掌握了地理教学设计的方法与技能，才可能使地理教学设计最优化。“新教材实施后，很多教师说：“新教材理念好，但没有告诉我们怎么做。”实施新教材，归根到底是发展先进的教育文化，使科学先进的教育理论与实践融为一体。“怎样教”还是要通过深入学习先进的科学理论去解决。强调学习现代教学设计，不仅因为它是理论联系实际，最有助于解决“怎样教”的环节，更因为它是现代教育理论中直接建立在现代学习论和教学论基础上，融合了教育理论与实践的技术性学科”。②

《中学地理教学设计与案例研究》拟在新教材理论的背景下，以系统科学理论、地理教学理论、传播理论和现代学习理论为理论基础，针对传统地理教学的不足乃至弊端，特别是针对传统地理教学备课中的主要问题，研究和讨论出一种符合新教材理念要求，“满足学生不同的地理学习需要”，分析和解决地理教学问题的教学设计。

地理教学设计的理论基础单元，阐释系统科学理论、地理教学理论、传播理论和现代学习理论的基本理论，并结合地理教学设计的案例，说明这些基本理论对地理教学设计的指导意义、指导价值和方法策略。

1.1.4　地理教学设计及其基本架构单元

地理教学设计是一个有目的的活动，也是地理教师在一定的教学思想指导下，对教师、学生、教学内容、教学媒体、教学方法、教学环境在教学活动中进行的系统安排。但不同的教学思想对不同要素的安排、设计是不同的。基于“以教为主”的教学思想，在教学设计的过程中，会突出教师在教学中的地位；基于“以学为主”的教学思想会突出学生在教学中的地位。

地理教学设计的基本架构单元内容主要包括在深入讨论教学设计基本特征的基础上，分别介绍国外迪克-凯里、加涅、史密斯和瑞根，国内邵瑞珍和皮连生等不同学者、流派基于

---

① 皮连生．教学设计——心理学的理论与技术．北京：高等教育出版社，2000：11.

② 皮连生．教学设计——心理学的理论与技术．北京：高等教育出版社，2003：3.

教学理论、学习理论、系统理论、传播理论等不同观念取向或理论指导下的教学设计基本架构和流程，阐述地理教学设计的基本框架和流程，分述教学设计框架、流程中各要素的主要功能与教学意义。

1.1.5 地理教学目标设计单元

地理教学活动总是有目的的活动。没有目的的地理教学活动是不存在的。地理教学目标是对教学结束时的预期行为结果的一种表达。地理教学过程中的一切活动是为实现地理教学目标进行的。从这个意义上看，地理教学目标具有指向、激励、整合、评价等功能。由于不同的学生具有不同的学习基础，学习能力和学习动机也会存在一定差异，教学目标还具有满足不同学习需要的特性。

地理教学目标设计单元的内容主要有三个部分，即：结合案例阐述地理教学目标的基本功能及主要特征，包括地理教学目标功能、目标分类、教学目标特征、教学目标的“三个维度”；地理教学目标设计与案例研究，包括教学目标设计原则、教学目标编制准备、行为目标陈述法、“内外结合”法、表现性目标陈述法、三种技术相结合法；地理教学目标差异性设计与案例研究，包括学生个体差异性、教学目标差异性、梯度式设计策略、激励式设计策略等。

1.1.6 地理基础知识的教学设计单元

教材中的“知识为教学活动提供认识基础，知识是能力、品格、方法的凝结物”。[①] 在教学过程中，要“以知识为基础，能力为中心，品格为保证，方法为手段”。[②] 可见，地理基础知识的教学设计质量关乎地理教学“三维目标”的实现程度。中学地理教材的基本知识主要包括自然地理基础知识、人文地理基础知识和区域地理基础知识。

地理基础知识的教学设计单元内容主要有：自然地理基础知识的教学设计与案例研究、人文地理基础知识的教学设计与案例研究和区域地理基础知识的教学设计与案例研究。自然地理基础知识的教学设计与案例研究，包括自然地理基础知识的特性，即地域结构宏观性、时空组合宽广性，主要教学方法设计有地理实验法、变式练习法、规-例法等；人文地理基础知识的教学设计与案例研究，包括人文地理基础知识特性，即近域-生活性、理论-应用性等特性，主要教学方法设计有例-规法、探究教学等；区域地理基础知识的教学设计与案例研究，包括目标设计、主导教学策略设计和地理策略性知识的教学设计等。

案例 1-1

自然地理教学课题与人文地理教学课题教学过程设计比较

——以高中地理《天气和气候》与《农业的区位选择》为例

案例 1

《天气和气候》教学过程设计

一、天气和气候概念的关系

天气和气候关系图（板画）

天气和气候既有联系又有区别。内在联系是……二者的区别是：①形成系统不同……②时间尺度不同……③稳定性不同……

---

①，② 尚凤祥．现代教学价值体系论．北京：教育科学出版社，1996：37.

二、影响天气的因素：气团、锋（板书）

1. 一般特征比较（板书）

气团与锋差异性总结：①气团范围广大；②气团大气性质均匀；③气团控制的天气单调。

（投影仪出示）天气系统特征比较表

[提问] 为什么气团与高压系统伴生？锋为什么存在于低压系统中？

原因：气团形成需要稳定的环流条件……如亚洲高压……

2. 影响我国天气的主要气团（板书）

我国大部分处于中纬地区，冷暖空气交汇频繁，缺少气团形成的环流条件，同时地表性质复杂，也很少有大范围均匀的下垫面作为气团的原地。因而活动在我国境内的气团，大多是从其他地区移来的变性气团，其中最主要的是极地大陆气团、热带海洋气团和赤道气团。

（投影仪出示）影响我国天气的气团小结表格

3. 锋的形成与天气（板书）①成因分类；②课堂练习小结（投影仪显示二表）——根据两种图例进行比较填表、比较两种准静止锋的特点。

三、形成气候的因素（板书）

气候因素包括太阳辐射、大气环流和下垫面状况……

1. 太阳辐射：最基本因素（板书）（投影仪显示：太阳辐射在各温度带间热量变化。）

2. 大气环流（板书）

大气环流对气候形成起着直接的控制作用……

例如，纬度 30°～60°亚欧大陆东西部气候类型分布图式受环流形式影响显著。

（投影仪显示）

由于环流形势的季节变化，造成亚欧大陆东西部气候类型及特点截然不同。东部：海陆热力性质对比明显，形成季风环流。冬季……夏季……冬夏季风的更替，使得东部冬季寒冷干燥，夏季暖湿多雨，属季风气候类型。西部：40°N 以北，……30°～40°N 西岸……夏季副热带高压北移控制该区，干热少雨，属冬雨夏干的地中海式气候。

结论：同一纬度而地理位置不同的地区，由于环流形势不同，气候类型差别悬殊（板书）。

3. 下垫面状况（板书）

1）海陆分布与气候（板书）

海洋和陆地作为大气的下垫面，通过热力和动力作用来影响大气，改变大气的水热状况，影响环流的强弱，造成海陆间的气候差别。

[提问] 海陆物理性质差异对气候的哪些要素影响最明显？

归纳：海陆物理性质的不同，导致海陆气温的显著差异……

（投影仪出示）教材“大陆性气候与海洋性气候的比较”表

2）地形与气候（板书）

[提问]“雨坡”和“干坡”是如何形成的？解释“南枝向暖北枝寒，一样春风有两般”的科学道理。“一山有四季，十里不同天”是何意思？

归纳：地形对气候的影响是多方面错综复杂的……

（让学生观察分析教材“不同性质地面的反射率”表，以加深理解）

四、人类活动与气候（板书）

人类生产和生活离不开自然环境，而在自然环境中气候是最重要的起主导作用的因素。因此，气候与人类关系极为密切。

［投影仪出示“人类与气候”纲要信号图表］

总结：……

［课堂练习］

摘自：李维仓．《天气和气候》图表比较法教学设计．中学地理教学参考，1989，(5)：21-23

案例 2

《农业的区位选择》教学过程设计

教学过程：

【复习提问】农业生产有哪些特点？农业生产的对象是什么？

【总结引入】农业生产具有地域性。世界上有多种多样的栽培作物和驯化动物，那么，在一定地域进行生产时应如何选择呢？这一节课我们就来学习“农业的区位选择”。

【板书】5.2 农业的区位选择

【板书】一、区位的含义

【讲授】区位包括两层含义？一方面指位置？另一方面指分布。举例说明。

【板书】二、农业的主要区位因素

学生读图 5.6 和课文 P148 内容，思考并回答问题：1. 影响农业区位选择的主要因素有哪些？2. 除图 5.6 中列出的因素外，影响农业决策的因素还有哪些？3. 试举例说明上述因素对农业区位的影响。

【练习】学生分组讨论课后活动 2，根据学生的回答可分成两组或三组辩论，得出一种最合理的安排 A 应安排小麦，面积大，距城镇远、地价低；B 应安排乳牛，因鲜牛奶易变质，单位面积产值高，应在距城镇较近且交通运输方便的地区；C 应安排花卉，花卉单位面积产值较高，要保鲜且需大量的水，在有水源且离城镇近的地方合理。

【归纳】气候、地形、土壤、市场、交通运输和政策等是影响农业区位的主要因素，前三种属自然因素，后三种属社会经济因素，它们对农业区位的影响是不是一成不变的呢？

【板书】三、自然因素的利用和改造

【读图】引导学生读图 5.7 和图 5.8，分析这两幅图分别表示人们对哪些因素进行了改造，由此说明自然因素对农业区位的影响并非都是决定性的。

【提问】1. 人们可以通过哪些方式对自然因素加以利用和改造？2. 对自然因素的改造是

不是无限制的？为什么？试举例说明。学生自学回答。

【练习】活动 1.

【板书】四、社会经济因素的发展变化

【导读】要求学生阅读课文 P150，举例说明市场、交通运输等因素的发展变化对农业区位的影响。

【练习】实例分析（投影）。

【归纳】在进行农业区位选择时，不仅要分析区位因素，更要分析其发展变化。

【练习】实例分析（投影）。

【举例】引导学生从日常生活和当地生产中举出这一类例子加以分析。例如，我县苹果等经济类作物的销售和日常生活用的食品，如奶粉、糖等，主要是哪些地区生产的，以说明市场、交通运输等条件的变化对农业区位的影响。

【小结】通过这节课的学习，大家了解了农业的区位选择必须综合考虑多种因素，做到因地制宜、因时制宜，充分合理地利用农业土地。

【巩固练习】

【布置作业】

摘自：崔文姣．高中地理新教材第五单元《人类的生产活动》第二节“农业的区位选择”．中学地理参考，1999，(12)：33-34

随堂讨论 1-1

1. 你认为案例中的自然地理教学过程与人文地理教学过程设计有哪些不同？

2. 基于地理新教材理念的要求，你认为案例中的教学过程设计有哪些可以进一步优化？

1.1.7　地理教学方法设计单元

地理教学方法是“师生为完成一定教学任务在共同活动中所采用的教学方式、途径和手段”。[①] 地理教学方法涉及地理“教法”和“学法”。地理教学方法是地理教学活动中最为活跃的因素。地理课堂教学改革往往以改革地理教学方法为抓手。初中地理新教材所倡导的“改变地理学习方式、构建开放性的地理教材、建立学习结果与学习过程并重的评价机制”的教材理念，高中地理新教材所倡导的“满足学生不同的地理性学习需要，重视对地理问题的探究，”的教材理念，都在要求地理教学方法的改革。

地理教学方法设计单元，在指导思想上体现生本取向的地理教学方法设计，在内容上主要包括地理教学方法功能及其教学意义、地理教学方法设计选择及其与案例研究和不同取向的地理教学方法设计与案例研究。

1.1.8　地理教学媒体设计单元

地理教学媒体是地理教学信息传播的载体。地理教学媒体多种多样，不同的教学媒体具有不同的教学功能。传统的教学媒体（如黑板、地理挂图、模型）和现代地理教学媒体（如计算机多媒体、网络平台等）在表现力、传播面等方面均存在明显差异。初中、高中地理新教材分别倡导“构建基于现代信息技术的地理过程”和“强调信息技术在地理学习中的运用”的教材理念，都在要求地理教学媒体的设计与运用要体现地理教学媒体现代化的取向。

地理教学媒体设计单元，在指导思想上注重组合，能结合教学目标、教学内容、教学条

① 顾明远．教育大辞典．上海：上海教育出版社，1997：713.

件，发挥不同地理教学媒体的教学功能。它在内容上主要包括：地理教学媒体的基本功能及其主要特征、计算机多媒体与地理教学设计案例研究和地理教学媒体组合应用的案例研究等。

资料卡片 1-2

教学媒体设计与教学目标

开展教学设计、选用教学媒体的本身不是目的，它仅仅是实现特定的教学目标的手段。所以，分析学习需要，要求我们重视教学目标的确定。如果教学目标的确定脱离教学实际需要，那么为实现教学目标而运作的各种手段将不能发挥应有的作用，甚至发挥相反的作用。在实际教学中，人们所关心的和研究的往往是如何改进方法、形式、媒体等，而较少考虑所确定的教学目标是否符合客观需要，这是我们应着重解决的一个问题。

摘自：徐英俊．教学设计．北京：教育科学出版社，2001：71

1.1.9 地理教学过程设计单元

地理教学过程是开展教学活动，完成教学任务，实现教学目标的过程。不同的教学目标，不同的教学内容，其教学过程就明显不同。在很多情境下，地理教学课题相同，地理教学目标相似，但不同的教学理念所指导下的地理教学过程可能有较大差别，即“同课异构”。例如，讲授为主教学活动，教学过程以教师单边活动为主；研究性学习、探究性学习，以学生活动为主，教师居于指导与协调的位置。

地理教学过程设计单元重在讨论在满足学生不同的学习需要的前提下，优化地理教学要素的教学过程，阐述地理教学过程设计的策略与方法。在内容上包括地理教学模式概述、地理教学模式应用设计与案例研究、不同取向的地理教学模式应用设计与案例研究等。

资料卡片 1-3

教学设计与设计教学过程

作为一门学科，教学设计有别于设计教学的过程。设计教学只是为了创设一个学与教的序列而进行的循序渐进、有计划、有步骤的过程。当教学设计成为一门学科时，它就不仅仅是“做”的过程，而且包括了理论、研究以及探究和实践的过程。更确切地说是它具有结构化的理论和实践体系，从而限定了它的研究范围、应用领域。

摘自：孙可平．现代教学设计纲要．西安：陕西人民出版社，1998：4

1.1.10 地理教学评价设计单元

有教学就有评价。地理教学评价是教学活动不可缺少的一个基本环节，它在教学过程中发挥着多方面作用。从整体上看，它保证教学活动向预定目标前进并最终达成教学目标；从过程中看，它调节、控制着教学活动的进行；从功能上看，其作用主要表现在检验教学效果、诊断教学问题、提供反馈信息、引导教学方向及调控教学进程几个方面。如何看待教学效果和学生发展，运用什么方式进行评价等问题，是教学评价需要深入研究的问题。地理新教材倡导学习结果与学习过程相结合的评价，倡导评价方法的多样化，体现了“促进学生发展”多元取向的评价理念。

地理教学评价设计单元，在内容上包括地理教学评价基本理论及其教学意义，地理教学评价的基本策略与案例研究、地理考试命题的基本方法与案例研究等方面，对实现地理新教材倡导学习结果与学习过程相结合的评价，进行了有益的探索。

1.2　地理教学设计与案例研究的学习目标

关键词　教材目标；知识目标；能力目标；价值观念

以地理教材与教学论研究生的培养目标为基本依据，以中学地理教师关于地理教学设计的工作实践与基本规范为重要参照，从知识、能力和价值观念"三个维度"讨论和确定地理教学设计与案例研究的教材目标，其作用在于试图为教材学习提供导向，为教材的内容选择提供基本参考，还可以为教材评价提供参考。

1.2.1　地理教学设计与案例研究的知识目标

1. 理解地理教学设计要素及其关系

理解地理教学设计要素及其关系，要求结合教学实践能说明由教师、学生、教学内容、教学媒体、教学方法和教学环境等要素组成地理教学系统的主要特征；能解释地理教学系统主要特征的教学意义；能结合教学实践或教学案例对各个组成要素在教学过程中的主要功能进行明确的定义，并能说明在发挥组成地理教学系统的各个要素的教学功能方面的主要策略和方法，说明应该注意的主要事项。

资料卡片 1-4

不同的学习方式

依据学习方式的不同可以将学习分为接受学习与发现学习、意义学习和机械学习。

接受学习指将别人的经验变成自己的经验，所学习的内容是以某种定论或确定的形式通过传授者传授的，无需自己去独立发现。学习者将传授者呈现的材料加以内化和组织，以便在必要的时候利用它或再现它。

发现学习是指在缺乏经验传授的条件下，个体自己去独立发现、创造经验的过程。

意义学习是指利用原有经验来进行新的学习，理解新信息。

机械学习即在缺乏某种先前经验的情况下，靠死记硬背来进行学习。

摘自：姚梅林．学习规律．武汉：湖北教育出版社，1999：15

2. 运用地理教学设计的基本理论

"理论是人们对事物的本质及运动规律认识的结晶。这个结晶是人类对某一事物的认识长途中的阶段性成果。理论的作用在于规范人们对事物的认识，并指导实践而取得成功"。[①]

---

① 张奇．学习理论．武汉：湖北教育出版社，1999：21.

地理教学理论由一系列概念、原理和方法所组成，它是对无数地理教学实践经验的凝练、提升和总结，具有概括性、总结性、指导性和前瞻性。它通过研究地理教学的现象、问题，揭示地理教学的一般规律，提出遵循地理教学规律、解决地理教学实际问题的方法策略和技术。地理教学理论在总结地理教学实践经验时，也注意吸收和借鉴系统科学理论、现代教育理论、学习理论、教育技术理论和现代传播学理论，丰富和发展地理教学理论，提高地理教学理论和指导功能。

运用地理教学设计的基本理论，要求在地理教学设计过程中，结合具体的教学课例，能以新教材理念、要求、地理教学理论和相关理论为指导，在教学目标设计、教学资源开发、教学模式选择、教学方法运用、教学媒体策划和教学评价制定等方面体现现代地理教学设计的理念和思想，实现教学设计的过程优化。

案例 1-2

新课标高中地理（人教版）必修1第四章《地表形态的塑造》
第三节 “河流地貌的发育”教学设计（节选）

【课标要求】

略

【教学目标】

知识与技能：略

过程与方法：略

情感态度与价值观：(1) 通过课外的实践活动及课堂讨论活动、提高理论联系实际能力，树立严谨的科学探究的态度；(2) 树立物质是运动的，事物是在不断发生变化的辩证唯物主义观点。

【学情分析】

通过前面的学习，学生已掌握流水的外力作用方式，高一学生已具备基本的读图能力及地图上提取、分析、归纳地理信息的能力。但是，由于阅历浅，知识面还不够宽等原因，看问题的层次有待进一步提高。

【教学重点和难点】

略

【教学方法】

略

【教学过程】

新课导入：略

一、河流的侵蚀地貌

略

二、河流堆积地貌

1. 洪积-冲积平原

展示冲积扇的图片，让学生对冲积扇有个感性的认识，再引导学生分析山麓冲积扇的成因。

2. 河漫滩平原

先展示“芸美桥河漫滩”及“洪濑桥头河漫滩”的照片，然后再展示“河漫滩形成示意图”。因为已经有了前面的结合作铺垫，学生已经能够知道凹岸侵蚀、凸岸堆积的原理，在此基础上，再利用丰水期、枯水期河漫滩水位变化图，引导学生分析河漫滩平原的形成。

3. 三角洲平原

动画演示三角洲的形成过程，设置问题：看完河口三角洲的形成动画，你知道河口三角洲是怎么形成的吗？引导学生迁移前面关于冲积扇、河漫滩的形成原理，分析三角洲平原的形成原理。

【小结】

略

【课堂活动】

1. 探讨：地理学家王教授带他的儿子小明利用暑假对长江进行全程游览活动时，对所看到的地貌成因提出几个问题。

2. 下列各幅图示，如何与青藏高原某地河谷、长江三峡、荆江河段、长江入海口一一对应？

A　B　C　D

【教学总结】

略

摘自：黄剑平．新课标高中地理（人教版）必修1第四章《地表形态的塑造》第三节“河流地貌的发育”教学设计．中学地理教学参考，2007，(12)：24-25

随堂讨论 1-2

1. 你认为地理教学理论对案例中的教学过程设计有哪些指导？

2. 基于地理新教材理念的要求，你认为案例中的教学过程设计有哪些可以进一步优化？

1.2.2　地理教学设计与案例研究能力目标

1. 掌握地理教学设计的基本方法

“教学设计是一个系统、复杂和综合的过程，它涉及人、教学思想、教学步骤、教学设备以及教学组织等多方面的因素”。[①] 掌握地理教学设计的基本方法，要求能理解地理教学设计的一般流程和基本策略，理解不同教学模式的基本思想，熟悉不同教学模式的基本环节；结合地理教学实践，能够根据特定的地理教学课题（内容），依据教材标准的基本要求，合

① 孙可平．现代教学设计纲要．西安：陕西人民教育出版社，1998：1.

理制定促进学生发展的教学目标，选择符合特定课题（内容）的教学模式（策略），规划教学过程、设计教学方法、选用教学媒体，设置教学评价的基本内容、基本形式和判断标准。

2. 优化地理教学设计的实践能力

“同课异构”的教学实践与研究表明，不同的教学思想对同一课题（内容）或相似的教学课题（内容）的教学模式或教学思路会有很多区别。例如，“‘同课异讲’：香港与内地地理教师课堂教学内容及流程（案例 1-3），两位教师的授课内容及过程组织既有相同之处，又有明显差别。总体而言，内地教师的授课内容以课内为主，教学过程条理清晰，严谨有序，活动安排环环相扣，教学内容密度高，知识含量大。香港教师的授课内容课内课外相结合，教学过程自由开放，气氛轻松，重视学生对学习过程的参与和体验，活动安排实践性强，教学内容突出与生活的联系，注重学生实践能力的培养”。①

优化地理教学设计的实践能力，要求能以现代教育教学理论为指导，践行新教材理念，能结合具体的教学课题和教学实践，在设计教学过程中，能从“学”出发，设计“教”，着眼于促进学生的全面发展，合理制定教学目标、科学开发教材资源，“用”好教材，恰当地选择教学方法，运用多种媒体，设计让学生在参与学习过程和增加学习体验得到成长教学过程，实现地理课堂教学有效和高效的学习结果。

案例 1-3

“同课异讲”：香港与内地地理教师课堂教学内容及流程

	内地教师		香港教师	
学生	首都师范大学附中学生 8 小组（8×5=40 人）		首都师范大学附中学生 8 小组（8×5=40 人）	
课题	等高线地形图		地图阅读	
教学设计与时间分配	1′2″	新课引入：设计情境，以友好学校泰国学生提克登香山的愿望为主线，以让学生为他设计登香山的路线为任务，引入新课	1′10″	新课引入：由首师大附中学校孔子塑像及《论语》中“有朋自远方来，不亦乐乎”为切入点，与同学交谈中导入新课
	11′40″	活动一：量算山体高度 提出任务 1：提克想知道香山顶峰有多高？20″ 动画演示：现代测量山体高度的方法，得出香山顶峰高度（Google Earth 使用）1′ 读图（海拔与相对高度）2′10″ 讨论学案 1′20″ 提出任务 2：提克想得到一幅反映香山起伏状况的地图，你能提供吗？1′10″ 提问：等高线概念，引出等高线地形图 30″ 动画演示：等高线的绘制过程 1′30″ 讨论学案 2′10″ 归纳等高线特点 1′30″	10′30″	活动一：师生相互介绍香港与北京 提问：我第一次来北京，有同学愿意主动给新来的朋友介绍一下北京有什么好玩的地方吗？40″ 学生介绍北京 3′20″ 回答：介绍得很好，现在我给你们介绍一下香港及我所在的学校吧 2′30″ 使用 Google Earth 及香港电子地图查找并演示香港相关图片 1′20″ 承转：你们愿意让新朋友了解你们的美丽的学校吗？40″ 分小组并解释其职责 1′10″ 安排讨论题目 50″

① 李文田. 从“同课异讲”看香港与内地中学课堂教学的异同. 中学地理教学参考，2011，(5)：17.

续表

	内地教师		香港教师	
学生	首都师范大学附中学生 8 小组（8×5=40 人）		首都师范大学附中学生 8 小组（8×5=40 人）	
课题	等高线地形图		地图阅读	
教学设计与时间分配	18′10″	活动二：分析山体不同部位等高线特点 承转：等高线地形图的绘制 50″ 再次演示等高线绘制过程，引导学生分析绘制方法 1′30″ 提出任务 3：提克想知道香山等高线地形图上的山体部位情况 30″ 动画演示并引导学生辨别山体不同部位等高线特点 1′40″ 小组讨论山体不同部位等高线特点 4′10″ 回答 2′50″ 老师综合及补充 4′10″ 完成学案 1′20″ 组织抢答活动 1′10″	12′30″	活动二：如何让新朋友认识我们的学校及附近社区 提问：请思考你认为学校及附近社区有意义的地方有哪些？1′50″ 小组讨论学校及附近社区有意义的地方（教师巡视并适时引导）5′30″ 分组展示并说明选择原因（校史馆、孔子塑像、学校大门、体育中心、国际部等）2′10″ 教师总结 1′20″ 对参观校内及附近社区考察地点作出布置与安排 1′40″
	14′40″	活动三：为提克设计合理的登山线路 提问：一幅完整的地形图具备的三要素 30″ 提出任务 4：提克想知道攀登香山的合理路线 1′20″ 提问：如何选择最佳路线 40″ 动画演示香山三维路线图 1′10″ 小组讨论各条登山线路的特点 3′10″ 组长报告 2′30″ 老师综合及解释 2′10″ 完成学案 1′20″ 拓展提升：结合舟曲泥石流灾害特点，假设登山情景，分析泥石流发生时如何逃生？2′10″	20′30″	活动三：师生室外参观、考察 活动要求：根据大家讨论的结果，选择以下几个地方作为参观考察的地点，请各小组的同学做好解说准备 30″ 参观校史馆 5′10″ 参观运动馆 4′10″ 参观孔子塑像 3′50″ 参观学校大门 3′10″ 课业展示：香港学生校内外参观考察的同类教材作业设计 1′30″ 跟进功课：请同学们运用 Google Earth 完成参观、考察作业，制作地图并交给老师 2′10″

摘自：李文田．从“同课异讲”看香港与内地中学课堂教学的异同．中学地理教学参考，2011，(5)：16-19

随堂讨论 1-3

你认为案例中香港与内地地理教师课堂教学过程设计的差异有哪些？试分析产生这些差异的基本原因。

1.2.3　地理教学设计与案例研究的价值观念

1．树立新理念下的地理教学设计价值观念

观念决定行为，行为影响结果。地理教学设计与案例研究的价值观念是要求树立新理念下的地理教学设计价值观念，要求在教学设计中能以新教材改革的理念为指导，设计符合新教材理念的教学过程，符合《基础教育课程改革纲要（试行）》（2001）所指出的：教师在教学过程中应与学生积极互动、共同发展，要处理好传授知识与培养能力的关系，注重培养学生的独立性和自主性，引导学生质疑、调查、探究，在实践中学习，促进学生在教师指导下主动地、富有个性地学习。教师应尊重学生的人格，关注个体差异，满足不同学生的学习需要，创设能引导学生主动参与的教育环境，激发学生的学习积极性，培养学生掌握和运用知识的态度和能力，使每个学生都能得到充分的发展。

2. 坚持新理念下的地理教学设计价值取向

教学改革的推进表明，教学观念的转变往往是困难的，不是一蹴而就的。坚持新理念下的地理教学设计价值取向，要求在地理教学设计的实践中，坚持实现“三维目标”是一个统一的过程；在引导学生地理知识的学习中，还要坚持引导学生“初步学会通过多种途径、运用多种手段收集地理信息，尝试运用所学的地理知识和技能对地理信息进行整理、分析，并把地理信息运用于地理学习过程。尝试从学习和生活中发现地理问题，提出探究方案，与他人合作，开展调查研究，提出解决问题的对策。运用适当的方法和手段，表达、交流、反思自己地理学习和探究的体会、见解和成果。激发探究地理问题的兴趣和动机，养成求真、求实的科学态度，提高地理审美情趣。关心我国的基本地理国情，关注我国环境与发展的现状与趋势，增强热爱祖国、热爱家乡的情感。了解全球的环境与发展问题，理解国际合作的价值，初步形成正确的全球意识。增强对资源、环境的保护意识和法制意识，形成可持续发展观念，增强关心和爱护环境的社会责任感，养成良好的行为习惯”。①

1.3 地理教学设计与案例研究的学习方法

关键词 教材方法；文本学习；案例研究；网络交互；实践反思

方法的含义较广泛，通常是指为获得某种东西或达到某种目的而采取的手段与行为方式。“学习方法有广义的理解和狭义的理解两种。广义学习方法是指在学习过程中，一切为达到学习目的、掌握学习内容而采取的手段、方式、途径，以及学习所遵循的一些操作性原则、组织管理等环节。狭义的指学习过程中学习者所采取的具体活动措施与策略”②。学习方法是在实践基础上总结出的有效方法。因其与学习掌握知识的效率有关，越来越受到人们的重视。学习方法运用并没有统一的规定，因个人条件不同，选取的方法也不同。

《中学地理教学设计与案例研究》是理论学习与实践研究并重的研究生教材。它在学习方法上既有文本教材的学习方法、典型案例的学习方法，也有网络环境的学习方法和教学实践与反思的学习研究方法。

资料卡片 1-5

学会学习

学会学习是现代学习的一种新观点，所谓会学，不仅仅指学习者要善于选择学习内容、学习途径、学习形式，也指学习者要使自身的学习符合自己的个性。学习者要能根据自身的年龄特点和心理特征，对学习过程作切合实际的规划，明确学习目标，

① 中华人民共和国教育部．普通高中地理课程标准（实验）．北京：人民教育出版社，2003：3.

② 沈怡文．学习方法．武汉：湖北教育出版社，1999：5.

构造趋向于目标的步骤，选择科学的学习方法，自如地展开学习，并能及时反馈，进行自我调控。

摘自：沈怡文．学习方法．武汉：湖北教育出版社，1999：1

1.3.1　基于文本教材的学习方法

1. 结构框架的学习方法

地理教学设计是以实现优化、高效的地理教学过程、地理教学结果为目标，对由教师、学生、教学目标、教学内容、教学媒体、教学方法和教学环境等要素组成的地理教学系统进行系统规划和安排。地理教学系统是一个动态的复合系统，组成这个复合系统的每个要素也是一个子系统。

《中学地理教学设计与案例研究》的结构框架学习方法要求从整体出发，认识和理解教材体系的完整结构，也就是在教材学习之前，学习者对将要学习的教材进行教材背景分析，认识教材设计的时代背景，理解整体结构框架设计的意义；对将要学习的教材内容进行初步了解，知道教材内容的基本架构，理解教材内容基本结构及其相互关系。通过整体分析宏观层面的逻辑建构，为后续学习奠定心理基础。具体而言，结构框架的学习方法可在新教材学习之前进行，也可在教材单元学习之前进行。结构框架的学习方法强调不仅仅注意单个知识要素的学习，而且要注意各知识之间的内在联系，从而形成对本教材（单元）的整体结构认识。

2. 专题与议题学习方法

《中学地理教学设计与案例研究》由地理教学设计与案例研究概述、地理教学系统与地理教学设计、地理教学设计的理论基础、地理教学设计的基本构架、地理教学目标设计、地理教学方法设计、地理教学媒体设计、地理教学过程设计、地理基础知识的教学设计和地理教学评价设计等专题组成。专题与议题学习方法，就是要求在学习某个专题的基础上，通过议题结合地理教学设计中的某个问题、某个方面进一步深入学习研究，把理论学习和实践应用紧密结合起来，提高地理教学设计的实践能力。

例如，地理教学设计的理论基础专题，涉及系统科学理论、地理新课程理论、现代学习理论、现代教育技术理论和传播学理论。在学习这一专题时，以地理教学设计的基础理论为指导，可结合某些议题，深入学习研究，如地理新课程有效教学设计与课堂行为研究、地理新课程有效教学设计下的学生地理学习动机与学习兴趣研究、地理新课程有效教学设计下的学生地理学习的认知特征研究、地理新课程有效教学设计下的学生地理学习的个性差异研究、有效教学设计下的学生地理学习潜能开发与提高学习效能研究等。

又如，地理教学目标设计专题，在学习这一专题时，可以地理教学目标设计的基础理论和方法为指导，可结合某些议题，深入学习研究，如地理新课程有效教学目标设计研究。地理课堂有效教学的策略研究、地理新课程落实“三维”教学目标的实践模式研究等。

再如，地理教学过程设计专题，在学习这一专题时，可以以地理教学过程设计的基础理论和方法为指导，可结合某些议题，深入学习研究，如地理新课程有效教学模式研究、地理新课程课堂师生互动行为研究、地理新课程课堂合作学习的有效性研究、地理新课程课堂讨论教学的有效性研究、地理新课程课堂发现教学有效性研究、地理新课程课堂案例教学行为实践研究、地理新课程课堂问题解决教学行为实践研究、地理有效教学与低效教学的课堂行为差异研究和地理发展性地理学习评价研究等。

此外，还可以结合本教材中呈现的案例研究，进行深入讨论，认识某个议题中的问题表现，探讨这些现象形成的基本原因，从而得到启发。例如，案例 1-4，是两位地理教师地理教材分析过程的展示，案例的分析对形成正确的教材观念具有重要意义。

案例 1-4

地理教材分析方法的比较

案例 1

高中地理第三章地球上的水

第四节 “水资源的利用”教学设计中的教材分析

课文通过实例和数据说明了水资源的重要意义。地球上的水资源十分丰富（广义水资源），但绝大部分是不能直接利用的海洋水。目前能为人类直接利用的只是陆地上的河水、淡水湖泊水和部分浅层地下水。让学生树立起淡水资源有限观。

淡水资源的地区分布不平衡。可结合所学过的气候方面的知识，引导学生总结出原因和规律，及其对人类生产和生活的影响。

如何利用和保护淡水资源。教材从三个方面讲述了全球淡水资源所面临的问题（用水增加、水质污染、使用浪费）而导致淡水资源危机。最后根据淡水资源所面临的情况，提出解决问题的办法，目的在于培养学生克服困难的信心和决心，树立起淡水资源观，增强节水意识。

摘自：秦江．高中地理第三章《地球上的水》第四节“水资源的利用”教学设计．中学地理教学参考，2000，(10)：35

案例 2

新课标高中《地理》(湘教版·必修 1)

第二章 自然环境中的物质运动和能量交换

第四节“水循环和洋流”(第二课时)“洋流”教学设计中的教材分析

水是自然环境中最活跃的因素之一，海洋水是地球水体的最大组成部分，洋流是海水运动的重要方式，也是自然环境中物质运动的主要方式之一，是实现物质运动和能量交换的重要载体。因此，洋流的知识属于地理学的基础知识，非常重要。本节教材内容与前后几节教材的内容有着紧密联系。一方面，洋流的分布与前面所学的全球风带的分布、地转偏向力、海陆轮廓和世界气候分布等有着密切关系；另一方面，洋流对地理环境的影响，就是地理环境整体性和差异性的体现。对洋流分布规律及其对地理环境影响的学习，将进一步提高学生的读图绘图能力，提高学生对已有知识的应用能力，实现对所学知识和已有能力的迁移。

本节课主要内容是世界洋流分布规律及洋流对地理环境的影响，属于对地理基本原理和基本规律的学习，从教材标准要求看，本节课不再以世界洋流分布的成因为重点，而重在学习世界洋流的分布规律及其对地理环境的影响，在一定程度上降低了学习难度，符合新教材的理念，引导学生学习对生活有用的地理。

摘自：李志伟．新课标高中《地理》(湘教版·必修 1) 第二章《自然环境中的物质运动和能量交换》第四节“水循环和洋流”(第 2 课时)“洋流”教学设计．中学地理教学参考，2010，(9)：44

随堂讨论 1-4

你认为案例中两位老师的教材分析方法和内容的差异有哪些？试分析产生这些差异的基本原因。

1.3.2　基于典型案例的学习方法

1. “以理析案”的学习方法

古希腊哲学家赫拉克利特曾经说过：人不能两次踏进同一条河流。这是用生动的比喻说明事物是在不断发展变化的。这也是辩证法中关于事物发展的问题。马克思主义认为事物是不断发展和变化的。“高岸为谷，深谷为陵”，“世界上没有两片相同的树叶”，世间一切事物都处于发展变化之中，新事物层出不穷。这也就给人们提出了更高的要求：要像认识每片不相同的树叶一样去认识每一事物，研究其特点，掌握其规律。只有这样，才能更好地完成认识世界、改造世界的任务。

在地理教学实践中我们可以得出这样的结论，没有两堂相同的地理课。即使是同一个老师在不同的班级上同一个课题，由于学生学习水平和学习心理的不同，也会出现“同课异讲”的情况。我们还可以认为，有效高效的地理课堂教学总是具有相同的特征和基本的规律，就是以有效的教学设计为基础，以正确的课程观念、教学观念为指导，表现教学民主，在多样的课堂行为中，总是以教师的引导服务学生的学，促进学生主体积极参与教学过程。

“以案析理”的学习方法，就是通过对优质、高效的地理教学设计案例、课堂教学实录的分析，发现案例中蕴涵的地理教学思想，解析地理教学思想指导下教学行为的主要特征。例如，某中学高中地理老师万老师在指导学生学习“断层”这一知识时，要求全班学生观察她用“教科书”模拟演示水平岩层受力变形，由褶曲、褶皱、断裂到断层出现的过程，同时按照老师的示范同步模拟，并用图示方法绘制记录整个过程，然后与同座或小组交流，说明褶曲、褶皱、断裂、断层的含义，说明这一演示过程、绘制过程中的知识与技能、过程与方法、情感态度与价值观的习得和形成。在万老师指导学生的“断层”学习讨论交流的过程中，学生不仅能结合自己演示、绘制的示意图，说明褶曲、褶皱、断裂、断层的形成过程，而且能说明演示、观察和绘制方法对知识形成的意义，说明地理科学知识概念的形成与严谨的科学态度有密切关系。这一案例表明，“断层”知识的教学帮助学生在“三个维度”上得到发展和成长。

“以案析理”，案例中万老师的教学过程所蕴涵的教学思想，体现“三维取向”、“师生互动”、“生生互动”的教学理念。教师在引导学生学习的过程中，促进学生主动“学”，在交流中，不仅训练学生的地理技能、表达能力，在交互学习中借鉴、完善，而且促进了学生科学态度的养成。

2. “案例赏析”的学习方法

经典的地理教学案例往往能集中地体现某个时期先进的教学理念、教学模式，在促进学生发展时表现出有效和高效的教学效果，反映出那个时代具有代表性的地理教师的教学风范，教学设计的系统性、科学性和教学过程中教师的教学智慧给人一种“美”的享受。

“案例赏析”的学习方法，就是分析、研究一些经典的地理教学案例，感悟经典案例中地理教师教学理念转换为教学行为的具体方式和经验。如案例 1-5 所展示的“课堂教学的十年转型——基于‘热力环流’教学过程的剖析。”

案例 1-5

课堂教学的十年转型——基于“热力环流”教学过程的剖析

1. 课改之前——知识为主的课堂

时间：2000 年，市级公开课

课堂实录：(板画教学)

师：热力环流是大气运动的最简单形式，主要是由地表受热不均引起的。下面，我将热力环流的过程一步一步分解给同学们看，对于每一个箭头的形成，都要想清楚。有什么不懂的地方，及时提出来。

师：(边画边说) 这是地面，这是近地面和高空的等压面，在温度均衡的状态下，等压面平直；同时，由于近地面空气密度大，故气压值高；高空空气稀薄，气压值低(图 1)。现在，近地面出现冷热不均 (图 2 中①)，空气受热上升，冷却下沉 (图 2 中②)，由于热空气上升，大量空气在高空堆积，形成高压区。相反，空气冷却下沉，高空空气密度低，形成低压区，于是高空出现了同一水平面的气压差 (图 2 中③)，而同一水平面上存在气压差又促使空气由高压区流向低压区，形成高空大气的水平运动 (图 2 中④)。受热地区上空由于空气柱内的空气外流，整个空气柱重量变小，近地面形成低压区；冷却地区的高空空气流入，空气柱重量增加，近地面形成高压区 (图 2 中⑤)。最后，近地面空气由高压区流向低压区 (图 2 中⑥)，形成一个连续运动的环流，我们称之为“热力环流”。

2. 课改当前——以生为本的课堂

时间：2010 年，市级研究课

课堂实录：(使用 PPT 课件和教学案)

师：有没有同学放过孔明灯？知道是什么原理吗？

生：我放过，空气加热后上升，冷却会下沉，我们初中物理课学过的。

事：那么在冷热不均的两地之间，会产生什么样的大气运动？请同学们结合课本上的图文，在学案上绘制两地之间的大气运动图。

学生两两合作在学案上绘制，教师巡视，与学生个别交流，然后展示两位学生的示意图，教师讲评鼓励。

师：通过同学们的探究，我们发现了大气运动的规律，这种因地面冷热不均形成的大气环流，称为热力环流。

本设计节选自：陆趾铭．课堂教学的十年转型——基于“热力环流”教学过程的剖析．中学地理教学参考，2011，(Z1)：8-12

随堂讨论 1-5

你认为案例中两位老师的方法有哪些差异？试分析产生这些差异的基本原因，结合案例说明其教学意义。

1.3.3　基于网络环境的学习方法

1. 网络环境的自主学习方法

网络环境是以计算机多媒体和计算机网络组成的教学环境。随着信息技术向教育领域的扩展，计算机多媒体和计算机网络在教育过程中的应用越来越普遍。根据发达国家教育信息化的历程和经验，网络教育是学校教育信息化发展的趋势。中小学教师的专业成长将在很大程度上通过网络环境进行研修和自主学习来实现。

网络环境的自主学习方法，就是运用网络教学的优势，进行任务驱动，通过上网查询、人机交互等方式，在教师的启发、引导、点拨、帮助下，学生用探究的方法，自主参与学习，从而达到解决疑问、掌握相应的知识和提高能力的目的。本课程“地理教学设计与案例研究”拟建立丰富的课程资源平台，为学习者提供多样的学习通道。学习者可根据自己的学习特点和愿望，选择学习时间、学习进度、学习方法和学习内容，实现自主学习。

网络环境自主学习方法最能体现学生的学习主体地位，实现学生自主学习的意愿。网络环境自主学习方法的途径包括三个方面，一是利用网络资源获取学习材料。由于课内学习的内容有限，学习者借助网络将课内所学知识延伸到课外，利用网络获取更多的课程资源。二是利用网络工具进行自主探究。学习者明确学习目标和学习任务，通过网络访问教师设置在网络课程资源库上的资源进行自主学习，根据学习任务，带着问题独立地通过网络的必要帮助，随机进入教师设置的学习环境中，探索问题的解决方法，从而培养学习者学习过程的独立性和创造性。三是利用网络环境展开自我学习的评价。网络环境不仅有丰富的课程资源，多样的学习工具，还有教师制作的包括具有测试功能的专题网站，方便学习者自主检验自己的学习效果。

2. 网络环境的交互学习方法

网络环境的交互学习方法，就是运用网络环境开展丰富多彩的教学活动，利用网络传递实录、文本、图像等各种教学信息，加强学习者的互相学习，协作学习和会话交流。

网络环境的交互学习，有利于调动学生的参与积极性、主动性，促进学生的个性化发展。参加交互学习的成员探寻、学习，然后交流自己的观点，每个成员都能数次，甚至数十次地发表自己的见解，通过集思广益，能把学习问题引入深度思考。每个问题讨论到最后，教师还可根据学习者的交流讨论，有选择地加以分析，表达自己的观点。网络环境的交互学习方法，不仅改变了传统的学习方式，而且有益于培养学习者的创造性思维。

1.3.4　基于教学实践与反思的学习方法

1. 基于教学模式实验的学习方法

实践表明，地理教学设计与地理教学的现实活动存在一些差距。从地理教学实践的视角看，地理教学设计是为了实现某种特定的地理教学目标的需要，创设某种优化的具有实际效用的教学情境或解决地理教学问题的一种构想。如果要使教学设计这种构想在地理教学实践中成为一种具有跨越设想与现实之间差距的条件、有效过程和途径，需要设计者具有先进的教学理念、较强的洞察力、丰富的教学经验和对地理教学深入的理解力等多方面的素养，并通过不断的教学实践（实验），才能使地理教学设计与地理教学的现实活动存在的差距减小，达到“理想的境界”。

在研究中学习、在学习中研究是地理教学设计与案例研究课程的重要学习方法，尤其是在职攻读的研究生，有在研究中学习、在学习中研究的实践基础和实践条件。基于教学模式实验的教学实践是在研究中学习、在学习中研究的重要路径。

由多要素组成的地理教学系统是动态的复合系统。地理教学设计是用最优化的思想和观点对地理教学过程中各个要素的功能进行设计，作出系统安排。地理教学设计的基础理论为地理教学设计最优化的思想和观点提供了指导。从地理教学设计最优化的思想和观点到最优化地理教学过程需要开展多种多样的教学实验研究，明晰各要素在不同教学模式过程中的作用机理及其作用效果。例如，地理教学设计理论应用于地理教学实践过程具有重要意义，可开展下列研究：①基于系统科学理论的地理教学设计与教学模式实验；②基于地理新课程教学理论的地理教学设计与教学模式实验；③基于传播学理论的地理教学设计与教学模式实验；④基于现代学习理论的基本理论的地理教学设计与教学模式实验。通过实验，可进一步总结说明这些基本理论对地理教学设计的指导意义、指导价值和方法策略。

2. 基于教学反思的学习方法

叶澜教授认为："一个教师写一辈子教案不可能为名师，如果一个教师写三年教学反思就有可能成为名师"。可见，教学反思在教学实践中的重要性。教学反思是教师对教育教学实践的再认识、再思考，并以此来总结经验教训，进一步提高教育教学水平的过程。教学反思能使教师把自己的课堂教学实践作为认识对象进行全面而深入的冷静思考和总结，从而进入更优化的教学状态，使学生得到更充分的发展。通过教学反思，它可以激活教师的教学智慧，依据教学目标、教学内容和学生特点，创建新颖的师生互动机制和学生学习方式。每一位优秀教师的专业成长都离不开教学反思。

资料卡片 1-6

反思学习

我们认为，反思有以下三种含义：一是指"反复思考"，即深思、沉思、审慎思考，杜威和范梅南都是在这种含义上理解"反思"；二是指"反身思考"，即主体以自身（如自身的经验、行为或自身的身心结构等）为思考的对象，它区别于主体对自身以外的客体的思考；三是指"返回去思考"，即对已经发生或完成的事件、行为或生活经历的思考。反思学习中的反思实际上同时具有这三种含义。反思学习通常是指学习者对自身已有的经验、经历、生活过程进行回想、深思，以便从中汲取经验和教训，从而促进自身的学习与发展。

摘自：陈佑清．教学论新编．北京：人民教育出版社，2011：180

教学反思也是一种有益思维活动的学习方式，是地理教学设计与案例研究课程的重要学习方法。在学习地理教学设计与案例研究课程中，将地理教学设计的理论与方法、模式与路径应用于地理教学实践过程，通过教学实践的应用、检验，再反思，反思成功、反思失败、反思失误之处、反思教学设计。正所谓"虽有佳肴，弗食不知其旨也；虽有至道，弗学不知其善也。是故学然后知不足，教然后知困。知不足，然后能自反也；知困，然后能自强也《礼记·学记》"。

复习与思考

1. 结合自己的学习或教学经验，给地理教学设计下定义，并说明其意义。

2. 比较研究：查阅 2000 年和 2010 年“地理教学”或“中学地理教学参考”杂志，随机抽查两个教学设计案例，研究两个教学设计案例在设计思想和设计内容上的区别和变化。

3. 制订计划：阅读本章第二节“地理教学设计与案例研究课程目标”，结合自身发展需要制订学习计划。

4. 利用网路环境进行学习，并总结有效学习本课程的方法。

5. 案例研究，阅读下列教材内容，并回答问题。

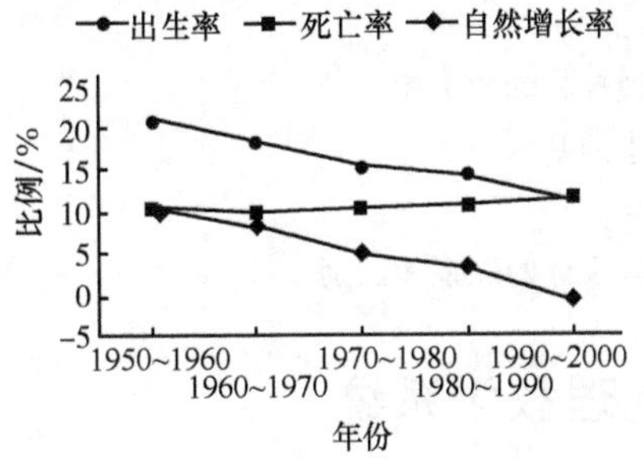

欧洲人口的出生率、死亡率、自然增长率的变动

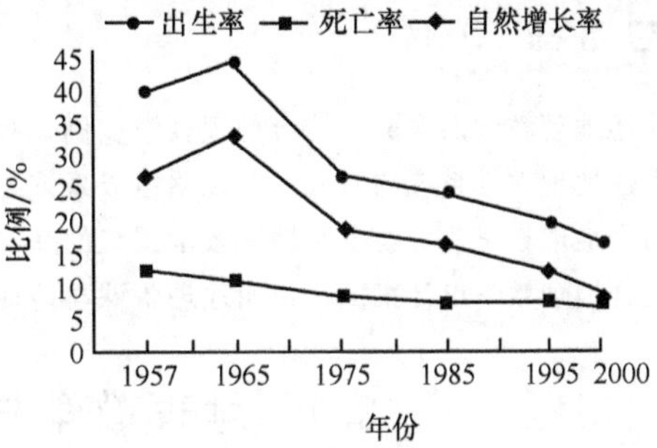

中国人口的出生率、死亡率、自然增长率的变动

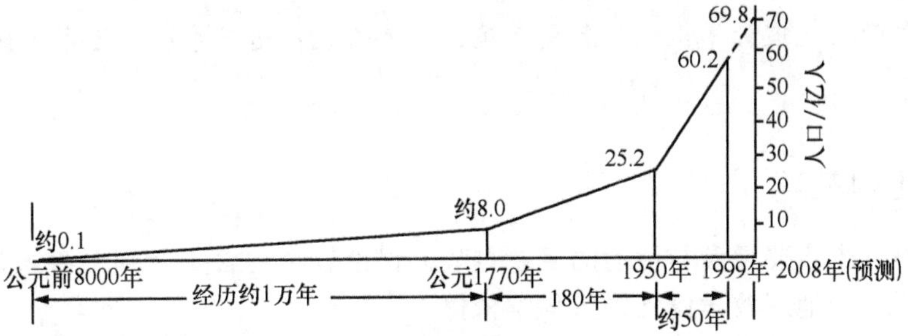

世界人口的增长

摘自：王民．普通高中地理课程标准实验教科书　地理 2. 北京：中国地图出版社，2004：4

(1) 进行上述教材内容的教学，在教学设计时应考虑哪些因素。

(2) 根据上述教材内容的教学，设计两种教学方案，并说明教学思想的差异。

(3) 结合设计的两种教学方案，说明教学思想与教学行为的关系。

拓展资源

加涅 R M，韦杰 W W，等．1999. 教学设计原理．皮连生，庞维国，陈保华，等译，上海：上海教育出版社

中华人民共和国教育部．2001. 全日制义务教育初中地理教材标准（实验稿）．北京，北京师范大学出版社

第 2 章 迈出藩篱：地理教学系统与地理教学设计

学习目标

1. 能简述地理教学的含义，结合地理教学实例，解释地理教学的本质。
2. 能简述地理教学系统的组成，并说明组成系统各要素的基本功能。
3. 能结合地理教学实例，说明地理教学系统的基本特征。
4. 能结合地理教学设计案例，说明地理备课与地理教学设计的联系和区别。

2.1 地理教学与地理教学系统

关键词：地理教学；地理教学系统；复合系统；灰色系统；运动系统；生命系统

2.1.1 地理教学

地理教学是一个多要素参与活动的复杂过程。讨论教学的含义有利于深入认识地理教学的含义及其本质，为地理教学设计提供科学依据。

教学的含义，一直是教学论学者深入研究的重要话题。教学论学者对教学提出了许多释义。关系说认为“教学过程一方面包括教师的活动（教），同时也包括学生的活动（学）。教和学是同一过程的两个方面，彼此不可分割地联系着”。① 双边说认为，“所谓教学，乃是教师教、学生学的统一活动；在这个活动中，学生掌握一定的知识和技能，同时，身心获得一定的发展，形成一定的思想品德。”② 统一说认为，“教学就是指教的人指导学的人进行学习的活动。进一步说，指的是教和学相结合或相统一的活动”。③ 中介说认为，“教学是以课程内容为中介的师生双方教和学的共同活动”。④ 目的说认为，教学是“教师的教与学生的学的共同活动。学生在教师有目的有计划的指导下，积极主动地掌握系统的文化科学基础知识和基本技能，发展能力，增强体质，并形成一定的思想品德”。⑤

众多的关于“教学”的释义，尽管有许多相似之处，但更多的是研究者基于某种视角，提出了有别于其他学者的看法，给人以不同的启示。在借鉴前人“教学”释义的基础上，我们认为，地理教学是一种为实现地理教学目标，以课程内容为中介，由教师的教和学生的学共同组成的一系列行为方式的总称。地理教学的这种释义，旨在强调地理教学是有目标

---

① 凯洛夫．教育学．北京：人民教育出版社，1957：130.

② 王策三．教学论稿．北京：人民教育出版社，1985：88-89.

③ 李秉德．教学论．北京：人民教育出版社，2000：2.

④ 顾明远．教育大辞典．上海：上海教育出版社，1990：178.

⑤ 中国大百科全书总编辑委员会《教育》编辑委员会．中国大百科全书．教育．北京：中国大百科全书出版社，1985：150.

（的）的，因此，它具有指向性；地理教学是以地理课程内容为凭借的，因此，它具有丰富性，选择性；地理教学是师生共同的，因此，它具有双边性，缺一不可；地理教学是一系列行为方式，因此，它是活动的，是动态的，具有多样性和选择性。

资料卡片 2-1

活动与人的发展

马克思认为，活动是人存在和发展的方式。人作为人而存在的基本的、主导的根据，都在于人自己的对象性创造活动之中。没有对实践活动的积极参与，“人”就只能与一般动物为伍，就不可能作为人的意义的人而存在，也就不可能有人的本质。我们完全可以得出这样的结论：人通过自己的生产劳动、实践活动实现了自己的生存与发展；人自身的活动就是人作为人的根据。“历史不过是追求着自己目的的人的活动而已”。马克思还指出，只有当对象对人来说成为社会的对象，人本身对自己来说成为社会的存在物，而社会在这个对象中对人来说成为本质的时候，人才能全面而自由地发展，从而实现人的自我创造过程、社会发展的自然历史过程和人的自身发展过程统一。马克思在确立人的活动的现实客观性基础上，又突出强调了人的活动的自觉能动性。马克思从对象的、能动的社会实践出发，揭示了现实的人是通过自己的实践活动才建构起他对世界的总体性关系的。

摘自：中共中央马克思恩格斯列宁斯大林著作编译局．马克思恩格斯全集（第 2 卷）．北京：人民出版社，1979：118

2.1.2　地理教学系统

1. 地理教学系统的组成

地理教学过程涉及众多因素，如教学目标、学生、教师、教学内容、教学方法、教学媒体、教学反馈和教学环境等，这些因素之间相互作用、相互联系，共同构成了统一的地理教学系统。

地理教学是地理课程的实践过程，是学生在地理教师的指导下，学习地理基础知识和基本技能，习得地理过程与方法，形成地理情感、态度和价值观的过程。

2. 地理教学系统的主要特征①

与原有课程相比，地理新课程在课程理念、课程目标、课程结构、课程内容及课程实施等方面均有很大的发展和变化，创新了地理教学环境。新的教学环境必然要求地理教学过程中“教”与“学”方式的相应变革。实践表明，新课程环境下的地理教学系统具有复合系统、灰色系统和生命系统等特性。认识地理教学系统的基本特性对于进行新课程地理教学设计，转变地理课堂形式，提升新课程地理教学的实践效能具有重要意义。

1）地理教学系统是多个子系统组成的复合系统

（1）地理教学目标。地理教学目标是具有指向功能和评价功能的子系统。地理教学过程是为实现一定的教学目标而进行的特殊的认识活动。没有地理教学目标的教学活动是不存在的。就新课程地理教学目标而言，“知识与技能、过程与方法、情感态度与价值观”是一个相互密切联系的整体。它要求通过地理教学过程，帮助学生在掌握地理基础知识和基本技能

① 李家清，李文田．论新课程环境下的地理教学系统基本特征．地理教育，2010，(7-8)：4.

的同时，理解一定的地理过程，掌握一定的地理方法，形成一定的地理情感态度和价值观。地理教学目标是一个具有完整结构的功能体系。

案例 2-1

“交通运输线、点的区位选择”教学目标

通过本课题学习，学生能做到：

（1）结合南昆铁路的建设，能描述影响交通运输线区位的主要因素；

（2）结合上海港的建设，能描述交通运输点区位的主要因素；

（3）结合南昆铁路的有关图表，能概括归纳影响铁路区位的主要因素，初步形成地理问题的分析能力；

（4）学会运用上海港位置图，总结概括港口区位选择的一般规律，并能独立完成航空港、车站的区位选择；

（5）能认识交通在人类社会发展中的重要作用，形成优先发展交通运输的观念；

（6）能知道祖国建设的日新月异，初步树立科技是第一生产力的观念。

随堂讨论 2-1

你认为案例中的教学目标设计体现了教师的哪些观念？

（2）学生。学生是具有主体特性的子系统。学生是学习的主体，没有学生参与地理教学过程，其活动就失去了价值。在这个意义上，学生是教学活动过程中的根本要素。在地理教学过程中，学生是认识的主体。教师的教，主要是为了引领学生去认识地理现象，探寻地理规律。教师对地理教学目标的落实是通过“教会”学生认识和实践得以实现的，并以学生认识和实践的质量为其评价标准。

学生作为认识主体，在整个教学系统中是最活跃、最丰富多彩的因素。由于学生具有极大的能动性，教师的“教”应结合学生的实际进行，根据学生已有的知识结构、个性特点、能力倾向和学前准备等情况来设计教学过程和开展教学活动。新课程把“过程与方法”作为关键目标，旨在通过地理教学过程促进学生主体的发展；要求能让学生通过地理观察、地理分类、地理交流、地理推断、地理预测和认识空间—时间关系等方式，理解地理科学的基本过程；要求通过发现问题、提出假设、做出解释论证、解决问题等途径和手段，学会地理实验、地理调查、地理比较、地理分析与综合、地理归纳与演绎等地理科学的主要方法。在“过程与方法”中加深对地理知识的理解、应用和迁移，实现对正确的地理情感态度与价值观的认同。

学生作为认识主体，在地理教学系统中既有整体特性，又有个体差异性。地理教师的“教”还要能“满足学生不同的地理学习需要”，在符合课程标准要求的前提下，为学生提供不同深度和广度的学习材料，给学生创造更多类型的“过程”和“经历”。新课程要求教师要积极探索适应学生差异的多种教学方式，尊重学生的个体差异，鼓励学生的不同见解、想法和说法。

（3）地理教师。地理教师是具有主导特性的子系统。在地理教学过程中教师是不可替代的因素，这是由于在地理教学过程中，学生的学习活动都是在教师的指导下的活动；而且还要依靠教师来发挥主导作用。教师不仅是学生和教材之间的中介，而且是教学和社会联系的中介。教师教是为学生“学”服务的，但又起主导作用。教师决定教学认识的方向、内容和途径等，并且对它的结果和质量负责。地理教师作为地理教学系统的子系统，既具有显著的群体性特征，也具有明显的个体性特征。教师的教学理念、专业水平、个性修养、教学态度和教学能力等对教学过程和教学效果具有重要影响。

新课程要求教师要在地理教学中转变学生机械模仿、被动接受的学习方式，促进学生主动和富有个性地学习，可以有意识地加强对学生自主性学习的引导。在课堂教学中要注意引导学生运用探究方法，形成主动探究地理问题的意识和能力；要积极创造条件开展研究性学习，学会建构学习等；还要帮助学生学会自己设计和实施野外观察、观测、调查等，开展具有启发意义的实践学习活动。

(4) 地理教学内容。中学地理教学内容是以人地关系为主线的子系统。它是一定的地理知识与技能、过程与方法、情感态度与价值观等方面内容组成的功能体系，并以地理课程标准和各种媒体形式的教材为基本载体。地理教学过程主要是围绕教学内容来展开的，因此地理教学内容是最实质性的因素。地理教学内容的科学性、时代性、实践性、基础性、选择性和可读性等都会对“教与学”产生重要影响。

新课程对教学内容的范式是一种巨大的突破，提倡教师、学生、教材和环境等诸多要素的综合作用。实践表明，基于课程标准的地理新教材将传统的“法定教材”推向了“师定教材”境地；将教师从地理教材的传授者推到教材的开发者、实施者和评价者的高度；从过去“教教材”到现在“用教材”，要求结合学生和情境创新教学内容，要求树立“基于标准的教材观”、“一师多本的教材观”、“基于学生发展的教材观”、“动态开放的教材观”等。在具体教学活动中，面对不同的学情和环境，教师既要促进全体学生的共同发展，又要关注个别学生的个性发展，需要开发教学资源，创造性地组织教学内容，引领学生经历地理教学内容学习的过程，感悟学习的方法。

(5) 地理教学方法。地理教学方法是具有创造特性的子系统。地理教学方法是教师和学生为了实现共同的地理教学目标，完成共同的教学任务，在教学过程中运用的方式与手段的总称。由于地理教学内容的丰富性、教学过程的实践性、教学方法的继承性和创造性，教学方法具有多样性的特点。地理教学方法包括教师教的方法和学生学的方法两大方面，是教授方法与学习方法的统一。地理教学方法既有以教为主的方法（如讲授法等），也有以学为主的方法（如探究学习法等）。

新课程要求教师要摒弃以往“授受为主”为主的教学方法，要创造性地选择地理教学方法，创新地理教学方法；要求不仅要考虑根据不同的地理教学目标、教学内容、地理学科特色和学生的实际特点，还应考虑教学环境和教师的自身素质。实践表明，只有设计与选择同以上因素相适应的地理教学方法，才能实现教学过程的最优化。

(6) 地理教学媒体。地理教学媒体是承载和传递地理教学信息的子系统。地理教学媒体在类型上既有传统的媒体，如黑板、挂图等，也有现代的媒体，如录像机、投影仪、计算机等；既有语言的，也有非语言的。教师的教学语言是最基本，也是最重要的教学媒体。地理教学媒体之间存在如表现力、再现力、传播面、参与性和受控性等不同的技术特性，存在硬件价格和软件制作价格等不同的媒体经济特性，还存在不同媒体对地理景观、分布、过程等地理事实、地理观念原理、地理技能和地理问题解决承载和传递功效不同的专业教学特性。

新课程要求对地理教学媒体的选择与使用，既要考虑教学媒体的技术特性、经济特性和专业教学特性，运用媒体创设教学情境，促进学生对地理空间的认识，还要考虑教师的教学素养，更好地发挥教学媒体的多种功能；既要发挥现代教学媒体优化教学结构的作用，更要积极探索多种媒体组合使用的优势和功能。

（7）地理教学反馈。地理教学反馈是促进地理教学过程平衡的子系统。系统论认为，反馈是保持系统动态平衡的基本条件。教学反馈是教学过程中教师与学生之间进行信息传递的交互活动。没有反馈就只是单向传递。没有反馈，教学过程则难以有效地进行。反馈是了解学生，推进教学的客观依据。

新课程要求要充分发挥教学反馈的教学功能，适时反馈：做到超前反馈，在进入课堂教学之前，通过多种方式，了解学生，为教学设计提供依据；做到及时反馈，在课堂教学中通过师生互动、生生互动多种方式，及时获得教学反馈信息，对学生进行及时的评价或调整教学过程；做到情感反馈，积极肯定学生的学历成长。“成功的快乐是一种巨大的精神力量，它可以促进学生学习”。通过情感的反馈，激发学生学习的积极性；做到自我反馈，积极引导学生反思学习，提高元认知能力，进而提高学习效率。教师进行教学反思，经验积累，探索教学规律，指导教学实践。

（8）地理教学环境。地理教学环境是提供基本教学条件的子系统。它是有形和无形的教学环境总称。有形的教学环境包括校园的内外是否美化，教室教学设备实施是否齐全、布置是否合理与整洁，以及实验室、实验设备、图书资料是否丰富等。随着我国的经济发展，教育投入的增加，有形的教学环境将不断优化。无形的教学环境包括师生之间、同学之间人际关系形成的课堂氛围，也包括班风、校风，以至于社会环境等都是顺利开展地理教学活动的重要条件。

新课程要求不仅要充分利用日益优化的有形的教学环境，还要积极优化具有教学意义的无形的教学环境，优化校风、班风，优化师生之间、同学之间的人际关系，教师应真正成为“平等中的首席”，营造轻松和谐的课堂氛围，创造教师愉悦地教，学生愉快地学的教学环境。

在地理教学过程中，各个子系统都有其各自独立的地位和作用。地理教学系统是一个复合系统。新课程实践要求，要用整体观念协调各个子系统，实现地理教学系统的整体优化。

2）地理教学系统是一个运动的灰色系统

灰色系统理论认为，系统是由许多因素组成的。如果组成系统的因素明确、因素之间的关系明了、结构明晰、系统作用原理清楚，那么这个系统就是白色系统。如果系统信息完全缺乏，组成系统的各因素之间的关系不清楚，这样的系统可称为黑色系统。介于黑色系统与白色系统之间，即系统部分信息已知、部分信息未知的系统为灰色系统。白色系统是全开放性的，黑色系统是全封闭性的。灰色系统则介于两者之间，是半开放半封闭性的。

地理教学系统是一个运动的灰色系统，因为在地理教学系统的诸多组成因素当中，有些因素的信息是已知的、透明的，如确定的教学目标、选择的教学方法等；还有些因素的信息是未知的、不透明的，如变动的学生情绪和生成的教学资源等。地理教学系统作为一个运动的灰色系统，具有未知性、隐蔽性和动态性等基本特性，认识这些基本特性，对于提升地理教学的针对性和有效性具有重要意义。

（1）地理教学系统的未知性。叶澜教授认为：“课堂应是向未知方向挺进的旅程，随时都有可能发现意外的通道和美丽的图案，而不是一切都必须遵循固定路线而没有激情的行程。”由于组成地理教学系统的众多因素在教学过程中的基本功能及其潜力只能定性而非定量分析，地理教学系统具有未知性。因此，地理教学过程仍然有许多需要深入探究的问题。新课程要求关注学生的经历与体验，教师要善于通过观察、交流、实践活动等方式，了解和认识学生已有的知识基础、能力状态、态度倾向和潜力程度，增强对学生未知的认识，变被动应付为主动指导，变滞后思考为主动前馈。

（2）地理教学系统的隐蔽性。从学生参与地理教学过程的方式看，学生的地理学习过程主要是一个感受、感知、感悟、记忆、思维、想象、体验、评价、欣赏、理解、合作学习、问题解决等多种智力和情感活动组成的心理过程。这些心理活动过程具有内隐性，具有一定的隐蔽性和不易察觉性。这些内隐的心理活动对地理教学过程的顺利展开和有序推进都会产生一定影响，关系教学有效程度的高低。

以“教”为主的教学过程，单向地教学信息传递，形成了学生以“听、记”为主的被动学习方式，学生感受、感知、感悟、记忆、思维、想象等内隐的心理活动不易了解，新课程要求转变学生的学习方式，引导学生在地理学习过程中主动学习、合作交流、积极探究。通过学生主动学习，让学生在讨论学习、合作学习、探究学习等过程中，将许多内隐性的心理活动转化为外显的学习行为，有利于灰色的教学系统走向白色教学系统，为教师有效地开展教学指导提供客观依据。

（3）地理教学系统的动态性。从学生地理学习的心理特征看，学生群体既存在共性，又明显地存在个体差异性。课堂教学是复杂多变的。地理教学过程是一个发展过程，具有一定的动态性。例如，在学习高中地理“中国的资源问题”课题时，城市学生、乡村学生、山区学生、平原地学生等不同地域的学生联系家乡所在地的实际情况，对资源问题的认识和理解的广度和深度就有一定的差别。

新课程要求教师要用动态的观念看待教学过程，既要认真做好教学准备，进行合理的教学预设，也要关注教学生成，更好地促进学生成长；要基于课程标准，进行学情分析，结合教学内容，制定符合学生的学习心理特征、符合地理新课程理念要求的地理教学设计。在教学实践中，当课堂教学出现“节外生枝”时，教师能表现出应有的教学智慧，充分把握和有效利用，适时引导，将其转化为帮助学生学习的“教学资源”，促进地理教学的动态生成，增加教学效能。

案例 2-2

“工业的区位因素与区位选择”教学片断

东莞市某中学王老师在“工业的区位因素与区位选择”教学中，结合案例研究讲解“家具制造业属于市场导向型，应近消费地”时，有学生反问“为什么我们当地有不少家具是从较远地区运过来的？”学生的质疑出乎王老师的意料，但是该质疑紧扣教学内容，而且是事实存在，教师不可回避，也不能坚持要学生按照教师的思路去理解。此时，王老师引导学生围绕“意外问题”开展讨论：（1）早期的家具往往不能拆卸，从运输的角度考虑应接近市场；目前，从远处运到市场的家具在构造上有何特点（可拆分、组装）？（2）东莞有许多台资家具企业，其木材主要来自东南亚、非洲等地，产品主要出口美国，这些家具企业在东莞设厂的主要因素是什么？通过对同种工业在不同条件下区位选择的差异性进行比较和讨论，使学生从原理上理解了市场导向型和原料导向型的区别，以及劳动力导向型的特点，培养学生灵活分析问题的能力，并为后续学习“工业区位的发展变化”奠定基础。

随堂讨论 2-2

你认为案例中的教学片断体现教学过程的哪些特点？

3）地理教学系统是一个充满活力的生命系统

很明显，地理教学系统是一个人工系统，是一个充满活力的生命系统。地理教学过程也是学生生命成长的过程。地理课堂也应是“生命课堂”。尊重生命，关爱生命，是学生健康成长的必然需求。新课程要求促进学生主动发展，“满足学生不同的地理学习需要”。地理课堂教学功能与形式应实现从原有的“知识课堂”到“智能课堂”再到“生命课堂”的提升。

“生命课堂”应有丰富的情境性，营造和谐的教学氛围；应有积极的互动性，引导学生参与教学过程；应有良好的创新性，促进学生的个性张扬。

（1）具有情境的丰富性，建构和谐的地理教学过程。创设丰富的教学情境，有利于建构和谐的地理教学过程。教育实践证明“成功的教育依赖于一种真诚的理解和信任的师生关系，依赖于一种和谐的安全的课堂氛围”。（罗杰斯）“亲其师，信其道”，“离开情感的层面，不能铸造人的精神世界”。泰戈尔也说过，“教师与学生的关系是一种心灵与心灵的约会的关系”，是移情，是基于情感的认同。只有师生之间人际关系和谐了，课堂才能和谐。在和谐课堂中，教师必须有对学生个体生命的尊重，有对个体生命的独特性、唯一性的尊重。只有这样，教师才能做到用心去倾听，才能真正体现课堂的和谐。

中学地理教学内容十分丰富，无论自然地理、人文地理，还是区域地理，都与学生生活有着密切的联系。教师如能做到深谙“学习生活有用的地理”、“终身发展有用的地理”和“公民必备的地理”的课程理念，就会为创设和开发教学情境提供多维视角，提供地理故事的、地理事件的、地理场景的多种情境，建构和谐的地理教学过程。

（2）体现积极的互动性，引导学生参与教学过程。从学生成长看，互动是“生命课堂”的重要体现。《基础教育课程改革纲要（试行）》指出：“教师在教学过程中应与学生积极互动、共同发展，要处理好传授知识与培养能力的关系，引导学生质疑、调查、探究，在实践中学习，促进学生在教师指导下主动地、富有个性地学习；大力推进信息技术在教学过程中的普遍应用……逐步实现教学内容的呈现方式、学生的学习方式、教师的教学方式和师生互动方式的变革”。

从教学观念看，互动是地理课堂教学的本质；从学习过程看，互动是地理知能习得的基本途径；从师生关系看，互动是“教学相长”的基本过程；从教学效果看，互动是有效教学的基本条件。有效教学是新课程的基本追求，而有效教学应具备：学生非常明确学习的意义、有明确的学习主题和任务、对于教学过程学生有实质性的参与等特征。体现积极的互动性，引导学生参与地理教学过程，既是新课程实践的要求，也是“生命课堂”的基本特征。

（3）应有良好的创新性，促进学生的个性张扬。

新一轮课程改革的基本理念是“以学生的发展为本”。学生发展的最终目标是个性的发展。地理课堂作为地理新课程改革的主阵地，必然是学生个性发展的主要场所。因此，构建充满生命活力和智慧探索的地理课堂是地理新课程改革的理想境界，努力构建充满生命活力的地理课堂教学正是对学生进行个性发展教育的重要途径。着眼于地理教学系统的优化，从改革课堂教学入手，让地理课堂成为学生学习的乐园，促进学生个性的发展。

地理教学目标、教师、学生、教学内容（课程、教材）、教学方法、教学媒体、教学反馈和教学环境等因素共同构成了地理教学系统。地理教学系统中各因素之间的相互作用和影响，形成了整体性特征。这些因素又是动态的，鲜活的，唯有不断认识其特性及其发展，才能实现从“知识课堂”到“智能课堂”再到“生命课堂”的超越。

2.2　地理备课与地理教学设计

关键词　地理备课；局限性；地理教学设计；实践性；创造性

2.2.1　地理"备课"的局限性

地理教师的备课与上课是教学工作中两个最重要的工作。为了有效地上好课，教师无疑应当根据教学目标和课程内容，精心地"备课"。但是，这种"备课"教师往往成为"作坊中的工匠"，为课堂教学制定各种"模型"和"框子"，课堂上的教学操作往往是"教案剧"的照本上演。当教师的教学面对一个个富有个性差异、具有独特精神生活方式和经验的学生时，事先预备的教案总是"捉襟见肘"，很难真正符合学生需要，甚至与教师的"备课"要求大相径庭。如案例 2-3 所示。

案例 2-3

需要优化的"教学设计"

高中地理第一章《地球在宇宙中》

第二节"太阳和太阳系"第三课时教学设计

教学过程

一、复习旧知识

[提问] 1. 太阳系有哪些成员？

2. 绕太阳公转有哪九大行星？请按同太阳的距离由近到远的顺序依次说出它们的名称。

二、告知教学目标

[讲述] 学习了太阳系的概况后，今天我们来进一步学习太阳系的主要成员——九大行星的运动特征和结构特征，以及我们的家园——地球成为九大行星中唯一有生命物质存在的行星的原因。(用小黑板出示本节课的教学目标)

三、呈现新知识

(一) 讲授运动特征

教师指出其"运动"是指绕太阳的"公转"。然后利用电脑动画展示其"三性"(共面性、同向性、近圆性)。对于"轨道倾角"，由于学生已具备"二面角"知识，且动画形象直观，不难理解；对于椭圆的"偏心率"，由于数学课程尚未学到椭圆知识，可先简单说明偏心率大小表示椭圆的形状，待学过椭圆后该问题即会迎刃而解。[拓展] 从九大行星绕日公转图中可以看出，"同向性"就是我们所说的"自西向东"，从图上看呈什么时针方向公转？这是从天球的北极往下看还是从南极往下看？(请学习程度不同的学生分别回答，教师板图演示，这为下节学习太阳日和恒星日知识打下基础)

(二) 讲授结构特征

教师：结构特征是指什么？(学生看书回答) 根据结构特征可将九大行星分成三大类，具体的请同学们参照投影出示的表看书填表：

教师指导学生填表，然后播放录像：《太阳系》（片段）、《火星》、《木星》、《土星》

［提问］1.（加深印象，激发兴趣）探测器要在金星、木星表面着陆，注意的事项有何不同？（金星的高温高压，木星的液体表面）

2. 对照P121表（九大行星的比较数据），说出质量、体积、平均密度最大和最小、卫星数最多和最少的行星的名称。

3. 从密度看，如果有足够大的海洋，哪一颗行星可以浮在海面上？（土星）

［讲述］目前，人类对地球以外的行星了解得并不多，特别是离地球较远的远日行星了解得很少。现在我国的“神舟号”宇宙飞船第一次发射已经成功，希望同学们今后能为探索宇宙作出自己的贡献。

（三）讲授地球上存在生命的条件

［提问］1. 美国的火星探测活动是否发现火星上存在生命？2. 有哪位同学听说过除地球外其他八大行星中哪一颗上有生命存在？

［讲述］到目前为止，除地球外的其他行星都没有证据表明有生命物质存在，连最有可能存在生命物质的火星，经美国的火星探测器检测，也没有发现生命活动（最低等的微生物活动等）迹象。那生命需要什么样的生存条件呢？（请学生们看书后回答）

［提问］地球能具备生命存在的两个条件是什么？

［拓展］这么说，是否意味着太阳系中其他天体如卫星肯定不会存在生命？（请同学们展开自由讨论，老师根据情况予以补充解释）

再问：太阳系以外的行星中是否可能存在生命？今后人类是否有可能到太阳系外的行星上去？（这是学生们很感兴趣的话题，讨论一定热烈，教师要注意引导，激发他们的科学探索精神。）

四、知识巩固与目标检测［投影展示］

1. 九大行星绕日公转具有________性、________性和________性的特征。

2. 共面性是指各大行星公转轨道面与________面夹________角，即________倾角都很小。

3. 填表：对类地行星、巨行星、远日星的特征进行再复习

4. 目前所知，生命存在必须具备哪些条件？地球为什么具备这些条件从而存在生命？

摘自：郑其强．高中地理第一章《地球在宇宙中》第二节“太阳和太阳系”第三课时教学设计．中学地理教学参考，2000，(21)：46-47

随堂讨论 2-3

运用地理新课程的理念，分析案例2-3中对实现“三维目标”可能存在的不足。

传统的地理备课存在多方面的局限性。究其原因，地理教师传统的“备课”主要是依据已有的教学经验制定“教案”，按图索骥，有诸多弊端。

弊端之一，以经验为主，不能也不可能将先进的教学理念有效地指导和转换为教学实践，难以提高教学效率。“在进入新课程教学改革的今天，面对许多新课程的教学理念和教学要求，在遇到与以前一样的教学课题时，这些教师仍然是‘一如既往’、‘我行我素’。在他们的教学方案中反映不出教师角色、学生地位、媒体作用、教学过程等方面的转变。”①

弊端之二，仅仅重视知识与技能教学，表现为一种“点状的教学设计”。在许多地理教师的备课中较多地强调以教材和教学参考书为中心的教学内容研究，“备”教材的重点和难点，“备”教学参考书的要求和建议，“将课程标准中要求的知识、将教材中呈现的知识逐字逐句吃透，并精心安排教学，而将‘过程与方法’、‘情感、态度与价值观’目标的教学设计应付对之，因为他们当中有的教师认为，‘知识与技能’是教学的重点、而‘过程与方法’等则不能成为教学重点。”②

弊端之三，忽视学生的主体地位，把“运动的教学系统”静态化，对于学生“作为一种活生生的力量，带着自己的知识、经验、思考、灵感、兴致参与课堂活动，并成为课堂教学不可分割的一部分，从而使课堂教学呈现出丰富性、多变性和复杂性”认识不够。

地理课堂教学不应是一个封闭系统，也不应拘泥于预先设定的不变程式。教学方案应成为师生互动和鼓励学生互动中的学习过程。

资料卡片 2-2

教学的有效性

教学有效性是指教师遵循教学活动的客观规律，以尽可能少的时间、精力和物力投入，取得尽可能多的教学效果，从而实现特定的教学目标，满足社会和个人的教育需求

摘自：程红，张天宝．论教学的有效性及其提高策略．中国教育学刊，1998，(5)：37-38

2.2.2　从地理“备课”走向地理教学设计

“教学设计为课堂教学过程的展开与推进提供蓝图，它不仅要为形成课堂教学中的师生有效互动提供前提保证，更要为促进课堂教学中的‘人’的主动发展提供前提保证。”③

讨论地理教学设计与传统备课教案的区别，旨在一方面明晰地理教学设计的基本思想和方法论，另一方面可以更好地吸收传统的地理“备课”中存在的有益经验。例如传统的“备课”对于教材的深入分析和对“教法”的认真设计，这些在进行地理教学设计时也是必要的。地理教学设计与传统备课教案的区别如下。

（1）地理教学设计是以包括地理教学论在内的先进教育教学理念为指导，而不仅仅依赖教师的教学经验。因为先进的教育教学理念揭示了教育教学的本质，促进学生主体地位的发挥，对于如何优化教学过程有很强的针对性，教学经验往往具有很大的局限性和不适应性。

（2）传统的地理备课“教案”主要强调地理知识的传授，地理教学目标具有单维度、平面型的特点；地理教学设计是以知识、技能的获得及通过“过程与方法”学会学习、形成正确的情感态度和价值观为目标，能使地理基础教育的目标得以全面落实。

（3）地理教学设计要求深入分析学生已有的知识经验，在原有的基础上有效地促进学生

---

① 江晔．谈地理教学设计中存在的问题．地理教学，2010，(19)：10.

② 江晔．谈地理教学设计中存在的问题．地理教学，2010，(19)：10.

③ 郑金洲．备课的变革．北京：教育科学出版社，2007：1.

发展，目标合理，符合“学理”；传统的地理“备课”提出的教学目标，对学生已有的“知识经验”往往重视不够，甚至忽视。

（4）地理教学设计重视教学过程的设计，重视“过程与方法”，重视教师的“教”，更重视学生的“学”，体现教与学的双主体。传统的地理“备课”往往注重“教法”设计，对“学法”关注不够。

（5）地理教学设计注意充分利用地理教学信息和地理教学媒体，重视反馈功能，体现教学信息的双向性，因材施教；传统的地理“备课”在地理教学信息的传播设计上，往往具有单向性、封闭性，不能体现因材施教。

总之，地理教学设计与传统的地理“备课”相比，更新了教学观念，能体现大教育观、学生观、教与学的辩证观、知能统一观以及评价观，对于实现教学的有效性，发展地理教育理论，提高地理教学质量，推进地理教育改革具有重要意义。

资料卡片 2-3

教学设计与学生发展

仔细设计的教学旨在激励或支持个别学生的学习。无论是在师生一对一的情况下，还是在课堂、成人的兴趣小组内或工作情景中，只要教学发生，这一目的就决定了它的特征。帮助学生的学习必须是有计划的而不是随心所欲的，它所帮助的学习应使每一个学生更接近于最适当运用自己的才能、享受生活和适应物质和社会环境的目标。当然，这并不意味着教学计划将具有缩小学生个别差异的影响。相反，学生之间的差距将会增大。有计划的教学的目的在于帮助每一个人，使之按照自己的方向得到尽可能充分的发展。

摘自：加涅 R M，韦杰 W W，戈斯勒 K C，等．教学设计原理．皮连生，庞维国，陈保华，等译．上海：华东师范大学出版社，1999：4

2.2.3 地理教学设计及其教学实践的创造性

《礼记·中庸》篇里说道“凡事豫则立，不豫则废”。豫者，预也。这就是说，任何事情只要做好了准备，就可能取得成功，反之则往往事与愿违。无疑，这一道理对教学工作具有重要启示。教师只有认真做好教学设计，才能保证地理课堂教学运作的有效进行。

设计是指为了解决某问题，在开发某些事物和实施某种方案之前所采取的系统化计划过程。设计与其他形式计划的主要区别在于计划过程中所要求的精确性、仔细性和科学性的程度不一样。例如，在节假日可以计划每天的活动安排，但不必十分精确，更不必力求科学合理，即使未完成计划也没有任何严重后果。但在设计楼房或教学活动时，粗略的行动方案则会导致严重的后果，如时间和资源的浪费，甚至更为严重。

设计需要考虑影响计划实施的诸多因素，如果不考虑这些因素及其相互间的关系，设计出来的计划的有效性就会大打折扣。同时，好的设计者还需要充分发挥创造性和想象力。一件平庸的设计作品与富有想象力、创造性的作品相比，其效果和给人的印象会大相径庭。这里所指的“教学设计”，主要是指教师在备课过程中，运用先进的教学理念和系统方法把各种教学资源有机地组织起来，对地理教学过程中相互联系的各个部分的安排作出整体计划，建立一个分析和研究的方法，制定解决问题的步骤，对预期结果作出评价。

教学设计是运用现代学习与教学心理学、传播学、教学媒体论等相关的理论与技术，来分析教学中的问题和需要、设计解决方法、试行解决方法、评价试行结果，并在评价基础上改进设计的一个系统过程。它不是力求发现客观存在的尚不为人知的教学规律，而是运用已知的教学规律去创造性地解决教学中的问题。

教学设计过程是对所有教与学的活动和教学过程中所需的辅助工作作出具体说明的教学实施计划。实际上，所谓教学设计，也就是为了达到教学目标，对“教什么”和“怎样教”进行的规划。

案例 2-4

高中地理“常见的天气系统”教学过程设计

<table>
<tr><th>教学环节</th><th>教师环节</th><th>学生环节</th></tr>
<tr><td>情境导入</td><td>【导入】多媒体播放中央电视台的天气预报（选择我国受冷锋活动影响的天气预报）。提出问题：什么是冷空气前锋呢？冷空气过境天气会出现什么样的变化？</td><td>观看天气预报思考</td></tr>
<tr><td>展示目标</td><td>课件展示“教学目标”</td><td>感知学习目标</td></tr>
<tr><td></td><td>【展示】利用多媒体播放锋面动画。问题：①什么是气团？②……。
【小结】略。
【过渡】略。【展示】多媒体播放冷锋、暖锋与天气的动画。
问题：①冷、暖气团谁主动向对方移动？暖气团抬升情况如何？
②……？
【展示】
<table>
<tr><th colspan="2"></th><th>冷锋</th><th>暖锋</th></tr>
<tr><td colspan="2" rowspan="2">示意图概念</td><td>
</td><td>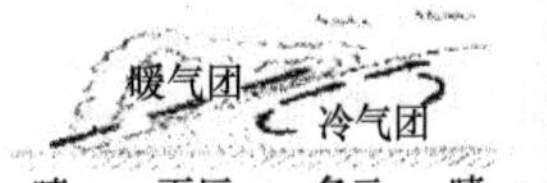
</td></tr>
<tr><td>______气团主动向______天气团方向移动。</td><td>______天团主动向______气团方向移动。</td></tr>
<tr><td rowspan="3">天气特征</td><td>过境前</td><td>单一______气团控制，天气______。</td><td>单一______气团控制，天气______。</td></tr>
<tr><td>过境时</td><td>常有______________等天气现象。</td><td>天气多______________天气。</td></tr>
<tr><td>过境后</td><td>气温______，气压______，天气______</td><td>气温______，气压______，天气______</td></tr>
<tr><td colspan="2">天气符号</td><td></td><td></td></tr>
</table>
【补充材料 1】冷暖锋判断法
①根据符号来判断冷暖锋……。②根据冷暖气团的移动方向判断……。
【补充材料 2】准静止锋与天气准静止领悟难点和知锋的形成：……
【课堂思考】下列各种天气现象是在哪种锋面影响下形成的？
①一场春雨一场暖（江南春雨）。②一场秋雨一场寒，十场秋雨穿上棉（华北谚语）。③忽如一夜春风来，千树万树梨花开。④清明时节雨纷纷。
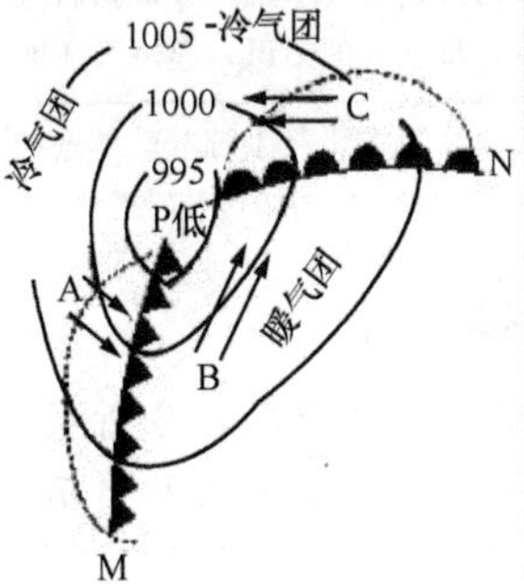

【展示】多媒体展示典型例题，学生思考，教师点评。</td><td>阅读课文回答

在屏幕上指出：冷气团、暖气团、锋面、锋线

看动画思考回答

合作学习与自主学习相结合分析冷暖锋系统各自的特点

领悟难点和知识拓展点

思考回答问题</td></tr>
<tr><td>自我评价</td><td>做学案自我评价题目，教师巡视</td><td>做题，汇报答案</td></tr>
</table>

续表

<table>
<tr><th>教学环节</th><th>教师环节</th><th>学生环节</th></tr>
<tr><td>气旋与反气旋</td><td>【承传】……。
【展示】“北半球低压（气旋）的形成及其天气示意图”。
提出问题：①天气状况？②……？
循序渐进引导学生在低压场中分析，自己得出结论。
【小结】略。
【动手画一画】请同学们画出南半球的气旋和南北半球的反气旋示意图（教师针对画图中的问题进行有针对性的指导）。
规律总结：略。
【展示】
<table>
<tr><th rowspan="2">类型</th><th rowspan="2">气压中心</th><th colspan="2">气流运动方向</th><th rowspan="2">天气情况</th></tr>
<tr><th>水平运动</th><th>垂直运动</th></tr>
<tr><td>气旋</td><td></td><td></td><td></td><td></td></tr>
<tr><td>反气旋</td><td></td><td></td><td></td><td></td></tr>
</table>
【小结】我们常见气旋和反气旋如台风天气就是热带气旋强烈发展形成的、北方秋季秋高气爽的天气、长江中下游地区7月份出现的伏旱天气、两极地区的极地高压等都是反气旋及其控制下形成的天气。
【展示】多媒体展示典型例题，学生思考，教师点评。</td><td>思考回答
动手绘图
合作填表</td></tr>
<tr><td>自我评价</td><td>做学案自我评价题目，教师巡视</td><td>做题，汇报答案</td></tr>
<tr><td>锋面气旋</td><td>【承转】……。
【展示】北半球锋面气旋示意图（补充高压脊、低压槽知识）。
问题：①确定甲、乙、丙、丁四点的风向；②确定甲、乙、丙、丁四点的空气性质（冷气团或暖气团）；③判断甲、乙与丙、丁两处锋面的类型。
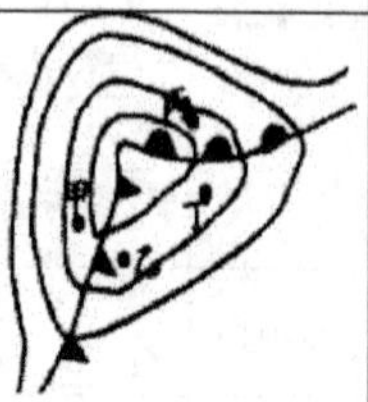</td><td>小组讨论、回答问题</td></tr>
<tr><td>课堂小结</td><td>通过本节课，你学到了什么？①知识小结；②掌握的学习方法。</td><td>回忆总结</td></tr>
<tr><td>课堂练习</td><td>布置学案上的作业</td><td>结合所学知识，完成作业</td></tr>
<tr><td>课后活动</td><td>①收看近期天气预报，分析我们这里天气的变化趋势。②根据所学的锋面和气旋、反气旋的知识，模仿天气预报员对天气形势作出预报。</td><td></td></tr>
</table>

摘自：毛新华．“常见的天气系统”教学过程设计．地理教学，2010，(24)：7-8

随堂讨论 2-4

运用地理新课程的理念，分析案例2-4中在体现先进教学思想、发挥学生主体作用、实现“三维目标”等方面的启示。

复习与思考

1. 尝试给“地理教学”下定义，并联系地理教学事件说明你的定义的合理性。

2. 地理教学系统包含哪些要素？尝试用图示的方法分析地理教学系统各要素之间的相互关系？

3. 联系地理教学事件概括出地理教学系统的基本特征？并论述地理教学系统是一个灰色系统的教学意义。

4. 案例研究：阅读下面案例，并回答下列问题。

不同时期地理教学目标设计比较

新课程改革之前的教学目标设计

案例 1

高中地理第一章《地球在宇宙中》第四节“地球的运动”教学设计：

1. 使学生了解地球自转和公转运动的方向、周期和速度，因自转、公转的周期而分别产生的太阳日、恒星日和回归年；公转轨道面和赤道面之间的黄赤交角的概念。

2. 使学生了解因地球自转而产生的几个方面的地理意义。

3. 使学生了解由黄赤交角引起的昼夜更替和四季变化，并掌握地球不同纬度处太阳高度随季节变化的规律。

4. 培养学生读图分析综合能力与发散性思维能力。

摘自：雷尚学．高中地理第一章《地球在宇宙中》第四节“地球的运动”教学设计．中学地理教学参考，1999，(7-8)：86

案例 2

新课程改革之后的教学目标设计

高中地理人教版《必修 2》第一章第三节“人口的合理容量”教学目标设计

1. 知识与技能：帮助学生认识到人口剧增给环境带来巨大的压力；说出环境承载力、环境人口容量、人口合理容量的概念；举例说明环境人口容量的影响因素；举例说明环境承载力和人口合理容量的区别；认识我国人口政策。

2. 过程与方法：帮助学生结合“谁来养活中国”的探索，激发学生学习兴趣，进而分析环境人口容量的“短板”；对“地球最多能养活多少人”的三种观点提出依据并进行小组辩论，交流观点，学会分析环境人口容量的因素和变化；对比分析中国和澳大利亚的人口数量的差异对环境的影响，以及发达国家和发展中国家的人口和消费相关问题，说明人口合理容量的相对性，探究人口合理容量的意义。

3. 情感、态度与价值观：帮助学生认识人口增长过快给资源、环境等带来的巨大压力，培养学生正确的人口观、资源观和发展观；运用辩证唯物主义的观点，正确看待地球的人口合理容量，并作出合理的分析与对策；形成可持续发展的消费观念，知道一个公民对发展应担负的社会责任，逐步养成良好的行为规范；通过了解我国的环境容量，增强关心和爱护环境的社会责任感，加强对我国国情国策的了解，明确我国计划生育政策的重要意义。

摘自：丁志军．新课标教材高中地理（人教版必修 2）第一章《人口的变化》第三节“人口的合理容量”同课异构与点评（有修改）．中学地理教学参考，2011，(1-2)：72

（1）案例反映出新课程改革前后，地理教学目标设计在要求上发生了哪些变化？

（2）案例反映出新课程改革前后，地理教学目标设计在表述方式上发生了哪些变化？

（3）案例反映出新课程改革前后，地理教学目标设计对教学过程的影响有什么不同？

（4）案例反映出新课程改革前后，地理教学目标设计反映出教学观念发生哪些变化？

第 3 章 遵循规律：地理教学设计的理论基础

学习目标

1. 说明系统科学“三原理”对地理教学设计的指导意义。
2. 能结合地理教学实例，说明地理科学理论与方法对地理教学设计的指导作用。
3. 能概括地理教学理论的基本内容，说明对地理教学设计的指导作用。
4. 能以高中生学习地理程序性知识（地理理性知识）的心理特征为例，说明学习理论对地理教学设计的指导作用。
5. 以“讲解-接受”教学模式为例，说明传播理论对地理教学设计的指导作用。

3.1 地理教学设计的系统科学理论与案例研究

关键词 教学设计；系统科学；案例研究

每一门独立的学科都有支撑它生长的理论基础，教学设计也不例外。我国教学设计研究者对教学设计的理论基础进行了大量研究，提出许多观点，概括起来有如下一些论点。①

（1）“单基础”论。教学设计的理论基础是认知学习理论，并主要强调是指加涅的认识学习理论。

（2）“双基础”论。教学设计以传播理论和学习理论为基础。

（3）“三基础”论。教学设计以传播理论、教学理论和学习理论为基础。

（4）“四基础”论。教学设计理论基础包括四个组成部分，即系统论、学习理论、教学理论和传播理论，并强调学习理论应当是四种理论中最重要的理论基础。

（5）“五基础”论。教学设计要以学习心理理论、现代教学理论、设计科学理论、系统理论和教育传播学为理论基础。

（6）“六基础”论。学习理论、传播理论、视听理论、系统科学理论、认识论和教育哲学共同构成了教学设计的理论基础。

可以看出，人们对哪些学科理论作为教学设计的理论基础是有争议的，从单基础到六基础不仅从数量上相差很大，而且选项上也有很大不同。尽管人们都有自己的理由，但必须承认，理论基础太少难以构成稳定的理论框架，过多又缺乏层次，容易淡化本学科特点，容易形成边缘学科或交叉学科。那么，怎样选择与确定教学设计的理论基础呢？我们认为，是否成为教学设计的理论基础，关键是由教学设计的研究对象来决定。根据地理学科的学科特点，地理教学设计的理论应以系统科学理论、地理科学理论、教学理论、学习理论和传播理论为基础（图 3-1）。地理教学设计是一个大的系统，这个大的系统是围绕一定的地理教学内容，通过一定的教学媒体，从而实现教师教的过程和学生学的过程的互动、交流，从而完成

---

① 林宪生．教学设计的概念、对象和理论基础．电化教育研究，2000，(4)：5.

一定的地理教学目标。从图 3-1 可以看出，系统科学理论支配着其他几个理论基础；地理科学理论是地理教学设计最直接的理论基础，它间接地影响着教学理论、传播理论和学习理论；教学理论和学习理论是地理教学设计两个最核心的理论基础；传播理论是地理教学设计不容忽视的理论基础，它直接影响着教学过程中教师的教和学生的学之间的互动，没有传播理论的指导，教师和学生之间的互动会受到很大的影响。

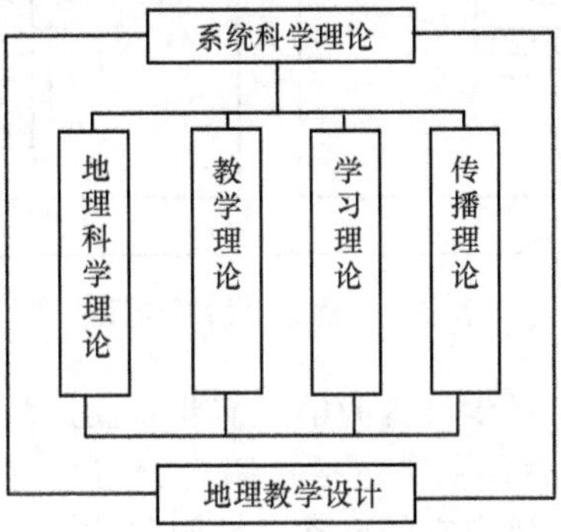

图 3-1　地理教学设计的理论基础

由此可见，地理教学设计深受这些理论的影响，这些理论为地理教学设计提供了理论基础、方法和设计模式，如系统科学理论为地理教学设计提供了系统的科学研究方法；地理科学理论为地理教学设计提供了丰富而有意义的地理教学内容；教学理论通过研究教学的一般规律为地理教学设计的具体操作提供了指导；学习理论通过对学生学习的本质和机制的研究，使地理教学设计符合学习的规律；传播理论为地理教学设计提供了选用媒体的思想。

3.1.1　系统科学理论概述

系统论认为，世界上的一切事物都是作为各种各样的系统而存在。系统可大可小，大到一个国家、地球、太阳系、银河系……小至一个原子、分子……自然界由无数大大小小的系统构成。系统的构成至少要有三个条件：一要有一定的元素，其中因分析的需要，而把其主要的元素称为要素；二要有一定的结构，即元素之间的相互联系，元素之间没有联系，不能构成系统；三要有一定的环境，系统是一定环境中的系统，它在一定的环境作用下，又作用于一定的环境，没有环境也就没有系统。

教学系统是由一定数量的相互联系的要素如教师、学生、教学内容、教学媒体、教学方法和教学环境等结合起来的具有某种教学功能的系统整体。教学系统包括教与学两个要素，教与学之间构成的教学活动共同完成培养人才的目的。教与学在教学系统中又可分别构成两个子系统，每一个子系统又由不同的要素组成，如图 3-2 所示。

教的系统和学的系统都是一个开放的动态系统。两个系统之间是通过信息的输入、输出产生联系的。教的系统要接受学的系统的信息反馈，从而在教的系统内进行调整，以更好适应学的系统需要；同样学的系统在接受教的系统的信息输入时也会输出自己的反馈信息。因此教与学通过输入—输出—反馈调节构成一个完整的系统。

教学设计就是把教学系统作为一个整体来进行设计、实施和评价，使之成为具有最优功能的教学系统。在系统科学指导下的教学设计以学习需要为开始，在确定学习需要之后，在对学习者和学习内容以及各种教学策略进行分析的基础上，通过系统的策略优化技术确定教学策略，实施教学策略，在实施的过程开展的形成性评价，在实施后开展总结性评价，力图

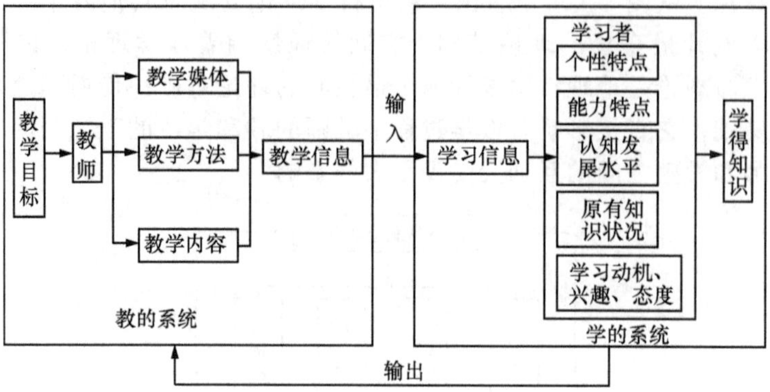

图 3-2 教与学的系统图

使通过教学设计后的教学系统满足学习者的学习需要，促进学习者的发展。

系统科学产生于1948年前后，主要包括控制论、信息论、系统论。它主张将事物和对象看做一个系统进行整体研究，研究它的要素、结构和功能的相互联系，通过信息传递和反馈实现系统之间的联系，获得最优化的效果。其主要原理有整体原理、有序原理和反馈原理。以系统科学理论为指导，教学设计将分析教学过程的各个要素，注意各要素之间的联系，从总体上考虑，力求在可能的条件下，取得相对最佳的教学效果。同时，系统科学的发展给教学设计带来了新的发展空间。作为一个科学体系，系统科学的完善和发展带动了教学设计的完善和发展。

资料卡片 3-1

系统科学理论的“老三论”与“新三论”

系统科学理论是指“老三论”（系统论、信息论和控制论）和“新三论”（耗散结构论、协同论和突变论）的总称。“老三论”以系统论为核心，“新三论”是系统论的新发展。“老三论”产生于20世纪40年代前后。从60年代开始，“老三论”方法运用于教育研究。美国、英国、联邦德国、苏联等国的许多学者，试图用控制的观点实现教学过程中对学生认识活动的控制。美国心理学家斯金纳创立的“程序教学”以及联邦德国弗兰克等人创立的“控制论教育学”，就是主要从信息理论和控制理论角度来考察教育现象的。苏联巴班斯基运用系统方法研究教学过程，提出了“教学过程最优化”理论。我国自1979年以来开始运用“老三论”方法研究教育问题。“新三论”是20世纪70年代才发展起来的。近年来，运用“新三论”方法研究教育问题已引起人们的重视。

摘自：查有梁．系统科学与教育．北京：人民教育出版社，1993：17-18

在地理教学设计中应用系统科学的整体原理、有序原理和反馈原理，能有效整合教学因素，发挥教学系统的整体功能。

3.1.2 整体原理与地理教学设计

整体原理的含义是：任何系统只有通过相互联系形成整体结构才能发挥整体功能；或者说，没有整体联系，没有整体结构，要使系统发挥整体功能是不可能的。

地理教学系统怎样才能发挥整体功能？任何系统都是一个有结构的整体，系统是由若干相互联系、相互作用的要素构成的整体，运用整体原理指导地理教学设计，要树立全局、整体观念，从地理教学目标的制定到地理教学过程的实施，不仅要注意发挥系统中各部分功能，更重要的是要注意发挥各部分相互联系形成的整体功能。

遵循整体原理，就要紧紧围绕地理教学目标，将系统内相互作用的各要素作为一个整体来设计，坚持“面向全体、全面发展、整体备课、纵横联系、优化结构”的设计原则。

1. 面向全体

“班级”作为教学的一个基本单元，是一个有机的整体。因此，在设计和实施地理教学时既要考虑大多数学生，又要考虑少数“学困生”和“学优生”，使教学过程对全体学生都有积极意义，最终实现“学困生”转化为“中等学优生”、“学优生”的发展目标。这是新课程理念下的“不让一个孩子掉队”对地理教学的要求，更是优化地理教学、提高地理课堂教学效率的必由之路。[①]

2. 全面发展

整体原理要求在教育中要把德育、智育、体育、美育和劳动技术教育联系起来，培养全面发展的人。就地理教育而言，在地理教学中，应该从知识与技能、过程与方法、情感态度与价值观三个维度来设计地理教学目标，从而使每个学生在知识、技能、智力、情感等方面都得到提高，身心得到全面和谐发展，而不应只是满足于让学生掌握一些零碎的地理知识。

案例 3-1

“环境问题产生的原因”一节的教学目标设计

1. 知识与技能目标：

A. 说出世界人口的增长状况以及人口是怎样对环境产生压力的；

B. 举例说出资源不合理利用的表现；

C. 能说出传统经济增长模式的特点，并用图示表达；

D. 能说出人口、资源、环境和发展的关系，并能运用它来解决实际问题。

2. 过程和方法目标：

A. 通过读图，提高读图分析、信息提取的能力；

B. 通过阅读材料，提高提取关键信息的能力；

C. 通过小组讨论、代表发言，培养合作精神和语言表达能力。

3. 情感态度价值观目标：

A. 树立科学的人口观；

B. 形成合理利用和保护资源的意识；

C. 养成爱护环境，美化环境的公民意识。

随堂讨论 3-1

1. 该案例是如何体现系统科学的整体原理的？

2. 你认为地理教学目标的制定在地理教学系统中起什么作用？

---

① 张胜前．运用系统科学原理-指导地理课堂教学．地理教学，2005，(11)：17.

3. 整体备课

整体原理要求我们在进行地理教学时，必须整体备课。

(1) 整体备课：在进行某节地理课的设计之前，要先有一个“整体备课”，写出简要的全学年或全课程的教案，然后才制定详细的教学设计，不要备一节课，上一节课，尤其是新教师，没有整体设计的教学，其效率必然很低。也就是说，不能仅仅讲授一个个孤立的知识点，而要在帮助学生学习知识点的过程中，注意各知识之间的联系，以使学生形成一个有结构的整体。

(2) 纵横联系：不仅指在一门学科之内，而且指与相关学科之间的联系。例如，人口教育、环境教育、国情教育和国际教育等内容与地理教学内容密切联系，可以综合到地理教学内容之中，地球运动、地壳运动、天气变化和生态平衡等地理知识的获得需要具备一定的物理、化学和生物知识；对各国概况、生产布局和人文景观的认识和理解则需要一定的政治和历史知识。同时掌握一定的地理知识又是学好其他学科知识的必要条件。正如赫尔巴特在论述地理时所提出的：“在一切课程中，地理教学与其他课程必须结合起来，并必须牢牢地保持联系。没有地理教学，一切就会动摇。历史事件将缺少发生的地点和空间；天然物产将缺少产地；通俗天文学将缺少整个支撑；几何想象缺少了一种最重要动力。假如我们就这样让部分知识分裂开来，那么整个教育将会由于这种教学而陷入危险之中。”[①] 教师在整体备课中，重视纵横联系，在教学中便能体现教学的整体性与知识的联系性，这样的教学过程不仅生动，而且效率高，对于培养学生综合分析能力、比较分析能力及思维品质的深刻性、发散性、概括性和创造性，以及促进学生知识的迁移具有重要意义。

案例 3-2

地理教学设计与相关学科的联系

在设计“陆地环境的组成——岩石”这一节时，应该对构成陆地环境的岩石、地貌、大气、水、生物和土壤等地理要素有一个整体的了解，因为它们是相互联系的。

在设计“地球运动的地理意义”中的地转偏向力和“大气的运动”时，可以把它们同物理中的“力的分析”结合起来，以便于学生理解；在设计“海水的温度和盐度”时可以联系物理中的“密度”；在设计“陆地环境的组成——生物”一节时，可联系生物中的“生物圈”方面的内容等。

在设计“喀斯特地貌”这一内容时，可以应用化学知识更好地帮助学生理解喀斯特地貌的形成原理。喀斯特地貌主要分布在石灰岩地区，通过“$CaCO_3+H_2O+CO_2 \longrightarrow Ca(HCO_3)_2$”化学反应式，可以更好地帮助学生理解流水破坏作用形成溶洞，通过“$Ca(HCO_3)_2 \longrightarrow CaCO_3\downarrow+H_2O+CO_2\uparrow$”化学反应式，可以更好地帮助学生理解流水再造作用形成石钟乳。

在设计“山坡的光照和热量”时，可以引用唐朝诗人宋之问的一句古诗“南枝向暖北枝寒，一样春风有两般”，促进学生思考：为什么山坡两侧向阳坡与背阳坡的光照及热量存在差异。

---

① 赫尔巴特．普通教育学·教育学讲授纲要．李其龙译．北京：人民教育出版社，1989：335.

在设计“我国的气候特点”时，关于我国季风区和非季风区的界限，可以引用王之涣写的《凉州词》中的两句古诗“羌笛何须怨杨柳，春风不度玉门关”，促使学生思考为什么春风吹不到玉门关等问题。

随堂讨论 3-2

你认为案例中的地理教学设计思路对学生的学习会产生哪些影响？

4. 优化结构

系统的结构决定系统的功能，因此，在地理教学设计中应该坚持整体原理的指导来优化地理教学设计的结构。例如，在优化教学系统的各个环节时应注意做到：

（1）复习铺垫要讲究简洁性，切忌复习时间过长，复习内容过多。例如，在设计自然条件对农业影响时，可让学生回忆自然地理环境的组成要素，然后迅速过渡到气候、地形、水文、土壤等因素对农业的影响。

（2）导入要力求趣味性，要使学生生疑思维、生趣求知，为课堂教学营造良好的教学氛围，促进学生活泼发展。

（3）传授新知要调动学生积极性，学生是学习的主体，教师必须充分调动学生的积极性、主动性和创造性，使学生最大限度地参与到探究新知的活动中。例如，在讲“水循环”时，可引用李白的诗“君不见，黄河之水天上来，奔流到海不复回”，让学生从地理角度评论这句古诗是否符合地理规律？从而使学生愉快地参与到教学活动中，优化教学情景。

（4）巩固练习要多样性，以满足不同学生的需求。例如，在讲“工业生产和工业布局”时，可以设计如下巩固练习：A. 某地区有大型铜矿和煤矿，从影响工业布局的因素考虑，适合建立什么厂？B. 这类企业应布局在城市的什么位置为宜？C. 若从综合利用、化废为宝的角度考虑，附近可附设什么厂为宜？

（5）课堂总结要有概括性，课程结束前的几分钟，教师要对本节课的内容进行归纳总结或转化升华，给学生以精要、深刻的印象，以起到整理知识、加深理解、巩固记忆和促进思维的作用。可采用纲目归纳、列表比较、纲要信号等方法。

3.1.3　有序原理与地理教学设计

有序原理的基本含义是：任何系统只有开放、有涨落、远离平衡态，才可能走向有序；或者说，没有开放、没有涨落、处于平衡态的系统，要想走向有序是不可能的。在这里“开放”是指系统与外界进行着物质、能量或信息的交换。“涨落”是指对系统稳定状态的偏离。

在自然界，大到包括太阳系在内的天体系统，小到原子组成，都存在一种有序的结构。这些系统内部各要素有其排列和组合的顺序、层次，其组织形式构成系统的有序结构。所谓“有序”是指系统的组织化程度高。

资料卡片 3-2

有序原理

系统由低级的结构变为较高级的结构，是有序；反之是无序。生物进化是有序；生物退化是无序。社会发展是有序；社会倒退是无序。学习、记忆过程是有序；荒废、遗忘过程是无序。

摘自：查有梁．系统科学与教育．北京：人民教育出版社，1999：17

地理教学设计在其进行过程中所遵循的顺序应符合学生认知的序和心理发展的序；地理感性知识是地理理性知识掌握的基础。陈述性的地理知识、程序性的地理知识和策略性的地理知识学习与掌握也存在内在联系和学习顺序。学习能力的培养和发展应遵循由简单到复杂的序。学生要掌握地理技能也必须遵循认知的序，遵循由简单到复杂的序。根据有序原理，处理地理教学应注意系统要素的关系，重视对构成系统的要素加以注意和选择，更要特别重视系统内部各要素结构的序，以充分发挥教学系统的功能。

1. 内容的序

地理教材的编排是有序的，一般遵循由易到难的原则。因此，地理教学设计应遵守这种序。同时地理知识的学习是培养学生地理基本能力和地理情感的基础，在地理教学中应该学习地理基础知识。在地理基础知识的教学中也应遵循一定的序，如，先学习地理陈述性知识，后学习地理程序性知识，再学习地理策略性知识。

例如，学习“环境问题产生的原因”一节，在地理教学设计中，应设计先提供丰富的有关环境问题的图片、录像等地理表象知识，帮助学生对环境问题有所了解，然后再进一步分析环境问题产生的原因，也就是分析程序性知识，最后，再针对这些现状和原因，让学生提出治理环境问题的一些措施。

有序原理还要求教师要努力挖掘这几类知识内容之间的有机联系，揭示知识的结构，并在教学中引导学生认识并掌握这种知识的结构，这种有结构的知识不是散乱的，而是有机联系的，是有序的，它不但便于记忆，而且能产生较高的智力价值。

2. 认知的序

地理教学设计还要注意符合学生认知和心理发展的序，这样才有利于学生对知识的理解，因此在教学设计中要遵守从已知到未知、从具体到抽象、从简单到复杂的有利于学生认知的序。在教学设计中应该采取多种方法促进学生认知的发展，可采用“先行组织者”为学生架设“认知桥梁”，提供同化新知识的“认知停靠点”，最大限度地促进学习迁移，从而达到提高地理教学质量和效果的目的。

例如，掌握地理技能是地理教学的目标组成部分，地理技能目标设计也应该遵循由简单到复杂的序。一要帮助学生明确技能练习的目的和要求，掌握有关地理技能的基础知识；二要帮助学生掌握正确的练习方法，一般先由教师讲解要领、方法，并作示范，然后再让学生自己练习；三要让学生及时知道练习的结果，教师必须加强对学生作业的指导，认真及时地检查学生的作业，从而使学生保持成绩和优点，克服缺点和错误；四要坚持循序渐进的原则，对于复杂的技能，可以先分解成几个小环节，再完成整个活动；五要重视技能练习质量的要求，但也要重视对技能练习速度的要求，在保证质量的同时，做到练习技能的速度既不过快，也不过慢；六要做到技能练习的适时、适量，既要有足够的练习次数，又不要搞“题海”战术；七要让技能练习的方式多样化，这样不仅可以引起学生练习的兴趣，保持学生的注意，还可以培养学生灵活运用地理基本技能的能力。

案例 3-3

运用等高线地形图训练绘制地形剖面图的技能

根据等高线地形图训练学生掌握绘制地形剖面图的技能可采取如下的序：

1. 让学生理解地形剖面图的基本含义；
2. 确定水平比例尺和垂直比例尺并注明；
3. 做水平基线和高度表；
4. 确定投影点并进行投影；
5. 将投影点连成光滑的地面曲线；
6. “加饰”地层示意线；
7. 写上图名。

随堂讨论 3-3

参照案例中运用等高线地形图训练学生掌握绘制地形剖面图技能的地理教学设计思路，讨论设计训练学生绘制世界轮廓简图的思路，并说明理由。

3. 教学的序

地理教学是一个动态发展的过程，无论是教师的教还是学生的学都应该遵循一定的序，只有这样才能保证整个教学系统的良性循环。作为教师，在课前应做好教学的准备，要通过钻研教材、了解学情、优选教法做好地理教学设计；在教学中，教师进行地理教学时应按照引起动机、感知知识、理解知识、巩固知识、运用知识几个阶段有序进行；课后要及时进行教学反思，因为教学设计与实际教学还有一定的差距，要总结经验教训，同时要及时批改学生的作业，以了解学情，为下次备课做好准备。作为学生，应参与教师的“教”的过程，在课前复习已学知识同时预习将要学习的内容；在课中应结合教师的引起动机、感知知识、理解知识、巩固知识、运用知识几个阶段认真思考；在课后认真复习，及时完成作业。

另外，有序原理还强调系统的开放，没有系统的开放就不可能走向有序。因此，在地理教学中应建立开放的教学系统，如开展丰富多彩的课外活动，引导学生广泛地接触自然、接触社会，开阔学生的视野；在课堂上利用各种教学方法和手段，如自学、讨论等保证学生与教师、教材、同学之间信息交流的畅通，同时还包括在教学中促进学生头脑中的知识储备（包括旧知识、其他学科知识以及社会实践知识等）与新知识的联系，使学生大脑中各子系统所储备的信息联系起来。

3.1.4　反馈原理与地理教学设计

反馈原理的含义是：任何系统只有通过反馈信息，才可能实现有效控制，从而达到目标。或者说，没有反馈信息的系统，要实现系统有效的控制，从而实现目标是不可能的。在教学系统中，根据反馈信息，比较、纠正和调整信息，提高信息输入的质量，可以有效地促进地理教学系统的良性运行。

反馈的重要性就在于任何系统只有通过反馈才能实现有效的控制。所以要对教学过程实施良好控制，达到预期的教学目标，实现教学效果优化，就应在教学过程中及时获取来自学生的反馈信息，并及时对教学进行合理的调节。传统教学存在的问题，就是在教学过程中不能及时准确地获取来自学生的反馈信息，实行调节控制。教师只是一味地讲，学生听得如何，难在哪里，教师都不甚清楚，因此就无法实现对教学的控制。这种教学只有教师输出信息，学生吸收信息，而没有及时的信息反馈，不是一个完整的教学过程。没有反馈就没有真正意义上的教学，因此，地理教学要注重反馈。[①]

1. 超前反馈

《学记》中强调“禁于未发之谓预”，即强调教育要重视“前馈”——不是等到学生出了偏差才来纠正，而是预见到偏差，提前加以干预，使之不要出现大的偏差。在多次反馈的基础上，如果能做到“前馈”就可以提高教学效果，这是很重要的方法。例如，在讲日期变更线时，有两条经线，一条是人为规定的大体与180°经线重合，而另一条经线是自然更替的经线即0点或24点时刻的经线，而学生通常把自然更替的经线认为是0°经线，但事实上不一定。教师在讲这一内容时，就可提前提醒学生，强化学生的记忆。因此，教师在教学中要积累经验，要能预先知道学生在什么地方可能出错，或根据前一阶段的学习，预测到后一阶段的学习和可能出问题的地方，从而有针对性地提前加以指导，这对于提高教学效率和质量大有好处。

2. 及时反馈

在传统的教学中，教师更多的是从教的角度来设计教案的，学生是接受信息的容器，因此，忽视了信息的及时反馈。在新的教学理念下，地理教学要体现出师生互动，促进学生主动发展的理念。因此，在地理教学中一定要设计多种问题或活动，从学生那里及时获取信息，从而调整教学。例如，设计“热力环流”时，在讲完了热力环流原理后，可设计如下检测题：比较沿海地区海陆间昼夜风向的差异。让学生通过运用热力环流原理，分析昼夜风向的变化，了解学生对原理的掌握情况。同时教师对学生的反馈要及时给以评价，如通过课堂回答、课外作业等。

3. 情感反馈

在地理教学中，除了要注意知识的反馈外，还要注意师生之间情感的反馈，应该建立一种积极的，有利于学生发展的反馈机制，要通过情感的反馈，激发学生学习的积极性。教师在评价反馈中应把对学生的爱融注到教学中，肯定他们的成功，让学生真切地感到温暖、激励，从而鼓起努力上进的风帆。因此，教师在教学中一定要注意心理因素对学生的影响，在评价中要多用鼓励性的话。例如，作业批改写鼓励性的话，增强学生努力上进的信心和勇气。对于作业做得完全正确，书写工整的就写批语为“很好，望继续努力或继续发扬”；对于不学或全做错了但字写得好的就写批语为“你的字写得很漂亮，我想，你一定下了不少工夫练字吧，要是地理课也这样，你的地理一定学得不错，不妨试试看!”这样学生的兴趣就调动起来了。在以后的作业批改中，应根据学生的作业，听课情况，找出他们进步的地方给予鼓励性评语，以强化学生的学习。同时，教师在上课时，应观察学生的面部表情，及时调整自己的教学。

4. 自我反馈

教学反思是对教学实践的再认识，是对教学中成功与失败、经验与教训的回顾，是教师

---

① 张胜前．运用系统科学原理，指导地理课堂教学．地理教学，2005，(11)：19.

对自己教学的一种反思，一种自我监督。通过写教学反思，可以为下一次课提供有价值的反馈信息，同时也是课后的“再备课”。通过教学反思，记载自己较好的教法和成功的经验，能加强自己的经验积累，从而探索教学规律，掌握教学规律，有利于从“经验型”教师向“专家型”教师的转变，也有利于地理教学系统的良性循环。

总之，系统科学的三个原理是一个整体，不可分割。地理教学是一个复杂系统，它涉及诸多教学因素，在教学中应该综合考虑这些因素，发挥这些因素最大的整体功能；同时要使这些因素向有序的方向发展，及时对整个教学系统进行反馈，反馈原理在系统科学的三原理中起着把关作用，是系统再运作的起点，可以促进教学的良性循环。

3.2　地理教学设计的地理科学理论与案例研究

关键词　教学设计；地理科学；案例研究

3.2.1　地理科学理论概述

地理科学是构成地理教学设计基本内容中最重要、最直接的理论基础，而地理教学是运用地理科学的基础知识、基本技能为基本教学内容来教育学生的教育活动。没有地理科学，也就不存在地理教学设计理论建立和发展的基础。地理科学不仅提供了丰富的理论知识，而且还提供了地理科学的方法论，它是深入研究地理教学系统和过程特殊规律的重要理论基础之一。地理科学作为地理教学的理论基础主要表现如图 3-3 所示。

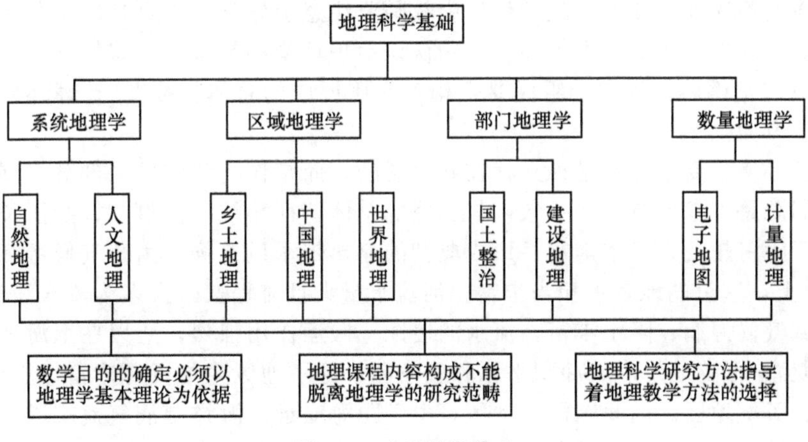

图 3-3　地理科学基础

首先，地理教学目的的确定必须要以地理学的基本理论为依据。地理学以人类赖以生存和发展的地理环境及人地关系为特定的研究对象，以系统地理学、区域地理学、部门地理学、数量地理学等为学科体系，是一门具有综合性和区域性两大重要特点的学科。学校地理课程的教学目的，是要求学生能正确认识人地关系，学会以动态的观点揭示地理环境各要素的相互关系、相互制约、相互作用、相互影响；要掌握中外区域地理相似性与差异性方面的基础知识，树立正确的人地观、资源观、环境观及可持续发展观等。这些教学目的的确定，必须源于地理学各不同分支学科的研究范畴和理论。

其次，地理课程是地理教学研究最实质的要素，学校地理课程的内容构成不能脱离地理科学的研究范畴。地理教学内容的选取和配置都要符合地理科学的体系要求，内容要系统、全面而且完整，不能顾此失彼。要把学校地理课程涉及的板块构造理论、大气环流理论、区位理论、人地关系理论和可持续发展理论等，进行一系列的教育加工，创造出地理教育所需要的内容体系。地理学科的教学内容，除了要考虑社会的需要，以及学生身心发展需要的要求外，还要以地理科学中公认的基本概念、基本原理、基本事实和最新的研究成果为主要内容。①

地理科学横跨自然科学和人文科学，是一门综合性、区域性很强的学科，也是和我们人类生活密切相关的一门学科。这些独特的学科特点影响和指导着地理教学设计。在地理教学设计中，应从地理环境的整体性、地理环境的区域性和地理环境的人地相关性等方面来设计教学。

3.2.2 地理环境整体性与地理教学设计

任何地区的地理环境及其特征的形成都是多种地理要素综合作用的结果，其中一个要素的变化还会制约或影响其他地理要素的发展和变化。“这种变化不仅表现在同类地理事物之间，而且也表现在不同的地理事物之间；不仅表现在同一时间的不同空间，也会表现在不同时间的同一空间。”② 如自然地理环境是由地形、气候、河流、土壤、生物等要素组成，一个要素的变化，就会影响其他要素的变化。

在自然界中没有孤立发生的东西，相互作用是事物发展的真正原因。地理环境是个复杂的综合的整体，它是由相互交错、重叠的大气圈、水圈、生物圈和岩石圈（包括地壳和上地幔顶部）组成的，在这里，空气、水、岩石和生物等物质都处在相互渗透和相互作用之中。针对地理环境的整体性，在地理教学设计中教师要注意引导学生学会用联系的观点、综合的观点去正确认识地理环境的基本特性，正确认识地理环境的复杂性、多样性、整体性和综合性。③ “地理环境的整体性体现于组成要素相互作用形成的总体特征”。地理环境的整体性表现为以下两个方面。

（1）地理环境各要素并不是孤立存在和发展的，而是作为整体的一部分发展变化着。在景观上，它们总是力求保持协调一致，与环境的总体特征相统一。例如，我国长江中下游平原地区，由于距海较近，降水丰富，形成典型的亚热带季风气候。由于气候湿润，年降水量在 800mm 以上，这里的地表水相当丰富，河流水量大且流程长，大多为流入海洋的外流河；由于长江流域气候湿润、降水丰富，流水的侵蚀、搬运作用强烈，所以在上游地段形成峡谷地形（如三峡）、下游地带形成冲积平原和三角洲；这一地区生物资源丰富，土壤发育较好，为典型的红、黄壤地区。而我国西北地区，由于距海遥远，海洋湿润气流难以到达，形成干旱的温带大陆性气候。由于气候干旱，降水很少，这里的地表水贫乏，河流不发育，大多为内流河；由于气候干燥，流水作用微弱，但物理风化和风力作用显著，形成大范围戈壁和沙漠；气候干旱还导致植被稀少，土壤发育差，有机质含量少。

（2）地理环境中某一要素的变化影响另外的要素的变化，甚至影响整个环境状态的改变。例如，气候与水文之间，我们常说，“天上下雨地下流”，降水多的地方，地表水资源丰

① 白文新．新地理教学理论及其研究方法探析．中学地理教学参考，2003，(12)：5.

② 陈澄．地理教学论．上海：上海教育出版社，1999：45.

③ 李家清．地理课程与教学论．武汉：华中师范大学出版社，2010：180.

富；反之，地表水资源则贫乏。而地面潮湿、空气中水汽含量大，又会增加降水量。又如，水文与地貌之间，地表水流发育，流水的侵蚀作用强烈，往往形成沟谷、冲积平原等地貌；地表水量短缺的干旱地区，往往是风沙较大，一般形成沙丘、戈壁等。而不同的地貌对水文的影响程度也是不一样的，如平原上的河流流速较慢，河道较宽，有利于航运但泥沙较多；处在高原、峡谷地带的河流，河流的流速较快，河水较清，由于落差较大，所以河流的水能资源十分丰富。再如，土壤与生物（植被）之间，一般肥沃的土壤植被丰富，贫瘠的土壤中植被稀少；而丰富的植被类型又可以给土壤中增加大量的有机质，可以增强土壤的肥力。

案例 3-4

有一位地理教师在进行“西北地区荒漠环境”和“森林破坏对地理环境的影响”教学内容的设计，设计了如图 3-4 和图 3-5 所示的纲要信号图。[①]

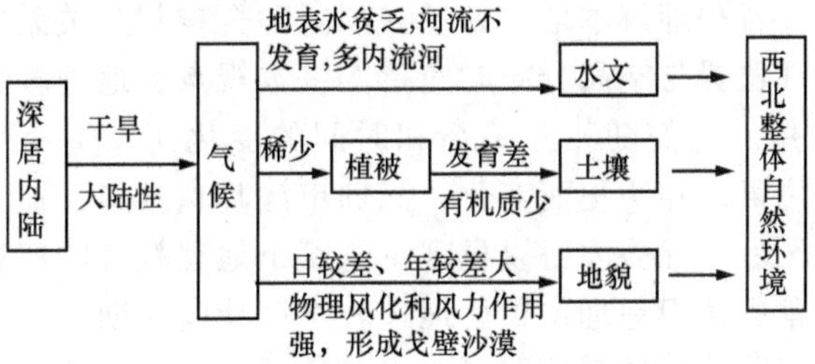

图 3-4 西北独特的荒漠环境的形成

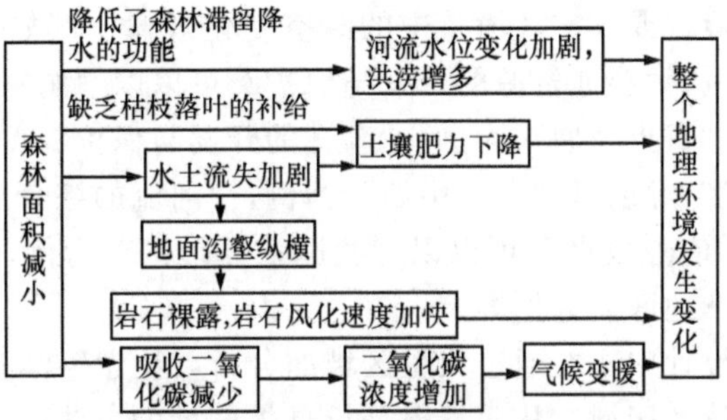

图 3-5 森林破坏对地理环境的影响

随堂讨论 3-4

1. 案例中两个图的应用如何体现地理环境的整体性？
2. 树立地理环境整体性的意识对地理教学的优化设计有何作用？

3.2.3 地理环境区域性与地理教学设计

“地理学是一门旨在解释地区特征以及人类和事物在地球上出现、发展和分布情况的科学。地

① 盛惠宾．图解自然地理环境的整体性．地理教育，2006，(6)：15.

理学所关注的是人与环境在特定地点和位置的相互作用。”[①] 正如《国际地理教育宪章》所指出的，“地理学研究的核心是地区特征和地区背景下的地理事象的分布格局和动态发展过程。”[②] “由于地表物质空间分布的不均衡性，地表空间差异形成了地表区域系统。在某个地域范围内，各种地理事物互相联系，相互作用，综合构成一个相对独立的区域整体，形成了独特的区域地理特征。”[③] 地理环境的自然因素、人文因素和人与自然相互关系的状态在区域分布上是不均匀的。因此，地理学科具有很强的区域性，它主要围绕“它在哪里？它是什么样子的？它为什么在那里？它是什么时候发生的？它产生了什么作用？怎样使它有利于人类和自然环境”等一系列问题展开，这些问题往往成为地理教学设计的核心问题。对这些问题的揭示，有助于人们正确认识人类与地理环境发展中的区域空间关系，如空间位置、空间形态、空间组成、空间层次、空间排列、空间格局、空间联系和空间的制约关系等，这些对于人们思考如何生活在地球上都是很重要的。

首先，在地理教学设计中，要帮助学生形成地理学的空间观点，尤其是区位与空间分布观点。认识人和地方的位置是理解本地、区域、国家和全球相互关系的前提。区位与空间分布观点主要指在认识地理位置与空间分布时应持的基本观点。地理教学设计应帮助学生认识地理位置的重要性和作用。它们随相互关系和时间的变化而发生变化。例如，城市位置不变，但其政治、经济地位可以随历史而变化；深圳市濒临珠江口，但其位置的优越性，在改革开放将其列为经济特区后，优势才得以显现。这赋予地理教育的职责是，帮助学生学会用发展的眼光、动态的视角去认识地理位置。地理教学设计应帮助学生认识到某个区域因其独特的空间占位状况，决定着该区域其他要素的组合特征，优越的地理位置可以促成某些特殊活动的发展；区域间地理特征的差异，往往是由于两者在地表上所占据位置的不同造成的。

其次，在地理教学设计过程中，要通过典型区域的分析，揭示人类活动与地理环境的关系，揭示隐蔽的自然环境（或人文环境）中的时空变化规律。例如，“荒漠化的防治”可以以“我国西北地区”为例、“湿地资源的开发与保护”可以以“洞庭湖区”为例，“区域水土流失及其治理”可以以“黄土高原”为例，“森林的开发与保护”可以以“亚马孙热带雨林”为例，“能源资源的开发”可以以“我国山西”为例，“河流的综合开发”可以以“美国田纳西河流域”为例，“区域农业发展”可以以“我国东北地区”为例，“区域工业化和城市化”可以以“我国珠江三角洲地区”为例等。

再次，在地理教学设计中，要通过典型区域的分析，让学生学会利用自然要素、人文要素等理论知识去分析具体的区域，从而掌握分析具体区域的方法，达到举一反三的效果。区域性是地理的典型特征，各区域间既有明显的区域差异，也有很多相似或相同之处，因此引导学生选择适当的参照区域，围绕不同的地理要素进行一个区域内部或两个甚至多个区域之间的比较，引导学生分析各要素间相互联系、相互制约的空间关系，觉察区域间的空间格局，综合出不同地理要素在区域形成和发展中的地位及作用等是进行区域地理学习的重要方法。区域比较和分析的内容一般包括：区域要素的比较、分析；区域特征的比较、分析；区域特征成因的比较、分析；区域差异的认定、比较与分析等。例如，我国东部季风区、北方地区和南方地区的比较；地广人稀的加拿大与澳大利亚地理各要素的比较；日本工业区、美国东北部老工业区、德国鲁尔区与中国四大工业区的工业发展条件的比较等。[④]

---

① 国际地理联合会地理教育委员会．地理教育国际宪章．冯以浤译．地理学报，1993，(4)：290.

② 王向东，袁孝亭．国际视野下中学区域地理教学的主题选择与目标定位．课程·教材·教法．2008，28 (1)：60.

③ 袁书琪．地理教育学．北京：高等教育出版社，2001：28.

④ 李家清．地理课程与教学论．武汉：华中师范大学出版社，2010：230.

最后，在进行地理教学设计时，都要尽可能地联系我们的教育对象——学生所在的区域进行联系学生生活实际的分析。在学习自然（地形、气候、河流、植被、土壤和动物等）以及人文（人口、城市、交通、旅游、工业、农业和商业等）要素时，教师都可以紧密联系学生所在区域的自然和人文现象，对地理教材内容进行二次开发，确定联系学生生活实际的主题内容、创设学生能感受体验的生活情境。正如赫尔巴特在论述地理教学时所说的："学生和教师眼下所处的地方是应当作为出发点和拓展思维视野的一点。"① 因此，在地理教学设计过程中，通过紧密联系学生所在区域的自然现象、人文现象，学生可以习得很多对生活有用的地理，并激发他们学习地理的兴趣。

案例 3-5

区域性是地理学的特色，区域比较是地理学习中重要的思维方式和学习方法。在以学生发展为本、鼓励探究质疑的教学设计中，恰到好处的比较往往能于相似处集思，于矛盾处启思，营造独特的思维效果。区域比较法的应用为转变学生学习方式，引导学生深入思考并培养学生的地理创新思维开拓了宽广的思路。本文以一位来华访问的英国教师给中国学生上的一节课为例，通过她颇为精彩的教学设计来探讨以上问题。在教学中，该教师精心设计并安排了多层次的区域比较。

1. 通过图像观察，比较利物浦与上海的城市概况

在教学的开始，教师首先使用电子地图，从世界细化到欧洲再细化到英格兰西部，一步一步让学生明确利物浦的地理位置。然后，教师又打开一幅中国地图，让学生将利物浦的地理位置和学生的所在地——上海作观察比较：可以看到两者是很相似的，都位于河流的入海口处，具备优良的港口条件。这也是两座城市都获得巨大发展的重要原因。接着，教师打开 4 张城市景观图，让学生观察。有学生发现其中一张和上海外滩的景色很相像。这时，教师娓娓道来：这四张图片中，两张是利物浦，另外两张则是上海。从图片中可以看出，利物浦和上海的确有许多相似之处。上海外滩等地的建筑物很多是英式风格的，浦东的开发也曾借鉴过利物浦的经验。

2. 通过数据分析，比较利物浦与英国其他城市的人口变化

教师给出了包括利物浦在内的英国 10 个工业城市 1900～2000 年的人口统计数据，请学生寻找规律。经过讨论，学生归纳出这些城市的人口从 20 世纪中叶以后基本都在减少。那么利物浦的人口为什么从 1966 年以后开始减少呢？教师又在电子屏幕上给出了曼彻斯特、莱斯特及伦敦等大城市和利物浦附近一些小城市 1966～2000 年的人口统计数据和城市分布图供学生参考。通过小组分析和讨论，学生得出了利物浦人口减少的原因是发生了人口流动：①人口迁向了英国南部的大城市如伦敦等。②人口从城区迁向了附近的小城市，如绍斯波特、沃林顿等地，这些小城市正处于逐渐发展的状态。

3. 通过类比讨论，比较利物浦与上海的人口变化趋势和原因

分析了利物浦人口减少的原因，教师又提问："同样是大城市，利物浦的人口在逐年下降，而上海的人口却为什么在逐年上升?"。这个问题立刻引起了大家的热烈讨论。通过分析两个城市的发展背景，学生意识到两个城市的城市化水平处于不同的阶

① 赫尔巴特．普通教育学·教育学讲授纲要．李其龙译．北京：人民教育出版社，1989：332-333.

段：利物浦已过了高速发展的城市化阶段，经济开始衰退，大量失业人口到附近的新兴城市或更繁荣的南部大城市谋生，因此人口流失严重。而上海正处于蓬勃发展时期，且外来人口不断涌入，因此人口变化呈现增长的趋势。

4. 通过演绎推理，比较利物浦与上海的城市发展规划

利物浦的大量人口迁到了郊区居住，市中心区渐渐只剩下了穷人、失业者和学生，日见破落。这种内城衰落，人口居住郊区化的现象被称为逆城市化现象。然后，教师让学生进行6～7分钟的讨论：该如何看待内城衰落的问题，如果你是该市的市长，你会采取什么样的解决措施？学生们非常积极地提出了很多建议，包括改善环境、建设更多的绿化带、发展支柱产业、开发旅游业等。经过上述讨论后，教师提出一个问题："利物浦的大量人口为什么会迁移到郊区呢？"教师解释这是因为：①市中心的旧房子被清理。②大多数人有汽车，可以居住在离工作地较远的地方。③高收入的家庭纷纷到郊区购买大房子住。④新的工作机会常出现在城市的边缘区。⑤在城市边缘区建了很多新城等。那么，上海这个大城市现在也出现了向郊区发展的趋势，城市的周围也出现了许多新城，它的人口变化会不会也呈现出和利物浦一样的趋势，会不会也出现逆城市化现象呢？有没有办法避免同样的情况发生？

5. 通过质疑反问，比较利物浦与上海的旅游业发展

在这节课的内容即将结束时，教师询问学生还有什么问题。一位学生问道："为什么利物浦不大力发展旅游业？"教师对此的解释是旅游业对于利物浦这个大工业城市来说缺乏一定的经济稳定性，因此不作为支柱产业。接着，教师又迅速地反问大家："该如何看待上海旅游业的发展？"并将这个问题作为课后作业继续讨论。[①]

随堂讨论 3-5

1. 该案例中是如何体现地理环境的区域性的指导的？
2. 树立地理区域比较的意识对地理教学的优化设计有何作用？

3.2.4 地理环境的人地性与地理教学设计

地理学是研究人类赖以生存和发展的地理环境的科学。正如美国著名教育家杜威所提出的："凡是与人对自然环境的依赖性有关或者通过人的生活在这个环境里引起的变化有关的任何事实，都会成为地理的事实。"[②] 因此，地理学是以研究人地关系为主线的一门学科。"人地关系中的'人'，是指社会性的人，是指在一定生产方式下从事各种生产活动或社会活动的人，是指在一定地域空间上活动着的人；'地'，是指与人类活动有密切关系的、无机与有机自然界诸要素有规律结合的地理环境，是指在空间上存在着地域差异的地理环境，也指在人类作用下，已经改变的地理环境，即社会、经济、文化环境等。"[③]

人地关系是地理研究的核心内容之一，也应成为地理教学设计内容的核心。20 世纪 80

① 薛梅：区域比较与地理创新思维的培养——以一位英国教师的课为例．中学地理教学参考，2003，(6)：13-14.
② 约翰·杜威．学校与社会·明日之学校．赵祥麟，任钟印，吴志宏译．北京：人民教育出版社，2007：148.
③ 金其铭，董新．人文地理学导论．南京：江苏教育出版社，1987：35.

年代以后，世界各国的地理教学都围绕人地关系精选内容。早在 20 世纪 80 年代初，我国编写高中地理教材时，就提出了“以人地关系为主线”的编写原则，并积极探索如何将人地关系这条主线贯穿于教材内容之中。自然地理、人文地理和区域地理是地理教学设计的基本内容。自然地理是阐明人类赖以生存和发展的自然环境，重点是要把握人地关系，把握自然环境对人类活动的影响和人类活动对地理环境的影响。人文地理是通过分析人类活动、社会现象与地理环境的作用理解人地关系，帮助学生通过联系生活实际理解人地关系。区域地理是人地关系的核心，它不仅是当前国际社会普遍关注的问题，而且还在于人地关系的协调和可持续发展，其落脚点必然是具体的区域和具体的空间。地理教学设计目的是要求学生能认识人和地理环境的关系，掌握中外区域地理基础知识，培养学生阅读地理、运用地图等方面的基本技能，树立正确的人口观、资源观、环境观等可持续发展的观点等。

人地关系理论不仅是地理科学发展的理论基础和地理教学的基本内容，同时也是地理教学设计的理论基础。地理教学设计中的学生和教师都是一定区域背景下具体的个体的人。不同区域条件下的自然（地形、气候、水文、土壤和生物等）以及人文（人口、文化、经济、农业、工业、聚落和种族等）因素存在很大的差异。不同区域条件下成长的具体的个体的人具有不同的经验。正如杜威在《经验与教育》中所提到的：“贫民窟里的儿童和有文化的家庭里的儿童，有不同的经验；乡村的儿童和城市的儿童，有不同的经验；海滨的儿童和内地草原的儿童，有不同的经验。这些都是不会有人怀疑的。”① 这表明，学生所处的生活环境是影响学生学习的一个重要因素，环境对学生的影响是潜移默化的、深刻的、持久的。在学习某一个学科之前，很多学生都已经积累了印象很深的感性经验，但由于个人所处环境的不同，个体经验是有差异的。例如，乡村的学生可能具有很多关于水土流失、荒漠化、盐碱化等个体经验；而城市的学生可能具有很多关于城市化、工业发展、城市地域结构、城市的空间结构等方面的个体经验；位于海滨的学生可能具有很多关于海洋、海岸带、波浪、潮汐、洋流、海水资源、风暴潮、海啸和大陆架等方面的个体经验。这些个体经验是一种原初经验，它是教育的起点，是一笔宝贵的财富，同时学生之间、学生和教师之间关于人地关系的个体经验的差异性也会丰富地理教学设计内容。

在人地关系理论的指导下，地理教学设计的内容选择，首先要从对具体的个体的学生“生活有用”和“终身发展有用”的角度，选择一些地理教学内容展开互动。在地理教学设计中，教师始终要思考所学的内容会对学生产生什么影响。否则，“地理便成为经常发生的不相关联的支离破碎的大杂烩，看起来像一堆知识垃圾。”② 其次，要注重乡土地理内容的开发。乡土是学生自幼生活并成长的地方，因而也是学生所熟悉的地方。乡土是学生个体经验赖以产生的温床。与学生生活密切联系的乡土地理内容有助于学生已有经验的积累，有助于促进学生理解地理学科的事实、原理，也有助于学生更好地理解其他国家和地区不同的人文现象和自然现象。正如杜威所说的：“乡土地理是向未知前进的理智的出发点。”③ 这和竺可桢先生提出的：“凡教学地理，必须自已知至未知。自儿童日常所惯于见闻之物，而推广至于未睹未闻；自个人所受环境之影响，而推广及于社会全体。是故教学地理，开始必须自本土地理着手”④ 有异曲同工之妙。

---

① 约翰·杜威．我们怎样思维·经验与教育．姜文闵译．北京：人民教育出版社，2004：259.

② 约翰·杜威．我们怎样思维·经验与教育．姜文闵译．北京：人民教育出版社，2004：228.

③ 约翰·杜威．民主主义与教育．王承绪译．北京：人民教育出版社，2007：229.

④ 陈尔寿．地理教育与地理国情．北京：人民教育出版社，1998：22.

更为重要的是，在地理教学设计中，要让学生形成正确的人地观，要对学生进行人地协调观点的教育，在教学设计中应当选取学生可以理解和接受的以至学生比较熟悉的典型实例，帮助学生对“地对人的影响”、“人对地的影响”、“如何实现人与地的协调”等过程、形式和途径有一个比较正确的认识。① 要帮助学生树立“只有一个地球”的意识；帮助学生形成“尊重自然、人要与自然和谐共处”的意识；帮助学生形成“人口道德”意识；帮助形成“环境道德”意识；帮助学生形成“资源道德”意识。在地理教学设计中要通过开展资源利用、灾害观察、污染调查、环境规划、区域发展等问题探究和社会实践活动，帮助学生树立协调人地关系，走可持续发展道路的历史责任感、社会责任感和紧迫感。②

总之，人总是生活在特定的自然条件和人文背景中。从根本上说，学习地理是为了了解我们的生存环境，并在改造利用环境的同时，协调与它的关系，达到“天人合一”，实现可持续发展。为此，在地理教学设计时，教师应密切关注周围的生活现象，并适时地引入课堂，探究其形成发展的地理原因。

案例 3-6

“多变的天气”导入设计

一位地理教师在进行“多变的天气”一节教学内容的教学时，设计了如下导入情景：教师：同学们，请大家首先观察一下外面的天气状况，谁能主动地给我们描述一下现在的天气状况？

学生 A：晴天、多云，气温大约 20℃，偏北风 2～3 级。

教师：描述得非常好，跟天气预报员预报的差不多，你怎么说得这么具体啊？

学生 A：昨天听了天气预报。

教师：噢，那么请大家再思考一下，现在与今天早晨相比发生了哪些方面的变化？

学生 B：气温升高了。

学生 C：风力减小了。

学生 D：早晨来上学时还看到了太阳，现在已经看不到太阳了。

教师：你们说得不错，再想一想昨天和前天的天气情况各是什么样的？

学生 E：昨天是晴天，气温比今天高，基本无风；前天下了雨，风力比今天大，温度比今天低。

教师：说得好，就这几天的天气来说，大家对天气有什么看法呢？

学生：变化太快了，不稳定。

教师：对，大家说得都很好，今天我们就来学习“多变的天气”。

随堂讨论 3-6

1. 案例 3-6 中是如何体现地理环境的人地相关性的指导的？
2. 树立人地相关性的意识对地理教学的优化设计有何作用？

---

① 袁孝亭，王向东. 重视地理学科的核心能力与地理观点培养. 课程·教材·教法，2003，(10)：22.

② 李家清. 地理课程与教学论. 武汉：华中师范大学出版社，2010：179.

3.3　地理教学设计的教学理论与案例研究

关键词　教学设计；教学理论；案例研究

3.3.1　教学理论概述

教学理论是人们在思考教学中所形成的旨在探讨、解释和预测教学现象的观念体系，是人们对各种教学现象及隐藏其中的各种教学关系和矛盾运动的自觉的系统的反映。进一步说，教学理论是人们思考或思索教学的结果；是一组思想和观念体系，它包括一系列认识、判断和推理的思维过程；是人们对各种教学现象及本质的能动的、系统的反映。教学理论是为解决教学问题而进行研究教学一般规律的科学，因而教学理论成为教学设计的直接理论来源。教学理论为教学设计提供了科学依据，教学设计的产生也是教学理论不断发展的结果。

教学理论的形成与发展经历了一个漫长的历史阶段，从教学经验总结，到教学思想成熟，再到教学理论形成与发展。这一进程就是人们对教学实践活动的认识不断深化、不断丰富的过程。教学理论是关于教学即教师行为的理论，它的核心问题是“怎么教才是有效的”，主要研究“怎样教”的问题。教学理论发展至今，形成了很多理论体系，如巴班斯基的教学过程最优化理论、美国斯金纳的程序教学理论和技术、布鲁纳的结构-发现教学理论、布卢姆的掌握学习理论、奥苏伯尔的有意义接受学习理论、罗杰斯的非指导性教学理论、联邦德国瓦根舍因的范例教学理论及保加利亚的暗示教学理论等。结合地理学科的教学特点，这里主要介绍案例教学、发现教学和参与教学三种教学理论对地理教学设计的指导意义。

3.3.2　案例教学理论与地理教学设计

“案例教学（case method）”于 1870 年首先在美国哈佛大学法学院兴起，其目的是通过对典型案例进行剖析，达到对法律规则的理解，从而掌握法学的基本知识和理论。自 20 世纪 20 年代以来，一直被作为商业、法律和医学领域职业培训的基本教学模式，尤其是被广泛地运用于 MBA 教学之中。后来，案例教学逐渐被运用到各个教育领域中来，包括学科教学和教师教育领域。

从逻辑上讲，案例教学至少包含以下三个构成要素。

（1）载体。案例教学必须有一个载体，这个载体就是案例。那么，什么是案例呢？案例是关于真实生活情境的一种描述与记录，它不是虚构的事例；案例所描述的情境通常是学生在日后的工作情境中肯定会遇到的、具有典型性与代表性的情境；案例通常包含着决策者必须面对的某种困境或疑难问题；案例不同于一般形式的故事或叙事，它不含对问题情境的分析与结论，仅包含对案例事件或事实的如实描述。

（2）过程。案例教学主要诉诸案例研究与课堂讨论，这与以演讲、讲授为基础的传统教学方法形成了鲜明的对照。案例研究是案例教学最重要的部分，它将学生置于决策者的位置，要求学生在审读案例材料的基础上，把握重要的案例事实，确定关键的案例问题，提出解决关键问题的行动方案及策略，或者提出相关的政策建议等。案例教学对学生而言，既不是一个消极被动的学习过程，也不是一个单个个体孤立地从事学习的过程，而是一个学生之间相互交流、学习和共同分享的过程。

（3）目的。几乎所有的案例教学都有一个共同的倾向性，那就是强调案例教学的首要目的是要培养和发展学生的判断力，锻炼学生的问题解决技能，其次才是学习和了解特定领域的具体知识。原因很简单，如果一种教学把关注的重心放在具体知识的获得上，那么，仅仅运用讲授法就足够了。而一旦学习的目的转向智慧能力的培养时，讲授法的局限性就暴露无遗。最早倡导案例教学的先驱人物曾撰文指出，正是“因为智慧不是经由别人直接告知而得来的”，所以才有开展案例教学的必要。这一信念几乎构成了所有案例教学的基石。①

由此可见。案例教学就是在教师的指导下，根据教学目的的要求，组织学生通过对案例的调查、阅读、思考、分析、讨论和交流等活动，教给他们分析问题和解决问题的方法或道理，进而提高他们分析问题和解决问题的能力，加深他们对基本原理和概念的理解的一种特定的教学方法。案例教学具有情境性、主体性、互动性、问题性和实践性等特点，案例教学具有主体性价值、教育学价值、社会价值等价值。

（1）主体性价值。主体性价值是案例教学的内在价值取向。由于案例教学为学生创设了一个有助于生命充分生长的和谐、宽容、平等的环境，帮助学生的学习过程变成了生命成长的过程，最大限度地促进了每一个学生的发展，所以在案例教学中，学生的主体性获得了充分展现，学生的生命活力与创造性得到了尊重。

（2）教育学价值。教育学价值是案例教学的外在价值取向。由于案例教学是以案例为基本素材，教师在特定的情境中进行教学，教材内含许多吸引学生的问题，不仅可以极大地激发学生学习的积极性、主动性、创造性，而且可以吸引更多的学生参与到课堂讨论中来，活跃教学氛围。教师可以很好地实现预定的教学目标，进而逐步形成一种教学模式和教学策略。

（3）社会价值。社会价值同为案例教学的外在价值取向。从社会发展的角度看，教学价值是指各种形式的教学活动对人才素质和人才种类的满足程度，或者说是社会从教学活动中获得的利益。由于案例教学中的案例源于社会现实中的真实情境，具有强烈的针对性和指向性，所以案例教学可以极大地锻炼学生的自学能力，培养学生的社会心理品质和交往能力。②

案例教学被运用于普通教育学是 20 世纪 70 年代以后的事情。对我国地理教学而言，2000 年教育部颁发的《全日制普通高级中学地理教学大纲（试验修订本）》对选修 2 提出了“中国国土整治与区域发展的案例研究”，并规定了必须讲授 10 个案例。这是从国家意志层面，首次对地理案例教学提出了明确的要求。此后，地理案例教学日益得到重视，研究也日趋深入。2001 年，李晴老师对地理案例教学的概念进行了界定，指出：“地理案例教学是通过对一个具体的地理教学情境的描述，引导学生对案例进行讨论的一种地理教学方法。具体地说，即在教师指导下根据教学目标和教学内容，采用案例组织学生进行学习、研究，从而培养学生的能力。”2003 年，《普通高中地理课程标准（实验）》的颁布，赋予了地理案例教学更丰富的内涵，在地理必修 3 部分提出：“‘区域可持续发展’部分，选择符合‘标准’主题的区域，采用案例研究方式编写教科书和开展教学。本部分至少选择 3 个中国案例、1 个外国案例。”此外，其他部分也提出了许多诸如“运用实例，分析……”的要求。这表明新课程给地理教师实施案例教学留出了更多的空间与更强的自主性。

地理案例教学是教师采用教学案例来组织学生进行学习的方法。它通过引导学生对案例进行剖析、研究、归纳和总结等教学活动将地理课标中的知识与技能、过程与方法、情感态

① 夏正江．案例教学纵览：分析与评论．现代中小学教育，2004，（10）：19-20.

② 唐世纲．案例教学的价值取向．现代中小学教育，2007，（2）：63.

度与价值观的三维教学目标串联起来，使教学内容更加具体化和典型化，使学生从“个”推知“类”，由“特殊”归纳“一般”，通过典型的案例理解普遍的规律性原理，从而帮助学生进行积极的价值建构，帮助学生获得完整的区域图景。地理案例教学具有以下特征：①材料的独特性，案例教学中的案例都是来源于实际生活的第一手材料；②知识的建构性，案例教学中学生获取的知识来源于真实的事件，便于学生以最快的速度、最高的效率实现自身新知识体系的建构；③能力的迁移性，案例教学中，学生要从典型事例的个别特点推出同类事物的普遍特征，由普遍特征上升到掌握事物的发展规律，起到举一反三的作用，实现知识的迁移；④思维的启发性，案例可以启发学生运用各种思维方式去思考、探索和解决问题。

案例教学的操作步骤一般为：呈现案例，获取感性认识；分析案例，找出关键词-逻辑思维，明晰相关概念；联系区域，进行综合分析；联系实际，作出价值判断；辨别信息，将问题类化；实现迁移，形成学习能力。其中，每一步操作都是下一步操作的前提，它们相互作用，相互影响。

案例 3-7

“农业的区位选择”的案例教学①

在高中人文地理“农业的区位选择”学习中，呈现“广东阳春马水橘”的文字材料：

材料 1：某市位于广东省西南部，地处亚热带，气候温和，土壤肥沃，雨量丰沛，加上独特的培植方法，产出了名扬海内外的特产“橘”。目前，该橘已远销北京、河北、上海、沈阳、茂名和广州等省市，并出口到中国香港、新加坡和泰国等地区与国家，产品一直供不应求，且价格比其他橘高 3～3.5 倍。为了做大做强这一优势产业，该市积极采取措施，建立“橘”研究所，成立“橘”协会，聘请专家当顾问，编制和实施《无公害 XX 橘标准化生产规程》，推动特产“橘”生产向无公害食品方向发展。2001 年注册“春农”牌商标，并获得了国家无公害农产品质量认证。还投入 20 万元建起“橘”流动信息中心，投资 30 万元引进两条“橘”筛选包装生产线。同时，加大交通、通信等公共设施的投入，三茂铁路 105km 纵贯全市，罗阳铁路、阳阳铁路、沿海及开阳高速公路均已开通，可直达广州、深圳、汕头、香港等地。据以上材料思考以下问题：

(1) 查找广东省地图，说出该地的名称和特产“橘”的名称；

(2) 根据教材第 42 页“影响农业区位选择的主要因素图”，说出该地特产“橘”受哪些农业区位因素的影响？并分析其主导因素是什么？

(3) 影响特产“橘”农业区位的因素是否可改造？

(4) 当影响特产“橘”的某一区位因素发生变化时，其他区位因素是否会发生变化？

(5) 你对该地特产“橘”的发展有什么建议？

该课的案例教学的步骤如下：

第一，学生对“材料 1”中所给出的信息进行判断，对“材料 1”中所呈现的农业区域和农业特产进行定位，确定其为我国广东省阳春市，其特产为当地的“马水橘”。

---

① 周慧．地理案例教学的内涵、策略与实效性分析．中学地理教学参考，2010，(6)：18-19.

第二，分析题干，找出解决问题的关键词，即农业区位，然后在“材料1”提供的信息中提取整合出答案。

第三，引导学生利用逻辑思维的方式概括出“农业区位”的定义，并在此基础上引导学生明晰对“农业区位”这一概念的理解。农业区位选择的实质是对农业土地的合理利用。因此，要提醒学生根据区位因素和土地的合理利用等方面来理解“农业区位”这一核心概念。

第四，教师要引导学生联系区域特征，采用要素分析的方法，从地理位置、自然与社会因素和土地的合理利用等方面来综合分析阳春“马水橘”的区位因素，特别是主导因素；从地形和气候因素来考虑“马水橘”的区位因素是否可以改造；从社会因素的变化来考虑对阳春“马水橘”农业区位选择的影响和产生的变化。

第五，教师引导学生运用所学的“农业区位”的原理、影响因素等理论知识，联系生活实际，从可持续发展的角度来思考人类自身的行为与区域农业特色发展问题，做出价值判断，解决生活中的地理问题。

第六，学生在学习“农业区位因素及其变化”时，已获取了“农业区位”的知识，并掌握了此类问题的思维方法，此时，教师要呈现新的问题情境（“材料2”和“材料3”）并引导学生将“农业区位”问题类化，找出广东省与江西省农业区位因素的不同之处。

材料2：我国江西省泰和县的千烟洲，是一个典型的中亚热带红壤丘陵地区。这个

地区采取“丘上林草丘间塘，缓坡沟谷鱼果粮”的立体农业布局模式。

（1）简析影响农业区位选择的主要因素；

（2）简析地形、土壤因素对农业区位选择的影响。

材料3：改革开放以来，我国亚热带沿海地区一些耕地经历了“水稻田—甘蔗地—鱼塘—花卉栩”的农业景观变迁，请简析原因？

第七，学生将上面提出的这些新问题纳入已学过的“农业区位”原理、影响因素等同类知识结构中，将江西地区的新问题与阳春地区“马水橘”“农业区位”知识结构相“链接”，利用所构建的知识结构和思维方式去“类化”这个新问题，并从这个结构和思维方式中寻找解决江西省和我国沿海地区“农业区位”问题的措施，在实践中提高对“农业区位”的地理原理、影响因素等相关知识的深入理解，实现知识迁移，形成学生学习“区域要素”的能力。

随堂讨论 3-7

1. 该案例中的案例选择有何特点？它对学生能力的培养有何作用？
2. 请结合某一自然或人文要素，结合某一区域进行案例教学设计。

3.3.3 发现教学理论与地理教学设计

发现教学的思想，可以追溯到古代希腊哲学家苏格拉底（公元前469～前400年），根据他学生的回忆，苏格拉底很重视通过讨论、辩论来揭露对方认识上的矛盾，并且喜欢采用对

话和提问，通过师生的互相激发、思考和判断，而使对方发现自己和认识自己。因此，在教育史上，有人从这个意义上认为苏格拉底最早提出发现法。到了 18 世纪，法国启蒙思想家卢梭（1712～1778 年）提出了“自然教育理论”，强调让学生从生活中、从各种活动中进行学习，反对学生被动地接受成人的说教或是单纯从书本上学习。他说：“问题不在于告诉他一个真理，而在于教他怎样去发现真理”（《爱弥儿》），在学习知识和发展智力的关系上，他非常强调培养学生获取知识的能力的重要性。这些看法对于中世纪以来烦琐的经院式的教学来说，具有重大的进步意义，但是他排斥学习人类所积累的科学文化知识，否认间接经验的看法则是极端的、片面的。19 世纪末到 20 世纪初，适应垄断资本主义经济迅速发展的需要，产生了实用主义哲学和以实用主义哲学为基础的实用主义教育理论，这一理论的代表人物是美国教育家杜威（1859～1952 年），他第一次提出了以教师、书本、课堂为三中心的“传统教育”的概念并予以批判，同时提出了“从做中学”的实用主义教学理论，其中包括他所提出的五个教学步骤：①学生要有一个真实的经验的情境；②在这个情境中产生一个问题作为思维的刺激物；③要从事必要的观察和占有资料；④必须一步一步地展开他所想出的解决问题的办法；⑤要有机会通过应用去检验这些想法，并发现它们是否有效。可见，在杜威的教学方法中，要使学生能动地活动，积极地思维，并且重视学生的兴趣和需要等。这些观点都是合理的因素，并且为“发现法”的教学方法奠定了基础。但是，他把整个教学过程建立在学生带有盲目性、摸索性的“做”的基础上的观点是错误的。由于他否认间接经验和系统的知识，致使美国当时的教学质量下降，因而遭到了非难。

20 世纪 50 年代末，在科学技术迅猛发展的时代背景下，出现了“科学教育革命”或称“理科教学的现代化运动”，适应改革的需要，美国哈佛大学心理学家杰罗姆·S. 布鲁纳提出了“发现的学习方法”。布鲁纳认为，教学应当重视怎样让学生掌握复杂知识的基本结构，因为学习任何学科，主要就是掌握这门学科的基本结构。所谓基本结构是指基本原理或基本概念。掌握了这种基本结构就可以在此基础上扩大和加深知识，就能形成学习中大量普遍的“迁移”，这种“迁移”应该是教育过程的核心。他认为：让学生通过发现去学习的方法是一种在教师指导下，以培养创造性思维为目标，以学科基本结构为内容，以发现为步骤的方法。通过这种发现的学习，来调动学生自觉主动的学习积极性。“发现教学”是以培养探究性思维方法为目标，以基本教材为内容，使学生通过再发现的步骤来进行的学习。这种学习方法是以学生为主体，在教师主导下进行的过程式教学。它能够较好地培养学生学习的主动性，发展学生的洞察力和独创性，有利于激发学生学习的内在要求和兴趣。

从形式来说，发现教学中的“发现”指的是再发现，它不是“科学家致力于日趋尖端的研究领域所作出的发现”，而是“在校儿童凭自己的力量所作出的发现”。它不是原原本本沿着科学家的再发现过程进行的，而是学生以“小科学家”的身份在教师帮助下迅速有效地主动探索未知的过程。至于发现法的具体形式，正如布鲁纳所说：“发现包括用自己的头脑亲自获得知识的一切形式。”一般来说，只要是教材中尚未讲到的，学生自己探索和发现的，对学生来说是前所未有的有价值的新东西（包括新知识、新方法和新经验），都可以看做发现，它能对学生智力尤其是创造力的发展起到积极的促进作用。

就实质来说，按照布鲁纳的观点，发现教学中的再发现与科学家的原发现是一致的，“都是把现象重新组织或转换，使人能超越现象再进行组织，从而获得新的领悟而已。”发现教学需经历创设情境、提出问题、自主探究、意义建构、迁移应用等几个基本环节。首先，发现教学有利于“提高学生智慧的潜力”，学生亲自发现事物间的关系和规律，能激发其学习的内在动机；其次，学生能掌握发现的思路和方法，养成思考问题的习惯，培养独立分析地理问题和解决地理问题的能力；再次，学生自己把知识系统化、结构化，就能更好地理解、掌握和记忆学习内容，也能运用所学知识解决实际问题。

地理学科作为一门横跨自然科学和人文社会科学的综合学科，作为一门分析自然现象和人文现象背后的地理规律的学科，为发现教学提供了坚实的学科基础。因此，在地理教学设计涉及学生学习一些重要的地理概念、地理规律时，可以尝试引导以发现教学理论为指导来开展教学，从而使学生的思维方式从传统的演绎思维走向归纳思维，从而提高学生的创新精神和实践能力。

案例 3-8

课题：美国人口密度透视（a look at the population density of the United States）

内容概述：

“人口密度”是描述单位面积内人口数的术语。人口密度是通过算出单位面积的人口数目获得的。这一课主要内容集中于美国人口密度的空间分布。地理学家将地图作为理解事物存在于某处之原因的工具。学生将按不同标准制作美国人口密度图。

相关课程：

地理、美国历史、经济学、数学

与国家地理课程的关系：

标准：“如何运用地图及其他地理表现方法、工具与技术来收集、整理和分析信息”

教学时间：

1～3 小时

教学材料：

· 美国轮廓图（每位学生两张）

· 人口数据表（学生也可上网查询）

教学目标：

学生将

1. 找出并且提取人口数据；

2. 制作两种不同标准①的美国人口密度图；

3. 分析人口密度图。

地理技能：

提出地理问题

收集地理资料

整理地理资料

分析地理资料

建议的教学程序

开头：

① 一种是让学生在一张美国轮廓图上，用不同颜色分别显示出那些比美国平均人口密度（28 人/km^2）大的州和比美国平均人口密度小的州．一种是让学生在另一张美国轮廓图上按照＜70 人、70～140 人、140～280 人、280～560 人、＞560 人五个不同的、更具体的等级制作人口密度图．

告知学生他们现在正为一家零售公司工作，这家公司计划开一些新店，但新店只开在人口最集中的州。

鼓励学生为准确地定位人口最集中的州出谋划策。

展开：

帮助学生逐步了解人口密度的概念。让他们以每平方英里①为单位研究每个州的面积，然后计算人口密度。(确保他们所用的数据都是来自最新人口普查的。美国人口局是获取这类信息最好的来源。)

运用公式：人口密度=人口/面积来计算每个州的人口密度和美国的平均人口密度（计算中不包括哥伦比亚地区。确保在表中记录下你的正确答案。提示：计算整个美国平均值时，首先把 50 个州的人口相加，再把所有州的面积相加，用总人口除以总面积)。

在他们的美国轮廓图上，让学生用不同的颜色分别显示出比美国平均人口密度(70 人/平方英里）大的州和比美国平均人口密度小的州。处理的规则是值越高其颜色越深。

观察空间分布。问学生从人口密度图中可以看见各州分布有什么特点。通过观察空间分布可以得出什么结论?

通过不同的、更具体的等级标准制作地图。给学生提供另外一张美国轮廓填充图，让他们根据下列标准绘制人口密度图。

- 少于 70 人/平方英里；
- 70～140 人/平方英里
- 140～280 人/平方英里
- 280～560 人/平方英里
- 多于 560 人/平方英里

分析地图，问他们在新人口密度图上观察到了什么

结尾：

比较人口密度图。以小组为单位，讨论下列问题：

学生集体讨论教师提出的如下几个问题以得出结论：

1. 第二种人口密度图是如何更加详细地描述人口密度的?

2. 你可以从第二种人口密度图中得出哪些在第一种人口密度图中所得不到的结论?

3. 根据人口密度图上所显示的空间分布，你能得出什么结论?

4. 如果你要开新店，你将选择哪种人口密度图?

建议学生评价：

评价学生能否像今天课堂上学的那样搜集恰当的数据并制作一张含有五种人口密度的地图，将学生分成组并分派给他们不同种类的零售公司（如青年服装、老年服装、男式服装和女式服装等)。要求学生在轮廓图上显示他们所分派公司的人口密度。制作一张地图后，学生可以写一篇小论文或作一个口头报告，有说服力地建议他们的

① 英里为非法定单位，1 英里=1.609344 千米.

公司将开在哪个州。

课程拓展：

鼓励学生使用相同的技术（将地理数据运用于地图）作为报告的一部分。数据可以从另一个国家或地区获得。从人口年龄构成类型上进行探究，如通过绘制一个国家或一个洲内若干国家18岁以下人口的人口结构图，思考年轻型年龄构成类型对一个国家或地区有什么影响？老年型年龄构成类型呢？

Fred Walk from Normal Community High School in Normal，Illinois，contributed classroom ideas for Standard One.

网络链接：

国家地理地图网址：http：//plasma. nationalgeographic. com/mapmachine/

美国人口局网址：http：//www. census. gov/

随堂讨论 3-8

1. 通过讨论，简单概括本案例中教学过程的基本环节，并说明每一环节是如何体现发现教学的？

2. 选择某一地理概念、原理，围绕发现教学的基本环节，进行教学设计。

3.3.4 参与教学理论与地理教学设计

1. 参与教学理论概述

要理解参与教学，首先要理解“参与”的概念。参与即参加，是对事情的发展产生一定作用的干预。它既是一种理念性的知识，又是一种实践性的活动；既强调活动过程中参与者的“在场”，又强调参与者共同生成活动的结果。“参与”的概念可以从以下几个方面理解。

第一，“参与”是一种理念。它“强调的是所有有关人员对相关事情的介入，包括对该事情的决策、规划、实施、监测、评估等”。[①] 参与者要有一种参与的意识，要明白参与是自己的权利，要清楚参与能够给自己带来什么。

第二，“参与”是一种活动。“参与”是融入我们日常生活中的一种实践活动，它是我们生活的方式之一，是我们表现自己，进行交流与沟通的有效渠道。

第三，“参与”是一种过程。“参与”不是一个活动片段，不是一种装饰性的行为，而是一种持续的过程，是一个不断发展的过程。

第四，“参与”是一个结果。“参与”不只是追求活动场景的热闹，更强调活动结果的实效。通过参与，参与者的批判能力、选择能力、表达能力、合作能力等都会得到培养，参与者的自尊、自信和自主性也将会得到提高。

由此可见，参与是一种状态，是一个动态的过程；参与的基础不是命令与服从，而是平等与认同；参与不只是行动上的呼应，更重要的是思维上的同步和情感上的共鸣；参与是沟通，不仅要表达自己，还要倾听他人；参与是每个集体成员的基本权利。

参与教学是受教育者在明确教学目标的前提下，运用一定的科学方法，积极主动地、创

① 王升．发展性教学的主体参与初探．现代教育论丛，2002，(2)：50-54.

造性地介入教学活动的每一个环节，从而获得知识、发展能力、接受教育的过程。其特点是强调在教学过程中，学生充分发挥自觉能动性；它认为在课堂教学中学生对知识、技能的获得及随之产生的能力提高、兴趣激发和个性发展，都是学生对教学活动积极参与的结果；通过参与教学活动，充分显示学生的“主体”作用。教师的作用是作为教学的组织者、合作者和参与者，对学生的这种参与进行启发、诱导、调整、激励。

参与教学作为一种新生的教学形态，具有不同于传统教学的一些基本特点。具体而言，参与教学的特点如下。

（1）生成性。在参与教学中，知识不是单向传递的，不是唯一不变的，而是在主观参与的过程中，在与他人不断地进行信息与情感交流的基础上，学生自主地建构自己所理解的知识。参与教学的生成是在动态中的生成，是在活动过程中生成的。

（2）开放性。参与教学的过程是开放的，它接纳更多、更广泛的教学内容，参与教学以教材的内容为依托，但不限于教材当中的“方块字”。它把学生的生活经验与教师的知识储备都当做潜在的、可资开发与利用的教学内容，甚至还通过各种媒体获取信息。它允许不同的教法与学法；它还拓展评价的空间，强调评价过程中学生的声音。

（3）合作性。参与教学的参与主要是一种合作性的参与，而不仅仅是一种个别性的参与。在合作的过程中，参与者作为集体的一分子贡献自己的观点，而且还在倾听中分享他人的智慧。在参与教学中，教师常常是以合作者的姿态出现在学生面前的，其任务不是简单地告诉学生问题的答案，而是与学生一起发现问题、提出问题、分析问题及解决问题。

（4）全体性。参与教学强调全体学生的参与，而不只是少数学生的发展。参与教学认为，任何一个学生都应参与到教学中，都是教学所不能忽略的对象。参与教学所要求的全体参与不仅是一种形式上的全体学生参与，而且是实质上的全体学生参与。教师应该在教学中关照每一个学生的参与，要创造机会让每一个学生都有表现的机会，杜绝个别学生不在参与之列的现象。

（5）全面性。在参与教学中，学生的参与是全面的参与。一方面，学生参与教学的各个环节。在课前，学生和教师一起进行教学设计。在课上，学生以提问、答问、讨论等方式介入教学。在课后，学生通过完成课后作业、继续探讨有待深入的问题等方式参与教学。另一方面，学生的全面参与还是其身与心两方面的参与。参与教学不仅要求学生“在场”，更要求学生全身心地投入到教学活动之中，并产生情感上的共鸣。

2. 参与教学理论指导下的地理教学设计

《基础教育课程改革纲要（试行）》提出：“改变课程实施过于强调接受学习、死记硬背、机械训练的现状，倡导学生主动参与、乐于探究、勤于动手、培养学生搜集和处理信息的能力、获取新知识的能力、分析和解决问题的能力以及交流与合作的能力。”地理是一门实践性非常强的学科，在初中、高中地理课程标准和教材中都设计了观察、调查、实验等实践活动，这些都为参与教学提供了条件。参与教学是以活动为载体的，具体而言，结合地理的学科特点，地理学科可以开展观察、观测型活动，社会调查型活动，实践操作型活动，探索研究型等活动，具体活动的流程如下。

（1）提出课题。教师提出教学课题，这类课题可通过学生的亲自参与活动来完成。

（2）设计活动。师生围绕所要研究的课题设计教学活动，可由教师设计也可由学生设计；可以全班设计一种活动计划，也可设计多种分组活动计划；可以从教师设计活动计划逐步向学生设计活动计划过渡。

（3）收集材料。学生围绕课题任务，自己收集材料并整理和加工处理，自己绘制图像，演示操作，动脑、动手、动口，从各种信息媒介获取相关知识信息，可以利用课余时间和活动课广泛开展多种形式的活动，从而为独立研究和解决问题奠定基础。

（4）研究课题。学生在充分掌握信息资料的基础上，必须自己寻求解决问题的思路和方式，自己去发现问题的本质和根源，分析问题的症结和关键。教师帮助学生解决可能遇到的严重困惑或意外障碍。

（5）总结评论。对学生的研究成果或学生提出的各种见解作出恰当的中肯的评价，及时肯定他们的成绩、成果和成功，肯定他们的思路、方法和策略，激励学生的自信心。

在参与教学中，教师先提出总的教学课题作为任务，学生在围绕这一课题的活动中，要综合运用已有知识、经验和能力，开展模拟性、尝试性的探索和研究活动，最后由教师总结评论。因此，参与教学充分体现以学生活动为中心，它强调理论与实践的联系，学校教学和社会生活的联系，课堂教学和课外活动的联系。

案例 3-9

“冰川是如何改变地表的”实验活动教学设计

【提出课题】在学习地球表面形态，关于外力作用与地表形态的关系时，可以设计活动课。教师提出课题，“冰川是如何改变地表的”，要求学生做探索研究型活动。

【设计活动】由教师或学生讨论设计实验活动方案。分组准备工具：塑料容器、沙、水、纸巾、肥皂。

【收集资料】收集冰川类型的文字、图片资料，冰川引起侵蚀和沉积的地貌图片与相关资料。

【研究课题】在实验器材准备好的基础上，进行实验活动。

（1）在塑料容器内放入一些沙子。

（2）往容器内加满水并把它放进冻室直至水结成冰。

（3）把冰块从容器中取出来。

（4）用一张纸巾拿着冰，让有沙的一端朝下，放在一块肥皂上擦一擦。

（5）学生观察移动的冰是怎样改变肥皂表面的？讨论并描述结果。

然后学生结合收集的资料进行分析，并进行冰川类型及冰川的侵蚀、沉积作用对地表改造的研究与讨论，教师在学生实验、讨论过程中进行引导和答疑、修正。

【总结评论】对学生活动过程中的表现及思路给予肯定和表扬，并补充研究成果。要求学生收集流水、冰川、风力、波浪对地表形态影响的照片，比较它们对地形影响的异同。

随堂讨论 3-9

1. 阅读案例 3-9，讨论学生是通过哪些具体活动参与到教学中的？
2. 案例 3-9 活动设计对学生知识、能力、情感的培养有何价值？

3.4　地理教学设计的学习理论与案例研究

关键词　教学设计；教学理论；案例研究

3.4.1　学习理论概述

学习是教学的基础。学习理论是探究人类学习的本质及其形成机制的理论，而教学设计是为学习创造环境。根据学习者的需要设计不同的教学计划，在充分发挥人类潜力的基础上促进人类潜力的进一步发展。教学设计是为了促进学生更有效地学习，所以教学设计必须以学习理论作为其理论基础。教学设计的发展与学习理论的研究息息相关。纵观教学设计的发展历史，学习理论对教学设计的影响最为深远。加涅在 20 世纪 70 年代末提出的“为学习设计教学”的口号，也充分反映了学习理论是教学设计的重要理论基础。

不同的学习理论对学习的理解不一样。行为主义认为，学习是刺激—反应之间联结的加强，以行为的变化来定义学习；认知学派认为，学习是个人认知结构的改变，个人认知结构的改变导致行为潜能的变化，这种内部变化不能观察和测量，人们必须从外部的行为推断学习是否发生；人本主义者认为，学习是自我概念的变化，也同样需要外部行为推断学习的发生。这些定义从不同的角度揭示了学习的性质。一般地说，学习是学习者因学习或经验而引起的行为、能力、心理倾向的持久改变。学习的定义中有三个要点：一是主体的变化持续时间是长期的；二是变化来自于学习者的经验或练习，而不是成熟、疾病、药物；三是变化是学习者头脑中的认知结构或者外显的行为变化。教学设计是围绕学生的学习进行的。教师要明确，通过教与学的教学设计导致学生的行为改变是由练习或经验而引起的，是行为、能力、心理倾向的持久改变，只有这样我们才能说教学设计是有效的。

3.4.2　行为主义学习理论与地理教学设计

1. 行为主义学习理论概述

对学习理论最早的研究始于 20 世纪 20 年代初的行为主义，主要以桑代克的联结主义学习论、巴甫洛夫的条件反射论、斯金纳的操作学习论为代表。20 世纪 20 年代，桑代克进行了大量的人类学习实验，依据对动物与人类学习的实验资料，创立了学习的联结说。他认为学习是情境与反应之间形成了一定的联结。巴甫洛夫在实验基础上创立了条件反射学说，认为条件反射的形成是在中枢神经系统内形成了“暂时神经联系”。斯金纳对条件反射作出经典性条件反射和操作性条件反射之分，并由此提出两种学习：经典性条件反射学习和操作性条件反射式学习，而且学习过程也是分别形成两种条件反射的过程。

1）反射理论

美国心理学家斯金纳认为，一切学习都是由反射构成的，但这种反射不是经典性反射，而是操作性条件反射，即反射的形成不是取决于某个明确意识到的刺激，而是得之于学习者对学习环境进行的操作。斯金纳区分出两类反应：一类是引发反应，即由特定的刺激引发的反应，由引发反应引起的反射称为经典条件反射。另一类是自发反应，它不是由特定的刺激引起的，由自发反应引起的反射称为操作性条件反射。

2）强化理论

学习的操作性行为为什么会发生呢？斯金纳认为关键在于强化。如果某种学习反应之后伴随着一种强化物，那么在类似的情境中发生这种反应的概率就会增加，而且强化物与学习环境一起，都是一种刺激，可以用来控制学习反应的发生。强化可分为即时强化和延缓强化。即时强化指在每一次正确的反应之后都给予强化；而并非每一次正确的反应之后都给予的强化称为延缓强化。一般说来，在最初学习时给予即时强化，学习的速度会比较快些；延缓强化与即时强化相比，能使学生有较高的反应率和较低的消退率。根据反射理论和强化理论，斯金纳提出了著名的程序教学。程序教学的基本原则是积极反映原则、小步子原则、即时强化原则、自定步调原则和低错误率原则。这些原则也充分体现了反射理论和强化理论。

总体来说，行为主义学习理论强调刺激—反应的联结（形成反应、习惯）。该理论认为能够根据提供的刺激来预测或控制学习者的反应。有什么刺激，就有什么反应；对学习者的反应作出及时的强化（包括正强化和负强化），有利于对学习行为的获得。可见，在行为主义者看来，学习的产生是外控的，学习是一种被动完成，循序渐进、积少成多的过程。

2. 行为主义学习理论指导下的地理教学设计

地理学是一门实践性很强的学科。在地理学习过程中，学生需要掌握很多技能。行为主义学习理论，尤其是斯金纳的反射理论和强化理论对学生的地理学习具有一定的启示作用。在地理教学设计过程中，可以采用如下策略。

1）创设情境，营造氛围

创设地理情境是营造良好学习氛围、激发学生学习兴趣的重要手段，地理情境的创设应符合以下几个特征：①愉悦性。好的情境能让学生产生愉悦的心理，激发学生的学习动机，引导学生主动学习。②现实性。情境最好与学生的生活密切相关，学生在学习时可以汲取自身的生活经验，进行合作交流，从而帮助学生的学习潜能得到开发并在学习过程中形成求真、求实的学习态度。③有用性。高中生对学习的兴趣取决于对课程价值的认识，他们重视对自己有用知识的学习。

在地理教学设计过程中可以创设多种情境，具体有如下几种：①情境故事化，增强情境的趣味性。例如，在讲直布罗陀海峡的密度流时，以二战时德国潜水艇能自由进出英国把守严密的直布罗陀海峡这一个故事导入。又如在学习“日界线”时，讲述“为何孪生妹妹比姐姐生日早一天”的趣味故事，通过讲述故事，引导学生把兴趣投射到有关地理问题的认知过程中，激发学生的求知欲。②情境生活化，增强情境的联系性。“学习对生活有用的地理”是新课程改革的基本理念，利用生活中的地理问题创设情境激发学生的学习兴趣，如在学习义务教育新课标教材（湘教版）七年级上册“地球和地图”中的“地球形状证据”时，创设一个“孤帆远影碧空尽”的情境，通过多媒体课件展示，引导学生产生探究的欲望。情境活动化，增强情境的参与性，如学“地球和地图”时，引导学生把自己家所在小区平面图绘制出来，以“欢迎到我家做客”的形式在班上展示，也可以把学校平面图绘出来，以“我为学校提建议”的形式设计未来学校蓝图。

2）及时强化，提高效率

根据斯金纳的观点，学习就是正确与恰当地运用操作性条件反射原理，对个体进行即时和一贯的积极强化，加强重新出现这种反应的倾向，使之保持较长时间。如果最初学习时给予连续强化，学习的速度会比较快。在学生地理学习的动机水平较低的情况下，引导学生及时强化地理学习行为就显得非常重要。外部强化包括及时的肯定、鼓励（奖励）与纠误、批评与惩罚，而强化的手段主要应以正面表扬为主。在地理学习过程中，学生正确的反应要得到教师的及时确认，从而使其获得对自身学习情况的反馈，同时要让学生经常看到学习的成果，体验成果的喜悦。在地理教学中一定要设计多种问题或活动，从学生那里及时获取信息，从而调整教学。

研究表明，对中学生而言，如果当天知道正确习题作业的答案，学习效果才可能较高；如果一周以后才知道正确答案，学习效果则大为降低；如果不知道答案，则是无效的学习。总之，教师教学效果如何，学生知识掌握程度和学习质量如何，只有通过检测反馈环节才能知晓，教师根据学生解答问题和测评结果，可及时获得反馈信息。因此教师要对学生进行及时的评价。

案例 3-10

关于“内流河和外流河”的练习的案例

课题“内流河和外流河”，在完成内流河和外流河的概念学习后，可设计如下检测题：“分析下列河流中哪些河流是内流河？哪些河流是外流河？A. 塔里木河（　　）B. 长江（　　）C. 嘉陵江（　　）D. 珠江（　　）”让学生分析判断。从学生的回答中教师能了解学生是否真正理解了外流河和内流河的概念。同时教师对学生的反馈要及时给以评价，如课堂回答、课外作业等。

随堂讨论 3-10

阅读案例 3-10，讨论检测题对学生学习有何价值？能否有其他方式的设计？

3）在做中学，培养技能

行为主义的学习理论贯彻的是经验主义的哲学路线，主要研究的是直接经验的学习。通过“做中学”，一方面可以培养地理技能，另一方面也有利于学生直接经验的积累。地理技能是地理学习的重要组成。地理技能的学习具有较强的操作性特点。练习是掌握技能的基本方法。一般而言，在一定的数量范围内，练习次数越多，知识与技能越牢固。例如，学生对地理空间概念的掌握，需要多次阅读或填绘地图；地理计算或地理观察等操作性技能的掌握也需要经过一定数量的练习。①

全日制义务教育地理课程标准要求学生“学会运用地球仪的基本技能；掌握阅读和使用地图和地理图表的基本技能；初步学会简单的地理观测、地理调查以及运用其他方法获取地理信息的基本技能。”《普通高中地理课程标准（实验）》也要求学生“学会独立或合作进行地理观测、地理实验、地理调查；掌握阅读、分析、运用地理图表和地理数据的技能。”由此可见，地理教学在如绘图、采集标本、制作模型及使用多种观察、观测仪器等活动中都包含动作技能学习。地理教师应根据动作技能习得的条件进行有效指导，尤其要给学生提供较多的实际操作机会。

---

① 李家清．应用学习理论提升高中地理新教材编写质量．地理教学，2007，(1)：8.

案例 3-11

某中学教师在引导学生绘制中国政区轮廓图时采用如下步骤：

1. 教师在黑板上用较短时间绘制一幅中国政区轮廓图；
2. 要求学生参照教师在黑板上所绘制中国政区轮廓图或参考地图册中的中国政区轮廓图，先临描中国政区轮廓图；
3. 学生在熟悉了中国政区轮廓图的大致形状后抛开地图册，试着自己绘制中国政区轮廓图；
4. 学生所绘制中国政区轮廓图在教师的一次次纠正下逐渐正规；
5. 学生上交自己所绘制中国政区轮廓图，教师给予鼓励性评价和打分。

随堂讨论 3-11

1. 案例 3-11 中的教学行为过程是怎样的？
2. 这种行为过程与传统的讲解相比，在学生能力培养方面有何利弊？

3.4.3 认知主义学习理论与地理教学设计

1. 认知主义学习理论概述

认知主义学习理论是当代学习理论中最具影响的学习理论，其中布鲁纳的认知发现说、奥苏伯尔的认知同化学习论、皮亚杰的建构主义（认知结构）理论最具代表。

1）布鲁纳认知发现说：学习是主动形成认知结构的过程

美国教育心理学家布鲁纳认为：任何学科都可以用理智上忠实的形式地教给任何年龄阶段的任何儿童。[①] 所谓“理智上忠实的形式”是指适合于学生认知发展水平的学科的基本结构、或基本概念和基本原理，而发现教学是一种最佳的方式。发现教学是让学生独立思考，改组材料，自己发现知识，掌握原理原则。其特点是：①由学生通过独立发现而不是通过接受的方式来获得经验。②着重于学习过程而不是着重于学习结果。③强调直觉思维在学习上的重要性。④重视学习的内部动机。布鲁纳的认知发现理论认为学习是主动形成认知结构的过程。学生不是被动的 、消极的知识接受者，而是主动的、积极的知识探究者。布鲁纳认为，发现教学有提高智慧的潜力，可激发学生的内在学习动机，有助于所学知识的保持。

2）奥苏伯尔认知同化学习论：学习是从已知到未知的过程

美国教育心理学家奥苏伯尔提出了有意义学习理论、同化理论以及先行组织者学说。

（1）有意义学习理论。奥苏伯尔认为有意义学习的实质是符号（语言文字及其他符号）代表的新知识与学习者认知结构中的有关观念建立起非人为的、实质性的联系。他认为有意义学习的条件是学习材料本身具有逻辑意义，学习者具有同化新知识的有关观念和有意义学习的心向，使新旧知识发生相互作用。

（2）同化理论。有意义学习的过程中，新知识与认知结构中原有的有关观念建立了联系，这种有关观念叫做新知识在认知结构上的固定点。在有意义学习的过程中，新知识被学

① 施良方．学习理论．北京：人民教育出版社，1998：221.

习者认知结构中合适的观念所吸收，从而获得了意义；原有的起固定作用的观念（固定点）也发生了变化，从而形成了更为分化的认知结构，这一过程称为同化。同化是有意义学习的心理机制。同化有三种类型：把知识归入原有的认知结构的适当部位，从而使新旧知识与之发生类属关系叫下位学习；在认知结构中几个原有观念的基础上学习一个概括程度、包摄程度更高的概念或命题是上位学习。当新的观念与原有认知结构中的观念既不能产生从属关系，也不能产生总括关系，它们在有意义学习中可能产生联合意义，叫做并列结合学习。

（3）先行组织。奥苏伯尔认为先行组织者是一种促进理解的教学策略。设计先行组织者的目的是为新知识提供观念上的固定点，充当新旧知识联系的桥梁。他认为，先行组织者的呈现要符合以下要求：组织者的抽象、概括、综合水平要高于学习材料，且与学习材料有关联；组织者的呈现不必详细，要用学生熟悉的语言和观念来呈现；注意唤起学生头脑中与组织者有关的知识经验。

3）皮亚杰建构主义理论：学习是学生自己建构知识的过程

瑞士教育心理学家皮亚杰的建构主义学习理论认为：①学习是由学生自己建构知识的过程。②学习是学生根据自己的经验背景对外部信息进行主动地选择、加工和处理，从而获得自己的意义的过程。外部信息本身没有什么意义，意义是学习者通过新旧知识经验间的反复的、双向的相互作用过程而建构成的。③同化和顺应，是学习者认知结构发生变化的两种途径或方式。同化是认知结构的量变，而顺应则是认知结构的质变。④建构主义认为，学习者的知识是在一定情境下，借助于他人的帮助，如人与人之间的协作、交流、利用必要的信息等，通过意义的建构而获得的。理想的学习环境应当包括情境、协作、交流和意义建构四个部分。学习环境中的情境必须有利于学习者对所学内容的意义建构；协作应该贯穿于整个学习活动过程中，对学习资料的收集与分析、假设的提出与验证、学习进程的自我反馈和学习结果的评价以及意义的最终建构都离不开教师与学生之间，学生与学生之间的协作；交流是协作过程中最基本的方式或环节。例如，学习小组成员之间必须通过交流来商讨如何完成规定的学习任务达到意义建构的目标，怎样更多地获得教师或他人的指导和帮助等；意义建构是教学过程的最终目标，其建构的意义是事物的性质、规律以及事物之间的内在联系。

由此可见，认知主义学习理论认为学习不是简单的信息积累，学习过程不是简单的信息输入、存储和提取，而是新旧知识经验之间的双向的相互作用过程，也是学习者与学习环境之间互动的过程。总之，认知主义学习理论的核心可以用一句话概括：以学生为中心，强调学生对知识的主动探索、主动发现和对所学知识意义的主动建构。

2. 认知主义学习理论指导下的地理教学设计

地理学习内容中有很多自然学科的内容。在地理学习过程中，学生会需要学习很多概念、原理。对于这些概念、原理等程序性地理知识的学习，在教学设计中注意运用认知主义学习理论作指导能发挥非常重要的作用。

1）同化顺应，理解概念

按照奥苏伯尔的同化学习理论，地理新概念的学习，主要取决于其认知结构中已有的概念，意义学习是通过新概念与学生认知结构中已有的相关概念相互作用才得以发生。同化有下位学习、上位学习和并列学习三种基本的形式。下位学习是学生认知结构中已有的概念在概括和包容水平高于新学习的概念的学习。例如，在学习“南亚季风环流”和“东亚季风环流”两个概念时，可以把这两个概念纳入“大气环流”这一上位概念中。上位学习是当学生学习一种包摄性较广、可以把一系列原有概念从属其下的新概念的学习。例如，自然资源是总概念（上位），而原先已学过生物资源、矿产资源、水资源等从属其下。并列学习是当学生学习的新概念与原有概念既不产生上位关系，也不产生下位关系时，新概念与原有概念可能产生并列关系，如等温线与等压线、绿洲农业与灌溉农业、热带雨林气候与热带草原气候等。

当学习者遇到不能用原有图式来同化的新刺激时，便要对原有图式加以修改或重建，以适应环境。在地理学习过程中，很多概念存在着南北半球之间的对比，很多情况下南北半球决然相反，如在南北半球的气旋、反气旋旋转方向（逆时针还是顺时针）、南北半球的地转偏向力方向（向右还是向左）、南北半球的季节划分等。当学生分析处于南半球的气旋或反气旋现象时，就不能直接使用北半球的气旋或反气旋的规律，而必须对其加以修改或重建以适应新的情境。实际上，顺应的过程与杜威所讲的"教育是经验的重组或改造的过程"是一致的。通过这种顺应，原来的概念的内涵不断丰富、扩充。

2）扩充已知，吸纳未知

认知主义学习理论非常重视学生的已有知识，尤其是学生已有经验在学习新知识中的作用。直接经验有助于一些原理性、规律性知识的理解。直接经验的数量越多、质量越高就越有利于促进学生对知识的学习。正如我国著名教育家陶行知所提出的："我们要以自己的经验做根，以这个经验所发生的知识做枝，然后别人的知识方可以接得上去，别人的知识方才成为我们知识的一个有机部分。"① 由于与人类生活和自然的相互作用有关的社会生活的一切方面都与地理有关联，日常生活中，在这种非正式的原生态的教育中，学生会不知不觉地积累一些经验，如太阳的东升西落、月亮的阴晴圆缺、四季的更替、气候的变化等感性经验。地理教学设计过程中，教师要结合学生日常生活中的直接经验来学习一些比较抽象的地理概念和原理等程序性地理知识。学生从已知到未知对照表，如表 3-1 所示。

表 3-1 学生从已知到未知对照表

学生已有的直接经验（已知）	地理学科事实、原理（未知）
夏季中午影短，冬季影长	正午太阳高度角
太阳未升，天空已白	大气的散射作用
6～7 月衣物和食品容易发霉	梅雨
马桶水旋转方向，江河旋涡方向	气旋
纸堆燃烧时，灰烬升落现象	热力环流
盛夏期间海滨玩耍感觉水温低、沙温高	海陆热力性质差异

资料卡片 3-3

著名教育心理学家奥苏伯尔在他的著作《教育心理学——认知观点》一书的扉页上写道："假如让我把全部教育心理学仅仅归结为一条原理的话，那么，我将一言以蔽之曰：影响学习的唯一最重要的因素，就是学习者已经知道了什么。要探明这一点，并应据此进行教学。"

摘自：奥苏伯尔（D. P. Ausbel）. 教育心理学. 佘星南，宋钧译. 南京：江苏教育出版社，1996

3）总结归纳，形成结构

认知主义心理学家布鲁纳、奥苏伯尔、皮亚杰等都重视学科的学科结构在学习中的作

① 中央教育科学研究所. 陶行知教育文选. 北京：教育科学出版社，1981.

用。在地理学科的学习中，教材起着非常重要的媒体作用。在教材的编制过程中，地理教育的专家、学者们力图编制出符合学生需要和社会发展的教材。这些教材也有内在的结构，但教材结构一般是隐性的。地理学习的目的就是在教师的引导下，通过教材，将地理科学的知识结构转化为学生的认知结构。因此，地理科学的知识结构、地理学科的教材结构以及学生的认知结构之间有着内在的逻辑关系（图 3-6）。

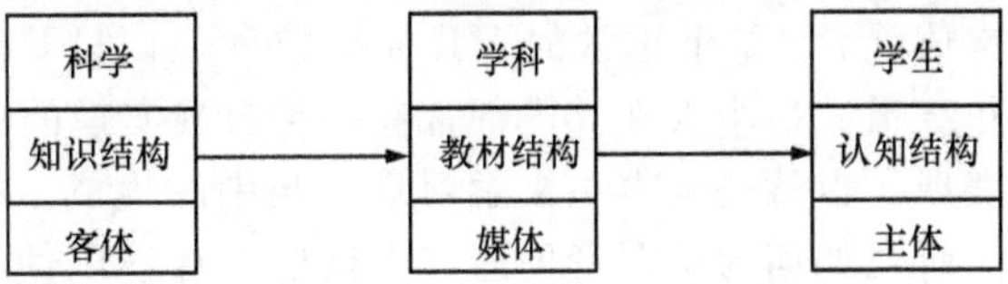

图 3-6　知识结构、教材结构、认知结构之间的相互关系

认知主义心理学家们所讲的学科结构实际上是学生的认知结构。在地理学习的过程中，尤其是在复习课的教学设计中，教师和学生应深入钻研教材，揭示教材的知识体系和内在联系，帮助学生形成认知结构。这样，不仅可以简化知识，促进理解，而且有利于学生获得新知识，从而强化学生的迁移力。认知结构可以是一个知识点、一节、一章、一本书甚至整个初、高中地理教学内容。在教学设计过程中要引导学生去发现知识点与知识点，尤其是概念与概念之间的结构关系，帮助学生学会总结、归纳各个知识点之间的关系。按照建构主义学习理论的观点，不同的学生对同一内容的建构、理解是不一样的，因此，在教学中，教师不能包办，直接将教材结构或知识结构呈现出来，只有经过学生自我建构之后，这些知识结构才能转化为学生的认知结构。在复习的过程中，可以采取留白的形式帮助学生建构认知结构。

案例 3-12

黄土高原水资源问题知识结构图

请将有关内容的代号填入表中空框内，用以正确反映水资源问题的相互关系：

(1) 植树种草；(2) 平整土地；(3) 修建水库；(4) 降水量增多；(5) 径流量增多；(6) 洪水减少；(7) 绿岛效应；(8) 湖泊效应

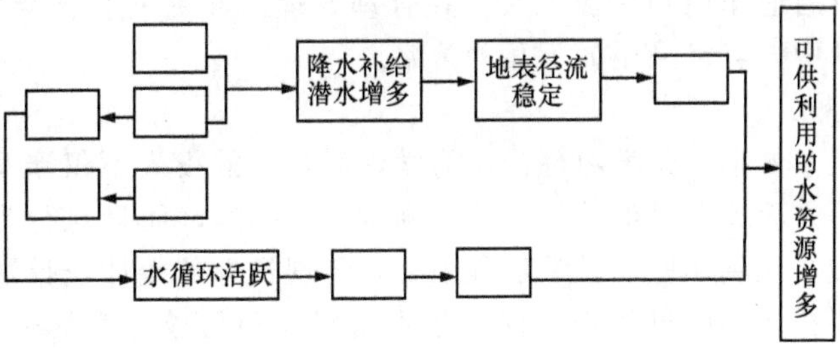

随堂讨论 3-12

1. 讨论案例 3-12 知识结构图或者概念图有什么作用？
2. 设计一个热带雨林概念图、新疆温带大陆性气候下的区域地理概念图。

3.4.4 人本主义学习理论与地理教学设计

1. 人本主义学习理论概述

人本主义心理学起源于20世纪50年代的美国，其创始人为马斯洛和罗杰斯。他们主张心理学应该把人作为一个整体来研究，而不能将人的心理肢解成几个不能整合的部分。人本主义学习理论有一个基本假设："每个正常的人犹如一粒种子，只要能给予适当的环境，就会生根发芽、长大并开花结果。每个人在其内部都有一种自我实现的潜能。"① 而学习就是这种天生的自我实现欲的表现，也就是人本主义学习理论当中的生成。基于这种观念，人本主义学习理论的重点，便是研究如何为学习者创造一个良好的环境以使学习者从他自己的角度来感知世界，如何发展个人对世界意义的形成从而达到自我实现的最高境界。

人本主义学习理论的基本观点有以下几个方面：①强调人是学习活动的主体，必须重视学习者的意愿、情感、需要、价值观；②学习对于儿童是一种自然的、正常的过程，人类有一种学习和发展自己潜能的天然倾向，要相信学习者能自己教育自己、发展自我潜能；③强调意义学习，当学习材料对于一个人具有个人意义、能被其理解，符合其目的时，学习效果最好；④学习者认真参与学习过程，可以促进学习；⑤学习者整个身心投入的自发学习，学习效果最好；⑥最有用的学习是对学习的学习；⑦强调对完整的人的教育，而不是发展人的某一侧面；⑧学习是人的自我实现，是丰满人物的形成过程；⑨人际关系是有效学习的重要条件，它在学与教的过程中创造了"接受"的气氛。学习应重视学习的情感因素。教师应是"学习的促进者"。

可见，人本主义学习理论与只重视环境刺激、外显行为的行为主义学习理论和只重视认知发展的认知主义学习理论不同，它关注人的整体发展，强调人的尊严与价值，注重研究健康、完整的人。

2. 人本主义学习理论指导下的地理教学设计

人本主义学习理论"强调完整的人的培养"、"强调有意义的学习"、"强调师生情感的互动"，这些观点突出学生的主体地位、关注学生的生活世界、追求学生的个人价值。人本主义学习理论无疑对克服传统教学过于重视社会功能，忽视学生的个性发展、能力培养和非智力因素等弊病，具有启迪作用和积极意义。在合理处理个性发展和社会发展关系的基础上，在具体地理教学设计中，可以采用如下几种策略。

1）目标整体取向

在学习的目标上，人本主义学习理论认为学生对学习的投入不仅涉及认知方面，还涉及情感、行为、个性等方面；学习不单是对认知领域产生影响，而且对行为、态度、情感等多方面发生作用。因此，在具体地理教学过程中，要体现目标的整体设计取向。课堂教学目标不仅仅是认知，还要在认知的过程中，促进学生情感体验形成，使其感受过程、掌握方法，促进他们的科学价值观的形成。新的课程标准提出了"知识与技能"、"过程与方法"、"情感态度与价值观"三个维度目标。其中，"知识与技能"是首要目标，"过程与方法"是关键目标，"情感态度与价值观"是终极目标。在具体地理教学目标的设计过程中，首先要通过多种途径（课标、教材）确定本节内容要掌握哪些具体的知识点和技能，然后思考这些知识点和技能可以通过什么过程和方法去落实，通过这些过程和方法可以培养学生

---

① 张春兴．现代心理学．上海：上海人民教育出版社，1994.

的哪些情感、态度和价值观等。由此可见，“过程与方法”维度是达到整体目标设计取向的关键，而这一环节恰恰是我们的传统地理教学所忽视的。在具体教学目标设计中，三者应同时出现并整合在课时教学目标中，不能各自为政，相互抵牾，而要协同作用，相辅相成。

案例3-13

自然地理环境的差异性三维目标教学设计

知识与技能

1. 学生能用自己的话说出自然带的概念即命名方法，识记自然带的类型和分布规律。

2. 学生知道地理环境的地域差异是较为普遍的自然地理现象，并了解其表现和成因。

3. 学生通过阅读“世界陆地自然带分布图”，获取由赤道到两极、由沿海到内陆的“地理环境地域分异规律”；学生通过阅读“喜马拉雅山的垂直地域分异图”，获取“山地的垂直地域分异规律”。

过程与方法

1. 学生通过“世界陆地自然带分布图”、“喜马拉雅山的垂直地域分异图”分析地理环境的地域分异规律。

2. 学生联系生活实例运用地理环境的地域分异规律去解释说明。

3. 学生通过景观图片和地理分布图等，学会读图分析的方法即从图像中获取、认定、加工、处理各种信息的能力，培养观察比较能力和空间想象能力。

情感态度与价值观

感受自然环境的和谐美，激发探究地理环境要素内在规律的兴趣，培养理论联系实际、学以致用的意识。

随堂讨论3-13

1. 讨论案例3-13教学目标设计的意义？

2. 选择高中地理教材中的一节内容，进行教学目标设计，并说明设计意义。

2）联系学生生活

在学习的内容上，人本主义心理学家罗杰斯强调“有意义学习”。罗杰斯认为，只有当学生正确地了解到所学内容的用处时，学习才是“有意义学习”。一般说来，学生感兴趣并认为是有用处、有价值的经验或技能比较容易学习和保持；而那些学生认为是价值很小或效用不大的经验或技能往往学习起来很困难，也容易遗忘。人本主义学习理论提示教师，要尊重学生的学习兴趣和爱好，尊重学生自我实现的需要。在课程内容的安排和设置上要给学生以充分的自由，允许学生根据自己的兴趣和爱好以及自我理想来选择有关学习内容。

在地理教学设计中，要关注地理内容与学生衣食住行等日常生活之间的联系，阐述其中的地理背景；要密切联系学生的生活实际与经验，阐述地理现象、地理概念、地理特征等知识，使学生感受地理就在身边、地理是鲜活而有趣的；要关注地理内容与生产之间的联系，阐述地理在生产中的应用。只有将地理学习内容与学生的日常生活以及今后发展紧密联系起来，才是人本主义心理学家罗杰斯所提倡的“有意义学习”。正如初中地理课程标准提出的“地理课程要提供给学生与其生活密切相关的地理知识，引导学生在生活中发现地理问题，理解地理背景，增强学生的生活能力”。例如，当学校更换作息时间表的时候，在课堂上问学生：“上个学期 18 点 30 分上晚自习，天已暗下来了，而现在为什么 19 点 30 分上晚自习，天仍大亮？”再如，在学习大气对太阳辐射的削弱作用时，要求学生解释生活中的一个问题：“为什么夏天更多的人穿白色衣服，而冬天则有更多的人穿深色衣服？”在学习美国的一些宇航基地、航空工业基地、汽车城等地名时，可以结合学生感兴趣的美国 NBA 球队名称，如通过“休斯敦火箭队”，学生知道休斯敦是美国的宇航基地；通过“西雅图超音速队”，学生知道西雅图是美国航空工业基地；通过“底特律活塞队”，学生知道底特律是美国著名的汽车城。

案例 3-14

地理知识与生活联系

在地理教学设计中，应注意将地理概念、原理与学生的日常生活现象相联系，如日月星辰的东升西落与地球自转；河水漩涡与地转偏向力，与气旋和反气旋；夏季北阳台早晚日照与昼夜长短变化；太阳能热水器与正午太阳高度的变化；红绿灯与大气热力状况；铁管上水滴与空气的饱和与过饱和，与大气降水的形成，以及干旱地区相对湿度的日变化；人对天气的感受与天气系统的变化；天气变化与天气系统的移动；珊瑚装饰品与海岸带的保护；城市臭水沟与河湖富营养化问题；家庭装潢材料与三大类岩石的成因和物质组成；折木条时，木条顶部易破裂与背斜成谷；成堆东西的突然滑落与滑坡、崩塌；居民区的选择与区位理论；日用品购买与商业中心的形成条件；冬季取暖与环境污染；父母工作地点转移与产业转移等。

随堂讨论 3-14

参照案例 3-14，进一步列举地理概念、原理与学生的日常生活现象相联系的事实，并说明对教学设计的意义。

3）重视情感交流

在学习的氛围上，人本主义学习理论追求认知与情感结合，极力突出情感在教学活动中的作用，以便形成一种以认知与情感之间的协调活动为主线、以情感为教学活动的基本动力的教学模式。如果我们在教学活动中师生之间以一种真诚的互相认同的态度去传送情感，这将较好地增强教学效果，学生的个性能得到充分的展示，从而促进学生的意义学习。人本主义学习理论认为，学习是一个情感与认知相结合的整个精神世界的活动，情感和认知是学习者精神世界不可分割的部分，是彼此融合在一起的，学习不能脱离学习者的情绪体验而孤立地进行。

案例 3-15

注重情感的教学设计——“地震”示例

首先给学生呈现一首描述受灾孩子等待父亲援助时的感受的诗歌《震后》：[1]

是否应大声哭泣去回应父亲的努力挣扎，因为他已移开了压在我头上的砖头，或者该保持沉默，用紧闭的嘴唇来阻止住这些灰尘，我只有撒谎或者不选择任何行动。

如果我说话，死亡将会扼住我的呼吸，并深入我的嘴里，

如果我选择沉默，父亲可能会走开并哭泣，并且一定不知道该怎样合上我的坟墓，

我是多么渴望去回应……

有人将一些粉末从我的脸上拭去，我感到了温暖的呼吸声，我的眼睑开始动，

他们的翻动使我的眼睛充满了沙砾，重物从我的胸部和手臂上移开，

我一点一点地苏醒过来，在爸爸的手臂里，在当时昏沉的状态下，

我很难找到有力的词汇去描述脱离黑暗的感觉。

这首诗歌的编排，其目的是使学生深入地体会到受灾孩子孤立无援的感受。

为了使学生更为深刻地体会其情感，可以设计如下活动：

1. 仔细阅读上面的诗句，并且试着说出到底发生了什么。你要特别注意作者所渲染的那种特别的情绪。

2. 以上面的诗为基础，从一名父亲的视角出发，你自己创作一首诗歌。建议表达这样的情感：他努力地寻找，并最终找到他受伤的孩子。

3. 创作一系列词语，这些词语可以用来描述当父亲挖开碎石时，其感情的变化。

4. 试着借用上文诗歌的结构，建议你所描述的父亲的感觉应该对应上文孩子的感觉。

这种角色互换的诗歌写作练习，有利于学生将自身角色转化为案例角色，加深其情感的共鸣。而这种情感的共鸣，一方面可以使学生深入灾害、体会灾害；另一方面，帮助学生建立起积极的、富有爱心的情感世界。

随堂讨论 3-15

讨论案例 3-15 的设计对学习“地震”内容的教学意义。

另外，在地理学习中，要注意师生之间情感的互动，应该建立一种积极的、有利于学生发展的反馈机制，要通过情感的反馈，激发学生学习的积极性。正如夸美纽斯在《大教学论》中指出：“孩子的求学欲望是由教师激发出现的。”教师在评价反馈中应把对学生的爱融入教学中，肯定他们的成功，让学生真切地感到温暖、激励，从而鼓起努力上进的风帆。原苏联著名教育家苏霍姆林斯基也说“成功的快乐是一种巨大的精神力量，它可以促进学生学习，请你无论如何不要让这种内在的力量消失，缺少这种力量，教育中任何巧妙的措施都是无济于事的”。因此，教师在教学中一定要注意心理因素对学生的影响，在评价中要多用鼓励性的话。

---

① 郭潇潇，江晔．英国中学地理教材中的灾害教育．地理教学，2008，(11)：38-42.

3.5 地理教学设计的传播理论与案例研究

关键词 教学设计；教学理论；案例研究

教学是由教师的教和学生的学组成的一种互动的教育活动，是一种信息传播的活动。因此，传播理论构成了地理教学设计的理论基础。运用传播理论指导地理教学设计，能提高地理教学效率。

3.5.1 传播理论概述

对传播理论的研究可以追溯到古希腊的亚里士多德。他曾说过，在修辞学上，传播的要素有说话者、言词和听者。这样，他最早提出了一个传播模型：传播者—信息—收受者，揭示了传播过程的三要素。1948 年，美国政治学家拉斯韦尔在《社会传播的构造与功能》一书中，阐述了大众传播过程中所涉及的 6 个基本要素，提出著名的“5W”公式，初步揭示了传播过程的复杂性。该公式是：谁（who），说了什么（say what），通过什么渠道（in which channel），对谁说（to whom），产生了什么效果（with what effect），展示出传播学研究的基本范围。布雷多克 1968 年在此基础上发展出“7W”模型，增加了两个因素：①在什么情况下和②为了什么目的？与此同时，维纳的《控制论》一书出版（1948 年），控制论传播模型在控制论系统的 3 个组成部分（受纳器、解释器和反应器）的基础上也建立了相应的部分：受传者、接受信息、解释信息、对信息作出反应。这给传播模型增加了“反馈”的新概念，使传播成为一种双向的过程。

传播理论是研究人类一切传播行为和传播过程发生、发展的规律以及传播与人和社会的关系的学问，是研究社会信息系统及其运行规律的科学。简言之，传播理论是研究人类如何运用符号进行社会信息交流的学科。经过不断地发展，形成了下面几种有代表性的传播模式。

1. 拉斯韦尔的 5W 模式

美国学者拉斯韦尔 1948 年提出了 5W 模式（who，say what，in which channel，to whom，with what effect），第一次说明了传播的方向，如图 3-7 所示。后来另一学者布雷多克又增加了两个 W：“在什么情况下？为了什么目的？”构成 7W 模式，使这一模式进一步完善，但仍然忽略传播中的反馈要素，使这一模式仍表现为单向传播，这是该模式的一大缺点。

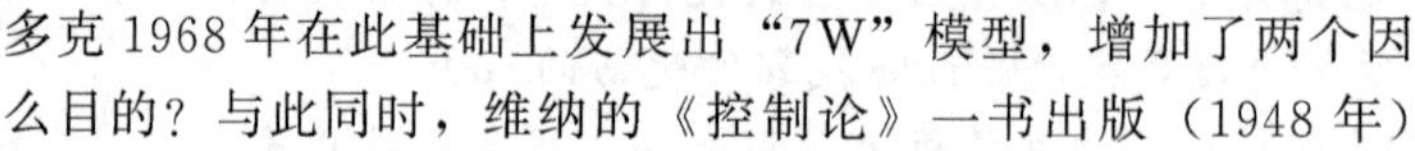

图 3-7 拉斯韦尔的 5W 模式及研究内容

2. 施拉姆循环模式

美国学者施拉姆在总结前人成果的基础上提出循环模式，强调在信息源与目的地（传者与受者）之间，只有在其共同的经验范围之内才有所谓传递，因为只有在范围内的信号才能为传受两者共享；强调传者与受者都是积极的主体，受者不仅接受信息，解释信息，而且还对信息作出反应，走向了双向传播，实现了传播理念的重大转变，如图 3-8 所示。

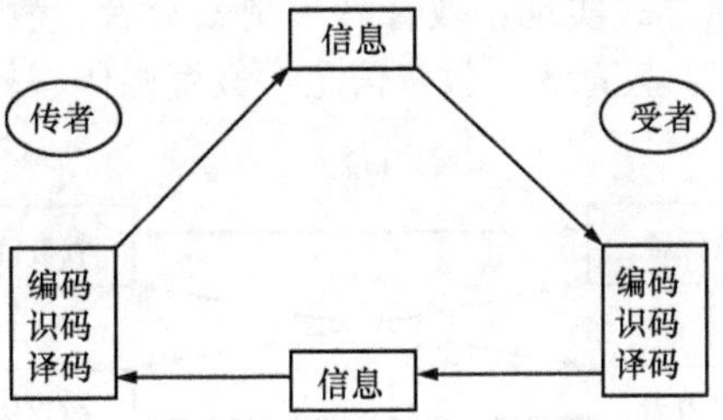

图 3-8　奥斯古德-施拉姆模型

3. 贝罗的 S-M-C-R 模式

贝罗的传播模式综合了哲学、心理学、语言学、人类学、大众传播学、行为科学等理论，来解释在传播过程中的各个不同要素。这一模式把传播过程分解为四个基本要素：信源(source)、信息（message)、通道（channel）和受传者（receiver)，所以简称 S-M-C-R 模式，如图 3-9 所示。

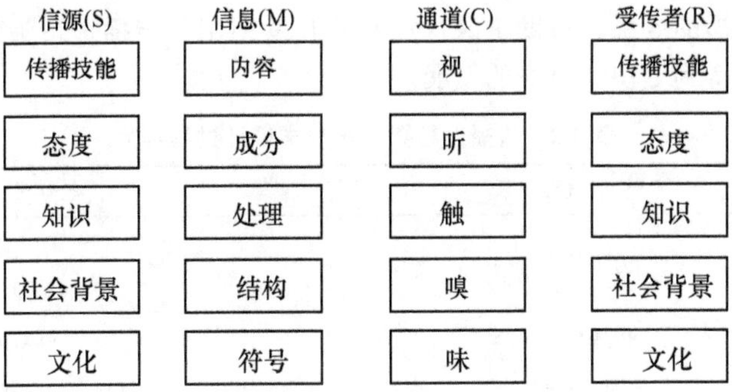

图 3-9　贝罗的传播模式

贝罗的传播模式，由于揭示了教育传播的规律，后来被人们认同为教育传播模式。这个模式的出现，把人们的注意力从“物”引向人，从信息源引向受传者，是一个了不起的贡献。该模式是单向和线性的，缺少反馈环节，后来贝罗的解释者增加了反馈环节。

教育传播模式是教育实践经验的概括和总结，并随着教育实践的发展而不断发展完善。

教育传播的基本要素：传播者（教师)、受传者（学生)、教育信息和教育媒体，这四个要素缺一不可。教育传播基本模式框架如图 3-10 所示。

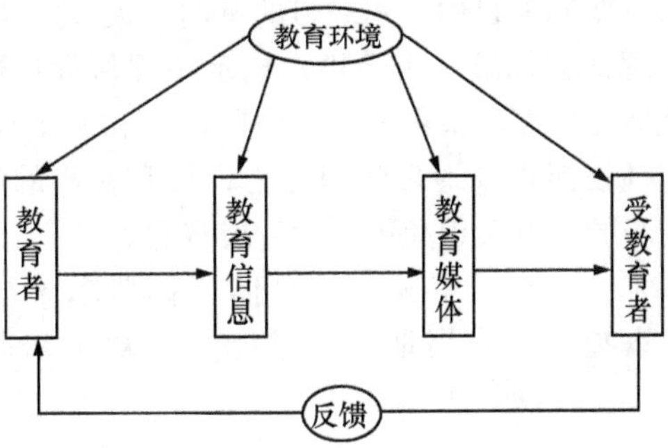

图 3-10　教育传播基本模式框架图

教育传播系统各要素间形成了各种关系（图 3-11），如教育者与受教育者之间的关系，可以根据不同的需要，通过多种方式实现：教育者—受教育者、教育者—教育信息—受教育者、教育者—教育媒体—受教育者、教育者—教育信息—教育媒体—教育者等。

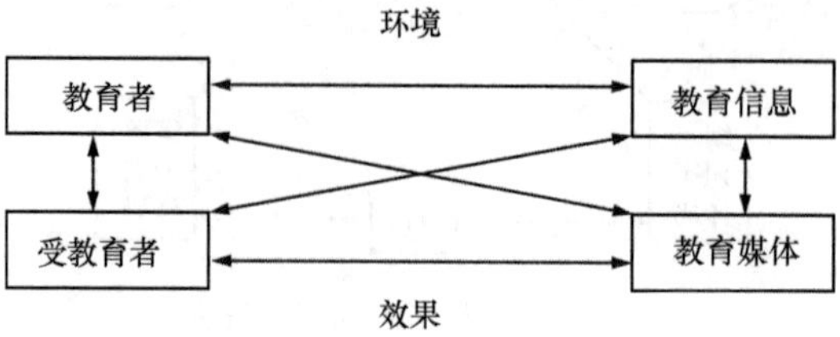

图 3-11 教育传播系统各要素之间的关系①

3.5.2 传播理论与地理教学设计

传播理论中关于传播过程中的要素和地理教学设计的主要要素具有很大的相关性，其中很多要素都是一一对应的（表 3-2）。因此，用传播理论指导地理教学设计有助于正确解释和合理解决地理教学信息传播现象和问题，有助于提高地理教学信息传播决策的科学化水平，有助于增强地理教学信息传播的效果，有助于课程资源的开发利用。传播理论为地理教学设计注入新鲜血液，使教学设计得到更快、更好的发展。

表 3-2 传播过程要素与教学设计过程要素

序号	传播过程要素	教学设计过程要素
1	为了什么目的	学习需要分析 教学目标的分析
2	传递什么内容	学习内容分析
3	由谁传递	教师、教学资源的可行性分析
4	向谁传递	学习者（教学对象）分析
5	如何传递	教学策略选择 教学媒体选择
6	在哪里传递	教学环境分析
7	传递效果如何	教学评价

1. 传播目的与地理教学设计

在传播系统中，传播要有明确的目的，围绕目的有的放矢。

我国全日制义务教育地理课程标准（实验稿）规定课程目标：通过 7～9 年级地理课程的实施，学生能够了解有关地球与地图、世界地理、中国地理和乡土地理的基本知识，了解环境与发展问题；获得基本的地理技能以及地理学习能力；具有初步的地理科学素养和人文素养，养成爱国主义情感，形成初步的全球意识和可持续发展观念。

普通高中地理课程标准（实验）中规定的总体目标要求学生初步掌握地理基本知识和基本原理；获得地理基本技能，发展地理思维能力，初步掌握学习和探究地理问题的

① 王丽华．系统教学设计理论和模式研究．金华：浙江师范大学硕士论文，2003：46.

基本方法和技术手段；增强爱国主义情感，树立科学的人口观、资源观、环境观和可持续发展观念。

上述课程目标都从知识与技能，过程与方法，情感态度与价值观三个维度来表述，这三个维度在实施过程中是一个有机的整体。在地理教学设计中应依据新课标的要求，结合学生的地理学习需要，以及地理教学内容等科学合理地设计切实可行的地理教学目标，地理教学就有了依据，有了指向标。

2. 传播中的师生与地理教学设计

1）教师

西方传播学者在研究传播过程中传播者的作用时，提出了“把关人”的理论。传播者在传播过程中负责搜集、处理、加工与传递信息，被称为“把关人”（gatekeeper）。

教师作为教育的传播者，是教育信息的主要把关人。在教育传播过程中，传播什么，通过什么渠道传播，主要是由教师决定的。教师是教育信息的发送者。①

在地理教学中，地理教师必须具备现代地理教师的素养，才能做好传播地理信息的“把关人”。地理教师主要应具备：地理科学领域的地理专业知识，教育学、心理学和地理课程与教学论等方面的知识，在实施有目的的地理教学行为过程中所具有的教学情境知识和解决问题的知识。同时还需要了解和掌握有关自然科学和人文社会科学的知识，以及熟练运用工具性学科的知识。

2）学生

在教育传播过程中，学生扮演着两种角色，既是教育信息的受传者，又是反馈信息的传播者。学生所处的社会环境、文化背景以及具有的知识基础、解码能力和心理素质等因素，都会影响到学生的传播行为。

在地理教学中，教师进行教学设计时，应对学情进行细致科学的分析，明确学生的学习需要。同时，应注意学生的反馈，从而调整教学设计，优化地理教学。

3. 传播信息与地理教学设计

传播理论中有关信息通道、信息的形式及结构、信息数量等方面的理论更是对地理教学设计具有直接的指导意义。

1）信息通道与地理教学设计

1967 年特瑞东拉提供以下研究结论：人的认识与人的器官的关系是味觉 1%、触觉 1.15%、嗅觉 3.15%、听觉 11%、视觉 83%。听觉和视觉共占 94%；从记忆角度来讲，人们能记住阅读的 10%、自己听到的 20%、自己看到的 30%、看和听共占 50%；以信息论研究人的信道特性表明，假定触觉信道宽为 1 时，则听觉信道宽为 100，视觉信道宽为 10 000。② 由此可看出，信息渠道中视觉和听觉对人的认知能力影响最为重要，这一研究成果能为地理教学媒体的选择和优化组合提供科学依据。例如，讲解地球的运动知识时，由于其概念的抽象性和天体运动的难以观察性，可选择设计人工控制且能多步骤分解的多媒体模拟演示动画图，增加学生的视觉效果，使地理程序性知识“可视化”，有效促进学生的认知过程。

---

① 南国农，李运林．教育传播学．北京：高等教育出版社，2005：3-4.

② 刘伟，袁修干，杨春信，等．生物视觉与计算机视觉的比较．航天医学与医学工程，2001，(4)：303.

案例 3-16

地理教学设计中视听效果的结合

“月相”一节的内容可以以唯美的古典美人月下吟诗图片配以古筝《汉宫秋月》导入，激起学生对月相的探索兴趣。用色时要选择比较唯美的颜色，可选用白色、蓝色与绿色等。

在讲“水循环”的时候可以将水汽分子比作一个淘气的小孩，制作一个小动画，将水汽分子的运动轨迹化为淘气小孩的动作来让学生对水循环有一个大致的了解。用色时要用比较活泼的颜色搭配，如红色。

讲“地震”一节时完全可以用黑白色做基调，衬托出一种严肃、沉痛的气氛，用一些黑白的地震图片来给学生以视觉上地震危害的冲击等。

随堂讨论 3-16

讨论案例 3-16 的设计对学习案例中相关内容的教学意义。

2）信息结构与地理教学设计

传播不仅与信息的意义密切相关，而且与信号的形式和结构有密切的关系。信号的形式和结构影响着信息的接收。有序的结构和图式丰富的、相互之间密切联系的信息易于记忆和提取，而无序的信号由于缺乏结构而常常被人遗忘；对信号的控制程度越高，传播的效果越好；信号越能引起接受者注意，信息越易传播和接受。[①] 因此，在地理教学过程中必须对信号精心设计，排除影响接受者注意的那些刺激信号，选择恰当教学媒体。[②] 例如，要求学生识记和理解主要气候类型及其分布，可以设计如下三个方案：方案一，让学生记住主要气候类型的名称，每种气候分布的纬度位置和海陆位置；方案二，首先告知每种气候的成因及其气候特征，然后让学生识记它们的空间分布；方案三，结合气压带风带的特征及季节移动规律，讲解每种气候的成因，再结合世界气候类型分布图说明各种气候的分布规律。经过实践比较，方案三效果最好。原因为：方案一是无序和缺乏结构的信息易被遗忘；方案二揭示了一种顺序，凡满足条件的易被记住；方案三由于改变了信息形式，即由语言信息结合图像信息，成为视听信息，设计了刺激信号，学习效率更高。

因此，在进行地理教学设计时，把地理知识结构化，进行重组编码，有利于学生学习、记忆、掌握。地理知识结构化可以通过赋予意义、构建知识架构、归纳地理规律、以图释文、图文结合等方法实现。

---

① 徐英俊．教学设计．北京：教育科学出版社，2001，9：28.

② 李家清．地理教学设计的理论基础与基本方法．课程·教材·教法，2004，(1)：64-67.

案例 3-17

对于我国 34 个省级行政区的记忆

两湖两广两河山（湖南、湖北，广东、广西，河南、河北，山东、山西），五江二宁青陕甘（江苏、浙江、江西、黑龙江、新疆、宁夏、辽宁、青海、陕西、甘肃），云贵四西北上天（云南、贵州、四川、西藏、北京、上海和天津），内渝台海福吉安（内蒙古、重庆、台湾、海南、福建、吉林和安徽），香港澳门喜回归，祖国统一举国欢。

随堂讨论 3-17

参照案例 3-17 设计一个地理知识结构化教学片断。

3）信息数量与地理教学设计

信息的多与少也影响教学效果。过多的信息会形成信息冗余，没有意义而信息量不足又会滞后于学生的智力，对学生发展不利。教学信息的数量是目前在地理教学中受到较大关注却又难以量化的因素，关于这方面的问题尚待进一步研究。但在教学设计中应当明确以下两个问题。① 一是地理教学需要多少信息作为背景。例如，当我们需要三张图示才能从各方面满足学习某一地理概念的需要时，在教学设计时至少要考虑获取三张以上的图片。二是在课程构建中需要多大的地理流通信息量出现在教学中。在教学设计时，要把握好教学中的目标性内容和工具性内容，有针对性地选择目标性和工具性信息量，以便最适度地传播地理教学中的信息。在运用计算机辅助地理教学时，教学课件的设计信息也应适量，一般而言，每课时 45 分钟，每个教学课件可设计 15～16 页，平均每页用时 2～3 分钟为宜。

总之，地理教学设计的理论基础只有建立在以上五大理论基础之上，才能减少和克服地理教学活动的盲目性、随意性，增强和提高地理教学活动的有效性和可控性，从而提高教学质量。

复习与思考

1. 地理教学设计的理论基础涉及系统科学理论、地理科学理论、学习理论、教学理论和传播理论，思考每个理论主要是针对地理教学系统当中的哪个要素而言的？

2. 搜集相关资料（地理科学思想史及不同时期地理教材等），分析不同时期的地理科学理论是如何影响地理教学设计的？

3. 请结合高中地理某一节教学内容，设计教学目标，并选择行为主义学习理论、认知主义学习理论或人本主义学习理论为指导，设计教学过程。

4. 现代教学理论和传统的教学理论有何区别，现代教学理论的发展呈现出什么特点和趋势？这对地理教学设计有何启示？

5. 以传播理论为指导，试述地理教学媒体的选择依据，并自选一节内容进行媒体设计。

---

① 林培英．论地理教学信息的形式与数量．地理教学，2001，(1)：5.

第 4 章　审慎规划：地理教学设计及其基本架构

学习目标

1. 能简述地理教学设计的内涵，结合实例说明地理教学设计对实现有效教学的意义。
2. 能简述地理教学模式的基本含义，并说明其对地理教学理论与实践的意义。
3. 能列表比较国内外主要的教学模式，并说明各自主要优点和存在的局限性。
4. 能结合自己的理解，设计并绘制地理教学设计架构图，说明图示中各环节之间的逻辑关系。

4.1　地理教学设计的内涵及意义

关键词　教学设计发展；地理教学设计；内涵；意义；基本架构

4.1.1　教学设计的发展与我国地理教学设计的研究现状

1. 教学设计的提出与发展

教学设计作为一门学科是随着教育技术学的形成和发展而逐步形成和发展的。同其他学科一样，教学设计在发展上也大体经历了构想、理论形成以及学科建立等几个阶段。杜威1910年提出在学习理论和教学实践之间应建立起一个将二者有机联系起来的“桥梁科学”，其主要任务就是建立一套与设计教学活动有关的理论知识体系。桑代克在其试误学习理论的基础上也曾提出过进行教学设计的主张和程序学习的设想。作为一门新兴的应用性较强的教育学分支，教学设计理论的建立受多种理论的影响，如教学理论、学习理论、系统科学理论、传播学理论等。

一般认为教学设计最早萌芽于军队和工业培训领域。二战期间，美国要求能在最短的时间内为军队输送大批合格的军事人才和工人，特别关注教学的实际效率，在希望军事强化的教学中，心理学家努力揭示人类是如何学习的学习理论因而被应用于相关领域的教学设计，这是教学设计的最初尝试，一些公认的学习原理得到认真研究，如准备律、练习律、效果律、重复原理、连续原理等，并在这些学习原理研究的基础上开发设计了有效视听教学材料，以增强教学效果，如幻灯、电影等。

20世纪50年代，斯金纳在行为主义心理学的研究基础上，依据刺激-强化作用理论，提出了程序教学法。行为主义学习理论认为行为的基本单位是刺激-反应，学习即刺激-反应之间联结的加强，教学的艺术就在于如何安排强化。程序教学强调具体而明确的知识技能学习目标，突出教学过程的小步骤、系列性，教学内容被依次分成许多相互联系的小单元；学习后续知识之前，学生必须事先掌握所需的知识与技能；学生每前进一小步都能知道自己的成果，并能得到反馈和强化。程序教学的突出特点为：小步子进行；呈现反应；及时反馈；可以自定学习步调。程序教学既可以人工进行，也可以运用机器教学。程序教学法早期主要研究程序的构成及系列的组成，此后逐渐加强对教学目标分析和教学逻辑顺序等的研究，注重教学策略的最优化。随着系统科学的发展并渗透于教育领域，对教学过程构成要素及其相互关系的研究，以及如何对教学过程进行系统分析以实现教学过程的优化开始受到人们的重视。此时，教学设计思想处于孕育和生长之中。

20 世纪 60 年代，认知心理学对行为心理学进行了批判，认为学习的基础不是刺激-反应的联结，而是学习者内部心理结构的形成和改组，教学就是促进学习者内部心理结构的形成和改组。当新的经验改变了学习者现有的心理结构时，学习就发生了。教学理论方面出现了布鲁纳的认知结构教学论、奥苏伯尔的有意义学习教学论、班杜拉的社会认知教学论和加涅的任务分析教学论等。[①] 例如，布鲁纳认为，教学理论必须考虑三件事：学生的本性、知识的本质、知识获得过程的性质，学生的心智发展主要遵循其特有的认知程序，教学的目的就是帮助学生认知的发展，将知识转化为适应正在发展着的学生的某种心智形式，强调教学应使学生掌握学科的基本结构，提倡发现学习。[②] 这一时期，研究者在前期研究的基础上发现影响教学的因素错综复杂。优化教学过程、提高教学效果需要在教师、学生、教学内容、教学媒体等多种要素间进行协调和整合，系统科学的思想和方法越来越多地应用于教学研究之中。同时，教育技术学的发展为教学设计的理论与实践提供了相关的理论基础与技术条件，促进了教学设计过程模式的研究与发展。20 世纪 60 年代末，教学设计理论体系初步形成，并因其特有的内容、结构与方法成为教育科学的一个分支。

20 世纪 70 年代以后，教学设计已经成为一个专门的教育学研究领域，其理论研究与实践发展也越来越快、越来越成熟。我国有关教学设计的研究大体起始于 80 年代中期，主要经历了两大阶段：80、90 年代的介绍和引进阶段与 90 年代中期以来的研究和发展阶段。21 世纪以来，教学设计理论在我国获得了进一步的发展，并与我国新时期的基础教育课程改革紧密联系，在具体教学过程中发挥着日益重要的作用。[③]

2. 我国地理教学设计研究现状[④]

地理教学设计在我国的发展也大体起始于 20 世纪 80 年代。1985 年，南京师范大学周靖馨教授在其《中学地理综合程式教学法基础》一文中，以新行为主义心理学研究成果及其教学机器——程序教学在教学中的应用为支撑，结合我国地理教学实验，提出了进行地理教学设计的一般策略。[⑤] 1993 年，在总结教学实践的基础上，周靖馨教授出版了《中学地理综合程序教学法》一书，提出了综合程序教学法的教学程序组成，即由新课导言—展示作业—指导自学—讨论作业—串联讲解—质疑释疑—要求学习七个部分组成。90 年代以来，现代教育技术尤其是计算机辅助地理教学走进地理课堂，加快了我国地理教学设计研究与发展的步伐。例如，1995 年，首都师范大学林培英教授侧重教育技术在地理教学设计中应用的研究，出版了《计算机辅助地理教学》一书。彭琰清在《素质教育观念下的地理课堂设计》一文中具体提出：教学内容设计要符合认知特点，调整和重组教材内容，不拘泥于教材，可删减、补充教学内容，要注重多角度思维课堂训练的设计。[⑥] 郑耀星在

① 皮连生．教育心理学．上海：上海教育出版社，2004：407-415.
② 布鲁诺 J S. 布鲁纳教育论著选．邵瑞珍，张渭城，等译．北京：人民教育出版社，1989：33.
③ 王较过．中学物理教材研究与教学设计．西安：陕西师范大学出版社，2011：112-113.
④ 黄莉敏．地理新课程教学设计的理论与实践．武汉：华中师范大学出版社，2007：3-5.
⑤ 周靖馨．中学地理综合程式教学法基础．地理教育，1985，(11)：12-13.
⑥ 彭琰清．素质教育观念下的地理课堂设计．地理教学，2001，(12)：13-14.

《多媒体计算机辅助地理教学设计的主要问题及其解决办法》一文中，对地理教学设计中的"盲目浅化和随意深化、动化与静化把握不当"等问题提出了质疑，并提出了相应的解决策略。[①]

21世纪以来，在地理新课程改革的背景下，地理教学设计无论在理论层面或者实践层面都有了更为深入的研究和发展。理论层面上，先有薛建宇编著的我国第一部以"地理"二字冠名的《地理新课程教学设计》（辽宁师范大学出版社，2002年）；而后国内高等院校课程论方面的专家在地理新课程论不同研究领域出版了大量著作，如王民主编的《地理新课程教学论》（高等教育出版社，2003年），段玉山主编的《地理新课程课堂教学技能》（高等教育出版社，2003年）等。同时，大量的研究成果以论文的形式出现，如针对地理新课程改革的具体要求，遵循新课程改革的精神和理念，华中师范大学的李家清教授对新课程下的地理教学设计进行了较为深入的研究，推出了新课程改革背景下地理教学设计研究的系列成果，分别涉及地理新课程教学设计的理论与方法研究；[②] 教学设计策略与方法的创新；[③] 教学目标差异性设计[④]等方面。实践层面上，地理新课程背景下，广大地理教育研究者及一线地理教师日益注重地理教学设计在实际地理教学中的应用，在《中学地理教学参考》、《地理教学》、《地理教育》三大中学地理教育类期刊上，每期都有相关地理教学内容的教学设计，尤其是《中学地理教学参考》多年来专辟"教学设计"一栏，为广大中学地理教育研究者及一线地理教师进行地理教学设计研究提供稳定、有效的交流平台。近年来，不少高校的研究生也纷纷将地理教学设计作为毕业论文的重要选题研究方向之一。例如，华中师范大学教育硕士黄莉敏的硕士论文《地理新课程教学设计的理论与实践》荣获全国优秀教育硕士论文等。[⑤]

关于当前我国地理课堂教学设计的研究现状，丁俊新通过对相关研究著作、论文、案例三大类文献的研究，认为目前我国地理课堂教学设计研究取得了基本要素已经确定、地理教学目标设计研究实践性强、地理教学内容分析研究深入、方法型地理教学策略类型多样、评价理论进一步完善等成果。但也存在着理论基础研究粗浅、学生起点分析薄弱、"地理性"体现不足、评价方法和手段研究薄弱、教学实践与教学设计理论脱节等问题。加大地理教学设计理论基础的研究力度，重视对学生起点分析的研究，注重挖掘具有"地理性"的地理教学方法，紧密结合教学实际对地理教学评价进行研究，加强对一线地理教师进行地理教学设计理论的培训等，是解决这些问题的有效对策。[⑥]

资料卡片 4-1

教学设计的起源与发展

教学设计孕育于二战期间，当时美国为了在最短的时间里为部队输送大批合格的士兵和为工厂培养大批合格的工人，召集大量教育学家和心理学家，创立了一系列系

---

① 郑耀星．多媒体计算机辅助地理教学设计的主要问题及其解决办法．中国教育学刊，2000，(5)：41-42，60.

② 李家清．地理教学设计的理论基础与基本方法．课程教材教法，2004，(1)：64-67.

③ 李家清，陈实，张丽英，等．走进新课程：论地理教学设计的设计与创新．华中师范大学学报（自然科学版），2003，(4)：583-587.

④ 李家清．地理教学目标差异性设计研究．中学地理教学参考，2003，(11)：6-7.

⑤ 黄莉敏．地理新课程教学设计的理论研究与实践．武汉：华中师范大学硕士论文，2007.

⑥ 丁俊新．我国地理课程教学设计研究综述．内蒙古师范大学学报（教育科学版），2007，(4)：146-149.

统分析学习任务的方法，这些方法后来就成为了现代教学设计的理论基础。20 世纪 50 年代中期的程序教学理论，对教学设计理论和实践的发展产生了更大的影响。20 世纪 60 年代，加涅扩展了任务分析的概念，强调了行为目标在教学设计中的应用，极大地促进了教学系统设计方法的运用。这一时期的教学设计，绝大部分以“教”为中心，面向教师的教，而对于学生“学”的问题考虑较少。20 世纪 80 年代以后，在建构主义理论指导下，发展形成了新的学习理论和教学理论，现代教学设计又有了新的发展。

摘自：杨九民，梁林梅．教学系统设计理论与实践．北京：北京大学出版社，2008：11-12

4.1.2　地理教学设计的内涵与特征

1. 教学与教学设计的定义

1）关于教学的理解

“教学”在英文中有两个对应词：instruction 和 teaching。instruction 指广义的教学，多与教学的情境有关，作为一种过程，[①] 通常译为“教导”；包括教师课前的准备（备学生、备教材、备教法）和在课堂上对学生实施教学和对教学效果的测量、诊断、补救以及修改教学计划等。teaching 指狭义的教学，多与教师的行为有关，作为一种活动，通常译为“教授”；指教师面对学生的教学行为，主要包括呈现教材，引出学生的反应和提供反馈和纠正等。广义的教学可以用图 4-1 表示如下。

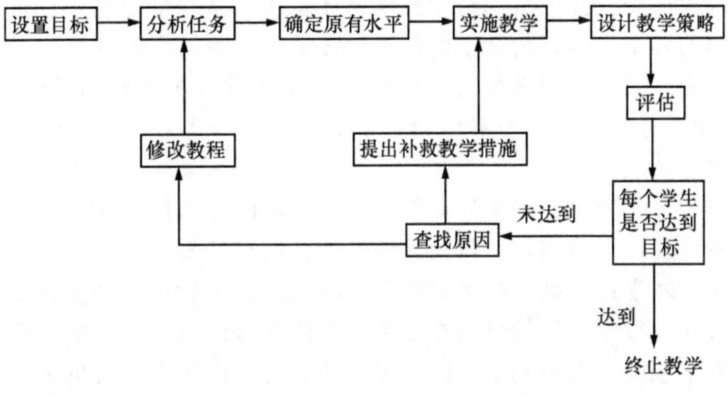

图 4-1　广义教学的主要环节

由图 4-1 可知，广义教学主要包括如下环节：[②] ①设置陈述目标，即尽量用可观察和可测量的行为术语陈述预期学生要获得的学习结果。②分析任务，即分析从学生的原有水平到达教学目标之间需要的知识与技能，并确定其相互间的关系。③确定学生原有水平，即确定学生达成教学目标所需要的起点知识与能力。④设计教学策略，即根据任务分析中所确定的知识与技能，选择适当的教学手段和活动。⑤实施教学，即将上述设计的教学策略付诸教学实施。⑥评估教学，即对照确定的教学目标，确定每一个学生教学目标的达成情况；如果教

① 施良方．教学理论：课堂教学的原理、策略与研究．上海：华东师范大学出版社，1999：8.

② 皮连生．教育心理学．上海：上海教育出版社，2004：439-440.

学目标已达成，则完成一次完整的教学过程，如果教学目标未达成，则需查找原因，提出相应措施或者修改教程，重新进行任务分析。

2）关于教学设计的理解

关于教学设计的定义，不同的研究者具有不同的看法，目前尚未有统一的认识。国内外对教学设计的定义较多，归纳起来较有影响的主要有如下几种。①

将教学设计视为一门设计科学，如伯顿 1989 年提出："教学设计是设计科学大家庭的一员，设计科学各成员的共同特性是用科学原理及应用来满足人的需要。因此，教学设计是对学业业绩问题的解决措施进行策划的过程"。也有学者认为教学设计是运用系统思想和方法，以学习理论、教学理论和传播理论为基础，计划和安排教学全过程的诸环节及各要素，以实现教学效果最优化为目的的科学。

将教学设计视为系统计划或规划教学的过程，如加涅在《教学设计原理》中指出："教学是以促进学习的方式影响学习者的一系列事件，而教学设计是一个系统化规划教学系统的过程"；肯普认为："教学系统设计是运用系统方法分析研究教学过程中相互联系的各部分的问题和需求，确立解决他们的方法步骤，然后评价教学成果的系统计划过程"；史密斯与雷根提出："教学设计是指运用系统方法，将学习理论与教学理论的原理转换成对教学资料、教学活动、信息资源和评价的具体计划的系统化过程"；我国教学论专家乌美娜认为："教学系统设计是指运用系统方法分析教学问题和确定教学目标，建立解决教学问题的策略方案、试行解决方案、评价试行结果和对方案进行修改的过程"；何克抗认为："教学系统设计主要是以促进学习者的学习为根本目的，运用系统方法，将学习理论与教学理论等原理转换成对教学目标、教学内容、教学方法和教学策略、教学评价等环节进行具体计划、创设有效的教与学系统的过程或程序"；皮连生认为："教学设计是在实施教学之前，依据学习论和教学论原理系统计划教学的各个环节，为学生的学习创设最优环境的准备过程"。

将教学设计视为一门与学习开发有关的技术，如梅里尔在《教学设计新宣言》中指出："教学设计是一种用以开发学习经验和学习环境的技术……是一种将不同学习策略整合进教学经验的一门技术……"。②

同教学可以分为广义和狭义相类似，教学设计也可以分为广义和狭义两种类型。广义的教学设计一般由专业设计人员进行，包括目标设置、教材开发、测量评价、工具开发和教学策略开发等。狭义的教学设计则专门指教师进行的课堂教学设计。加涅认为，现代教学设计具有如下方面的特征：教学设计的目的在于帮助个体学习；教学设计的类型有短期和长期两种；系统设计的教学能极大地影响个人的发展；教学设计应该以系统的方式进行；教学设计必须基于有关人类学习的研究。③

2. 地理教学设计的内涵与特征

由上述"教学设计"的不同定义可以看出，虽然国内外不同的学者对于教学设计有不同的认识和看法，但多数学者还是较为一致地将教学设计看做一种对具体教学进行计划或规划的过程。我们比较认同这一看法，而且比较认可我国教育心理学家皮连生教授的说法，即教学设计是在实施教学之前，依据学习论和教学论原理系统计划教学的各个环节，为学生的学习创设最优环境的准备过程。鉴于上述理解，我们认为，地理教学设计就是地理教学过程具

---

① 王较过．中学物理教材研究与教学设计．西安：陕西师范大学出版社，2011：115.

② 盛群力，李志强．现代教学设计论．杭州：浙江教育出版社，1998：2-3.

③ 皮连生．教育心理学．上海：上海教育出版社，2004：441-442.

体实施之前，地理教师依据相关教学理论和学习理论，以现代教学理念为引领，以促进学生有效地理学习为目的，针对具体的地理教学内容，系统计划地理教学的各个环节，为学生的地理学习创设最优环境而进行教学目标的制定、教学方法的选择、教学媒体的运用、教学效果的评价等系统规划与安排地理教学活动的过程或程序。

依照地理教学设计的上述内涵，结合地理新课程的改革实际，新课程改革背景下地理教学设计主要具有如下方面的特征。[①]

1）以地理课程标准为本位

地理课程标准是根据国家教育目标，提出课程理念，从整体上确定地理课程水平及地理课程结构的纲领性文件。它由国家教育行政部门制定和颁发，代表了国家对地理学科教育的统一要求。从这个意义上来说，地理课程标准应该是地理教材编写及中学地理教学活动最直接、最根本的依据。[②] 地理课程标准是国家对基础教育地理课程的总体设计和基本规范，它从整体上规定了地理课程的性质、目标、内容框架，并提出了地理教学和评价的实施建议。地理课程标准将地理课程目标分为知识与技能、过程与方法、情感态度与价值观三大维度，为地理教学目标的制定指明了方向和策略；在教材内容的选择上，课程标准对教学内容的选择做了比较弹性的规定，部分教学内容教师可以根据实际情况选讲、略讲，甚至不讲，有的教学内容教师可以根据实际情况，灵活安排讲授的顺序；在教学评价和实施建议部分，课程标准的一些内容本身就可以作为教师进行教学设计的重要参考和借鉴。所以，地理教学设计应体现以地理课程标准为本位。

2）以教与学的理论为指导

地理教学设计是一个对地理教学进行系统规划的过程，需要以具体的教与学的理论为依据和指导。教与学的理论主要包括教学理论、学习理论和传播理论等。了解这些理论有利于灵活运用和准确把握地理教学设计的原理和方法，可以在地理专业背景中更好地理解地理教学设计的内容，为教学设计提供有力的理论支撑。

教学理论是教学实践经验的总结和反映。它是地理教学设计最直接的理论来源。现代教学论对地理教学设计的影响非常显著，如斯金纳的程序教学理论、布卢姆的目标分类理论、奥苏伯尔的先行组织者教学理论、加涅的信息加工理论、巴班斯基的教学过程最优化理论等。我国教育工作者将国外教学理论与本土实践相结合建立的教学理论体系成果，也为我国的地理教学设计提供了科学依据和理论支撑，如南京师范大学周靖馨教授的综合程序教学法理论、北京师范大学裴娣娜教授的主体教育理论、著名特级教师李吉林的情景教学理论等。

学习理论是对学习规律和影响学习的条件及因素进行阐述的理论，学习理论为地理教学设计提供了解答问题的方式，并随着学习理论的发展，它还能促进地理教学设计研究方式的转变。学习理论中对地理教学设计影响较大的理论主要有行为主义学习理论、认知主义学习理论、人本主义学习理论、建构主义学习理论等。在地理教学设计中，应用不同的学习理论进行地理教学过程及其策略设计，对于引领学生发挥在地理学习过程中的主观性、积极性和能动性有着重要的作用。

传播理论中有关信息通道、信息结构、信息数量方面的理论对地理教学设计也具有直接指导作用。传播不仅与信息的意义相关，而且与信号的形式和结构密切相关。合理的信号结

---

① 李家清．新理念地理教学技能训练．北京：北京大学出版社，2010：25-27.

② 夏志芳，李家清．基于课程新理念的高中地理教科书编制研究．北京：地质出版社，2007：91.

构是有效传播的必要条件，而无序的信号则易被遗忘，信息的多与少也影响教学效果，信息过多会形成信息冗余，信息不足则对学生发展不利。

案例 4-1

信息理论对地理教学设计的影响

王老师为了更好地让学生识记和理解位于世界火山、地震带上的国家，在课堂教学中设计了以下三种教学方案：

1. 要求识记和理解位居世界火山、地震带上的国家有：土耳其、厄瓜多尔、古巴、印度尼西亚、巴基斯坦、苏丹、南非、智利、新西兰和美国；

2. 告知学生世界火山、地震的形成原因和分布特征，即由于板块之间的相互作用和运动，主要集中在环太平洋和地中海—喜马拉雅山一带，再理解记住有关国家；

3. 根据世界火山、地震分布图，讲解成因，说明分布。

教学实践表明，方案 3 的效果最好。这说明合理的信息结构有利于学生记忆和理解。方案 1 对于学生而言，所接受的信息是一种无序和缺乏结构的信息，缺乏理解、死记硬背，容易造成遗忘；方案 2 的设计，体现了一种顺序，满足“条件”的国家较方案 1 更易被理解，也比较容易被记住；方案 3 的设计，进一步优化信息的表达形式，即由语言信息和图像信息相结合，强化了视、听信息的融合和讲解方式，形成了更为合理的信息结构，所以学生地理学习目标的达成度也就显著提高。

随堂讨论 4-1

1. 参照案例 4-1，结合一个实例，谈谈在进行地理教学设计时如何有效利用传播理论的作用和指导？

2. 为了更好地发挥教与学理论对地理教学设计的指导作用，如何在地理教学设计实践中处理好教学理论、学习理论、传播理论等理论的协调与融合？

3）以最优化的教学为取向

以最优化的教学为取向就是以最优化教学理论为指引。最优化教学理论是前苏联教育家、教学论专家巴班斯基所创建的。他以整体性观点、相互联系观点、动态观点、综合观点、最优化观点等指导教学论研究，提出了教学过程最优化理论。最优化教学理论认为构成教学过程的所有成分是相互联系的，教学设计是在全面考虑教学规律、教学原则、教学任务、现代教学的形式和方法的基础上，教师对教学过程做出的一种目的性非常明确的安排，是教师有意识地、科学地选择一种最适合于某一具体条件的整个教学过程的模式，以保证教学过程在规定的时间内发挥从一定标准看来是最优的作用，获得可能的最大效果。巴班斯基的最优化理论中，“最优”一词具有特定的内涵，它不等于“理想的”，也不同于“最好的”。“最优”是指一所学校、一个班级在具体条件制约下所能取得的最大成果，也是指学生和教师在一定场合下所具有的全部可能性。最优化是相对一定条件而言的，在这些条件下是最优的，在另一些条件下未必是最优的。最优化理论充分体现了对具体事物进行具体分析的辩证法思想。

地理教学设计中应以最优化的教学为取向，把教学目标、教学内容、教学方法、教学过程等按照一定的逻辑顺序系统安排。具体而言，应针对地理教师、学生、地理教学资源、地理教学环境等进行最优化的设计和规划，强调为达到特定的地理教学目标，对地理教学活动中的各种要素进行最优的选择和组合，根据自身的学习条件和学习环境，依据地理教学过程的性质和特点设计教学方案，着眼于地理教学条件和地理教学策略之间的效益最优，师生之间良性互动，追求地理教学设计、地理教学效率和地理教学吸引力的最优化的统一。

4）以促进学生发展为目的

加涅曾经提出“为学习设计教学”的理念。他认为，教学是人们精心设计学习环境，通过外部条件的激励作用，推动和促进学习内部过程的发生和达成。教是为更好地学服务。地理教学的目的也是在于有效地促进学生的地理学习，通过促进学生的地理学习而促进其身心的发展。地理教学设计作为连接地理教学理论与地理教学实践之间的桥梁，其目的必然指向满足学生不同的地理学习需要，促进学生通过地理学习而达到身心的发展。促进学生通过地理学习而达到身心的发展主要包含两层意义：一是通过地理教学设计，帮助学生最大限度地获取地理知识、掌握地理技能和形成地理素养；二是通过地理教学设计帮助学生学会地理学习，其关键是地理学习方法的掌握和地理学习能力的提高。帮助学生获取地理知识与能力是地理教学设计的直接目的，而帮助学生学会地理学习与实现身心的发展则是地理教学设计的最终指向。所以，地理教学设计应该注重对学生地理学习不同特征的分析，促进学生通过地理学习实现身心发展为目的，并以此作为地理教学设计的归宿。

4.1.3 地理教学设计的意义

地理教学设计是地理教学中的重要环节，通过地理教学设计有助于地理教师从整体上把握地理教学过程，提高地理教学效果。学习和运用地理教学设计的重要意义，可以借用教学设计专家马丁的一句话，即“没有掌握教学设计的老师，他们不会有一个系统的观念，也不知道怎样在教学设计过程中走捷径，或剖析一门课程或一个模型，他们对应用教学设计来解决问题的理解是有限的”。① 具体而言，地理教学设计的意义主要表现在以下几个方面。

1. 有利于地理教学理论与地理教学实践的结合

地理教学理论侧重于地理教学规律与机制的探讨，研究地理教学系统构成要素及其关系；地理教学实践侧重于地理教学目标的达成、地理教学内容的实施、地理教学方法手段等的运用。地理教学理论对地理教学实践具有指导价值，同时地理教学实践能为地理教学理论的发展提供丰富素材。但在实际工作中，地理教学理论与地理教学实践之间的融合度始终不高，协调地理教学理论与地理教学实践之间的关系，一直是地理教育研究者的重要课题之一。地理教学设计的出现与发展在沟通地理教学理论与地理教学实践的关系方面起到了较好的“桥梁”或“纽带”作用。这种作用较为明显地体现在两大方面：一是通过地理教学设计，可以使已有的地理教学理论对地理教学实践起到较好的指导作用，提高地理教学实践的效果；二是通过地理教学设计，可以验证相关地理教学理论，并总结地理教师的教学实践经验，使地理教师的教学实践经验得以升华，促进地理教学理论的充实和完善。

2. 有利于地理新课程改革的顺利推进

21 世纪以来，我国基础教育地理新课程实施全面改革，新课程确立了新的教育观、课程

---

① 王较过. 中学物理教材研究与教学设计. 西安：陕西师范大学出版社，2011：158.

观、教学观、知识观、学习观，以开发能力、培养健全人格为核心的教育发展观等，地理新课程的顺利推进需要多方面的条件和支持。作为新一轮基础教育地理课程改革的重要组成部分，地理教学改革在地理备课、地理上课、地理听课、地理评课等多方面引发了地理教育研究者及广大一线地理教师的重视和实践。地理新课程改革需要地理教学改革的支撑，而地理教学设计则是地理教学改革的关键和核心之一。地理教学设计可以有效地提高地理教师的教学能力和完善地理教师的教学素养，是提高地理教学质量，促进地理教学改革的重要一环。通过地理教学设计，地理教师可以在地理教学理论、地理学习理论、地理教学实践等方面获得相应的知识和提升，成为自己教学的开发者和设计者，从而更好地适应新课程提出的地理教师角色转变的要求，尽快由地理教学的控制者、解释者和传授者向地理教学的促进者、指导者和合作者转变；同时，地理教学设计通过对地理教学目标、教学方法、教学媒体、教学过程等设计提出明确要求，对提高地理课堂教学质量起着至关重要的作用，更有益于地理教学改革目标的达成和实现，是地理教学改革顺利实施的重要保证。可以看出，无论从地理新课程改革的理论层面还是实践层面看，教学设计均有利于地理新课程改革的顺利推进。

3. 有利于地理教师的专业化发展

与传统地理备课中教师通常依靠自己的教学经验和主观判断不同，地理教学设计具有科学的理论依据和指导思想。传统地理备课中，地理教师对于教学中的一些方式、方法、活动设计等，往往只知道怎样做，但不知道为什么这样做，其经验难以推而广之，只能成为教师个人教学经验和教学艺术的展现，而不利于其他地理教师学习和运用。地理教学设计作为地理教师依据相关教学理论和学习理论，针对具体教学内容系统计划教学各个环节过程，与传统地理备课明显不同。地理教学设计具有明确的理论基础和思想指导，在地理教学设计过程中，地理教师不仅需要知道“教什么”、“如何教”，而且需要知道“为什么这样教”。通过地理教学设计，地理教师将地理教学活动建立在系统的规划基础之上，教学目标的制定、教学方法的选择、教学媒体的运用、教学过程的安排等都有理有据。地理教师是地理教学设计理论与方法的直接使用者和实践者，通过地理教学设计科学、规范的训练，有利于促进地理教师的专业化发展。

案例 4-2

地理教学应重视教学设计

张小亮和肖晓阳是某师范大学同学，毕业后两人同时到一所中学任地理教师。在平时的教学工作中，二人均踏实肯干，受到学校领导和同事的好评。就专业知识而言，基本没有什么差别；就教学能力而言，彼此也在伯仲之间。但是随着时间的推移，两年以后，二人的教学效果渐渐显出了不同。小张老师所带班级学生的地理学习成绩比原先有了新的提升，占到了阶段前三名，而且学生在地理学习中表现出浓厚的兴趣，发言积极，学习主动。小肖老师所带班级学生地理学习成绩虽没有明显下降，但也没有明显提升，始终维持在中等，学生的地理学习兴趣也一般。

对此，两位老师进行了交流，探讨了原因，但由于二人均初登讲台，也很难找出具体原因，于是他们就一起到学科组长李老师处请教。李老师听后并没有立即表态，而是说先听他们各自几节地理课再说。之后，李老师组织地理学科几位有经验的老教师分别听取了他们的课堂教学，并进行集体会诊，终于找到了他们的差异所在。原来小张老师每次上课前，都要花费较长的时间进行该节课的教学设计，相比而言，小肖老师这方面就做得不太充足，时间久了，差别也就出来了。问题找到了，小肖老师很高兴，说自己以后也一定要重视教学设计，分析学生需要，将学生的学习兴趣提上去。

随堂讨论 4-2

1. 阅读案例 4-2，探讨地理教学设计在具体课堂教学中的重要性，并举例说明支持你论点的理由。

2. 讨论进行地理教学设计时，需要注意哪些方面的问题？

4.2　国内外教学设计的基本模式

关键词　教学设计；基本模式；国外教学设计模式；国内教学设计模式

模式的词义来自于模型。模型的本义是指一种用实物做模的方法，有示范、模仿之意。后来，模型由实物模型向非实物模型发展，即把一个实际问题抽象为用一定的符号、图形等来表示，并通常使用“模式”一词，如经济模式、社会模式、文化模式、教育模式等。“模”具有实物模型的意义，“式”具有样式、形式的意义，“模式”一词兼有实物和形式两方面的含义。将模式一词最早引入教育教学领域并加以系统研究的人，当推美国教育学者乔伊斯和韦尔，他们在其著作《教学模式》一书中认为：“教学模式是构成课程和作业、选择教材、提示教师活动的一种范式或计划”。[①] 将模式一词引入教学理论中的主要目的，是想以此说明在一定的教学思想或教学理论指导下建立起来的各种类型的教学活动的基本结构或框架，表现为教学过程中程序性的策略体系。

对教学设计模式进行构建，是教学设计一个不可或缺的环节。教学设计模式是在教学设计的实践当中形成和发展的，是对具体教学活动进行系统性开发与设计的简约方式。教学设计模式既是教学设计理论的具体化，也是教学实践活动的理论化，是沟通教学设计理论与教学设计实践的“桥梁”。关于教学设计的模式问题，国内外不同的学者均进行了相关的研究和探索。自 20 世纪 60 年代出现第一个教学设计模式以来，迄今已有不下百余个教学设计模式，教学设计模式日益趋向多样化、综合化发展。但无论教学设计模式如何变化，所有的教学设计模式都必须在具体的教学设计过程中处理以下四个方面的基本问题：学习者的特点是什么？教学目标是什么？教学资源和教学策略是什么？怎样评价和修改？针对上述四个基本问题的认识和处理方法的不同，就形成了不同类型的教学设计模式。

此外，构建教学设计模式条件的不同，也往往形成教学设计模式的差异性。如教学设计模式由于所涉及内容层次的不同，一节课的教学设计、一单元的教学设计、一个学期的教学设计等，往往具有不同的设计模式。不同的教学设计模式分别具有不同的代表性和指导意义。下面有选择地对国内外较有影响的教学设计模式进行简要介绍和说明。

---

① Joyce B，Weil M. Models of Teaching. Englewood Cliffs. NJ：Prentice-hall，1972：vii.

4.2.1 国外教学设计的一般模式

根据教学设计时所依据的主要理论基础的不同，通常可以将国外学者提出的教学设计模式划分为三大类型：建构在教学理论与学习理论基础上的教学设计模式、建构在系统理论基础上的教学设计模式以及建构在传播理论基础上的教学设计模式。我们也可以以教学设计中的教学观、师生观为分类依据，将不同的教学设计模式划分为两大类：以教师为中心的教学设计模式和以学生为中心的教学设计模式。不同的教学设计模式由于主要理论基础的不同，常常表现出不同于其他类型的独特特点。本节主要介绍第一种分类的几种教学设计模式。

1. 建构在教学理论和学习理论基础上的教学设计模式

建构在教学理论和学习理论基础上的教学设计模式，即主要依据教学理论和学习理论为指导建构的教学设计模式。本类型的教学设计模式占所有教学设计模式的大多数。由分析可知，本类教学设计模式虽主要以教学理论和学习理论为基础，但也受到系统理论及传播理论基本思想与观点的影响。国外较有影响的本类教学设计模式主要有如下几种。

1）迪克-凯里的教学设计模式①

迪克和凯里是当代美国著名教学设计理论专家，是“系统设计论”（theory of systematic designing instruction）的主要代表人物。他们于 1978 年出版的《系统化教学设计》（*The Systematic Design of Instruction*）一书，分别在 1985 年、1992 年、1996 年、2001 年等年份修订重印，被教学设计界誉为最受欢迎的教科书之一。迪克-凯里教学设计模式是以行为主义的联结学习为其理论基础的，体现了传统的教学思想，它将“教学目的”置于教学设计的最前端，表明整个教学活动都受“教学目的”的控制，这符合教学目标导向原理。迪克-凯里的教学设计模式体现以“教”为中心，强调外界客观知识的刺激作用和教师对教学的控制作用。从整个教学设计过程看，该模式的最大特点是接近教师的教学实际，即在课程规定的教学内容、教学目标条件下，研究如何传递教学信息，强调通过教师的一系列教学活动将知识传递给学生，突出“教”的地位，而较为忽视学生的参与情况，如教学设计模式当中从教学目的到总结性评价均没有出现学生参与的设计情况。

整体而言，迪克-凯里的教学设计模式旨在说明教学设计、开发、实施和评价的一种系统方法模型。在这一系统方法模型中，包括教学过程的一系列步骤，这些步骤依次不断地从前面步骤中接受输入并且输出作为后续步骤的输入，所有步骤紧密联系、共同发挥作用以便产生一种有效的教学。迪克-凯里的教学设计模式通俗、简明而又不失其基本规范，整个设计模式包括10个相互联系的组成部分，各个部分之间用线条加以连接，共同构成了教学设计人员用来进行教学设计、开发、评价和调整的完整的操作步骤或程序，其基本框架如图 4-2 所示。

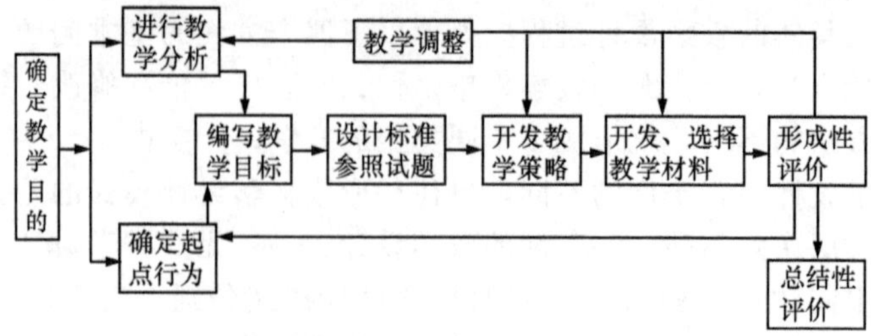

图 4-2 迪克-凯里的教学设计模式

① 盛群力．教学设计．北京：高等教育出版社，2005：16-20.

案例 4-3

迪克-凯里教学模式概要

1. 确定教学目的：这一步是要确定在教学完成时学生能做些什么。教学目的来自于对特定课程的需要评估、对学生学习困难方面的实际经验、对上岗人员的岗位分析以及某些人对新教学所提出的需要。

2. 进行教学分析：确定教学目标之后，便必须确定学生学习什么样的任务。通过查明必须学习的从属技能及必须掌握的程序性步骤对目标进行细致分析。分析过程的结果是用图示的方式详细列出这些从属技能及它们之间的关系。

3. 确定起点行为：除了查明包括在教学中的从属技能和程序性步骤外，还必须确定学生在教学开始前应该掌握的特定技能。这不是指列出学生全部能够做的事情，而是确定在教学开始前学生必须具备的特定技能。

4. 编写教学目标：在教学分析和查明起点行为的基础上，教师应该具体地说明当教学完成时学生将能做些什么。编写教学目标时应规定要学习的技能、技能操作的条件以及行为表现符合规范的标准。

5. 设计标准参照试题：根据已经编写的具体教学目标，教师应设计相应的试题衡量学生的达标能力。重点应放在目标规定的行为类型和试题要求之间如何保持一致。

6. 开发教学策略：根据以上步骤，教师确定自己在教学中运用的策略以及达到终点目标的媒体。教学策略包括教学准备活动、信息呈现、练习与反馈、测验与后续活动等。教学策略的设计应借鉴当前对学习、学习过程、教材、学生等方面的研究成果。

7. 开发与选择教学材料：本步骤是根据教学策略来开发教学材料，主要包括学生学习手册、教学材料、测验试卷、教师教学指南等。是否重新编写教学材料等取决于学习的类型、现有材料的合理程度、资源开发的可利用程度等。

8. 形成性评价：一次教学结束后，便要进行一系列评价和收集数据资料，从而确定如何做出改进。形成性评价主要有三种形式：一对一评价、小群体评价和现场评价。每一种评价所提供的不同信息都可用于改进教学。

9. 教学调整：最后一个步骤（也是新循环的第一步）是对教学作出调整。通过对形成性评价的分析总结，找出学生在学习中存在的困难，以及困难同现有差距之间的关系。教学调整并非仅仅局限于教学实施阶段，而且包括重新检查教学任务分析、学生起点行为分析、教学策略合理性审视、教学目标与试题的准确性等方面。正是在对教学做出如此调整的基础上，才能使其成为提高教学效益的工具。

10. 总结性评价。虽然总结性评价是对教学效果的最终评价，但一般来说它并不包括在教学设计过程之中。总结性评价是对教学的绝对价值和相对价值进行评价，通常在教学经历了形成性评价和作出教学调整之后达到设计标准前提下才进行。由于总结性评价往往是由独立的评价者进行而不是由教学设计人员进行，所以不包括在教学设计过程之中。

摘自：盛群力．教学设计．北京：高等教育出版社，2005：18-19

随堂讨论 4-3

1. 结合案例 4-3 的内容，讨论迪克-凯里教学设计模式的主要内容构成与设计顺序，体现了什么样的学习理论和教学理论，并举例说明。

2. 讨论迪克-凯里教学设计模式具有哪些方面的优势和不足？为了更好地发挥该教学设计模式的作用，如何针对该模式的不足之处进行改进和设计？

2）加涅的教学设计模式

罗伯特·加涅是美国著名的教育心理学家，他在教育心理学方面作出了很大的贡献。他所关注的重点是把学习理论研究的结果运用于教学设计。加涅的主要代表作《学习的条件》（*The Conditions of Learning*）被认为是"关于学与教的最重要的著作之一"；他的《教学设计的原理》（*Principles of Instructional Design*）则被认为是最有影响的教学设计著作之一。加涅对于学习理论的研究，一方面承认行为的基本单位是刺激与反应的联结；另一方面又注重刺激与反应之间的中介——心智活动的研究。他在对学习理论的探讨中，试图阐明学生的认知结构，并着重用信息加工模式解释学习活动，认为信息加工学习理论代表了人类学习方面的重要进步。[①] 加涅学习理论的最大优点在于注重应用，即把学习理论研究的结果运用于教学实践，他提出了八个由简至繁的学习层次，即信号学习、刺激-反应学习、动作链索、言语联想、辨别学习、概念学习、规则学习、问题解决或高级规则学习，并对每种学习的内部条件和外部条件做了一一分析，教师可依此安排教学内容和选择教学方法，以保证教学活动的顺利进行。加涅教学理论的最大特点表现在他对学习阶段和教学阶段的阐述上，他采用信息加工模式揭示了学习的各个内部加工的阶段，并把教学过程中的各项工作与其一一对应起来，如图 4-3 所示，其核心是为教师和学生提供有效教学和有效学习的基本程序。[②]

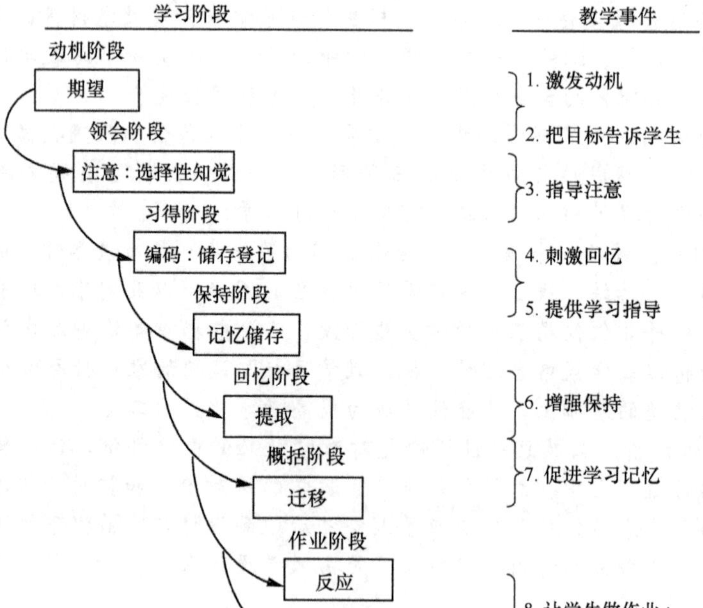

图 4-3 学习阶段与教学阶段的关系

① 施良方．学习论．北京：人民教育出版社，2001：301-326.

② 施良方，崔允漷．教学理论：课堂教学的原理、策略与研究．上海：华东师范大学出版社，1999：18-19.

加涅根据自己对教学理论与学习理论的研究，提出了许多具体的教学设计技术，诸如确定并陈述教学目标的技术、任务分析的技术、教学实践、教学结果测量与评价的技术等。① 在对教学的认识上，加涅认为："教学是一系列精心为学习者设计和安排的外部事件，这些事件用于支持学习者内部学习过程的发生"。② 因此，学习的阶段以及学生内部活动过程应该是与教学阶段相吻合的。加涅的教学设计模式是在他的学习理论、教学理论的基础上提出的，同时考虑学习条件与学习结果的教学设计的基本原理与技术。③ 具体来说，就是根据不同的学习结果类型创设不同的学习内部条件并相应安排学习的外部条件，从而促进学习的有效发生。在信息加工学习理论的基础上，依照其基本思想，加涅的教学设计模式在基本程序上包括以下九大事件，依次为：①引起注意；②告知学习者学习目标；③回顾所需的先决技能；④呈现刺激材料；⑤提供学习指导；⑥引发学习行为；⑦提供行为正确与否的反馈；⑧评估学习行为；⑨增强保持与迁移。具体如图 4-4 所示。

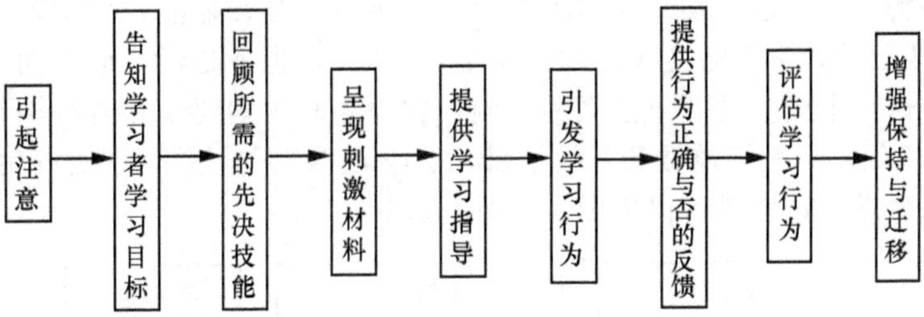

图 4-4　加涅的教学设计模式

这九大事件可用于各种类型的学习过程中，为学习者的有效学习提供了基本的程序，并可根据不同的教学目标进行适当的调整。同时，加涅指出具体的教学设计主要集中在④、⑤、⑥三大事件上。为了求得教学活动的整体效果，加涅教学设计模式强调设计者需要根据具体的教学情况，灵活运用教学技巧，恰当安排教学活动，以达到对每一个教学事件的优化。

3）史密斯和瑞根的教学设计模式

史密斯和瑞根的教学设计模式是在迪克-凯里教学设计模式的基础上，汲取加涅教学设计模式在"学习者特征分析"环节中注意对学习者内部心理过程进行认知分析的优点，并进一步考虑认知学习理论对教学内容组织的重要影响而提出的，该模式较为充分地体现了"联结-认知"学习理论的基本思想。史密斯和瑞根认为，教学设计需要回答三方面的基本问题：①我们要到哪里去？即教学目标是什么？②我们怎样到达那里？即需要有什么样的教学策略与媒体？③我们如何知道是否达成了目标？即如何检测？如何评估和教学调整？也就是说，教学设计者进行教学设计时必须明确如下三个基本问题：①进行教学分析以确定具体的教学目标；②开发教学策略与选择教学媒体以确定实现教学目标的具体措施；③开发与实施评价以确定是否达成了教学目标。据此，史密斯和瑞根将教学设计划分为三个阶段：分析阶段、策略阶段和评价阶段。在分析阶段，主要进行学习环境、学习者、学习任务的分析，并制定初步的教学目标，编写初步的测验项目。在策略阶段，主要进行组织策略、传递策略与管理

① 付晨．解读加涅的教学设计原理．辽宁行政学院学报，2008，(3)：23-26.
② 孙可平．现代教学设计纲要．西安：陕西人民教育出版社，1998：93.
③ 周效章．加涅的教学设计理论评述．周口师范学院学报，2008，(4)：35-38.

策略的制定，设计相应的教学过程，组织策略考虑如何将所选用的内容加以合理地安排；传递策略考虑如何将内容有效的信息传递给学生；管理策略考虑的是如何运用组织策略和传递策略来实现特定教学目标。在评价阶段，主要对教学目标的达成与教学过程实施进行形成性评价，并对预期的教学过程予以修正。

史密斯和瑞根的教学设计模式突出情境分析，按照组织、传递、管理三方面的策略进行具体的教学设计是其特色和新颖之处。需要明确的是，该教学设计模式虽然用线性的序列列出了教学设计的各项活动，但他们同时指出，实际设计过程中并不需要完全刻板地对这一序列进行套用。很多情况下，教学设计中的各项活动是同时开展或者循环往返多次的，尤其是在“心里”进行教学设计活动时更是如此，现实中进行的教学设计往往是环环相扣、层层递进的。史密斯和瑞根还指出，在教学设计和实施中，要保证教学目标、教学策略和教学评价三者之间的一致性，尽量使三者之间“匹配一致”，即教学策略（方法）、学习任务（目标）与是否达到学习结果的检测互相吻合和配套。例如，教师所设计的一项学习任务是对不同的物体进行“透明物”、“半透明物”与“不透明物”进行分类，显然，此学习任务属于“概念学习”，与之相匹配的教学策略应该是“概念学习策略”，也就是说，应该向学生提供（或者令其发现）属于这三个概念的若干正例和反例，在检测时，则要学习者举出符合三个概念类别的新实例。[①] 如此，则较好地做到了教学目标、学习活动与检测手段之间的“匹配一致”。史密斯和瑞根的教学设计模式可以用图 4-5 表示如下。

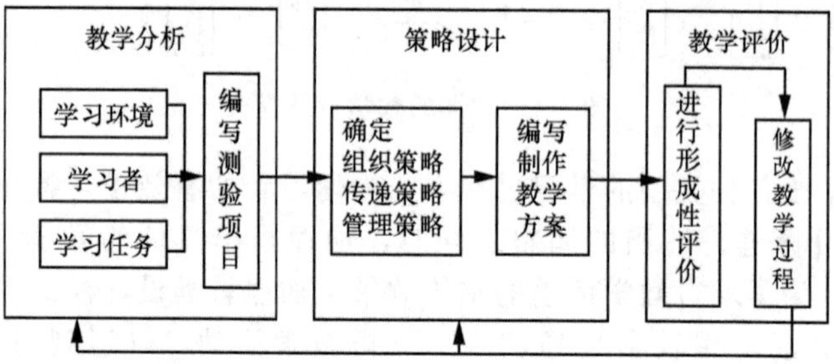

图 4-5 史密斯和瑞根的教学设计模式

4）梅里尔的教学设计模式[②]

梅里尔的教学设计模式被他自己称为“部分呈现理论”。该模式主要从以下三方面考察教学材料的设计过程：①对学习结果进行分类（内容、业绩）；②对教学呈现形式进行设计（讲解、探究）；③对教学呈现要素进行分类（一般性的、举例）。首先，确定学习结果，在内容上划分为事实、概念、过程、原理等四类学习结果；在业绩上划分为记忆、应用和发现等三种行为水平。其次，设计教学呈现形式，即教学传递方法，大体划分为讲解和探究两种。最后，考虑教学呈现要素，虽然教学呈现形式只有两种，但呈现的要素可以是一般性的定义、程序、原理以及举例等，如果将呈现形式与呈现要素加以匹配，就能形成多种教学传递方法。在梅里尔的“部分呈现理论”中，最重要的是他对呈现教学形式做出的规范和描述，这些规范是在分析内容类型、要达到的学习结果（行为水平）、选择的呈现形式等方面基础上总结归纳而成的；其中规范方法是其主要部分，在整个理论当中占据统治地位。

---

① 盛群力．教学设计．北京：高等教育出版社，2005：24-26.

② 徐英俊．教学设计．北京：教育科学出版社，2001：50-51.

部分呈现理论作为一般性的模式，可以适用于任何学科和任何教学情境，但它基本上是以集体教学定位的，图 4-6 就是这样一个例子。此例表示一个教学培训项目，其课程被划分为若干单元，每一单元都有一个主要的教学目标，针对每一个教学目标所实施的教学均包括：单元介绍、规律、例证、实践、反馈和帮助等环节。学习者在确定了每一部分要学习的内容及有关序列后，即可选择符合自己特点和需要的学习策略。

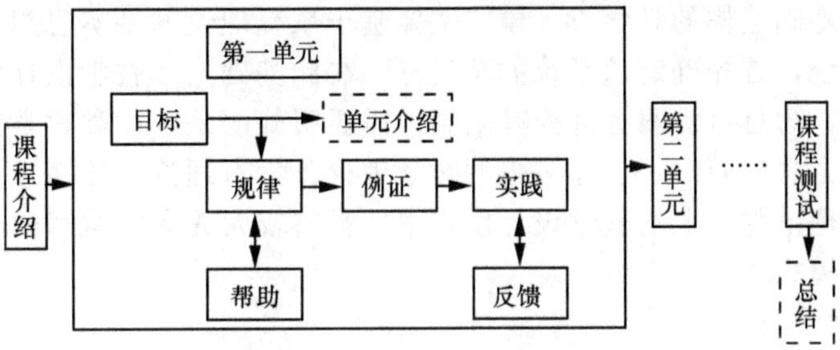

图 4-6　梅里尔教学设计模式中部分呈现理论应用实例

5）肯普的教学设计模式[①]

肯普的教学设计模式建构在教学理论和学习理论基础之上。他认为一个教学系统应包括 4 个基本要素：学生、方法、目标和评价。这 4 个基本要素及其关系是教学设计的出发点，在一定程度上决定了教学设计的大体框架。以此为基础，肯普提出了一个教学设计的椭圆形结构模型，如图 4-7 所示。

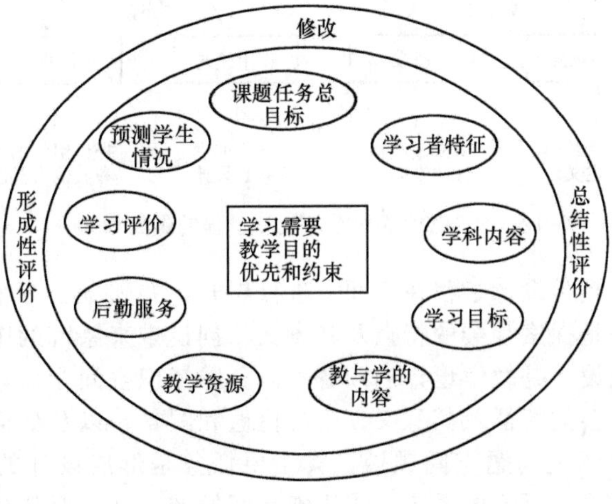

图 4-7　肯普的教学设计模式

在上述教学设计模式中，肯普模式列出了教学设计的 10 个因素。需要明确的是，这 10 个因素并不是教学设计的步骤，相反，肯普更加强调教学设计模式的整体性和设计过程的弹性。图 4-7 所示的 10 个因素按逻辑顺时针方向排列，从“课题任务总目标”出发，到“预测学生情况”结束，一般在设计新教学方案时可以按照这个顺序进行，但这些因素之间并没有表示顺序和方向的连线与箭头，这说明在教学设计的具体情况下，不必考虑设计的全部因素，也可以由任何一个因素作为起点，再依实际情况进行下去。该教学设计模式外围的“评

① 王较过．中学物理教材研究与教学设计．西安：陕西师范大学出版社，2011：123-124．

价”和“修改”是整个教学设计过程中持续进行的工作。系统方法的分析、设计、反馈与修正等方面的工作策略在这个模式中得到了充分体现。此外，肯普的教学设计模式将学习需要、教学目的、优先和约束置于中心地位，以强调学习过程中必须随时用这几个因素作为参考依据，突出系统方法以系统目标为导向的本质。

2. 建构在系统理论基础上的教学设计模式①

以系统理论为基础建构的教学设计模式主要基于系统理论的基本思想和观点，将教学设计视为一个整体系统，首先确定该系统的总目标，在此基础上，教学设计的各个环节和步骤都围绕总目标进行，为总目标服务并受其限制。需要明确的是，此类教学设计模式在主要遵循系统理论思想与方法的同时，也非常强调教学理论、学习理论、传播理论等对教学设计的影响。建构在系统理论基础上的教学设计模式中，影响较大的有巴纳赛的教学设计模式与布里格斯的教学设计模式。

1）巴纳赛的教学设计模式

巴纳赛是美国系统教学设计专家，他根据系统理论和社会发展的基本思想，建构了教学设计的系统模式。巴纳赛认为，教学设计的目的是为了探索人们所期望的一种教学状态的过程，根据这一观点，他设计了一个空间螺旋模型以呈现这个探索过程。其空间螺旋模型在构成上分为“两阶段四环节”。“两阶段”即形成阶段和创造阶段；“四环节”即形成阶段中的中心定义环节和特性环节，创造阶段中的作业模式环节和可行系统环节。整个空间螺旋模型在设计过程中体现反馈与控制的特性，如图 4-8 所示。

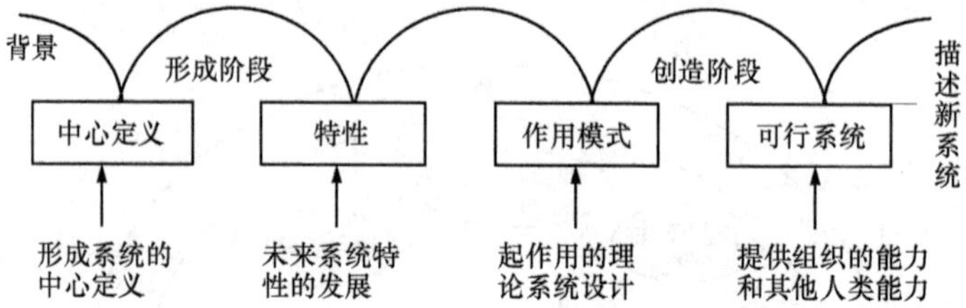

图 4-8 巴纳赛的教学设计过程的螺旋模型

同时，巴纳赛又将教学设计过程在空间上进行展开，并划分出五个不同的领域。①创设空间领域，其主要任务是探索社会的特点及其意义、创设未来系统的图景和准备设计等。本领域主要侧重背景的创设，是教学设计的预备阶段。②知识空间领域，其主要任务是对知识系统进行探索，包括社会的特征及其意义、中心价值和图景，以及如何进行设计和描述社会系统等。③形成设计和解决问题空间领域，其主要任务是形成设计的中心定义和系统的特点，设计系统的作用和设计可行的系统。④探索空间领域，其主要任务是评价和选择。⑤描述未来模式空间领域，其主要任务是描述未来系统的环境和设计未来系统的新模式。这五个领域在空间上相互关联，形成一个教学设计系统，如图 4-9 所示。

2）布里格斯的教学设计模式

布里格斯将幼儿园至中学毕业这一期间视为一个教学设计系统，以系统论的基本思想和观点为基础，在着重考虑学习者能力水平的基础上构建了一个概括性的教学设计模式，在其教学设计模式中，他主要描述了对教学项目和课件设计的一种有组织的规划。布里格斯认为，以学校为系统的教学设计最重要的是要调整教学的相关限制，了解学习者的能力水平；

① 徐英俊．教学设计．北京：教育科学出版社，2001：46-49.

并以此为基点进行一系列的形成性评价，然后采取相应的补救措施。布里格斯所构建的教学设计模式如图 4-10 所示。

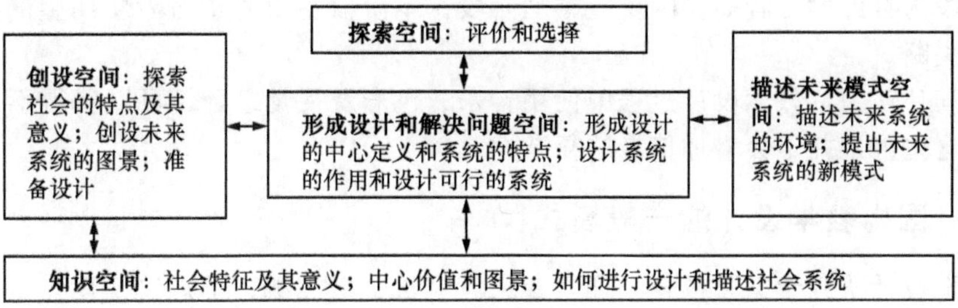

图 4-9　巴纳赛系统教学设计模式的五个领域

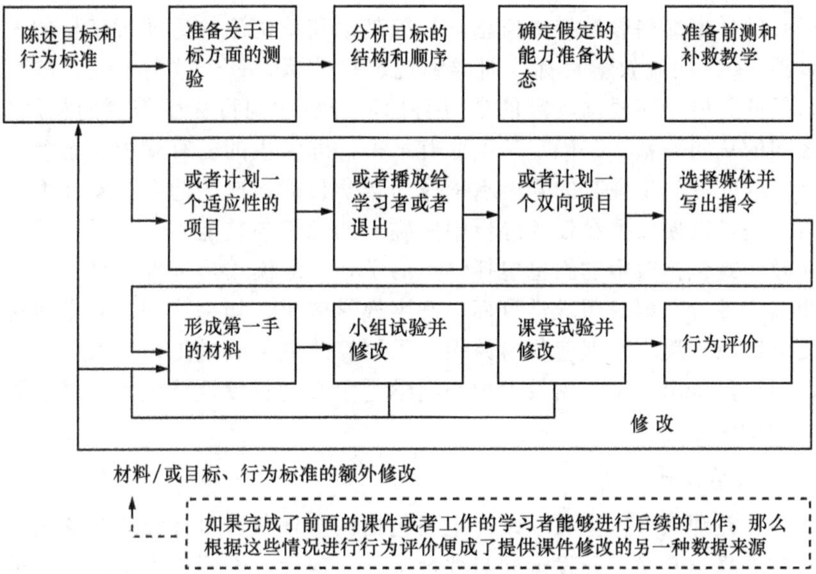

图 4-10　布里格斯以学校为系统的教学设计模式

3. 建构在传播理论基础上的教学模式

除了上述介绍的主要建立在学习理论与教学理论及系统理论基础上的教学设计模式外，还有一些教学设计模式以传播理论为建构基础，体现传播理论的基本思想和方法的教学设计模式。此类教学设计模式较为重视信号传播对学习与教学的影响，通常以马什的一般传播模式为代表。

马什的一般传播模式主要分为四个阶段、19 个步骤，外加一个产品导向。

第一阶段为基本设计阶段。此阶段为其他三个阶段提供信息输入，主要包括四个步骤，即选择策略、写出学习者概况、强调中心观点以及建立行为目标。

第二阶段为补充阶段。本阶段是对第一阶段内容的补充，主要包括四个步骤，即扩充中心观点（具体衍化为较为具体的几步）、形成总体内容框架、选择具体的教学呈现方式以及选择信息的组织方式。

第三阶段为控制信号的复杂性阶段。本阶段通过对传播背景等的选择，主要考虑信息的复杂性对学习者的作用是否恰如其分，主要包括传播渠道与信息密度方面的选择，其中传播渠道的选择又分为视、听、多媒体等三种类型，信息密度的选择又分为信息变化速度、信息冗余度与信息结构的复杂性等三方面。

第四阶段为考虑学习者期望的反应类型阶段。本阶段主要对学习者所期望的反应类型进行评价设计决断。

此外，马什认为，教学设计过程中使用音乐、色彩及视觉组合，可以获得不同的教学设计效果，但这些因素并不会增加信号的复杂性。

4.2.2 国内教学设计的一般模式

我国教学设计研究专家和教育心理学专家何克抗、乌美娜、邵瑞珍、皮连生和盛群力等都提出过相应的教学设计模式，现摘要介绍如下。

1. 邵瑞珍的教学设计模式

我国教育心理学家邵瑞珍教授从信息论、控制论和系统论的角度将完整的教学过程分解为至少六个步骤。[①] ①明确教学目标，即详细规定每节课、每个教学单元、甚至一门学科的教学目的。②任务分析，即根据既定的学习目标，分析达到目标所需要的从属概念和规则，并确定他们之间的从属关系。③确定学生原有水平，即学生的已有知识、态度水平是新的教学进行的基点，因此将学生现有的发展水平作为教学目标达成的起点。④课的设计，即选择适当的内容与方法，以便教授在任务分析中所确定的知识与技能。⑤教学，即将上述设计付诸教学实施，教学既包括教师的教也包括学生的学，一般模式是呈现教材→学生反应→强化与矫正性反馈。⑥评价，即对照教学目标，确定教学效果，如果达到了教学目标，一个完整的教学过程便告结束；反之，就应找出原因，采取修改或补救措施。本教学设计模式教师中心色彩较浓，但也显示出一定的由教师中心向学生中心的过渡性特色。上述步骤之间的流程性关系如图 4-11 所示。

2. 皮连生的教学设计模式[②]

皮连生认为，教师从事课堂教学设计主要包括四个环节：目标设置与陈述、教学任务分析、教学策略的选择与开发、开发测验与评价工具。现代教学理论为上述环节的教学设计提供了学习与教学论原理以及相应的技术。

目标设置与陈述。教师在教学之前必须明确自己的教学目标，教学目标设置适当与否是决定教学是否有效的前提条件。在教育心理学中，指导教学目标设置的理论主要是布卢姆的教学目标分类理论和加涅的学习结果分类理论。

教学任务分析。任务分析是一项复杂的教学设计技术，课堂教学设计中的教学任务分析主要包括以下几方面的工作：①通过对教材与学生的分析，确定单元或单课具体的教学目标；②对教学目标中的学习结果进行分类；③根据对不同类型学习条件的分析，揭示实现教学目标所需要的先行条件，也就是使能目标及其顺序关系；④确定与教学目标有关的学生的起点状态。在教学设计中，设置教学目标和分析教学任务这两件事是难以分开的，因此，教学任务分析有时也称为教学目标分析。

教学策略的选择与开发。教学策略不是指具体的教学方法，而是指适合达到一定教学目标的一整套教学步骤、方法和媒体等。在知识分类学习理论的基础上，结合知识学习与教学

① 王映学，章晓璇．知识分类与教学设计．兰州：甘肃教育出版社，2008：49-50.

② 皮连生．教育心理学．上海：上海教育出版社，2004：445-467.

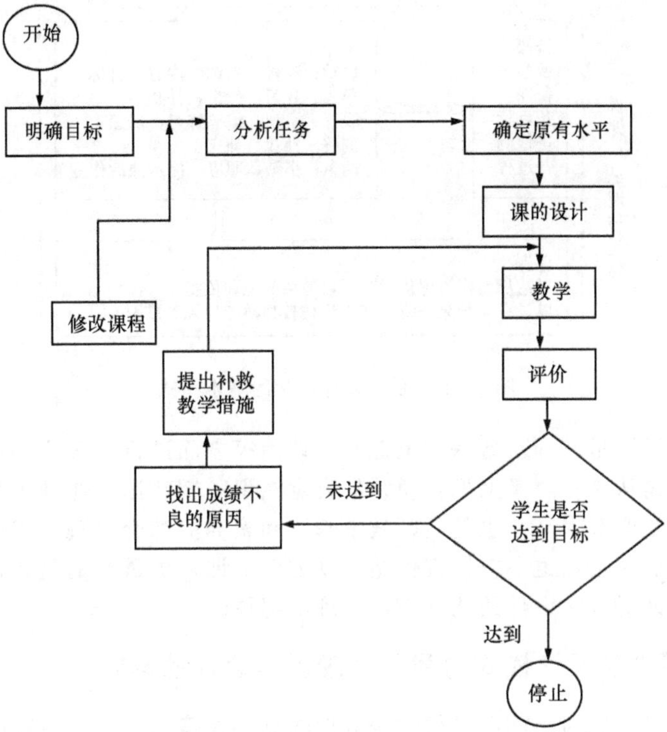

图 4-11　邵瑞珍的教学设计模式

阶段模型，可以按照知识类型设计课型与选择教学策略，也可以按照学习阶段设计课型与选择教学策略。

开发测验与评价工具。预定的教学目标达到了没有？这是教学设计者需要回答的最后一个问题。在目标导向教学设计中，测量是针对教学目标的测量，即目标参照的测量；评价也是参照目标的评价。教学设计者可以选择布卢姆的教学目标分类理论，也可以选择加涅的学习结果分类理论开发测量工具，即编写测验题和试卷。

3. 盛群力的教学设计模式①

盛群力教授基于目标为本的系统设计观，提出了一个系统设计教学的基本模式，如图 4-12 所示。该模式从确定目标开始，然后逐渐导向目标，最终评估目标；也体现了以状态变化为本的系统教学设计观，即从学生的现有水平和状态出发，逐渐转换为一系列过渡状态，最终达到终点（目标）状态。更为重要的是，这一模式将教学设计理念、操作程序和教师的基本工作（备课、上课、评课、说课）等联系起来，从而使得系统设计教学成为教师手中用以改进教学的重要工具。

这一基本模式有三个实心框：备课、上课、评课。备课是教师对自己的教学活动进行预先计划和准备的过程；上课是教师灵活地执行计划，实际展开教学活动的过程；评课是教师本人或其他评课人员对学生学习目标的达成度及其教学活动做出价值判断和改进决策的过程。三个实心框之间的互动反映着教学效果的优劣。三个实心框周围用虚线围起来的是说课。这表明说课这一具有“原教学”色彩的工作若离开了精心备课、上课和评价，便是无源

① 盛群力．教学设计．北京：高等教育出版社，2005：24-26.

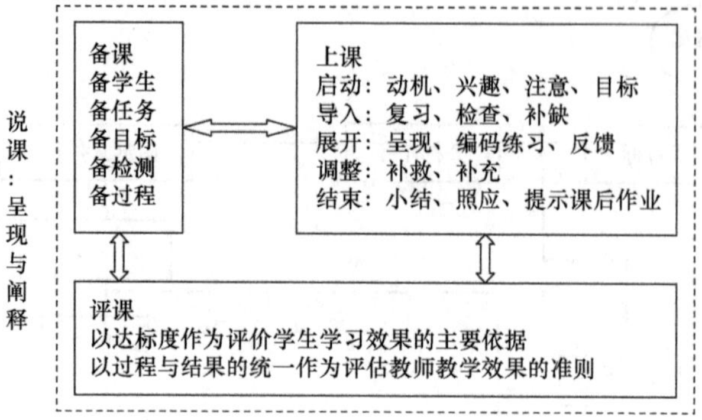

图 4-12　系统设计教学的基本模式

之水、无本之木。说课是教师对备课、上课乃至评课等方面进行口头或书面呈现、阐释及自我监控的过程。正是从这一意义上说，说课的自觉意识和娴熟运用体现了教师本身对教学活动的执行监控及自我调节水平，也是教师教学理论和素养的综合表现。因此，说课不应该仅仅是有感而发的经验体会，也不应该仅仅是呈现如何上课，更重要的是，说课应该交代“呈现”背后的理由，即对教学设计的依据作出合理的解释。

4.2.3　不同教学设计模式对我国地理教学设计的影响

现代教学设计已经成为当前课堂教学有效性的重要保障之一，其独特的魅力与内涵需要先进的教育理念与设计技术作支撑。上述不同类型的教学设计模式，基本上都是在实验与经验总结的基础上抽象概括而来，具有一定的普适性，对我国地理教学设计的发展能够产生较强的指导作用与借鉴价值。具体体现在如下两大方面。

首先，为我国的地理教学设计提供了理论与框架基础，有利于地理教师采用不同的设计类型进行不同模式的地理教学设计，保证地理教学的有效进行。

其次，为我国地理教学设计的发展与创新提供了目标与参照，有利于地理教师及地理教育研究者进行新课程下的地理教学设计创新，拓展地理教学的国际化视野。

就当前实际而言，目前还没有比较公认的具有地理学科特性的教学设计模式研究成果。黄莉敏在对国内外教学设计典型模式进行研究的基础上，参照有关教学设计模式，结合我国教学实际，提出了新课程改革背景下以地理课程标准为依据，以学习理论与教学理论、传播理论、系统理论等为内核，体现“以教师为主导，以学生为主体”教学理念的地理教学设计模式。其基本构成包括三大模块：地理教学问题分析（含目标设计）、地理问题解决策略设计以及目标达成评价设计，具体如图 4-13 所示。[①]

在图 4-13 中，地理新课程有效教学设计模式紧紧围绕地理课程标准、地理教材、学生、教学目标、教学方法等教学因子，着手于发现和解决课堂教学过程中出现的问题，经过分析、设计、评价和修改等基本阶段进行教学设计和反馈修正，最后达到改进教学的目的。这一地理教学设计模式的基本步骤如下。

第一，进行地理教学问题分析。主要包括如下内容：①学习需要分析，即对学习者当前水平与期望学习者达到水平之间差距的分析，也就是指学习者知识与技能、过程与方法、情感态度与价值观水平的现状与目标之间的差距。②地理课程标准分析，地理课程标准是地理

---

① 黄莉敏．地理新课程教学设计的理论研究与实践．武汉：华中师范大学硕士学位论文，2007：22-27.

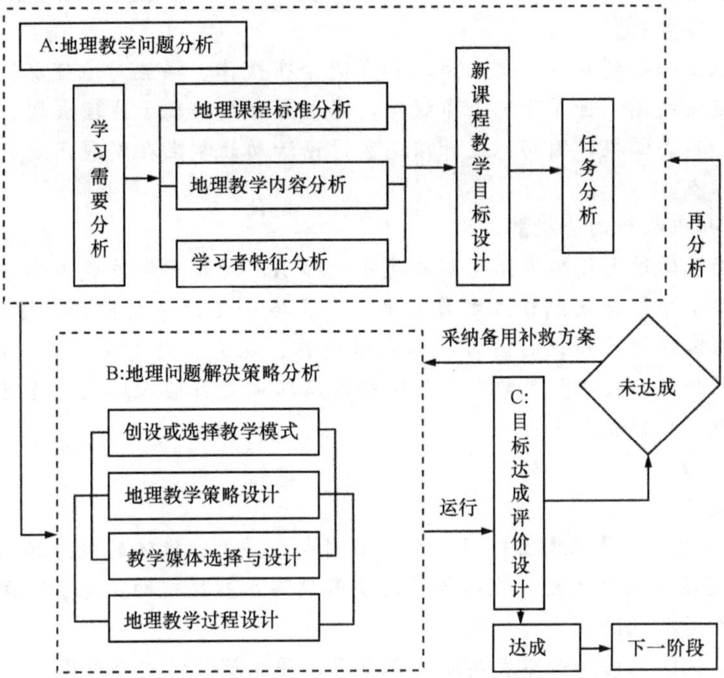

图 4-13　地理新课程有效教学设计模式流程

教学设计的依据，是教学内容分析的起点和导向。③地理教学内容分析，包括“一标多本”教材、教参内容的分析和开发等。④学习者特征分析，即对学习者认知结构、技能、态度、学习风格、生活经验及文化背景等进行分析。以上四个方面分析的目的是为教学内容的选择和组织、教学目标的确定、教学活动的安排、教学策略的采用等提供科学的依据。⑤教学目标设计，教学目标是教学活动的逻辑起点和归宿，设计依据为教学目的、课程标准、教学内容、学习需求和学习者分析。⑥任务分析，即分析从学生的原有水平到达教学目标之间所需要的从属的知识和技能，并确定它们之间的层次关系。

第二，进行地理问题解决策略设计。在目标设计好之后就要考虑选择或创设什么样的教学模式，根据教学内容的知识属性选择策略和媒体，一切准备就绪后即可设计具体的教学过程。

第三，进行目标达成评价设计。在教学过程设计中要坚持即时评价设计原则，一方面是对使能目标进行反馈设计，另一方面对终点目标进行反馈设计，同时要设计备用方案。目标达成则进入下一阶段教学，未达到则对第一阶段进行再分析或对第二阶段采用备用方案，直到达标进入下一阶段教学。

案例 4-4

世界洋流（第 1 课时）教学设计

【地理课标分析】

课标要求运用地图（a），归纳世界洋流分布规律（b），说明洋流对地理环境的影响（c），活动建议用计算机设计洋流运动的动画。从课标看既涉及读图判图用图能力（即 a），又要培养学生分析、归纳知识的能力（即 b），同时要求学生树立正确的人地关系思想（即 c）。

【教学内容分析】

本节知识由一般到具体，重点为世界洋流分布规律、洋流对地理环境的影响；难点为世界洋流模式图、世界洋流分布规律，因这部分知识属于地理成因、规律等程序性知识教学，不易掌握，因而拟设计探究和讨论活动让学生在发现问题、分析问题过程中，解决难点。

【学情及知识纵横向分析】

学生前面已学过大气环流、气旋与反气旋知识，对理解洋流成因和分布起桥梁作用。根据高中生年龄特点、智力发展水平，已具备一定的分析问题、探究问题能力，故根据知识内容在讲授知识的同时，拟采取合作、探究、自主学习等“过程与方法”落实到本节“知识与技能”教学中，同时将人与环境关系的人地观始终贯穿在“情感态度与价值观”目标教学中。

【教学目标】

知识与技能：

1. 在海水运动的录像图上辨明海水运动形式，并说出洋流的概念和性质。

2. 对照墨西哥湾暖流图、直布罗陀海峡两侧海水盐度剖面及海水流向图，能分析说明洋流的类型及成因。

3. ①在填充图上填绘世界表层洋流分布图，并能解释洋流分布原因。

②呈现关于生活中洋流的实例，要求能结合洋流分布规律解释原因，并画出所流经的海区及洋流流向。（①、②为差异目标设计）

过程与方法：

1. 通过小组合作，探究洋流分布与理想模式不同之处，分析成因。

2. 收集、分析、整理洋流对地理环境影响资料，提出问题、分析解决问题。

情感态度与价值观：

1. 通过理论与实际相联系的案例教学、探究式教学，培养学生学习地理的兴趣，树立学生正确的地理观和学以致用的科学态度。

2. 通过讨论洋流对气候、海洋生物、航海、海洋环境的影响，认识地理要素间的相互联系，培养学生正确的人地观。

【任务分析】

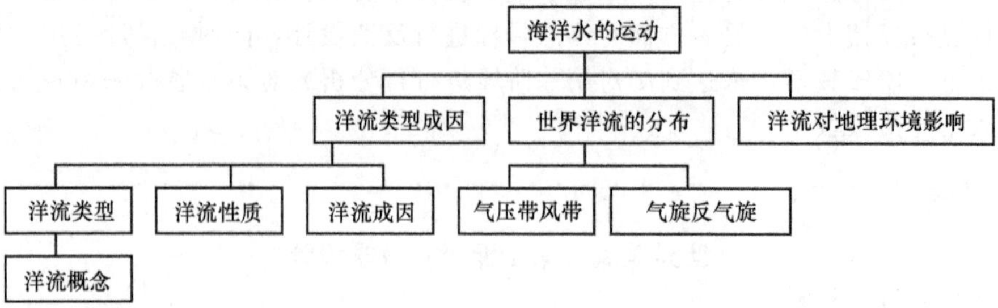

【教学模式】

讲解——接受式、小组讨论式、探究式等多种教学模式相结合。

【教学媒体】

黑板、录像、地理填充图册、课件、flash 动画

【教学流程】

情境导入 → 新知探究 → 归纳总结 → 课堂评价 → 拓展探究

【教学过程】

（具体内容略）

摘自：黄莉敏．地理新课程教学设计的理论研究与实践．武汉：华中师范大学硕士学位论文，2007：73-77

随堂讨论 4-4

1．结合案例 4-4 的内容，讨论本案例主要体现了什么样的教学设计理念与策略？并举例说明。

2．讨论上述教学设计模式有哪些优点和不足？为了更好地发挥该教学设计模式的作用，如何针对该模式的不足进行改进和完善？

4.3 地理教学设计的基本要素与架构

关键词 地理教学设计；传统地理备课；基本要素；基本架构

4.3.1 传统地理备课与现代地理教学设计的比较

1．传统地理备课

在传统地理教学中，简单而言，地理备课就是地理教师在上课之前，为上课所进行的一系列课前准备工作。地理备课作为地理教学活动的准备阶段，在具体地理教学过程中起着制定蓝图、预先谋划的作用。传统地理备课大都需要做好三项工作、制订三种计划。做好三项工作，即钻研教学大纲和教材、了解学生和考虑教法；在做好三项工作的基础上，制订三种计划，即制订学期教学计划（主要考虑各个单元任务的排序及其范围、分量）、单元或者课题计划（主要考虑每个单元内的不同课的任务排序及其范围、分量）、课时计划（主要考虑每一堂课内各个教学片断的排序及其范围、分量）。[①] 通常将其简单地概括为“三备、三写”，即备教材、备教法、备学生与写学期教学计划、写单元（课题）教学计划、写课时计划。在新课程改革的背景下，传统地理备课已经暴露出一些不足与欠缺，有学者认为，传统的备课程序（备教材、备学生、备教法）虽然有其便利性和有用性，但仍然有作出进一步改进的必要；从一定意义上说，传统备课中的“三备”（备教材、备学生、备教法）是不完整的程序。传统地理备课主要存在以下几方面的弊端。[②]

1）以教师为中心

传统地理教学中，地理教师备课时往往从其主观愿望出发，凭借教学经验、主观意志，依据教学任务，进行地理教学安排与策划。学生在这一过程中仅仅是处于“听众”的地位，

① 盛群力，马兰．试论系统设计教学中的备课程序．北京：教育研究，2009，(5)：12-14.

② 李家清．新理念地理教学论．北京：北京大学出版社，2009：126-130.

学生的“学”紧紧围绕教师的“教”而存在，这样就丧失了学生在学习过程中的自主性与主动性。在教学活动设计中忽视学生个体差异，要求学生从同一起点出发，使用相同的大纲，采用固定的教材，在统一的教学目标指引下，以相同的速度前进，达到相同的终点。这样的结果就是教学过程中“经验论”占绝对优势，学生培养缺乏创造性思维与多元化智能，不利于学生全面发展与地理教学的优化。

2）以知识为本位

传统地理教学过程中，地理教师备课时往往表现为“一纲一本”，全国统一要求，以指定的地理教材为特定的教学内容，追求学科知识的完整性，忽视学生的知识经验与“知识存量”，不注意教学过程中师生之间、生生之间应有的互动与情感交流，从而使学生只能被动地去“记”知识，而丧失了学习过程中学生应有的情感性和知识发展的动态性。

3）以静态教案为载体

传统地理教学过程中，地理教师备课的成果往往表现为一个经过预设，形式单一、封闭、静态的教案。整个教案内容主要由教师依据自身教学经验和教材知识进行预设、编排而成，教案编写完成之后即成为一个固定的“剧本”。教师在“教案剧”中既是剧本的编剧，又是具体的“演员”，教师教学时就利用这一“教案剧”去应用于多个班级，而学生只能被动适应，充当“观众”。这种以静态教案为载体的地理备课方式，势必造成教师将对教材、教案的认知过程替代对学生地理学习特点与规律的认知过程，从而不利于具体教学过程对学生地理学习积极性和主动性的激发。

4）以结果性评价为准绳

传统地理教学过程中，地理教师备课时的重点在于对学习结果的评价，而忽视对学习过程和学习质量的评价。评价的目的是为了定分数、划等级、决定升留级与升学；而对于具体教学过程中可能出现的低效教学，甚至无效教学，或者没有评价反馈设计，或者缺乏应急备用方案设计，从而使具体教学过程缺乏调控性及应对性。在这样一种评价趋势的导引与影响下，学生在地理学习过程中势必会被迫去追求学习结果，追求成绩等级，进而造成应试教育的加强，而不利于素质教育的开展。

资料卡片 4-2

备课中的主要问题

备课是为了使我们的教学更好地服务于学生的地理学习，备课是一个重新建构地理教学范式的创新过程，也是教师与学生的一次假设性对话。反思以往的备课策略，有以下一些问题是值得注意的：

1. 依赖于现成的“教参”与“教案选”；
2. 只备教材，不备“标准”；
3. 没有充分搜集有关的地理资料与信息；
4. 忽视学习活动的设计；
5. 联系学生的生活经验不够；
6. 为显示“方法”而准备“方法”；
7. 多媒体的准备没有和谐地融入整体的教学设计之中。

摘自：夏志芳．地理课程与教学论．杭州：浙江教育出版社，2003：262-263

案例 4-5

传统地理备课："美国"一节教案

课题		第十六章第二节 美国
教学目标	知道	1. 美国国旗的含义； 2. 美国海外的两个州； 3. 美国是一个资源耗费大国； 4. 美国农业的特点
	理解	1. 美国领土、邻海、地形、河湖等自然条件的特点及其对经济的影响； 2. 美国的种族构成及种族矛盾； 3. 美国的工业分区
	技能训练	1. 根据世界地图判断美国所处的地带； 2. 熟练使用美国政区图
	思想要求	通过了解美国的种族构成及存在的种族矛盾，认识美国的人权现状，并懂得在联合国人权大会上美国对我国提出的人权问题是别有居心的
教学重点		1. 美国优越的自然条件；2. 美国工农业特点；3. 美国主要工业中心
教具准备		美国国旗、美国政区图、美国山脉水系图、美国矿产森林和草地分布图、美国人口分布图、美国农业带的分布图、美国工业区和主要城市分布图
课时		一课时
教学方法		启发式谈话法、读图指导法
教学过程		(复习旧课) (讲授新课) 第二节 美国 一、美国国土的组成 二、美国优越的自然条件 1. 本土处于温带——利于农业生产 2. 本土三面邻海——航运便利 3. 平原面积大——耕地多 4. 密西西比河、五大湖——水利、航运、灌溉 5. 自然资源丰富 三、资源耗费量大 四、多民族的国家和种族间的不平等 1. 人众多，人口集中于东北部 2. 黑人的不公平待遇 3. 华人的分布 五、农业的现代化和专门化 1. 农业大国 2. 现代化 3. 专门化 六、工业分布和重要城市 1. 现代化工业发达 2. 工业的分布 七、小结 八、复习巩固 九、反馈

摘自：蔡之舞．现代地理教学设计与地理备课有哪些不同．地理教育，2006，(6)：13-15

随堂讨论 4-5

1. 结合案例 4-5 的内容，讨论本案例主要体现了传统地理备课哪些方面的特点，有哪些需要改进和完善之处，并举例说明如何改进和完善。

2. 为了更好地发挥现代地理教学设计的作用，如何针对传统地理备课中的弊端和问题做出改进?

2. 现代地理教学设计

由上述对传统地理教学备课所做的叙述与讨论可知，传统地理教学备课中形成的地理教案具有如下表现：这些教案对于不同的教案设计者来说，教学过程不同，但对于教材、教学目标（的）、教学重点与难点、教学方法分析等可以说是千人一面，基本上都来源于教师用书上的文字说明。特别是教学目标（的）的叙写缺乏个性，缺乏对于具体教学对象的教学分析，教案给人的感觉不是教学生而是教教材。造成这种情形的原因主要有：①教师缺乏对于教学目标要求的细致分析；②没有注意到对不同教学对象的特点采取不同的教学设计，缺乏对学生起始能力的分析；③教学实际的思路是内隐的，不能给人以明确的教学设计印象，也就是缺乏教学策略的研究。[①] 第三点对于新教师来说尤其不好学习与把握。

现代地理教学设计在很大程度上摆脱了传统教学思想对地理备课的束缚，树立了新的教学设计观念，以学生为中心，突出学生在学习过程中的主体地位，从学生的角度出发，保障每一个学生都得到发展，体现以学生发展为本。现代地理教学设计强调学生在教学过程中的主动参与，提倡让学生在具体的地理观察、学习讨论、问题质疑、合作探究、情感体验等活动中学习知识，完善人格。因而在地理教学进程的安排上，注重“目标—策略—评价”这一教学主线的同时，同样关注“活动—体验—表现”这一新的主线。与传统地理备课相比，现代地理教学设计需要对传统地理备课中那种单一、线性、主要设计教师教学步骤和方法的思维形式和教案编写格式进行较大的改变，在每一个教学环节中都需要同时考虑教学意图、教学主体（学生、教师）、教学行为、教学方式、媒体使用、时间分配以及对教学效果的预期等。概括来说，现代地理教学设计对于教学过程的思考不再像传统地理备课一样是平面的、线状的，而是变成了立体的、网状的，教学过程诸因素的编排不再是沿“教”这条单行线前进，而是在学与教中交错朝着教学目标行进。

现代地理教学设计遵从系统性原则，注重教学内容的开放，强调紧密联系生活；积极倡导教学过程中实施形成师生、生生互动的“学习共同体”；在教学效果评价上，过程与结果并重，“以学论教”，以此促进师生的共同成长。现代地理教学设计，重在考虑如何将地理教学过程中的教学目标制定、教学对象分析、教学方法选择、教学媒体应用及教学过程设计等诸要素进行统筹安排，尽量做到既能着眼整体、统揽全局，同时又能体现循序操作、层层落实的特点，力图高质量地达成培养目标。

新课程理念下，地理教师由传统地理备课向现代地理教学设计转变的关键，是对地理教学设计的科学认识和对现代教育技术的掌握。从关注“具体的教材教法的研究”转变为关注“以促进学生的发展，帮助学生掌握学习的有效策略研究为核心”，是从教案走向新课程理念的教学设计的根本转折点。[②] 基于当代教学设计理论家和教育心理学家加涅大力倡导的“为

① 杨承印．化学教学设计与技能实践．北京：科学出版社，2007：23-24.

② 鲁献蓉．从传统教案走向现代教学设计．课程．教材．教法，2004，(7)：17-23.

学习设计教学”的系统设计教学理念，即教学应努力将外部的教学事件与内部的学习条件联系起来，旨在为学习者提供一组精心安排的外部活动，用以激发、支持和促进学习者学习(学习过程有效发生和学习结果可靠达成)。盛群力教授等认为，根据系统设计教学新理念，传统备课中的“三备”应该加以改造、充实，成为以满足学生学习需要为出发点，帮助学生都能达成大部分教学具体目标的新程序，这就是洞察学情、聚焦任务、陈述目标、配置检测和安排过程，简称为“五备”，即备学生、备任务、备目标、备检测和备过程，[①] 实质上也就是现代教学设计的基本内容。与传统地理备课相比，现代地理教学设计具有不同的内涵与特征（有关内容请参看本书第 2 章和 4.1 节相关阐述）。

资料卡片 4-3

地理教学设计与传统地理备课的比较

比较而言，地理教学设计与传统的备课既有联系也有差别。从联系上讲，二者同属于地理教学准备的范畴，都有一定的目的性、计划性，都有一个制定地理教学方案从而对地理教学活动进行预设的过程。从差别上说，二者在地理教学的价值取向、理论基础、教师角色、准备重点和教学手段等方面均有很大差异。第一，价值取向不同。地理教学设计强调以学生的学为中心，为学生怎样学做准备，关注学生的学习和发展，追求有效、高效和长效；备课则大多以教师的教为中心，为教师怎样教做准备，教师关注的是知识传授。第二，理论基础不同。地理教学设计主要以教学理论、传播理论、学习理论和系统理论等现代教育理论作为理论基础；备课则更多的是以教师的个体教学经验为基础。第三，教师角色不同。地理教学设计中，教师是地理教学过程的设计者、组织者和引导者；备课中教师更多地体现为控制者、解疑者和传递者。第四，准备重点不同。地理教学设计以促进学生的发展为核心，注重对学生进行有效教学的策略研究，强调知识、能力和情感的统一，注重教学的整体性；备课以具体的教材教法研究为重点，一切围绕教材内容。第五，教学手段不同。地理教学设计注重现代教学方法与媒体的选择与运用，并强调各种媒体的优化与组合；备课通常考虑的是传统的教学媒体，手段较为单一。

摘自：李家清，李文田．教学设计：中学地理课堂教学的必由之路．中学地理教学参考，2009，(10)：1

4.3.2　地理教学设计的基本要素

与传统地理备课相比，现代地理教学设计在构成要素上主要包括以下内容。[②]

1. 地理课程标准解读

新课程背景下，地理课程标准的颁布为新时期的地理教学设计提供了方向上的指南。如何将课程标准的要求恰当地运用于地理教学设计并在实践过程中发挥其深层次的内涵与功能，需要对其进行合理的解读。不同章节、不同内容的地理教材内容在地理课程标准中均有相应的解释、说明，并有相应的实施建议，一定程度上为地理教学设计工作提供了参考和借鉴。但需要注意的是，课程标准的相关内容并不是对教学设计者的限制与“紧箍咒”，而是

---

① 盛群力，马兰．试论系统设计教学中的备课程序．教育研究，2009，(5)：12-14.

② 李家清．研究生学位课程讲义：中学地理教学设计（内部使用）．武汉：华中师大城市与环境科学学院，2011：88-93.

从一定层次和高度上对教学设计作出的要求和建议。进行地理教学设计时，设计者需要根据教学内容、教学环境、教学对象等去解读课标，争取做到实事求是、因时制宜、因地制宜和因物制宜，对地理课程标准的解读应科学、合理地服务于地理教学设计。

2. 学生学习需要分析

学习需要是学生的目前状态与所期望达到的状态之间的差距，也就是学生目前水平与教师期望学生达到的水平之间的差距。乌美娜将这一关系表达为：

期望达到的学习状况－目前学习状况＝差距（即学习需要）

学生学习需要分析就是在进行教学设计时必须确定学生学习的初始状态，包括学生的认知结构、身心特点、已有知识和能力存量等。由此可见，学习需要分析实质上是一种差距分析，其目的主要在于通过分析理顺问题与方法、目的与手段之间的关系；其重点在于对学生起点行为的分析，即学生学习初始状态的分析，如必备的知识、技能和心理品质等；其总体要求在于通过这一分析，尽可能提出有代表性的“差距”资料和数据，在此基础上，为教学目标制定、教学方法选择、教学媒体运用、教学过程设计和教学评价等提供重要依据。

对学生学习需要的分析是学生学习成功与否的关键，也是教学能否实现预定目标的关键。例如，学生对地理差异性的理解，必须具有气候、地形、水文、土壤、生物等自然要素方面的相关知识，缺乏这些方面的知识，学生要理解地理环境的差异性是不可能也是不现实的。因此，进行地理教学设计时，必须重视对学生学习需要的分析。只有在客观分析学生学习需要的基础上，才能准确、科学、合理地进行教学设计。同时，还需要考虑其他问题，如具备哪些有利条件，存在哪些不利因素？哪些因素必须考虑，哪些因素可以从次考虑？等等。总之，在学习需要分析中，必须解决教师“为何教”，学生“为何学”的问题。①

3. 地理学习内容分析

地理学习内容是实现地理教学目标的载体，地理学习内容来源于地理教材，又不同于地理教材。因此，在设计地理教学的过程中就存在一个使教材内容转化为学习内容的转化过程。具体而言，地理学习内容分析就是对地理教学设计中至关重要的地理教材内容的分析，是将学生需要习得的地理知识、能力、情感的构成成分及其层次关系等进行分析，并将其分解为一系列的子目，为教学条件的创设和学习顺序的安排提供依据。总之，在地理学习内容分析中，必须解决教师“教什么”，学习者“学什么”的问题。

中学地理学习内容是一个相对完整的体系，不同的学习内容之间存在一定的内在联系。在进行地理学习内容分析时，分析的一般顺序是：整体学习内容分析、单元学习内容分析和章节学习内容分析。首先，研读整体地理教材内容的构成和对应的地理课程标准要求，分析本节课学习内容在整体学习内容中的地位与作用；其次，精读单元地理学习内容，分析本节课学习内容在单元学习内容中的地位与作用；最后，分析本节课学习内容与以前学习过的、今后将要学习的内容有哪些方面的联系，本节课学习内容期望达到的广度和深度，即在整体联系的背景下，确定本节课学习内容与其他哪些内容要建立相关的联系，在此基础上梳理出具体学习内容的地位与作用、知识类型、呈现方式、重点难点及深广度等。地理学习内容的分析方法主要有概念图分析法、信息加工分析法、归类分析法、层级分析法等。同时，地理学习内容分析在方法过程上还应体现由已知到未知，按照地理事物的基本规律，由整体到部分，由一般到个别，不断分化，并且注意不同学习内容之间的纵横向联系等。

---

① 徐英俊．教学设计．北京：教育科学出版社，2001：60.

4. 地理教学目标设计

有人说，可以用旅行来比喻教学。正如旅行的人在出发前必须明确旅行的目的地一样，教师在教学实施之前必须明确自己的教学目标。教学目标设置适当与否是决定教学是否有效的前提和条件。[①] 在对地理课程标准解读、地理学习需要分析、地理学习内容分析的基础上，需要对地理教学目标进行设计与分析。地理教学目标是对地理教学活动所要达到的预期结果的描述，在地理教学设计中占有举足轻重的地位，一定程度上决定着地理教学的方向，统率着地理教学的过程，是选择地理教学方法和媒体的依据，是评价地理教学效果的依据。教学目标是教师设计教学的出发点，具有强大的导向功能，有利于保证教师对教学活动全过程的自觉控制，实现“导学、导教、导测评”。同时，教学目标能引领学生的发展方向，激励学生学习，在教学实施开始之初，设计和运用不同的方法或情境，向学生明确而具体地陈述教学目标，能激发学生对新的学习任务的期望和达到教学目标的欲望，从而调动学生的学习积极性与主动性，并通过评价与及时反馈对学生的学习动机和学习定势进行强化。此外，教学目标可以通过具体、可测量性的教学行为变化来作为教学评价的重要依据，保证教学评价的效度和信度，并有利于协助教师评价与修正教学的进程。可以说，做好地理教学目标的设计与分析对地理教学活动的顺利开展、地理教学任务的圆满完成至关重要。

新课程改革背景下，地理教学目标分为知识与技能、过程与方法、情感态度与价值观三个维度。

知识与技能作为新课程的首要目标，指的是地理知识和地理技能，并强调知识与技能的结合，旨在加强地理技能的培养对地理知识学习的带动作用；强调对学生地理学习能力的培养及通过对学生地理技能的培养带动地理知识的学习，突出地理技能培养的有效性，以此促进地理基础知识的深化和运用。

过程与方法作为新课程的关键目标，强调通过地理教学要帮助学生了解地理科学研究的一般过程，理解并掌握地理科学研究的一般方法，让学生通过亲身体验科学研究的一般过程，给予学生展示自己并与他人交流的机会，培养学生的地理学习兴趣，提高学生的创新精神和综合实践能力。具体需要注意两个方面：一是在过程上要求教师精心设计地理学习和探究的过程，让学生能够体验地理知识的发现过程；二是在方法上要求教师要重视促进学生地理观察、地理调查、地理分析、地理比较等方法的运用与发展。

情感态度与价值观是新课程的终极目标，要求通过地理教学激发学生探究地理问题的兴趣和动机，养成求真、求实的科学态度，提高地理审美情趣；关心我国的基本地理国情，关注我国环境与发展的现状与趋势，增强热爱祖国、热爱家乡的情感；了解全球的环境与发展问题，理解国际合作的价值，初步形成正确的全球意识；增强对资源、环境的保护意识和法制意识，形成可持续发展观念，增强关心和爱护环境的社会责任感，养成良好的行为习惯。[②] 有关地理教学目标的具体分析与设计见相关章节内容，此处不作阐述。

5. 地理教学方法设计

教学目标确定后，就需要进行教学方法的设计。教学方法是实现教学目标的重要一环，是教学设计的研究重点之一。地理教学方法包括教法和学法。新课程的地理教学方法是指向于特定的教学目标、受特定教学内容所制约、为师生所共同遵循的教与学的操作规范，是符

① 皮连生．教育心理学．上海：上海教育出版社，2004：445.

② 李家清．新理念地理教学技能训练．北京：北京大学出版社，2010：32-39.

合教育和认知规律的一系列活动方式、步骤、手段和技术的总和。[①] 地理教学方法种类繁多，各种教学方法的作用、特点和使用范围与选用原则也不尽相同，其中既有继承历代教学经验的传统教学方法，也有随着课程理念与改革的更新和深入，以及各教师对教学理论的领悟和教学设计理论水平的提高，而不断发展和创新的教学方法。

地理教学方法的选择与设计需要考虑诸多因素，具体操作过程中必须创造性地开展教学方法设计工作。当前在我国地理教学中常用的教学方法有：讲授法、启发法、地图法、发现法、案例法和讨论法等。每一种方法对于其适用的内容都能发挥重要的作用。因此，进行地理教学方法设计时，需要对不同地理教学内容进行剖析，发现适合其知识、能力与情感习得的恰当的教学方法。同时，心理学研究也表明，单一的刺激容易形成疲劳，如果一节课或一个教学单元只采用一两种教学方法，会使学生情绪低落，注意力分散，加重其学习负担，尤其是在内容多样的地理教学中，方法使用简单更容易形成枯燥沉闷的课堂气氛。这就需要根据不同的地理主题和知识属性，进行多种教学方法的选择与组合，以实现地理教学方法设计的优化。

6. 地理教学媒体设计

地理教学媒体指承载和传递地理教学信息的工具或载体。[②] 由于分类方法不同，地理教学媒体有多种类型，一般而言，依据媒体的物质属性及其功能，可以将地理教学媒体分为语言、图像、实验、电教、系统等五大类（表 4-1）。

表 4-1　地理教学媒体分类

媒体大类	亚类	举例
语言媒体		讲授、朗读
图像媒体	地图	地图册、教科书中地图、挂图、地球仪
	图片和绘画	实物图片、板图、地理略图
	示意图	地理图画、地理关系图
	统计图	统计图、统计表
实验媒体	实验中设计的媒体	模型、地理标本及其他
电教媒体	电声类	广播、激光唱盘、录音带、唱片及相应软件
	光学投影类	投影、幻灯片及相应软件
	电视类	电影、录像、电视及激光唱盘
系统媒体	计算机辅助教学系统	多媒体等

过去可供选择的地理教学媒体较少，仅仅是黑板、粉笔、挂图、实物、模型等，现在随着科技水平的提高，在原有地理教学媒体的基础上，出现了越来越多的现代化、高科技的地理教学媒体，大大丰富和拓展了地理教学媒体的选择余地和利用空间。由于地理科学主要研究地理事物的空间分布和空间结构，致力于揭示地理事物的空间运动、空间演化的规律。因此，地理教学的内容，往往抽象、概括性强，讲授与学生理解难度大。在这样的情况下，设计和优选教学媒体，充分发挥各种媒体的优势，对于突破地理教学的难点，高效率地促进学生认知的形成，就显得尤为重要。地理教学设计时，不仅应根据地理学习内容的需要、学习

① 陈澄．地理教学论．上海：上海教育出版社，1999：101.

② 黄莉敏．地理教学媒体的优化选择与设计．咸宁学院学报，2007，27（3）：95.

者的特征、教学目标的要求、教学方法的选择等运用最合适的地理教学媒体，而且应科学地设计地理教学媒体。地理教学媒体的设计就是根据地理教学的实际需要和具体要求，将地理教学内容与方法转换为通过具体媒体呈现的详细、可控、可操作的实施方案，由其把地理教学内容充分呈献给学生，使学生能以最少的时间、最简洁的形式、最小的精力投入，获得最大的学习效果。

7. 地理教学过程设计

经过以上分析环节和设计阶段后，就进入了地理教学过程设计阶段。地理教学过程是地理教学设计的主体部分，其主要内容是关于地理教学的实施过程和方法步骤，即用文字的、表格的或流程图的方式，简明扼要地表达地理教学过程中各要素之间的相互关系，直观地表示教学过程，给教师的具体教学提供一个可供参考的教学设计方案。长久以来，地理教学过程曾被片面地认为是地理教师的教授过程，从而形成了以教师为中心，学生被动“听讲”、接受学习的地理教学过程。新课程倡导“改变课程过于注重知识传授的倾向，强调形成积极主动的学习态度，使获得基本知识和基本技能过程的同时成为学会学习和形成正确价值观的过程”。同时，在教学过程中，“倡导学生主动参与、乐于探究、勤于动手，培养学生搜集和处理信息的能力、获取新知识的能力、分析和解决问题的能力以及交流与合作的能力”。[①] 在新课程理念指导下，一些新的地理教学过程形式日益出现，并显示出多元、良好的创新发展势头和生命力。

8. 地理教学评价设计

完成了上述各环节，就得到了地理教学设计的初步产品，即地理教学设计方案。设计完成的教学方案的教学效果如何、课标解读、学习需要分析、学习内容分析是否准确；教学目标、教学方法、教学媒体的设计是否科学、恰当、实用，教学过程设计是否流畅……要回答这些问题，就必须对教学设计的过程与效果进行评价。地理教学评价就是根据一定的目标，运用一定的方法，对地理教学活动中的要素、过程以及结果进行价值判断，从而为地理教学的更好发展提供依据和借鉴。地理教学评价既可采用形成性评价，也可采用总结性评价。作为地理教学的重要组成部分，地理教学评价贯穿于整个地理教学过程。为了充分发挥地理教学评价的功能，新课程提出了全新的评价理念，倡导采用多种评价方法。

案例 4-6

地理教学设计是地理课堂有效教学的必由之路

鲁教版高中地理必修1　“岩石圈与地表形态”教学设计

【课标解读】

课标要求

1. 说出地球的圈层结构，概括各圈层的主要特点。

2. 运用示意图说明地壳内部物质循环过程。

3. 结合实例，分析造成地表形态变化的内、外力因素。

课标分析

本节主要学习三个问题。在第一条“标准”中，要求学生掌握地球圈层，不仅包

① 中华人民共和国教育部．普通高中地理课程标准．北京：人民教育出版社，2003.

括地球内部圈层，而且包括外部圈层以及它们的特点；第二条说明了本节内容的教学过程与方法，是运用示意图讲解地壳内部物质循环过程；第三条要求运用案例教学法讲解内、外力因素。

【学习内容分析】

本节包括两方面的内容：一是岩石圈的结构与物质循环，二是地表形态变化。重点为岩石圈结构特征；岩石圈的物质组成与循环过程；内、外力作用的表现及对地表形态的影响。难点是三大类岩石圈的成因；岩石圈的物质循环过程；造成地表形态变化的内、外力作用。

【学习需要分析】

学生刚进入高一，逻辑思维还不成熟，处于初发阶段，对于地理的了解还不深入，地理学科的知识存量非常有限。岩石圈与地表形态是日常生活中接触较少，也不形象直接的事物，因此本内容的学习，要求教师不能简单地运用讲授法进行知识传授，而要运用案例、地理图片甚至制作动画来体现地理成因，才能增强学生直观感和理解能力。

【教学目标】

知识与技能

1. 说出地球的圈层结构及各圈层主要特点。

2. 认识岩石的范围、结构，掌握地壳物质的组成。

3. 说出内、外力作用的主要表现形式及形成的主要地貌类型。

4. 说明岩石圈的物质循环过程。

过程与方法

1. 运用课本插图和多媒体演示说明地球的圈层结构，岩石圈的位置、范围、结构。阅读理解相关示意图，并能绘制示意图说明地壳物质循环过程。有条件的学校可以选做一部分实验，如褶皱、断层等，增强学生的感性认识。

2. 教师做有关褶皱、断层、向背斜山的模拟实验进行地质构造的讲解。

3. 运用案例教学法联系生活地理，进行相关内容的例—规法教学。

情感态度与价值观

1. 通过三大类岩石的转化和地壳物质循环知识的学习，强化物质运动的观念，认识世界万物是相互联系的，是发展变化的。

2. 通过对地质构造意义的学习和人类活动对地表形态的影响，树立正确的人地观，提高地理科学素养。

【教学方法】讲解法、演示法、实验法、探究教学法

【教学媒体】板图、多媒体、部分教具

【教学过程】略

摘自：李家清．新理念地理教学论．北京：北京大学出版社，2009：129-130

随堂讨论 4-6

参考案例 4-6，比较传统地理备课与现代地理教学设计之间的区别，并分析教学价值。

4.3.3　地理教学设计的基本流程与构架

1. 地理教学设计的基本流程

就地理课堂教学而言，地理教学设计的基本流程大致包括分析阶段、设计阶段和评价阶段三个主要阶段。

1）分析阶段

这一个阶段主要包括研读地理课程标准、分析地理学习需要、分析地理学习内容等。通过对上述内容的分析，理解和领会具体的教学内容，开发有效的地理教学资源，为下一阶段的教学设计做好准备。

2）设计阶段

这一阶段主要是在前一阶段认真准备的基础上，进行地理教学过程中一些主要环节的设计。具体包括地理教学目标的设计、地理教学方法的设计、地理教学媒体的设计与地理教学过程的设计等。在教学目标设计中，重点是课程目标、单元目标与课时目标的衔接问题，通过对教学内容的认真分析，制定出科学合理的教学目标；在地理教学方法设计中，重点是分析教学方法与教学内容的内在联系性、教学方法与学生兴趣的最佳结合点、教学方法与知识讲授的承转过渡等，以使教学方法的设计能够获得良好的教学效果；在教学媒体设计中，重点是教学过程中不同媒体的合理选择、组合与准确使用等问题；在教学过程设计中，重点是简明扼要地写出整个教学过程的设计流程与操作程序，直观、清晰地表示教学过程中各要素之间的相互关系。

3）评价阶段

这一阶段主要是形成性评价或总结性评价，对具体的地理教学设计方案进行价值判断，为进一步完善修改提供参考和借鉴。

2. 地理教学设计的基本构架

由上述地理教学设计的基本要素与基本流程可以看出，地理教学设计是一个系统工程。在这一设计过程中，紧紧围绕地理课程标准、学生学习需要、地理学习内容、地理教学目标、地理教学方法、地理教学媒体、地理教学过程与地理教学评价等教学因子，着手于发现和解决地理教学过程中出现的问题，经过分析、设计、评价三个基本阶段进行教学设计和反馈修正，最后达到改进地理教学、解决地理教学问题、提高地理教学效果的目的。基于以上思路，可以建立一个地理教学设计的基本构架，如图 4-14 所示。

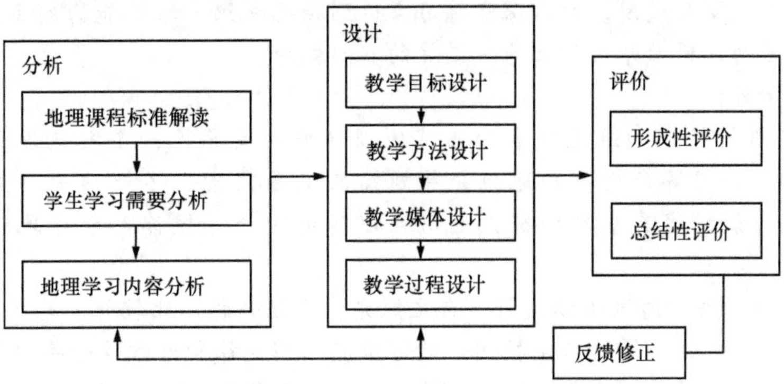

图 4-14　地理教学设计基本构架

在这个地理教学设计构架中，首先，针对地理课程标准、学生学习需要、地理学习内容进行解读和分析；其次，根据解读与分析的结果依次进行教学目标、教学方法、教学媒体与教学过程的设计；最后，在对这些设计进行教学实施的过程中，为了了解和认识分析及设计的针对性与效果，评价措施必不可少，故通过评价阶段的形成性评价或总结性评价，对教学设计中每一个环节出现的负反馈进行修正，如此不断反馈、修正教学设计的各个方面，并将其投入到新一轮的教学设计当中。整个教学设计在这种往复不断的教学设计过程中得以持续改进和完善，直至最后圆满地解决问题，达到预定的教学目标。

地理教学设计的理论、内涵、基本要素、基本构架对于新课程改革背景下的广大地理教育研究者与一线地理教师而言，已不再陌生，但如何将这一科学的设计理念与过程体系运用于当前地理教学实践中，仍需要广大理论研究者同一线教师的沟通、协调与融合。真正实现让地理教学设计走进一线地理教师的视野，走进地理教师的实践，进入新课程的地理课堂上，还需要进一步的宣传和操作。

案例 4-7

“自然地理环境的差异性”教学设计

一、教材分析

本节课是高中地理“必修 1”第三章最后一节的内容，是对自然地理知识的总结、归纳和融合。在教学中应充分联系学生已有的知识，做好纵向、横向联系，启发学生思维，培养学生的地理思维能力。本节课从总体上看，包括两部分内容，一是自然地理环境的基本特征之一——差异性，二是陆地环境的地域分异规律。本节课主要是以地理分布规律为中心内容，在教学时，要仔细筛选图表、资料，突出读图分析、推断的环节。

二、教学策略及设计思路

本节要讲清楚的两个核心概念是“差异的空间尺度”和“差异的变化规律”。教材从自然带的分布现象入手，分四个方面重点讲述地理环境地域差异的表现和分异规律：受纬度因素影响的纬度地带的地域分异规律，受海陆因素影响的干湿度地域分异规律，受海拔影响的垂直分异规律，受海陆分布地形的起伏等影响的地方性分异规律，侧重分析不同的景观特征。

本节教学预设通过景观图片和有目的的启发式提问、探究式讨论，引导学生分析归纳地域分异规律及成因；通过课堂练习来达到强化知识、培养能力的目的；通过多媒体演示与互动，帮助学生树立地域差异的空间概念。

三、教学目标

1. 知识与技能。知道地球表面自然地理环境的差异性；了解地理环境差异性的分异规律，并理解产生各种地域分异规律的主导因素；了解陆地自然带的基本类型及分布，能描述其基本特征；运用地理环境的分异规律，解释地球陆地表面自然带的分布特征。

2. 过程与方法。通过阅读材料，自主探究、小组合作，比较纬度地带分异规律和干湿度地带分异规律；通过自主提问，学习垂直分异规律和地方性分异规律。

3. 情感态度与价值观感。生活中的地理知识无处不在，初步形成正确的资源观和环境观。

四、教学重点、难点

教学重点：自然地理环境的地域分异规律及产生原因。

教学难点：地域分异规律原因的阐述。

五、教材教法

采用化繁为简、由易入难的策略。可以化解学生的思维障碍，突破教学难点。同时，也为学生提供一种“具体—抽象—建模”的思想方法。贯彻“教师为主导，学生为主体的教学原则”，运用比较法、案例研究法和讨论法提高学习效率。

本节课内容抽象，且理论性极强，针对高一学生的年龄特点——感性认识、形象思维较强，而理性认识、抽象思维能力较差，教学中运用形象直观教学法，将抽象的、静态的理论知识通过多媒体手段转化为形象生动的动态画面，帮助学生理解消化。结合动画设计活动，激发学生学习兴趣，使学生积极主动地投入到课堂中来，成为教学活动的主体。

六、学情分析及学法指导

高一学生身心发育趋于成熟，具有较强的认知能力、推理能力和自学能力，故教学过程以启迪学生思维为核心，以学生主动参与为标志，在自主学习方式下分组讨论，进行有效教学。根据课标的要求和本节知识结构，遵循地理教学的基本特点与规律，笔者在教学中采用以下学法指导。

1. 指导学生具备学习地理的兴趣。本节知识点多且学习知识难度较大，在讲授时通过精心设问以激发学生学习的兴趣。

2. 指导学生掌握识图、读图和析图的方法。例如，纬度地带性和干湿度地带性、垂直地带性等难点，用多媒体辅助教学和设问帮助理解和记忆。

3. 指导学生进行小组合作，归纳总结各种地理事物的规律。通过分析和比较，学生学会对地理现象进行归纳总结，提高他们的理解能力和思维能力。

摘自：李昌华. 新课标教材高中《地理》（湘教版·必修 1）第三章《自然地理环境的整体性和差异性》第三节“自然地理环境的差异性”教学设计. 中学地理教学参考，2010，(10)：35

随堂讨论 4-7

1. 结合案例 4-7，谈谈地理教学设计基本要素及基本构架。

2. 讨论该案例在地理教学设计方面有何改进之处。

复习与思考

1. 查阅有关资料，结合教学实践说明地理教学设计的内涵与意义？

2. 以现行义务教育或普通高中地理教材的某一章节为例，试从国内外几种教学设计模式中选择一种进行教学设计训练。

3. 比较国外几种不同教学设计模式的异同，体会不同教学设计模式的优势和局限性。

4. 比较我国几种教学模式的异同，并将其同国外几种教学模式进行比较，从中可以发现哪些异同点？

5. 结合实例说明，现代地理教学设计同传统地理备课的主要差别与联系，地理教学设计对地理教师专业成长和学生发展的意义？

6. 地理教学设计的主要构成因素有哪些，其流程可以分为几大环节，各环节包括哪些主要内容，根据自己的理解和教学实践，绘制地理教学设计构架图。

7. 请选择普通高中地理新教材的任一节内容，对其进行地理教学设计的训练。

第 5 章 厘定方向：地理教学目标设计

学习目标

1. 能简述地理教学目标的基本含义，并结合高中地理教学实例，说明教学目标指向功能的教学意义。
2. 能列举地理教学目标设计中存在的问题，说明厘定教学目标的重要作用。
3. 能结合高中地理教学，合理设计并陈述地理教学目标。
4. 能运用地理教学目标差异性设计理论，设计地理教学目标。

5.1 地理教学目标的基本功能及主要特征

关键词 地理教学目标；地理教学目标功能；目标分类；教学目标特征；教学目标“三维度”

5.1.1 地理教学目标的含义

“教学目标是教学活动的出发点和归宿，在教学过程中制约着教学策略设计和教学评价设计，起着提纲挈领、纲举目张的作用”。[①] 教学目标可划分为不同层次，即课程教学目标、单元教学目标、课堂教学目标。其中课堂教学目标又称课时教学目标，是教学目标体系中最基础的层面，也是最具体的教学目标，是开展课堂教学活动和评价课堂教学效果的重要依据。本书所指地理教学目标即为地理课堂教学目标。

地理教学目标是对地理教学目的所作的具体、准确的描述，是教学活动结束后的学生学习行为与结果的预期。其陈述的内容大多是教师讲授或学生通过学习应习得的具体技能、任务、内容和态度。教学目标的主要功能是：指导教师确定学生在原有学习基础上的发展水平，明确教学范围、教学内容、教学重点、教学方法和教学评价等。教学目标设计是教学设计的逻辑起点，它直接关系着课程目标的实现，也关系到教学目的的实现。因此，有必要比较分析教学目标与教学目的关系。

教学目标与教学目的不同，主要表现在以下三个方面。

第一，教学目的是教学目标的上位概念，教学目的往往与教学者的主观意愿相联系，它常常是指某一社会或国家为实现教育目的，在教学领域给教师提出的一种概括性、总体性的要求，[②] 它对各级各类学校所有的教学活动都具指导意义；而教学目标只对特定的教学活动起指导作用。

第二，教学目的是以指令性的形式表现出来的，更多地带有规定性；而教学目标则较多地体现了教学活动主体的要求，带有相当程度的自主性和自由度。

第三，教学目的是某一历史时期学校教学的规范，不容许随意变更，具有很强的稳定

---

① 王民，仲小敏．地理教学论（第 2 版）．北京：高等教育出版社，2010：36.

② 陈澄．地理课堂教学设计．上海：华东师范大学出版社，2001：12.

性；而教学目标则是一种策略，可以由教师根据需要加以调整、变更，具有较大的灵活性。

5.1.2 地理教学目标的基本功能

1. 导向功能

教学目标具有三个层面的导向功能。一是教师可根据教学目标设计教学活动和实施教学，即根据三维目标整体、合理地布局教与学的思路和过程，正确构建教学策略，有序安排教学环节。二是教学目标可以指导教师教学方法的选择与运用，如“农业的区位选择”一节“过程与方法”目标为“①采取案例研究、合作讨论学习方式，阐述区位理论；②运用归纳法，列出影响农业区位选择的主要区位因素；③运用丰富的图片资料和数据，对不同农业地域类型进行比较分析，解释不同区位因素影响农业区位选择”。这三个目标主要指导教师在教学中要运用案例教学法、合作讨论学习法、比较分析及归纳法等。三是教学目标影响学生的行为结果，同时也是测量学习效果的依据。

2. 评价功能①

教学过程是一个控制过程，而调控矫正的参照就是教学目标。教学目标描述具体的行为表现，能为教学评价提供科学依据。课程标准（或教学大纲）提出的教学目的与任务比较上位，过于抽象，具体教学过程中教师无法把握教学的评价标准，导致教学评价的随意性很大。用全面、具体和可测量的教学目标作为评价的依据，可以保证教学评价的效度、信度。例如，上述导向功能中“过程与方法”目标设计的例子，学习结束后学生应获得哪些知识与能力？在知情意上应掌握知识、能力达到什么程度？这些都可从教学目标的陈述中获得，并且可以通过可测量和观察的行为动词“阐述”、“列出”、“解释”进行及时检验及评价。

3. 激励功能

教学目标为学生需要提供了自己的学习尺度目标，对学生的学习具有激励作用。“学习需要理论”告诉我们，所谓学习需要系指学习者学习成绩现状与社会或教育者所期望达到的要求之间的差距。在具体教学过程中，学习者要缩小自身学习成绩的现状与教学目标之间的差距，这一差距实质上就是学习者的需要。在教学开始之初，向学生明确而具体地陈述教学目标，能激发学生对新的学习任务的期望和达到教学目标的欲望，从而调动学生学习的积极性和主动性，帮助他们形成正确的学习动机，并通过教学过程中的评价和及时反馈对学生的学习动机和学习定势进行不断地强化。

4. 反馈功能

教学目标可以帮助教师评鉴和修正教学的过程。根据控制论原理，教学过程必须依靠反馈进行自动控制。有了明确的教学目标，教师就可以此为标准，在教学过程中充分运用提问、讨论、交谈、测验和评改作业等各种方式所获得的信息反馈教学目标达成度，从而修正自己的教学策略、方法与进程。

5.1.3 地理教学目标的主要特征

1. 教学目标的分类

教学目标要想实现教育目的，并能有效指导教学设计与教学设计的实施，就必须符合一

① 李家清．新理念地理教学论．北京：北京大学出版社，2009：130-131.

定的设计要求，依据相关的学生学习结果分类标准对教学目标进行设计。

1）布卢姆的教育目标分类

布卢姆等从 1948 年开始就从事教育目标分类的研究工作。布卢姆认为，一部完整的教育目标分类学，应该包括学生学习的三个基本领域：认知、情感、动作技能。每个领域再分为几大主要类别，而每个主要类别又包括若干子类别，也是依次排列的。这样，目标由简单到复杂递增，后一类目标只能建立在已经达成的前一类目标的基础上，从而形成了目标的层次结构。如图 5-1 所示。

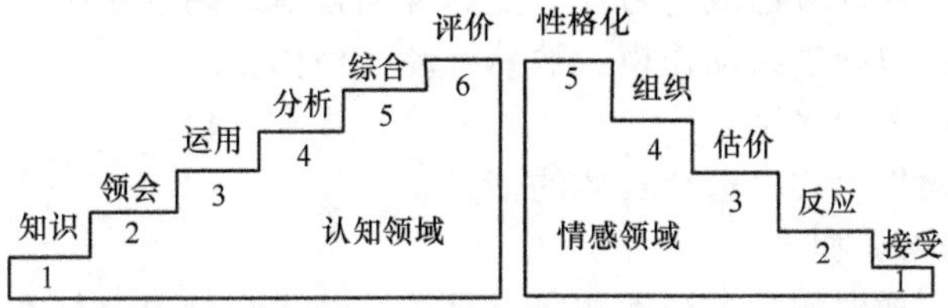

图 5-1　布卢姆认知领域与情感领域教育目标分类学主要类别的图解

布卢姆的教育目标分类理论具有四大特征：[①] 一是用外显的行为来陈述目标；二是目标是有层次结构的；三是教育目标分类学是超越学科内容的；四是教育目标分类学是一种工具，是为教师进行教学和科研服务的。

（1）认知领域目标分类。布卢姆把认知领域的目标分为六个主要类别，依次是知识、领会、运用、分析、综合和评价。

知识：指对先前学习的材料的记忆。包括具体事实、方法、过程、理论等。

领会：指能把握材料的意义可以借助转换、解释和推断三种形式来表明材料的领会。

运用：指能将习得的材料应用于新的具体情境，包括概念、规则、方法、规律和理论的应用。

分析：指能将整体材料分解成它的构成成分并理解组织结构。

综合：指能将部分组成新的整体。它强调的是创造能力，需要产生新的模式或结构。

评价：指对材料（论点的陈述、小说、诗歌、研究报告等）作价值判断的能力。

布卢姆对每一学习水平给出了定义。例如，对“理解”的定义为：理解的程度可分为转译、解释和推断。转译是从一种表达方式转换成另一种表达方式。解释是对内容加以说明，明白其中主要意思。推断是依据过去的经验或趋势、影响，对事物的发展和进程，对事物间关系作出估计和预测。

（2）情感领域目标分类。情感领域的目标分为五个主要类别，它们是接受或注意、反应、价值化、组织、价值与价值体系的性格化。

接受（注意）：学生愿意注意特殊的现象或提供的刺激，它是低级的价值内化水平。

反应：主动注意或参与某一活动。

价值化：把现象或行为与一定的价值标准相联系。

组织：对价值系统的组织化。

价值与价值体系的性格化：个人长时期控制自己的行为以至发展了性格化生活方式的价值体系。

“价值与价值体系的性格化”的定义为：在这一层次上，学习者把各种价值组织成一个体系，确定各价值之间的相互联系，确定占主导地位的价值。这一层次又分为形成价值观念

---

① 施良方．学习论．北京：人民教育出版社，1994：328-329.

和组成价值体系两个亚类。在形成价值观念阶段，学习者不断地使新接受的价值与其已有的价值发生联系。在组成价值体系阶段，学习者把各种价值组成一个价值复合体，并使这些价值形成有序的关系。

(3) 动作技能领域目标分类。动作技能领域的目标分为以下七级。

知觉：运用感官获得信息以指导动作。

定势：对稳定活动的准备。包括心理定势，生理定势和情绪定势。

有指导的反应：对于复杂动作技能学习的早期阶段。

机械动作：学习者的反应已成为习惯，能熟练和自信地完成动作。

复杂的外显反应：包括复杂动作模式的熟练动作操作。

适应：技能的高度发展水平。

创新：创造新的动作模式以适合具体的情景。

2) 加涅的学习结果分类

美国教育心理学家加涅的学习分类的特点是学习结果和学习目标在本质上是一致的。加涅根据学习结果的不同特点，概括出五种学习结果：言语信息、智力技能、认知策略、动作技能和态度。

言语信息：用口头语言或书面语言表达或陈述事实性知识或事件信息（包括事实、名称、原则和概括）。

智力技能：学习者通过符号（字母、数字、单词等）与自己所处环境作用及反应的能力。加涅又把智力技能分为辨别、概念、规则和高级规则。

①辨别：对一个或几个不同刺激作出不同反应的能力。

②概念：对一类事物共同本质特征的反应（包括具体概念和抽象概念）。

③规则：揭示两个以上概念之间关系的一种语言表述。

④高级规则：又称问题解决，是学习者在解决问题过程中的思维产物。它是由一些简单规则组成的复杂规则，适合于解决不同内容的复杂问题。

认知策略：学习者用以支配自己内部心理加工过程的技能，以实现对自己行为的修正和调节。其客体是学习者自身的思维过程。

动作技能：是一种习得能力。它表现在学习者的身体运动速度、精确度、力量和连续性上。

态度：是影响个体对人、物、事的看法、行为等的复杂的内部心理状态，带有情感和行动。态度又可以分为：①儿童所获得的，促进他与社会交往的态度；②对某类活动的积极偏爱；③有关一般公民身份的态度。

随堂讨论 5-1

对比分析布卢姆、加涅学习目标分类的异同，并结合地理教学实践，讨论对地理学习结果分类的指导意义。

2. 教学目标“三维度”

2001年和2003年中华人民共和国教育部分别颁布了《全日制义务教育地理课程标准（实验稿）》（即初中地理课程）和《普通高中地理课程标准（实验）》，对地理课程目标的表述进行了规范，一是设计了课程总目标；二是为了使总目标能够落实到地理课程的教材编写、课堂教学目标定位、教学组织、教师培训及课程资源配置之中，又将目标分解设计为“知识与技能”、“过程与方法”、“情感态度与价值观”三个维度，以体现目标的“层次性”。这三个维度既是课堂教学目标的基本方向，又是实施过程中一个有机的整体。

1）初中地理课程总目标及“三维度”

从 2001 年起，基础教育课程改革由少数省份的试验，逐步扩大到全国各省区。通过近 10 年来基础教育一线教学对课程改革试验效果的反馈、评价与重新思考，教育部对 2001 年《全日制义务教育地理课程标准（实验稿）》进行了最新修订。下面我们对比实验稿与最新修订稿，[①] 以便正确领悟国家课程标准的含义，加强课程标准的执行力度。

第一，修改前后的课程总目标比较。

比较修改前后课程标准总目标（表 5-1），有以下变化。

（1）文字更加简练，从原来的 114 个字减少为 54 个字。

（2）不具体列出地理知识的内容范畴，而是概括为“掌握基础的地理知识”。这是因为在三维目标的分目标中对知识内容还会一一阐述。

（3）“获得基本的地理技能和方法”表述中的“方法”取代了原来的“地理学习能力”的提法。“方法”内涵更加丰富，它包含地理思维方法、地理学习方法以及地理观察、实验、调查、计算等各种解决地理问题的方法。

（4）“增强爱国主义情感”中的“增强”行为动词代替了原来的“养成”一词。这样的表述更加准确，它表示在原来基础上的升华。

（5）删除了原来“具有初步的地理科学素养与人文素养”的要求。适当降低目标，符合初中学生年龄特点与发展水平，也体现了初、高中地理课程目标的不同层次。

表 5-1　修改前后的课程总目标比较

原课标（实验稿）总目标（2001）	修改后课标总目标（2011）
通过 7～9 年级地理课程的实施，学生能够了解有关地球与地图、世界地理、中国地理和乡土地理的基本知识，了解环境与发展问题；获得基本的地理技能以及地理学习能力；使学生具有初步的地理科学素养和人文素养，养成爱国主义情感，形成初步的全球意识和可持续发展观念	掌握基础的地理知识，获得基本的地理技能和方法，了解环境与发展问题，增强爱国主义情感，初步形成全球意识和可持续发展观念

第二，修改前后“知识与技能”目标的比较。

比较修改前后“知识与技能”目标（表 5-2），有以下变化。

（1）相比原来的表述，表述的结构做了一定调整，层次更加清楚。原来第一条中的地理技能的内容移到第四条中去了，将原来的第二条归并到第一条，原来的第三、四条内容变为第二、三条。调整后的结构层次为，第一、二、三条属于“知识”范畴的目标，而第四条是“技能”领域的目标。

（2）原来“掌握地球的基本知识”修改为“掌握地球与地图的基础知识”，增加了“地图”的内容，提法更加全面，另外“基础知识”的表述也更加准确。

（3）原来“初步认识人口、经济和文化发展的区域差异，以及发展变化的基本规律和趋势”表述中“以及发展变化的基本规律和趋势”的字样被删除了。如果从地理学科的特征出发，原来的“以及”一词应改为“及其”，因为地理学科关注“区域性”问题，研究“人口、经济和文化的发展变化的基本规律和趋势”不是地理学的主要任务，它研究的是“人口、经济和文化的区域差异”及其发展变化的基本规律和趋势。然而，考虑到初中学生的认知水平，将后半句删除。

---

① 参考华中师范大学博士生导师夏志芳教授在 2011 年（西宁）全国高师地理教学论会议上的资料.

（4）原来“初步学会根据一个国家或一个地区的地理信息，归纳其地理特征”的表述被删除，而“归纳地理特征”的要求移入了“过程与方法”目标。

（5）在第四条“技能”目标的阐述中，增加了“表达地理信息”与“地理实验”技能的要求。这表明，地理课程对培养学生表达能力的关注程度更高了，同时随着地理教育界对地理实验的深入研究，地理实验技能的培养越来越得到重视。

表 5-2　修改前后“知识与技能”目标的比较

修改前“知识与技能”目标（2001）	修改后“知识与技能”目标（2011）
1. 掌握地球的基本知识，学会运用地球仪的基本技能；掌握阅读和使用地图和地理图表的基本技能，初步学会简单的地理观测、调查统计以及运用其他手段获取地理信息等基本技能	1. 掌握地球与地图的基础知识，能初步说明地形、气候等自然地理要素在地理环境形成中的作用以及对人类活动的影响；初步认识人口、经济和文化发展的区域差异
2. 能初步说明地形、气候等自然地理要素在地理环境形成中的作用，以及对人类活动的影响；初步认识人口、经济和文化发展的区域差异，以及发展变化的基本规律和趋势	2. 了解家乡、中国和世界的地理概貌，了解家乡与祖国、中国与世界的联系
3. 知道世界、中国和家乡的地理概貌，了解中国与世界的联系；初步学会根据一个国家或一个地区的地理信息，归纳其地理特征	3. 了解人类所面临的人口、资源、环境和发展等重大问题，初步认识环境与人类活动的相互关系
4. 了解人类所面临的人口、资源、环境和发展等重大问题，初步认识环境与人类活动的相互关系	4. 掌握阅读和使用地球仪、地图的基本技能；掌握获取地理信息并利用文字、图像等形式表达地理信息的基本技能；掌握简单的地理观测、地理实验、地理调查等技能

“知识与技能”目标的第一、二、三条可以归并为“知识”目标，其内容构成如图 5-2 所示。

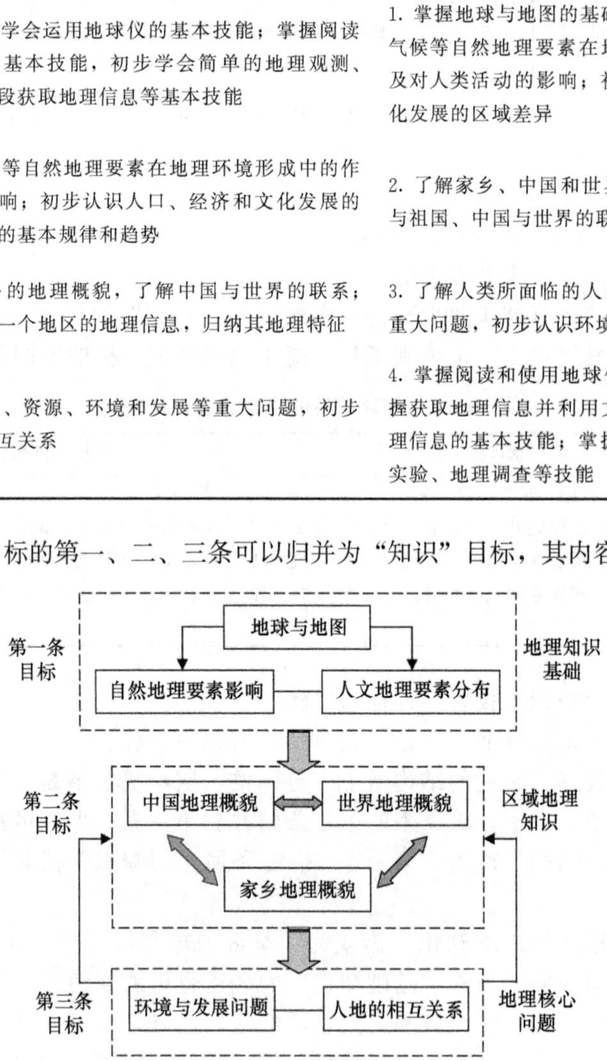

图 5-2　“知识与技能”目标解析图

从图 5-2 可以看到，从目标一到目标三，呈现的知识结构是“总论—分论—总论”的框架，呈现的知识联系是层层递进、逐步深化的逻辑关系。

第三，修改前后“过程与方法”目标的比较

比较修改前后“过程与方法”目标（表 5-3），有以下变化。

（1）在第一条目标中，表述作了如下改动：“身边的地理事物”后面加了“现象”；“形成地理表象”改为“积累丰富的地理表象”，其要求有所提高；“通过比较、抽象、概括等思维过程”改为“通过比较、分析、归纳等思维过程”，“分析、归纳”的提法更加明确，更加符合地理学科实际；“形成地理概念，进而理解地理事物分布和发展变化的基本规律”的提法改为“形成地理概念，归纳地理特征，理解地理规律”，从而使目标更加聚焦“过程与方法”，要求更加具体化。

（2）第二条目标中，将“尝试运用”改为“运用”，要求有所提高；在“地理事物”后面加了“现象”，分析、判断的范围更加广阔。

（3）第三条目标中“具有创新意识和实践能力”的新提法，符合素质教育的基本精神与培养创新人才的高要求。

（4）第四条目标中“学习的体会”改为“地理学习的体会”，提法更加明确。

表 5-3　修改前后“过程与方法”目标的比较

修改前“过程与方法”目标（2001）	修改后“过程与方法”目标（2011）
1. 通过各种途径感知身边的地理事物，并形成地理表象；初步学会根据收集到的地理信息，通过比较、抽象、概括等思维过程，形成地理概念，进而理解地理事物分布和发展变化的基本规律	1. 通过各种途径感知身边的地理事物和现象，积累丰富的地理表象；初步学会根据收集到的地理信息，通过比较、分析、归纳等思维过程，形成地理概念，归纳地理特征，理解地理规律
2. 尝试运用已获得的地理概念、地理基本原理，对地理事物进行分析，做出判断	2. 运用已获得的地理基本概念和地理基本原理，对地理事物和现象进行分析，作出判断
3. 尝试从学习和生活中发现地理问题，提出探究思路，搜集相关信息，运用有关知识和方法，提出看法或解决问题的设想	3. 具有创新意识和实践能力，善于发现地理问题，收集相关信息，运用有关知识和方法，提出解决问题的设想
4. 运用适当的方法和手段，表达自己学习的体会、看法和成果，并与别人交流	4. 运用适当的方式方法，表达、交流地理学习的体会、想法和成果

第四，修改前后“情感·态度·价值观”目标的比较。

比较修改前后“情感·态度·价值观”目标（表 5-4），有以下变化。

（1）第一条目标，程度上由“初步形成”、“初步养成”改为“增强”、“提高”，显然要求提高了，而范畴有所缩小，“求真、求实的科学态度”的养成不再列入初中地理课程目标。“地理审美情趣”改为“对地理环境的审美情趣”，提法更加具体了。

（2）第二、三条目标没有实质性改动，而第四条目标改动较大，修改后的提法更加具体，如“初步形成尊重自然、与自然和谐相处、因地制宜的意识”和“增强防范自然灾害”的意识，都是新提出的目标内容，对当今环境恶化与灾害频发的严峻形势颇具针对性与现实意义。

表 5-4　修改前后“情感·态度·价值观”目标的比较

修改前“情感·态度·价值观”目标（2001）	修改后“情感·态度·价值观”目标（2011）
1. 初步形成对地理的好奇心和学习地理的兴趣，初步养成求真、求实的科学态度和地理审美情趣	1. 增强对地理事物和现象的好奇心，提高学习地理的兴趣以及对地理环境的审美情趣

续表

修改前“情感·态度·价值观”目标（2001）	修改后“情感·态度·价值观”目标（2011）
2. 关心家乡的环境与发展，关心我国的基本地理国情，增强热爱家乡、热爱祖国的情感	2. 关心家乡的环境与发展，关心我国的基本地理国情，增强热爱家乡、热爱祖国的情感
3. 尊重不同国家的文化和传统，增强民族自尊、自信的情感，懂得国际合作的价值，初步形成全球意识	3. 尊重世界不同国家的文化和传统，增强民族自尊心、自信心和自豪感，理解国际合作的意义，初步形成全球意识
4. 增强对环境、资源的保护意识和法制意识，初步形成可持续发展观念，逐步养成关心和爱护环境的行为习惯	4. 初步形成尊重自然、与自然和谐相处、因地制宜的意识及可持续发展的观念，增强防范自然灾害、保护环境与资源和遵守相关法律法规的意识，养成关心和爱护地理环境的行为习惯

“情感·态度·价值观”中的几个关键词介绍如下。

（1）对地理环境的“审美情趣”。地理环境包括自然地理环境与人文地理环境。地理环境有不同的层次与级别，从大到小分为，地球的宇宙环境、全球的地理环境、大洲的地理环境、国家的地理环境、家乡的地理环境等。地理环境有着千姿百态的自然美、人文美与艺术美，而这些美感中还有粗犷美、和谐美、清纯美等，它能够使学生增强审美能力，体验审美的愉悦。因此，引导学生学会欣赏人类赖以生存的地球，欣赏养育我们的家乡环境，是“养成健康的审美情趣”所必需的。美育不仅符合当代全面发展学生素质的需要，而且也是我们深切认识中学地理教学特点的体现。

（2）全球意识。人类赖以生存的地球是一个由自然、社会、经济、文化等多因素构成的复合系统，全人类是一个相互联系、相互依存的整体。世界各国人民在开发利用其本国自然资源的同时，负有不使其自身活动危害其他地区人类和环境的义务。因此，环境意识的培养不仅要关注小范围的环境污染，如一定地区和国家的城市、河流、湖泊、近海、农田的大气污染、水体污染、土壤和生物污染、噪声污染等，而且要关注大范围的全球环境问题，如地球变暖、臭氧层破坏、酸雨、生物多样性消失和危险废物在全球范围的转移等；不仅要关注日常生活中“小我”和近期影响层次上的环境问题，而且要关注“大我”和远期影响层次上的问题，关注全球性的经济与社会发展、子孙后代和全人类的未来发展。全球视角使地球任一方的文化、经济、生态、环境摆脱了传统地域的制约，一方面向其他地方延伸；另一方面受到来自其他地方的影响。不可否认，在全球化过程中，民族国家作为行为主体受到了很大程度的制约，但民族国家在全球化进程中并没有完全陷入被动，正是它们在经济领域中的积极活动才推动了国内经济的开放以及全球经济的整合，也正是它们在政治文化交流领域的努力才促成了各民族国家和地区之间的相互理解。因此，以全球网络为参照系观察地理事物，是当今地理视野的特征。在地理教学过程中，要引导学生从全球视角分析问题。例如，一个地区要确定和发展支柱产业，就要考虑世界经济发展的趋势与动向，如果脱离国际销售市场的需求盲目行事，地区经济就会遭受损失。

（3）尊重自然。尊重自然是现代社会的一面旗帜。这是因为，自然界有着非常复杂的内在规律，作为一个系统，有其系统的特征，它具有弹性规律、反馈规律、滞后规律、转换规律等，而有的规律还没有被人类认识到。如果不尊重自然，甚至违背自然规律，就会遭受自然界的报复。当然，大自然的回应绝不是今天砍树，明天泥石流，后天山洪暴发；也不是今天吃了某种食物，明天生病，后天死亡。它有一个过程，这个过程可能是几年，几十年，也可能是几百年，而且是迂回曲折的。正因为有个过程，就更告诫我们在处理人与自然的关系上，要谦虚一些，谨慎一些，节制一些；多一些学习，少一些主观；多一些生态观点，少一些人类中心主义；既注意调整国家和世界的经济路线，也注意调整个人的生活方式。其基本思想就是“尊重自然”。在地理教学中，要联系实际让学生认识到，人类不要动辄就和自然“宣战”，要学会和自然和谐相处，互惠互利。

（4）因地制宜。因地制宜是地理学的思想“精髓”，也是按照地理视角进行规划与布局的基本原则。因地制宜，意即“根据当地的具体情况，制定或采取适当的措施”。例如，“南橘北枳”就说明，作物生长需要与此相适应的水热条件，水稻、小麦、棉花、甜菜等布局都要因地制宜。各地区资源的种类、数量、质量有明显的地域差异，应该重点发展与本地区资源优势相适宜的产业，使其成为区域的主导产业，以带动区域经济发展。而本地区有些资源短缺，以致严重阻碍当地经济发展和人民生活水平提高，则应该进行资源的跨区域调配。这就是“因地制宜”的原则。要善于运用地理案例，帮助学生将这一原则形成一种根深蒂固的自觉意识。

（5）可持续发展。可持续发展是一种注重长远发展的经济增长模式，最初于 1972 年被提出，指既满足当代人的需求，又不损害后代人满足其需求的能力，是科学发展观的基本要求之一。科学发展观是现在中国发展的行动指南，对中国经济、社会和人的全面发展都具有重要的指导意义。科学发展观是全面、协调、可持续的发展观。它要求正确处理“七大关系”、实行“五个统筹”，即处理好经济发展与社会发展的关系，处理好城乡发展、地区发展的关系，处理好不同利益群体的关系，处理好经济增长同资源、环境的关系，处理好改革发展同稳定的关系，处理好物质文明建设同政治文明建设、精神文明建设的关系，处理好国内发展同对外开放的关系，做到统筹城乡发展、统筹区域发展、统筹经济社会发展、统筹人和自然的和谐发展、统筹国内发展和对外开放。培养学生“可持续发展的观念”对于他们以后的生活与工作以及国家的发展都是极为重要的，应该成为地理教学中始终需要把握的一条主线。

2）高中地理课程总目标及“三维度”

高中地理课程的总目标是要求学生初步掌握地理基本知识和基本原理；获得地理基本技能，发展地理思维能力，初步掌握学习和探究地理问题的基本方法和技术手段；增强爱国主义情感，树立科学的人口观、资源观、环境观和可持续发展观。

这个总目标是一个综合的、宏观的目标，为了明晰这一目标，课程标准从“知识与技能”、“过程与方法”、“情感态度与价值观”三个维度进行了互为联系的细化。

第一，知识与技能。

（1）获得地球和宇宙环境的基础知识；理解人类赖以生存的自然地理环境的主要特征，以及自然地理环境各要素之间的相互关系。

该目标侧重自然地理，突出“地对人”的影响，隐喻人类要尊重自然。学习内容在教材编排上主要为《必修 1》。

（2）了解人类活动对地理环境的影响，理解人文地理环境的形成和特点；认识可持续发展的意义及主要途径。

该目标侧重人文地理，突出“人对地”的影响，隐喻人类对自然的利用和改造要以和谐为终极归宿。学习内容在教材编排上主要为《必修 2》。

（3）认识区域差异，了解区域可持续发展面临的主要问题和解决途径。

区域性作为地理学的特征之一，对于区域的学习要将“人对地”和“地对人”的关系同时并重，体现可持续发展观。学习内容在教材编排上主要为《必修3》。

(4) 学会独立或合作进行地理观测、地理实验、地理调查；掌握阅读、分析、运用地理图表和地理数据的技能。

该目标专属地理学习方法的技能，符合高中学生智力发展水平和学习心理特点，此要求贯穿整个高中阶段的学习过程，并作为必备技能。这些技能的学习和掌握将对学生终身学习和发展有很大裨益。

第二，过程与方法。

(1) 初步学会通过多种途径、运用多种手段收集地理信息，尝试运用所学的地理知识和技能对地理信息进行整理、分析，并把地理信息运用于地理学习过程。

该目标强调要注重培养地理信息收集、整理、分析、运用能力。

(2) 尝试从学习和生活中发现地理问题，提出探究方案，与他人合作，开展调查研究，提出解决问题的对策。

该目标强调要注重学生获得探究问题、分析问题、解决问题的地理核心能力。

(3) 运用适当的方法和手段，表达、交流、反思自己地理学习和探究的体会、见解和成果。

该目标强调要注重培养学生的交流、协作、反思能力。

第三，情感态度与价值观。

(1) 探究地理问题的兴趣和动机，养成求真、求实的科学态度，提高地理审美情趣。

该目标旨在激发学生学习地理的兴趣、动机，以往仅仅被理解为一种手段和策略而已，而地理课程标准认为兴趣和动机本身就应该成为课程与教学的一个目标。

(2) 关心我国的基本地理国情，关注我国环境与发展的现状与趋势，增强热爱祖国、热爱家乡的情感。

关注国情、热爱祖国、热爱家乡是地理学科传统、经典的课程目标，地理和历史这两门学科被称为进行这方面教育的“双翼”。

(3) 了解全球的环境与发展问题，理解国际合作的价值，初步形成正确的全球意识。

在全球的资源、人口、环境、经济、社会与发展方面，进行“国际合作”和“全球意识”教育，是地理学科义不容辞的重要使命。

(4) 增强对资源、环境的保护意识和法制意识，形成可持续发展观念，增强关心和爱护环境的社会责任感，养成良好的行为习惯。

可持续发展教育必须在认知与情意和谐统一的轨道上，使学生进一步“产生意识—形成观念—增强责任—养成习惯”。

3) 教学目标“三维度”解析

(1) 知识与技能，教学的基础目标。知识与技能的培养是学习一门学科的根本，一切能力、方法与思维的发展和进步都离不开知识与技能的铺垫作用，本次课程改革重视“知识与技能”，但不强求学科的系统性和完备性。知识目标要把握了解与理解地理位置与分布、地理事物特征、地理因果关系、地理事物和现象的发展变化过程、空间上的相互作用、人与地理环境的关系等；技能是地理知识的应用和发展，技能目标要突出培养学生提出问题、分析问题、资料搜集和整理、从资料和地图中提取地理信息、地理观测与实验、地图读图与填绘、区域比较与分析、地理探究与合作、地理空间格局觉察力以及可持续发展决策能力等。

(2) 过程与方法，教学的关键目标。“过程与方法”是课程改革的亮点之一，以往的地理课程与教学往往过于“重结论、轻过程”，新课程教学要求注重形成结论的生动过程，包括学生问题的思考过程、应答过程、追问过程、诘问过程、知识和技能的应用过程、学生课堂学习的表现过程以及学生情感态度价值观形成轨迹过程等。在方法上，一方面强调教师根据教学内容、学情及学校条件应用灵活、适宜的多样化的最优化的教的方法，另一方面要充分尊重学生主体地位，创新学生学的方法，如实施自主合作探究学习等。

（3）情感态度与价值观，课程的终极目标。以往的地理教学大纲虽然也有情意领域的目标，但相对来说处于一个辅助的、陪衬的地位。新课程的情意目标内容更丰富、更全面，包括情感、态度、价值观三个要素。地理情感态度与价值观目标要培养学生养成良好的地理科学态度、激昂的审美情趣、热爱国家与乡土的情感，形成全球意识，增强社会责任感，形成可持续发展观等方面去定位和达标。

地理新课程教学目标三维度，与加涅学习结果分类理论吻合度很高，可以基本看做是一一对应关系，[①] 见表 5-5。因此，在三维目标的含义与本质上是加涅学习结果分类的应用。

表 5-5　加涅五类学习结果与地理新课程“三个维度”对应关系

加涅学习结果类型	加涅对五类学习结果类型的释义	对应的地理新课程目标		对应的地理学科知识属性及构成成分
言语信息	包括名称、符号、事实和原则	维度一	知识	包括地理名称、地理分布、地理数据、地理景观、地理演变等事实性知识
智力技能	指学习者习得的运用符号对外办事能力。例如，运用符号作决定、运用规则或知晓如何做某事		技能	包括地理过程、地理概念、地理特征、地理规律、地理成因等地理原理性知识
动作技能	是个体习得的用一套操作规则支配肌肉协调的能力			包括地理制图、制表、制作模型、实验操作、数据统计等
认知策略	是一种特殊的智慧技能，是人们运用概念、规则对内调控的能力，能使个体更好地解决问题	维度二	过程与方法	地理学习的方法性知识，包括运用所学知识和技能对地理信息进行整理、分析，并把地理信息运用于地理学习过程，提出解决问题的对策
态度	是一种习得的、影响个体对人、对物、对事的一种持续的内部状态	维度三	情感态度与价值观	主要包括爱国主义、关心的态度和可持续发展观念；全球意识，环境伦理道德、地理辩证思想、地理审美情趣等

资料卡片 5-1

地理教学目标解读

国家教育部 2001 年 7 月颁布的《全日制义务教育地理课程标准（实验稿）》中明确规定初中地理课程目标包括知识与技能、过程与方法、情感态度与价值观三个方面。强调“过程”与“方法”是地理课程改革的亮点。课程标准中的“过程与方法”，是指了解探究的过程和方法，学会发现问题、思考问题、解决问题的方法，学会学习，形成创新精神和实践能力等。

① 黄莉敏．运用加涅学习理论进行地理教学目标设计．咸宁学院学报，2007，(2)：134.

以“情感态度与价值观”扩大“思想教育”的内涵。“它包括形成积极的学习态度，健康向上的人生态度，具有科学精神和正确的世界观、人生观、价值观，成为有责任感和使命感的社会公民等。就地理学科而言，诸如全球意识，环境伦理，人口、资源、环境与社会协调发展的观念，地理求知与创新的欲望，地理辩证思想，地理爱国情操，人文地理情愫，民族自尊、自信的情感，尊重异国文化，国际合作与交往，地理审美情趣等，对于学生的健康成长十分重要”；“强调树立正确人地观、环境伦理观和可持续发展意识，养成关心和爱护人类环境的行为习惯”。

3. 地理教学目标的四大特征

1）指向性

教学目标是指对教学活动结束后的预期行为结果。这种预期结果带有明确的指示性，指示学生通过学习后应当掌握哪些知识与技能、过程与方法以及获得怎样的情感态度和价值观。因此，教学目标能引领每位学生发展的方向；有了这一指示性，教师在进行教学过程设计时，会选择相应教学方法、教学媒体、设计教学组织形式、处理教学材料、设计教学效果测评以及确定教学策略等，思路明确有据可循。可见，教学目标设计在一定意义上可以看做教师专业成长与技能发展水平的判断尺度。

2）整合性

教学目标具有整合性，它要求参与教学活动的各个因素都应服务和服从于教学目标。①一方面，教学活动中的教师、学生、教材、方法、媒体、教学环境等各要素不能孤立而要协作，既要有序又要整合，达到课堂教学的整体和谐运转并向教学目标运行；另一方面，“三维目标”的联动合一，构成目标的完整性。每维目标各司其职，但又相互渗透，最终达到三维目标的整合。

3）开放性

与以往课程改革不同，本次课程改革尤其强调课程的开放性。教学目标作为课程目标的具体体现，其开放性可从教学目标的陈述与实施中反映出来。首先，目标维度与设计是开放的，不再以掌握知识为唯一目标，更强调培养能力，注重学习方法和过程的掌握，完善情感态度与价值观目标，并对每一个目标提出了最基本要求，即最低要求，教师在此基础上，可根据学生认知水平差异进行再开发设计与目标陈述；其次，教学目标中方法是开放的，可以根据学校自身条件和学生对象进行灵活的方法目标设计与陈述；最后，教学目标中所涉教学内容是开放的，本着追求地理原理教学可以离开教材范例而结合学校周围乡土内容进行目标陈述设计等。

4）科学性

教学目标的设计应当体现地理学具有综合性和区域性两大特性而使目标陈述与设计思想更具有科学性、学科性。从目标设计中可洞察其将所涉知识内容放在区域的视野下，以人地关系为主线，以追求人地和谐发展的观念来深入阐明地理现象与本质。从目标陈述中还能体现理论联系实践教学原则，追求学生经验背景与理论的结合与应用，从而真正提升其科学素养、人文素养和现代技术素养。

---

① 李家清．地理教学目标的差异性设计研究．中学地理教学参考，2003，（11）：6.

案例 5-1

“农业区位因素与地域类型”教学目标设计

课程标准：分析农业区位因素，举例说明主要农业地域类型特点及其形成条件。

知识与技能：解释区位的含义；分析影响农业区位的主要因素；说明社会经济因素的变化对农业区位产生的影响；能运用图表进行相关信息的析出、分析与推理。

过程与方法：运用案例研究法，综合分析影响农业区位的因素并分类；通过对组图的研读，探究自然因素如何影响农业区位；通过将本区域农业区位因素与其他域作比较，分析社会经济因素的变化对农业区位产生的影响。

情感态度与价值观：通过学习，树立自然地理环境整体性与差异性和因地制宜布局农业产业结构的观念；培养学生热爱家乡和祖国的情感，树立科技兴农意识。

案例 5-1 将教学目标分为三个维度即“知识与技能”、“过程与方法”、“情感态度与价值观”，严格遵循了课程目标的要求。从三维目标中的“运用案例研究法”、“探究”、“比较”等词句可看出，本节课的主要教学方法为“案例教学法”、“自主合作探究法”及“比较分析法”，体现了教学目标的指向性特征。该案例中三维目标的陈述，前后环环相扣。例如，“过程与方法”目标具体阐述运用什么样的方法达到“知识与技能”的目标，而“知识与技能”、“过程与方法”的陈述正好是为了实现终极“情感态度与价值观”目标，可说三者你中有我，我中有你，体现了教学目标的高度整合性特征。教学目标所涉及的几种教学方法并未在课程标准中规定，体现方法应用的灵活性与开放性；在内容上结合乡土地理，说明教学内容与课程资源开发的开放性。“农业区位因素与地域类型”教学内容本身是区域上的地理原理知识教学即区位论教学，在目标设计中充分体现了自然因素、社会经济因素等因素对区域农业布局的影响，并要求结合家乡农业来对比分析，体现了理论结合实际的教学原则，总的来看，教学目标设计的科学性较强，体现了地理学的基本特征。

随堂讨论 5-2

1. 你认为案例 5-1 中的教学目标设计对教学过程设计和方法选择有哪些意义？
2. 分析案例 5-1 体现教学目标四大功能的具体表现。

5.2　地理教学目标设计与案例研究

关键词　教学目标设计原则；教学目标编制准备；行为目标陈述法；“内外结合”法；表现性目标陈述法；三种技术相结合法

5.2.1 地理教学目标设计原则[①]

1. 体现系统性

根据系统理论，教学目标设计也是一个系统。在设计时要从系统论的角度整体上把握目标要求。一方面，应从“地理新课程目标→地理学段目标→单元教学目标→课堂教学目标”一线进行纵向衔接分析，逐渐具体化，上下贯通，相互联系；另一方面，要在整体上分析课程标准、学习内容、学习者，按照系统论的有序原理，对学习内容分析要关联前后知识的序，对学习者分析要考虑学生认知的序、发展的序，在此前提下才能进行科学的教学目标设计。

2. 坚持全面性

关注学生的全面发展是新课程改革的核心理念，隐喻着应将“全面性”作为教学目标设计的内核。全面性包含三重含义：一是教学目标要面向全体学生，以地理新课标为依据，确保每一个学生达到课标的基本要求，“不让一个孩子掉队”；二是教学目标要促进学生的全面发展，课堂教学目标不仅仅是认知，还要在认知的过程中，促进学生情绪体验形成，感受过程，掌握方法，促进科学价值的自然形成，决不可厚此薄彼；三是教学目标要涉及课程目标三个维度的各个方面，内容要全面。“情感态度与价值观”是终极目标应当受到必然的重视，“过程与方法”目标是组织教学内容的载体，是关键目标，而“知识与技能”目标则是实施上述两类目标的基础，[②] 三者应同时出现并整合在课时教学目标的设计中，不能各自为政，相互抵牾，而要协同作用，相辅相成。

3. 反映差异性

教学目标的设计首先要面向全体学生的发展，应该有一个一般的发展标准（课标基本标准），但同时我们又要看到学生发展的个别差异和教学目标各组成部分之间的相互制约性。传统教学目标设计把学生智力整齐划一，设计同一水平层次的教学目标，结果使“差生”达不到，“优生”吃不饱。多元智能理论、建构主义学习理论和“最近发展区”教学理论为地理教学目标进行差异设计提供了理论支撑，地理新课程“采用适应学生个别差异的教学方式”理念为实现差异目标设计指明了途径。差异目标设计主要采取梯度式设计策略，即设计具有不同要求、不同层次的教学目标，以促进不同智力结构的学生发展，[③] 其中，基本目标层次为课标的基本要求。

4. 具有操作性

只有明确而具体的教学目标设计，才能在教学实践过程中具有可操作性，才能引导师生围绕教学目标的实现有效地开展教学活动，恰当地组织教学，并对教学效果进行准确的评价。可操作性是地理教学目标设计的关键，应具备两方面要求：其一，教学目标能表明可观察到的学生学习的过程与结果；其二，教学目标能表明学生学习行为结果的衡量条件与标准。一个好的目标体系，实际上已蕴涵了学习结果的测验方式和评价标准。

---

① 黄莉敏，李家清．地理教学目标设计的思路与技术．中学地理教学参考，2007，(5)：10.

② 陈澄，樊杰．普通高中地理课程标准解读．南京：江苏教育出版社，2004：57-63.

③ 李家清．地理教学目标差异性设计研究．中学地理教学参考，2003，(11)：6.

5.2.2　地理教学目标编制前的准备

1. 第一步：进行目标陈述前的背景分析

现代设计理论指出，在进行教学过程设计之前，必须对学习需要、学习内容、学习者等背景进行认真细致及全面深入的分析，只有在分析的基础上才能设计出科学的教学目标和理想的实施方案。

1）学习需要分析与教学目标

进行学习需要分析就是分析学习者目前已有的地理水平，与将要达到的地理课堂学习目标之间的差距，目的是提高解决问题的针对性，增强教学设计的效果。教学过程是一个问题解决的过程，学习需要分析是问题解决过程的起点，要分析前期已学的与本节课教学目标相关知识的达标情况是否存在问题，学生需要弥补哪些知识断点或衔接点，如何在本次目标达标中进行安排；对学生预期的需要以及某些潜在的问题领域进行分析；对在教学中可能存在的生存性行为的需要进行分析等等。通过在学生中收集大量相关学习需要的资料和可靠的数据，为学习内容和学习者的分析，为教学目标、教学策略、教学媒体、教学过程的设计等奠定坚实的基础。[①] 可见，学习需要分析是教学目标设计的前提之一。

2）学习内容分析与教学目标

学习需要的分析，查明了前期教学过程中存在的问题及原因，学生对本次教学的期望以及学生潜在的问题领域，为本次教学目标设计奠定了初步基础。接下来要分析和确定学习内容，即分析和确定学生应学习和掌握哪些知识、技能和态度等。学习内容的分析，将影响教师对教材的把握，影响学生学习的水平，影响教学目标的确定以及教学媒体的选用效果等。进行学习内容的分析，目的在于揭示学习内容中各项知识与技能之间的相互关系，更准确地设计教学目标。

学习内容分析包括分析教学内容的特点、内在逻辑关系，以及它们在教材中的地位和作用、确定重点目标和难点目标，把握隶属关系；选取恰当的内容与案例，如内容与案例的范围、深度既要与学生的“现有水平”相衔接，又要适合学生的“潜在水平”，以便“同化”和“顺应”新知识等。

3）学习者分析与教学目标

学习者分析主要需了解学习者原有认知结构、技能起点、学习准备状况、智力因素、非智力因素、情意因素、价值观因素、学习风格等方面，为教学内容的选择和组织、教学目标的确定、教学活动的安排、教学策略的采用等提供科学的依据。

恰当的背景分析设计能指导教法和学法，正确设立重难点，起着为教学目标设计导航的作用，[②] 下面以《海水的运动——洋流》为例进行介绍。

案例 5-2

“海水的运动——洋流”目标设计前的背景分析

学生前面已学过大气环流、气旋与反气旋知识，对理解洋流成因和分布起桥梁作用。本节拟借助大气环流知识分析洋流成因，借助气旋与反气旋知识掌握世界洋流分

---

① 徐英俊．教学设计．北京：教育科学出版社，2001：68-99.

② 黄莉敏．中学地理教学设计的基本过程及策略．中学历史、地理教与学（大复印资料），2007，(8)：58-61.

布规律。

本节知识由一般到具体。本课的重点为世界洋流分布规律和洋流对地理环境的影响，难点为世界洋流模式图、世界洋流分布规律，因为这部分知识属于地理成因、规律等程序性知识教学，教学方法不宜用讲授法。根据高中学生年龄特点、智力发展水平，他们已具备一定的分析问题、探究问题能力，故拟用多媒体制作的flash动画，协助学生进行探究学习，让学生在探究中发现问题、分析问题、解决问题。

随堂讨论 5-3

1. 案例中背景分析是否全面、翔实？请补充完整。

2. 你认为在教学目标设计前是否需进行背景分析？根据你的教学实践或你所观察的日常教学中教师是否做了这一项工作，并谈谈你的观点？

2. 第二步：解读课标“内容标准”为目标细化陈述作准备

地理课堂教学目标是地理课堂教学章节目标的细化和分解，对地理课堂教学目标的设计应从系统论的角度整体上把握目标要求，考虑与章节目标的纵向衔接。地理课程标准对各学段的每一章节都进行了行为目标取向的设计与陈述，地理教师在进行课堂教学目标陈述设计前，应仔细解读课标中的“内容标准”，以“标准”中相应内容的目标陈述特别是陈述句中关键动词作为重要参考，为后面进行课堂教学目标细化、分解陈述作准备。例如，案例5-1中课程“标准”陈述为“分析农业区位因素，举例说明主要农业地域类型特点及其形成条件”。那么，在课堂教学目标的细化、分解陈述中应紧紧抓住和围绕“标准”陈述中的“分析”、“举例说明”两个关键词思考如何选择教学内容、教学方法与教学策略，并细化陈述到教学目标中，见案例5-1中三维目标陈述。

3. 第三步：列出知识网络确定知识点

知识点是课时教学内容中相对独立的与其他知识项目不交叉的若干要素。知识点的划分有粗有细，其标准是依据学科的特点及教学的方便，根据课程标准和教材，按一定的规则将课时教学内容分解成知识点，这是编制教学目标的基础工作。[①]

知识点的性质通常有如下几类：“事实”、“原理”、“技能”、“策略”、“情意”，不同性质特征的知识点，其教学目标达成度是有所不同的。

“事实”类知识点：包括地理名称、地理事物、地理分布、地理演变、地理数据等，常要求达到“识记”。其中一部分知识要求学生能够说出、解释它们的要点、大意；另一部分知识要求学生能够准确表述，并且能够在地图上指出相应位置，如地名等。

“原理”类知识点：常要求达到“理解”；能用自己的语言表述和解释课程标准规定的地理现象、地理概念、地理成因、地理规律、地理过程等。

“技能”类知识点：常要求达到“能”、“会操作”。例如，能够读懂地图和地理图表，比较顺利地在地图上找到需要的内容；正确解释地理图表中数字、符号的意义；能够按照要求，正确填注地图和绘制地理图表；能够使用简单的教具、学会说明地理现象等。

---

① 王民，仲小敏．地理教学论（第2版）．北京：高等教育出版社，2010：47.

“策略”类知识点：常要求达到“分析综合”及“运用”、“迁移”。例如，能够运用学过的地理概念、地理原理等知识，分析实际地理问题，找出其影响因素，说明诸因素的综合效果。

“情意”类知识点：常要求达到“评价”、“发表观点”。例如，能够依据一定的准则，对一定范围内的地理事物和人地关系作出恰当评价等。

以人教版七年级上册第一章第一节“地球与地球仪”为例，其知识网络图如图 5-3 所示。

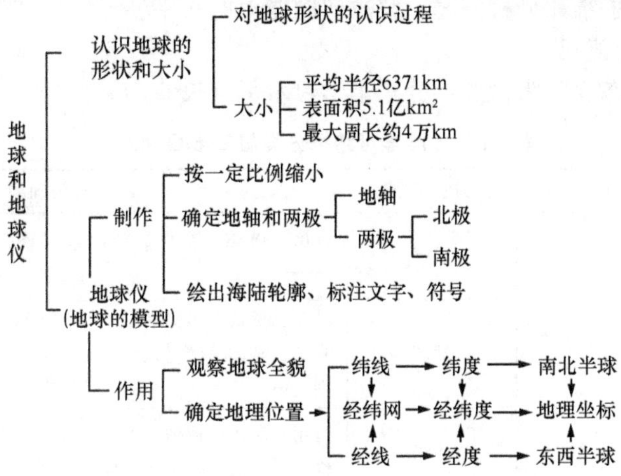

图 5-3　“地球与地球仪”知识网络图

在列出知识网络后，接着分析和找出知识点，并将各知识点分别纳入相应的知识点类型。

4. 第四步：确定教学目标的层次及可测量的行为动词

参考布卢姆教学目标分类及其层级关系和加涅的学习结果分类及其层级关系，根据现代地理教学论中对于教学目的的表述，“除了在内容上要认真考虑以外，在文字上也要仔细推敲，要选择好恰当的表达目的要求的动词”的要求，结合地理新课程理念下的教学观、师生观、评价观，将教学和学生学习行为层层分析，对地理新课程目标的“三个维度”进行目标水平层次划分并拟定相应的可测量的行为动词如下。①

1）知识与技能

（1）“知识”分三个学习水平。一是了解水平，与加涅的言语信息、辨别技能相对应，包括再认和回忆知识；识别、辨别事实或证据；举出例子；描述对象的基本特征等。使用的行为动词如说出、描述、辨认、回忆、列出和写出等。二是理解水平，与加涅的概念和规则相对应，包括把握内在逻辑联系与已有知识建立联系进行解释、提供证据收集、整理信息等。使用行为动词如解释、整理、举例说明等。三是应用水平，与加涅的问题解决相对应，指在新的情境中使用抽象的概念、原理、规则。行为动词如应用、质疑、设计、解决、撰写、拟定、检验、计划、总结、评价等。

（2）“技能”分三个学习水平。一是模仿水平，包括在原型示范和具体指导下完成操作；对所提供的对象进行模拟、修改等。行为动词如尝试、重复、模仿等。二是独立操作水平，包括独立完成操作；进行调整与改进；尝试与已有技能建立联系等。行为动词如测定、操作、制作、查阅等。三是迁移水平，包括在新的情境下运用已有技能；理解同一技能在不同情境中的运用性等。行为动词如联系、转换、灵活运用等。

① 黄莉敏．运用加涅学习理论进行地理教学目标设计．咸宁学院学报，2007，(2)：134-135.

2）过程与方法

过程与方法可以加涅的认知策略为借鉴，指运用相关的认知策略在达到知识、技能、情感态度价值观各教学目标水平的过程中获得的能力，行为动词如经历、感知、发现、探究、考察、解决问题等。相关的认知策略达到应用的水平，但对不同阶段学生，水平要求不同。例如，对于初中学生，侧重于他们感性认识水平和在教师指导下的运用水平；对于高中学生，侧重于他们高级思维和分析问题、解决问题能力的水平。

3）情感态度与价值观

可以以加涅的"态度"为借鉴，分三个学习水平（表 5-6）。

表 5-6　加涅学习结果分类与三维目标对比

加涅学习结果	三维目标分类	行为水平层次	行为动词
言语信息	知识	了解	说出、描述、举例、列举、表述、简述、回忆、列出、写出……
		理解	排列、辨认、区别、比较、举例说明、归纳、判断、预测、收集、整理、分析、概述（括）、解释、阐述、选择、鉴别……
		应用	运用、应用、评估、评论、计算、质疑、辩护、设计、撰写、修改、解决、拟定、检验、计划、总结、评价……
动作技能	技能	模仿	模仿、再现、例证、临摹、重复、尝试……
智力技能		操作	测量、测定、操作、制作、查阅、计算、试验……
		迁移	联系、转换、灵活运用、举一反三、触类旁通……
认知策略	过程与方法	经历	经历、尝试、验证、参加、体验……
		感知	领会、解释、说明、认识……
		探究	运用、掌握、能、会、有……
态度	情感态度与价值观	体验	参加、参与、寻找、尝试、交流、考察、接触、体验、观察、探究……
		反应	遵守、拒绝、接受、同意、反对、讨厌、关心、关注、怀疑、摒弃……
		领悟	形成、养成、热爱、树立、建立、追求、坚持、保持……

一是体验（感受）水平，包括独立从事或合作参与相关活动，建立感性认识等。行为动词如经历、感受、参加、参与、尝试、讨论、交流、合作、考察和体验等。

二是反应（认同）水平，包括在经历基础上表达感受、态度和价值判断；做出相应反应等。行为动词如遵守、拒绝、认同、尊重、接受、同意、反对、关心和关注等。

三是领悟（内化）水平，包括具有相对稳定的态度，表现出持续的行为；具有个性化的价值观念等。行为动词如形成、养成、热爱、树立、坚持、保持、确立和追求等。

在运用加涅的五类教学目标确定相对应的"三个维度"目标类型之后，进一步将各目标参照上述目标水平，确定具体的学习领域和学习水平，选择相应的可以观察的行为动词，把教学目标转化为相应水平上的行为表现。例如，对塔里木盆地的学习，属于知识目标类型中的"了解水平"，选用的行为动词为"说出"或"描述"。那么这个目标的行为表现就变成了：说出（或描述）塔里木盆地的自然地理位置。

5. 第五步：将知识点类型与目标层次、行为动词进行相应匹配

对于某一内容的教学目标设计的准备工作而言，在确定教学目标层次后，应再结合第三步知识点类型和具体学习内容，进行相应动词匹配和相应教学方法、教学策略的选择。例如，图 5-3 中第三步的知识网络图中的知识点"认识地球大小"，它的知识点类型为"事实"性知识点中的"地理数据"，对应的三维目标为"知识"层次中的"了解"水平，匹配的行为动词为"说出"、"描述"或"写出"，媒体可选择为板图或多媒体地球图片。因此，目标的拟订应先进行背景分析，再参考"内容标准"所写的"用平均半径、赤道周长和表面积描述地球的大小"的关键动词"描述"，将教学目标细化陈述为"在板图或多媒体地球图片上说出（或描述、写出）地球的平均半径、表面积和最大周长"。

地理教学目标陈述前的准备工作及步骤为以下程式（图 5-4）。

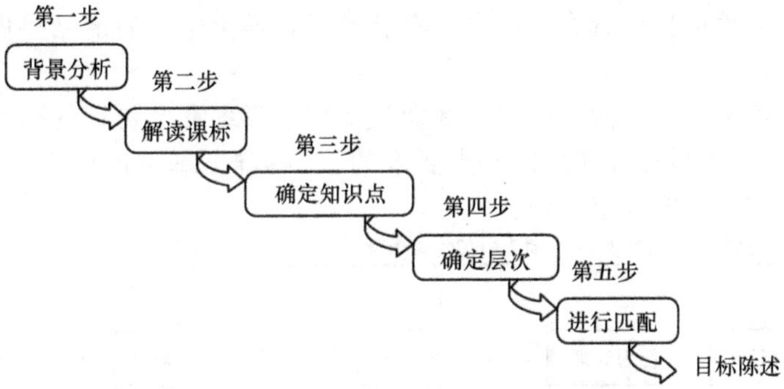

图 5-4　地理教学目标编制前的准备及步骤

5.2.3　地理教学目标陈述技术

完成教学目标编制前的准备工作后就可以进行教学目标陈述了。教学目标的陈述可以以加涅和布卢姆的分类理论作指导，将教学目标分为认知、技能、情感三个领域和类型，并将目标层级化，同时，还要以一定的具有规范意义的陈述技术作标准。目前，世界上较有影响的关于教学目标陈述技术的方法有马杰行为目标陈述法、格伦兰内外结合目标陈述法、艾斯纳表现性目标陈述法。

1. 马杰行为目标陈述法

从"行为目标之父"泰勒到布卢姆教育目标分类再到马杰的《准备教学目标》，教学目标陈述由模糊走向可观察、可测量，陈述技术更加科学。马杰行为目标对当今世界有着深刻的影响，它用可观察可测量的行为动词来陈述目标，认为一个好的行为目标包括三个要素：一是说明学生通过学习后能做什么（或说什么）；二是规定学生行为产生的条件（怎样认可或测验这种行为）；三是符合要求的行为标准。

简言之，马杰的三要素理论认为，教学目标的编订应当反映三个问题：要求学生做什么？根据什么标准去做？做到什么程度才算合格？如果一个教学目标能兼顾这三个要素，那么它就是一个好的教学目标。例如：

（1）

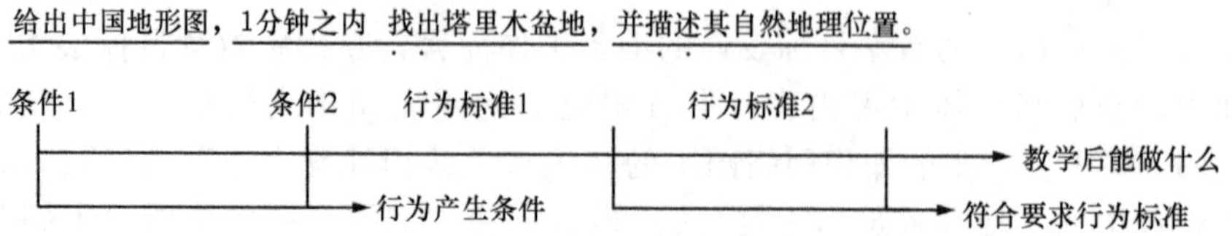

（2）

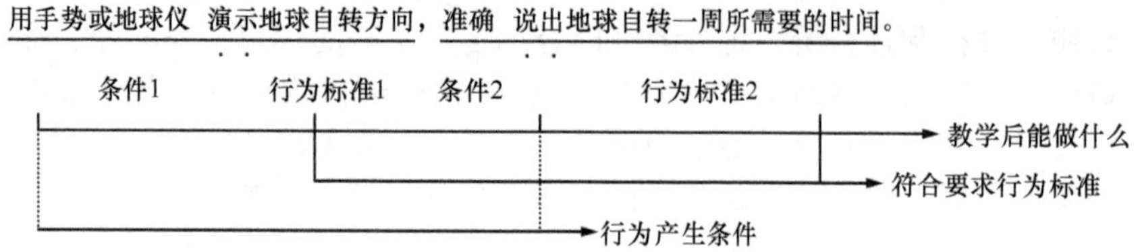

例中带点的行为动词都可观察可测量，有利于评估学生学习后的结果做出较好检测，优于以往传统模糊陈述。

受马杰三因素论影响，我国目前地理新课程标准中对各章节目标的陈述（见内容标准中的“标准”）即是以行为目标方式规定基本要求的。“标准”基本由四部分组成：前置限定、行为动词、主题内容、后置限定。例：

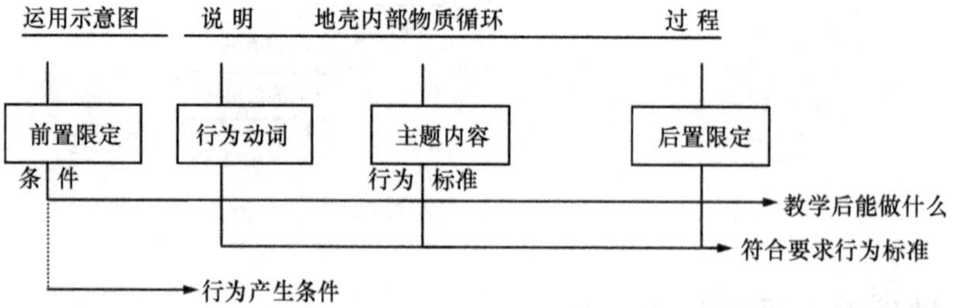

前置限定规定学生行为产生的条件，包括方法限定和程度限定，前者如结合或运用（读）图（资料、数据）、举例（提出证据、联系实际）等，后者如初步、准备、简单等。行为动词皆具可观察、可测量性，如分析、说明、指出、绘出等。主题内容是学生行为的对象。后置限定是行为动词对于主题内容做到什么程度的进一步限定，如特征、优势、差异、概况等。

2. 格伦兰内部与外显行为相结合目标陈述法

认知心理学家认为，学习的实质是内在心理的变化，因此教育的真正目标不是具体的行为变化，而是内在的能力和情感的变化，而这些内在变化不能直接进行客观观察和测量。行为目标陈述法虽然摆脱了传统目标陈述模糊的弊端，但也有其缺陷：注重可观测的外部行为，而忽视反映内心活动的心理过程，极易导致教师只注重学生外在行为表现，而不注重学生心理的发展，这种陈述法最终还是会回归重认知轻情意、重结论轻过程的老路。

基于行为目标陈述中内隐心理活动反映的缺失，格伦兰提出了一种折中的陈述目标的方法，即采用描述内在心理与外显行为相结合的方法陈述目标。为了使内在变化可以观察和测量，先用不可观测反映内在心理的模糊动词陈述目标，再列举反映这些内在变化的行为样品。例如，理解水循环原理：

（1）说出水循环类型；

（2）对照水循环示意图，描述水循环的几个过程；

（3）能用水循环原理解释水资源是否“取之不竭，用之不尽”；

(4) 能举出生活中的实例，说明水循环的地理意义。

“理解”为反映内在心理的非外显动词，(1)、(2)、(3)、(4) 为四个行为样品，样品中“说出”、“描述”、“解释”、“说明”四个行为动词都可测量学生行为，从而检测学生是否达到“理解水循环原理”这一目标。

采用“内外结合”法陈述目标，避免了用内部心理特征表述目标的抽象性、模糊性，使内隐的心理过程外显化，便于观察和测量，但是，这种陈述法太过烦琐，增加了教师的工作量。

3. 艾斯纳表现性目标陈述法

心理学研究表明，并不是任何内隐的心理活动都能用行为动词外显化。一部分在认知方面的高级认知策略和反省认知能力，情感态度价值观等高层次的心理活动，并非通过一两次教学或参加一两次活动便能立竿见影。为了弥补前两种教学目标的不足，艾斯纳（E. W. Eisner）提出了表现性目标，他曾经给出了这样的“表现性目标”的例证：“考察与欣赏《老人与海》的重要意义”；“通过使用铁丝与木头发展三维形式”；“参观动物园并讨论那儿有趣的事情”。艾斯纳强调这种目标要求明确规定学生应参加的活动，但不精确规定每个学生应从这种活动中习得什么结果，“而是识别学生将际遇的形式”。以高中地理为例：

(1) 开展一次模拟活动（如南水北调“调出区”居民与“调入区”居民的对话），扮演角色，交流看法；

(2) 观看中国资源存在问题的录像，分组讨论、交流各自的看法和观点。

艾斯纳的表现性目标主要是针对情感领域目标提出的，对地理新课程“情感态度价值观”目标陈述具有参考作用。但是心理学家认为，这种目标只能作为教学目标具体化的一种可能的补充，教师千万不能依赖这种目标，不然在陈述目标时又会回到传统老路上去。

4. 三种技术相结合的灵活陈述法

以上三种目标陈述技术独立使用，都不能完美地表达课堂教学目标。只有将三种目标陈述技术的优点综合考虑，灵活处理，才可能尽善尽美。既考虑目标的可测量、可观察性，运用外显的行为动词来描述，又兼顾某些高层次的不易测量的智能、情感、意志品质等因素，采取灵活的、隐性的处理方式，[①] 力求使三维目标表述科学合理，利于学习结果的检测。

1) 在目标陈述中，要坚持“宜简则简，该繁则繁”原则

(1) 使用马杰行为目标陈述，在不引起误解或歧义的情况下，尽量简化陈述，有时可省略行为主体和（或）行为条件。

(2) 在利用格伦兰“内外结合”陈述法时，可删除表示内在心理变化的总目标陈述，直接呈现行为样品；而对高级认知情感体验目标，则应不吝文字，尽量详细描述行为（活动）条件，使行为条件“情境化、过程化”，这样才能使外显的行为动词体现内隐的心理过程，便于观察和测量。

(3) 对于艾斯纳表现性目标陈述，我们既要明确规定学生应参加的活动，还要在陈述末尾加上我们希望达到的预期的结果——虽然几次活动对培养地理情感态度价值观并不能起到立竿见影的效果，但能表明每次活动教师对学生学习的积极期望。心理学研究表明，这种期望往往会产生罗森塔尔效应，是心理学家积极倡导的一种教学方法。

---

① 段玉山．地理新课程课堂教学技能．北京：高等教育出版社，2003：34-35.

2）“三维”目标的具体陈述法及其适用范围①

（1）一般而言，若目标内容偏重于基础知识和基本技能的学习，则适宜采用行为目标陈述法。例如，初中地理“地球的形状和大小”（人教版）目标设计为：

①提出证据说明地球是个球体；

②用平均半径、赤道周长、表面积描述地球大小；

③画出地球形状，标注地球半径、周长和表面积大小。

该设计陈述简洁、行为动词“说明”、“描述”、“画出”、“标注”等将目标外显化，故目标可测性、操作性强。

（2）若要培养学生分析、解决地理问题的能力，则格伦兰的“内外结合”目标陈述法比较有效。例如，关于洋流的教学目标设计为：

①对照墨西哥湾暖流图、直布罗陀海峡两侧海水盐度剖面及海水流向图，能分析说明洋流的类型及成因；

②运用洋流原理解释类似“象山漂流瓶登陆日本”、“一双失而复得的旅游鞋”等现象。

该设计删除了总目标“理解洋流成因”，直接呈现行为样品。行为样品中行为动词“说明”、“分析”、“解释”等都以外显行为方式，表达了内隐“理解”的学习活动，同样达到了总目标。

（3）若是培养学生创新精神、创造能力和高级情感体验，则宜用艾斯纳的表现性目标陈述法或将其与将格伦兰的“内外结合”陈述法结合使用。例如，关于人类与环境关系的教学，传统目标设计“领悟走可持续发展之路是人类的必然选择”是一种高级情感体验目标，不具可观察、可测评性，可以再设计为：

①呈现长江流域中下游河段沿岸污染图，人们到江心取食用水的场景，感受并分析当代人对环境破坏给当代人及后代子孙带来的危害性，能够提出一些可行性防范建议；

②查阅青藏铁路建设中冻土层保护措施资料，感受并结合生活实际谈论我国当前对生态环境保护的重视，领悟走可持续发展道路的重要性。

该设计虽然烦琐，但通过“情景设计”和“分析”、“谈论”等行为动词将内隐的“感受”、“领悟”外显出来，很好地实现了目标的可测量、可评价功能，克服了传统目标陈述模糊的不足。

5.2.4 地理教学目标设计的案例及实例分析

1.“海洋水的运动”教学目标设计案例

以“海洋水的运动”一节为例，进行传统与“基于三种技术相结合的灵活目标陈述法”的地理教学目标陈述策略的对比设计，见表5-7、表5-8。《普通高中地理课程标准（实验）》中关于此节的“内容标准”：运用地图，归纳世界洋流分布规律，说明洋流对地理环境的影响。

表5-7是传统教学目标设计，在目标层次上采用的是“知识目标”、“能力目标”和“德育目标”，没有新课程倡导的“过程与方法”目标，“德育目标”的内涵也不及新课标的“情感态度与价值观”目标丰富和科学；在陈述上使用的行为动词“了解”、“理解”、“培养”都

① 黄莉敏．基于三种价值取向的地理教学目标陈述策略研究．咸宁学院学报，2008，(3)：123-124.

是模糊的不具可测性的动词，对学习结果的预期不能进行诊断，不能发挥教学目标的导向功能、评价功能。

表 5-7　“海洋水的运动”（人教版）一节传统教学目标陈述

三维目标	教学目标陈述
知识目标	（1）了解海洋水体运动的三种主要形式，以及它们对人类的生产和生活可能造成的影响； （2）理解洋流的形成原因和分布规律以及洋流对地理环境的影响
能力目标	（1）进一步培养学生综合分析问题的能力、知识迁移能力、逻辑思维能力、语言表达能力
德育目标	（1）进一步树立物质运动的观点、普遍联系的观点

表 5-8　“海洋水的运动”（人教版）一节基于三种目标技术相结合的教学目标陈述

三维目标	教学目标陈述
知识与技能	（1）在海水运动的录像图上辨明海水运动形式，并说出洋流的概念和性质； （2）对照墨西哥湾暖流图、直布罗陀海峡两侧海水盐度剖面及海水流向图，能分析说明洋流的类型及成因； （3）①在填充图上填绘世界表层洋流分布图，并能解释洋流分布原因；②呈现关于生活中洋流的实例，要求能结合洋流分布规律解释原因，并画出所流经的海区及洋流流向（①、②为差异目标设计）
过程与方法	（1）通过小组合作，探究洋流分布与理想模式的不同之处，分析成因； （2）收集、分析、整理洋流对地理环境影响资料，提出问题、分析解决问题
情感态度与价值观	（1）通过理论与实际相联系的案例教学、探究式教学，培养学生学习地理的兴趣，树立学生正确的地理观和学以致用的科学态度； （2）通过讨论洋流对气候、海洋生物、航海、海洋环境的影响，认识地理要素间的相互联系，培养学生正确的人地观

表 5-8 是基于三种目标技术相结合的陈述法，其充分尊重和解读地理新课标“内容标准”，在目标陈述上将“内容标准”中“运用地图”作为媒体选择的导向，细化扩充为“对照墨西哥湾暖流图”、“直布罗陀海峡两侧海水盐度剖面及海水流向图”、“海水运动的录像图”、“填充图”等；将“内容标准”中行为动词“归纳”、“说明”，细化扩充为更为具体可测量的行为动词“说出”、“分析说明”、“解释”、“探究”、“画出”、“收集”、“整理”与“树立”等（见表中带点的词）。在“知识与技能”目标上主要采取马杰行为目标陈述法，而对于“洋流的形成原因”采用了格伦兰内外结合的简明陈述法，即删除表示内在心理变化的总目标“理解洋流形成原因”，直接呈现“探究”、“解释”、“分析说明”等行为样品，将内隐的学习心理进行外显测量，主要反映在“知识与技能”、“过程与方法”目标中。在高级情感体验的“情感态度与价值观”目标陈述中，充分利用了格伦兰目标陈述法和艾斯纳表现性目标陈述法相结合的方式，一方面不吝文字，使行为条件“情境化、过程化”，即采用“通过……探究……”、“通过讨论……，树立……”等句式作情境设计；另一方面，这些情境设计是以活动的形式出现的，符合艾斯纳的表现目标陈述法，在此基础上，还设计了表明每次活动教师对学生学习的积极期望，如“树立……”、“培养……”等。这种目标陈述与设计既基于三种价值取向的目标陈述法，又不拘泥于三种价值取向，而是将三种目标陈述法结合考虑、灵活处理，从而更为科学与合理。

2. 地理教学目标实例分析

下面的三则案例“交通运输网中的点”、[①] “交通运输布局变化的影响”、[②] “交通运输方式和布局”,[③] 分别摘自《中学地理教学参考》、《地理教育》杂志上的教学设计案例。

案例 5-3

“交通运输网中的点”教学目标设计

知识目标：结合实际，了解交通运输网中点的区位选择。

能力目标：结合实际，通过交通运输网中具体点的分析。培养学生掌握对影响交通运输网中所有不同类型点区位因素影响的一般规律。

德育目标：结合实际使学生认识交通运输网中点的建设对区域经济发展的影响，以及培养学生热爱家乡、建设家乡的热情。

案例 5-4

“交通运输布局变化的影响”教学目标设计

知识与技能

1. 理解交通线的发展变化对聚落空间形态变化的影响，以及交通线的衰落与城市兴衰的关系。

2. 了解商业网点的含义。

3. 理解交通运输条件对商业中心和商业网点的分布位置和密度的影响。

过程与方法

1. 结合案例，分析交通运输方式和布局对聚落空间形态和商业网点布局的影响。

2. 通过社会调查活动，了解当地聚落的形态、商业网点的布局及形成的条件。

情感态度与价值观

1. 通过对本节内容的学习，培养学生正确的人地协调观。

2. 在学习过程中，培养学生对周围事物的观察能力、实践能力、问题探究能力。

案例 5-5

“交通运输方式和布局”教学目标设计

知识与技能：说出人类生产活动地域联系的主要方式；列举交通运输的五种主要方式；比较五种交通运输方式的特点；会结合实例选择合理的运输方式；说出交通运输网的基本要素；结合实例，说明交通运输的重要性；结合实例，分析影响交通运输布局的因素。

过程与方法：通过对图表的阅读及问题的引导，培养学生读图、析图的能力；通过文字资料探讨地域联系的重要性，培养学生综合分析问题的能力；通过探究南昆线的布局方案培养学生的合作探究精神。

---

① 冯德生．“交通运输网中的点”教学设计．中学地理教学参考，2001，(3)：31.

② 倪普．“交通运输布局变化的影响”教学设计．地理教育，2008，(1)：27.

③ 孙瑾．“交通运输方式和布局”教学设计．地理教育，2011，(5)：26.

情感、态度与价值观：对学校所在城市的交通运输发展状况进行调查，认识交通运输对本区经济发展的影响；讨论如何改善家乡的交通面貌，规划交通格局，建立热爱家乡、为家乡分忧的忧患意识。

随堂讨论 5-4

1. 试分别对案例 5-3、案例 5-4、案例 5-5 目标陈述进行分析，说明各自特点。

2. 参考案例 5-5 目标陈述技术，对必修 1 “地理环境的整体性” 一节内容的教学目标进行设计，并说明设计思路。

5.3　地理教学目标差异性设计与案例研究

关键词　学生个体差异性；教学目标差异性；梯度式设计策略；激励式设计策略

5.3.1　地理教学目标的差异性与学生发展

“为了中华民族的振兴，为了每位学生的发展”的教育理念反映了我国基础教育改革的基本精神。“不让一个孩子掉队!”的教学思想，揭示了现代教育的本质。“教师应尊重学生的人格，关注个体差异，满足不同学生的需要”；“教师的目的应是为每个（类）学生提供平等的学习机会，为他们提供舒适和方便的、对学生的进步和成功没有障碍的学习环境”。教学目标设计是地理教学设计的起点。地理教师只有认真研究学生主体性、差异性，科学地制定符合全体学生发展的教学目标，才能开展有效的“教”与“学”。

1. 学生个体的差异性

同样是一个班级的学生，由于家庭背景、生活经验、文化环境、知识基础等因素的差异，在地理学习上也会表现出较大的差别，这种差别产生的实质是学生个体差异性的存在。学生个体差异性是由智力和非智力因素引起的。智力因素如对事物的观察力（敏锐度/准确性）、记忆力（持久性/准确性）、注意力（持续性/集中性）、想象力和思维力等，非智力因素如兴趣、动机、习惯、意志、情绪、环境、方法、自信心、经验等。忽视学生的差异性存在，采取整齐划一的教学目标和培养方案，就会产生所谓的以成绩为衡量标准的“差生”和“优等生”，从而与我们教育发展目标“不让一个孩子掉队”相违背。

2. 教学目标设计的差异性

教学目标是指对教学活动结束后的预期行为结果。这就要求教学目标具有指向性，能成为引领每位学生发展的方向；教学目标具有选择性，它要求教学过程中的方式、方法、媒体的选择要有利于教学目标的实现，为每位学生“主体”参与教学过程提供条件与可能；教学目标具有整合性，它要求参与教学活动的各个因素所发挥的作用都应服务和服从于教学目标；教学目标具有可测量性，应对所有学生的“行为结果”都能进行测量，做出是否实现教学目标的价值判断。如果教师用一个水平层次的教学目标要求所有学生，“千人一面”，教师的主观愿望与学生客观存在的差异性、多样性和不同需求明显不符。这种教学目标是不可能实现的，或者说，教师制定的教学目标只有部分学生或少数学生能够实现，对其余学生或大多数学生是不能实现的。这些学生是在“没有教学目标”状态下进行学习的。如此往复，不少学生就会渐渐远离“教学目标”，成为所谓的“差生”了。[①]

“关注个体差异，满足不同学生的需要”就要从教学活动的源头抓起，源头之源即教学目标。教学目标设计是教学活动的起点，承认差异、尊重差异、善待差异，依据“课程标准”和教学内容，结合学生实际对教学目标进行差异性设计，是杜绝教学目标和教学方案整齐划一、培养人才“千人一面”、履行因材施教的首要着眼点。

资料卡片 5-2

满足学生不同的地理学习需要

不同学生具有不同的地理学习需要。地理学习面临的历史重任是多元的，也许对于不同类型的学生来说，赋予的含义也是不相同的。侧重生活的地理，对应的是具有生存需要的学生和注重应用与操作的地理学习；侧重文化的地理，对应的是具有素质要求的学生和强调常识与技能的地理学习；侧重科学的地理，对应的是具有探索意向的学生和倾向学科发展的地理学习。

摘自：陈澄，樊杰．普通高中地理课程标准（实验）解读．南京：江苏教育出版社，2003

5.3.2 地理教学目标差异性设计的理论依据

“理论是人们对事物的本质及运动规律认识的结晶”。理论的作用在于规范人们对事物的认识，并指导人们的实践活动。

1. 建构主义理论

建构主义的学习理论认为：学生的主体是天然具有的，而非外界赋予的，学生是自己知识的建构者，把新知识与已有的知识经验相结合，在已有的知识基础上形成新的知识结构。学习者不是被动地接受知识，而是主动地对信息进行选择和加工；学生不是从同一背景出发，而是从不同背景和角度出发学习。

2. “最近发展区”理论

原苏联教育家维果茨基提出了“最近发展区”的教学理论。这一理论把学生的发展水平分为两种：①现有的发展水平，指“学生现在能够独立完成的智力任务”；②“最近发展区”指其“潜在”的发展水平。目前暂时不能独立完成，但在教师或家长的指点下，学生经过努力可以完成其智力任务。教学应走在发展的前面，使学生“跳一跳、能摘到果子”，将“最近发展区”转化成为发展水平。该理论的教学要领为：针对学生原有基础和智力水平层次不同的实际情况，提出不同的目标和相应的“教学策略”，这样就使水平较差的学生建立信心，成绩好的学生更加努力。在课堂上有步骤、分层次地向学生展示知识结构。在两个层次间设置思考题，引起学生求知欲望，并经过一番努力找到正确答案。

3. 多元智力理论

多元智力理论由美国学者加德纳（H. Garder）于 1983 年在《智力的结构》一书中系统提出。他认为每一个个体有着相对独立的九种智能，即言语智能、逻辑数学智能、视觉-空

① 李家清．地理教学目标的差异性研究．中学地理教学参考，2003，(11)：6.

间智能、肢体-动觉智能、音乐-节奏智能、人际智能、内省智能、自然观察者智能和存在智能。九种智能不同组合方式的存在，使得世界上并不存在谁聪明谁不聪明的问题，只存在哪一方面聪明及怎样聪明的问题，对学校教育而言，"学校里没有差生"。[①]

多元智力理论揭示了个体差异的客观存在，为地理新课改"注重学生差异"、"采用适应学生个别差异的教学方式"[②] 提供了理论依据。为地理新课程教学目标差异设计、教学评价差异设计、提问水平层次设计等提供现实指导。

5.3.3　地理教学目标差异性设计的基本策略

1. 梯度式设计策略

梯度式设计策略就是指在进行教学目标设计时，根据《地理教学大纲》或《地理课程标准》，结合学生的差异特征和认知发展规律，按照教学内容由低到高、由易到难，设计具有不同要求、不同层次的地理教学目标，以促进不同智力结构学生的发展。

案例 5-6

高中地理"海洋的基本特征（一）"传统教学目标设计

教学目标	教学目标陈述
知识目标	使学生了解影响海水温度和盐度的主要因素，掌握海水温度和盐度的分布规律
能力目标	利用课本图表信息，说明海洋对人类生存发展的影响
德育目标	通过"海洋环境和人类相互关系"的讨论，激发学生爱护海洋的责任感和探索海洋的科学精神

按照梯度式设计策略的基本思想，教学目标可作如下设计：

案例 5-7

高中地理"海洋的基本特征（一）"的梯度式教学目标设计

教学目标	教学目标陈述
知识与技能	1. 学生能列出影响海水温度和盐度的主要因素，说出海水温度随纬度增加而降低、盐度由副热带地区向高、低纬度地区降低的原因 2. 学生能说明影响海水温度和盐度的主要因素，阐明海水温度和盐度的分布规律
过程与方法	1. 学生能运用课本中某一图表信息，说出海洋对人类生存发展的影响 2. 学生能获取课本图表信息，概括说明海洋对人类生存发展的影响
情感态度与价值观	1. 学生能举例说明海洋环境与人类相互作用的关系，初步树立爱护海洋的责任感 2. 学生能概括海洋环境与人类的相互关系，树立爱护海洋的责任感和具有探索海洋的科学精神

可见，这种梯度式设计策略，能将原有的教学目标细化、层次化，把每个教学目标设计为由较低到较高两个层次的教学目标。例如，根据学生实际，还可以进一步设计为三个层次，甚至四个层次，以符合学生学习背景，为每个（类）学生的发展指引方向。

---

① 霍力岩．多元智力理论与多元智力课程研究．北京：教育科学出版社，2003：28.

② 教育部基础教育司，朱慕菊．走进新课程——与课程实施者对话．北京：北京师范大学出版社，2002，4：128.

随堂讨论 5-5

1. 比较案例 5-6 与案例 5-7，讨论说明案例中的教学目标在教学价值上的差异。
2. 以必修 2“城市化”课题为例，设计差异性的课堂教学目标，并说明其意义。

2. 激励式设计策略

国内外研究表明，学生课堂学习的主要动机集中反映在成就动机上。奥苏伯尔认为这种成就动机由认知内驱力、自我提高内驱力和附属内驱力三个方面的内驱力构成。“认知内驱力是学生想理解要掌握的知识、要阐明与解决的问题时所产生的以求知为目标的动机因素，是指向学习任务本身的动机。”他把学生“因自己的胜任能力和工作成就而赢得相应地位的需要称为自我提高的内驱力”。“附属内驱力是指学生为了获得教师和家长的赞许与认可而产生的学习动力。”地理学习是一个智力活动过程，也是一种生命过程，一种学习情感发生和发展的过程。教学目标设计的激励式策略，对于激发学生的成就动机，尤其是增强认知内驱力，具有重要意义。对于适合较低教学目标学习的学生，通过运用激励策略，在较强的成就动机的作用下，完成较高教学目标的要求，是完全可能的。

在地理教学中告知教学目标（学习目标）往往是地理教学过程的一个基本环节。传统的地理教学目标的表述，多使用以下的方式，如“使学生了解……”或“使学生掌握……”、“使学生学会……”、“使学生懂得……”等，这种表述把学生置于一种非自主性的被动客体地位，难以激发其学习热情或调动其学习积极性。

激励式设计策略是指在进行地理教学目标设计表述时，注意使用以学生为主体的第一人称方式，从人文关怀的角度，多运用富于情感、激励性的语言，激发学生的自信心，调动学习的积极性。例如，使用“通过学习，我们能列出……”、“通过学习，我们能说明……”、“通过努力，我们能概括……”、“通过学习，我们能应用……”、“通过学习，我们应该树立……”及“我们将形成……”等。

资料卡片 5-3

成就理论

成就理论即成就动机理论。早在 20 世纪 30 年代末，默里即提出了成就动机这一概念，并把成就动机定义为一种努力克服障碍、施展才能、力求尽可能又快又好地完成某事的愿望或趋势。之后经麦克利兰和阿特金森等的研究，逐渐形成一种动机理论。成就动机是在人的成就需要的基础上产生的，它激励着个体在自己认为重要的或有价值的工作中乐意去力求获得成功的一种内在驱动力。这种动机是人类所独有的，其形成与生理需要无关，它是后天获得的具有社会意义的动机。在学习活动中，成就动机是一种主要的学习动机。

阿特金森认为，成就动机由两种不同因素或相反倾向组成：一种称为力求成功的动机，即人们追求成功和由成功带来的积极情感的倾向性；另一种是避免失败的动机，即人们避免失败和由失败带来的消极情感的倾向性。

摘自：罗屹峰．教育心理学．兰州：甘肃人民出版社，2006

5.3.4 发挥地理教学目标的促进发展功能

地理教学目标不仅是课堂教学活动中学习者所要达到的预期结果，而且是课堂教学活动的促进者。因此，教学目标一经确定，就会反过来对教学活动产生影响。地理教学目标设计的差异性，能够最大限度地调动学生学习的积极性，促进教学活动朝着产生最优教学效果的方向发展。“课堂教学目标具有导教、导学、导测量”① 的作用，教学过程应发挥地理教学目标的促进发展功能。

1. 采取灵活多样的教学方法

教学目标是教和学的行动准则。地理教学目标设计的差异性，为采取灵活多样的教学方法提供了更多的选择余地。地理教学目标的确定是选择地理教学方法的依据，如果教学目标侧重地理知识或地理结论，则宜于选择接受式学习，与之相应的教学方法以教师的讲授法为主。如果教学目标侧重于地理过程或地理方法，则宜于选择发现式学习，与之相应的教学方法是教师指导下的学生探究、发现法。任何一个地理知识的教学，一项地理技能的训练，一种能力的培养，都可能有多种“教”与“学”的方法，把地理教学目标的差异性与地理教学方法的多样性有机结合，就能更好地调动每个（类）学生参与教学过程的积极性。

2. 注意集体教学、合作学习与个别学习方式的结合

地理教学目标设计的差异性，能明确地指导学生、促使学生把注意力聚焦于教学目标，更好地积极参与课堂教学活动过程。中学生的学习一般是有意注意的学习，是在具体教学目标指引下的学习。在课堂教学的过程中，如果教师清晰地告诉学生学习的目标，就能够实现课堂教学的有效性。

如果说集体教学有利于解决地理课堂教学中共性和统一性的问题，那么，小组合作式学习、个别辅导就有利于解决个性和差异性的问题。教师应依据地理教学目标，既要设计进行集体教学的策略，又要明确哪些内容应采取小组合作式学习、个别辅导的教学方式，为每个（类）学生提供平等学习的机会。

3. 了解学生的反应并给予及时的指导和反馈

地理教学目标设计的差异性，有利于学生明确教学目标，能够激发其对新学习任务的期待，激发到达学习目标的欲望，从而调动其学习的主动性与积极性。教学目标对学生的学习具有发动、促进、调控功能，能够帮助学生形成正确的学习理念和方法，并通过学习过程的及时反馈，对学习动机起到不断的强化作用。同时，教学目标一旦确定，在教学过程中会制约和调控教师的教学行为，始终指向为教学目标服务。

及时的指导和反馈，不仅能丰富教学过程，增强与学生情感上的沟通和交流，而且还体现了教学作为一种生命过程的完整性。

复习与思考

1. 在《地理教学》、《地理教育》、《中学地理教学参考》2011 年第 10 期的教学设计栏目中，分别选取某一课题教学内容的教学目标设计为例，小组讨论分析其教学目标所体现的四大原则及其功能。

2. 根据教学目标设计的工作与步骤，运用“三种技术相结合的灵活陈述法”，设计“人口合理容量”一节教学目标。

3. 以高中地理某一内容为例，进行教学目标的差异性设计，并阐述其教学意义。

4. 下面的案例摘自《地理教育》2011 年第 4 期，阅读并评析该教学目标设计的科学性和教学性。

---

① 皮连生．教学设计——心理学的理论与技术．北京：高等教育出版社，2000.

“农业生产与地理环境”教学设计（鲁教版）

知识与技能：掌握影响农业区位的因素；运用案例，分析农业地域类型的特点及形成条件；运用案例，说明农业生产活动对地理环境的影响。

过程与方法：结合所学知识，分析本地农业生产的影响因素，并分析过去和现在影响因素的发展变化，掌握分析问题的方法、提高自主学习和研究问题的能力。

情感态度与价值观：理解农业发展要遵循因地制宜原则，树立科学的人地观念；培养学生关注家乡、热爱家乡、建设家乡的情感。

拓展资源

赫兴无，李家清．地理教学目标设计初探．中小学教材教学，2004，(11)：64-65

李家清．新理念地理教学论．北京：北京大学出版社，2009

皮连生．学与教的心理学（第三版）．上海，华东师范大学出版社，2003

第 6 章 生本取向：地理教学方法设计

学习目标

1. 能简述地理教学方法含义，结合地理教学实践说明地理教学方法的功能。
2. 能结合地理教学实例，说明“生本取向”教学观念对教学方法选择的指导及其价值。
3. 能结合地理教学实例，解释地理教学方法设计选择应体现的基本原则。
4. 能说明不同取向的地理教学方法设计对学生成长的意义。

6.1 地理教学方法及其功能的教学意义

关键词 地理教学方法；教学功能及意义；目标实现途径；优化教学手段；有效教学保障

地理教学方法是指在教学过程中，教师和学生为实现教学目的，根据特定的地理教学内容而采取的教与学相互作用的一系列活动方式、步骤、手段和技术的总和。① 笛卡儿说过：“最有价值的知识是方法的知识”。方法不仅制约着实践效率的高低，而且制约着实践的成败。② 有效的地理教学方法是顺利完成中学地理教学任务和实现中学地理教学目的的保证。地理教学方法作为中学地理教学的重要成分之一，也是中学地理教学设计的重要内容。为了设计并实施有效的地理教学方法，需要认识中学地理教学方法的功能及其教学意义。

6.1.1 地理新课程改革目标实现的基本途径

教学方法是课程实施的具体方式与手段。课程与教学改革实践表明，历次课程改革目标唯有借助适宜的方法才能充分发挥其效用。我国基础教育地理新课程改革目标关键体现在两点，一是强调地理学习方式的根本转变，重视培养学生的地理技能与能力；二是关注学生的全面发展，强调学生地理基本素养的养成。这些改革目标的实现均以教学方法的变革与创新作为切入点与突破口。

1. 地理学习方式转变的根本保证

在学校这个特殊的教育场域中，教法是实现学法的保证条件，不同的教法决定着不同的学法。我国基础教育地理新课程改革倡导探究和研究性学习方式，以改变单一接受式的学习方式；倡导自主学习和合作交流，以克服师生关系的不平等；倡导体验式学习，反对过分依赖教科书的教学；倡导开发和应用信息技术发展学生的探究能力，不主张把信息技术仅仅作为强化知识记忆的手段。这些地理学习方式的根本转变，必须依赖有效的地理教学方法。

“注重多样的地理学习方式”是《全日制义务教育地理课程标准（实验稿）》的基本理念

---

① 陈澄．地理教学论．上海：上海教育出版社，1999：101.

② 尚风祥．现代教学价值体系论．北京：教育科学出版社，1996：155.

之一。为落实这一课程理念，《全日制义务教育地理课程标准（实验稿）》（2001）在“实践建议”部分提出，要根据教学内容的特点、学生年龄特征和学校条件，选择多种多样的地理教学方式方法，尤其鼓励运用“角色扮演”教学法、“问题解决”教学法等，引导和鼓励学生通过独立思考，掌握基本地理事实、概念和技能，增强地理学习能力，形成正确的地理情感、态度和价值观。《普通高中地理课程标准（实验）》（2003）在“重视对地理问题的探究”基本理念中，提出倡导自主学习、合作学习和探究学习。为落实这一课程理念，《全日制普通高中地理课程标准》（2003）在“实践建议”部分提出，教师要在高中地理教学中有意识地加强对学生自主性学习的引导，通过帮助学生学会自己设计和实施野外观察、观测、调查等实践活动，在日常教学中使用探究方法、积极创造条件开展研究性学习等教学活动，转变学生机械模仿、被动接受的学习方式，帮助学生形成主动探究地理问题的意识和能力，促进学生主动和富有个性地学习。由此可见，地理教学方法绝非仅是教学手段、教学技艺等些许小事，而是关系到地理教学理念和人才培养模式根本转变的“大事”。教师需要根据地理教学任务、教学目的和教学内容，通过合理选择与运用地理教学方法，引导学生学习方式的转变，从而实现地理教学的教养、教育和发展职能。

随堂讨论 6-1

1. 阅读《全日制义务教育地理课程标准（实验稿）》和《普通高中地理课程标准（实验）》“实践建议”相关内容，讨论地理教学方法设计与运用对于地理学习方式转变的重要性。

2. 对比《全日制义务教育地理课程标准（实验稿）》和《普通高中地理课程标准（实验）》“实践建议”相关内容，讨论初中地理与高中地理在地理教学方法选择上的异同，并分析思考其中的影响因素。

2. 地理基本素养培育的关键抓手

《地理教育国际宪章》（1992）中指出：“地理教育能为今日和未来世界培养活跃而又负责任的公民所必需。”我国自 2001 年开始的地理新课程改革，其基本理念就是“培养现代公民必备的地理素养”。地理素养一般是指公民参加社会生产生活实践与经济活动及个人决策所需的地理科学知识、探究能力及相关的情感、态度与价值观。简言之，地理素养就是地理知识与技能、地理思想与地理方法。① 地理教学方法作为地理教学结构的重要组成部分，不仅有地理教学的经典方法，如地理观察、地理调查、地理实验、地理类比与联想、地理分析与综合、地理归纳与演绎等方法，而且有影像展示、音乐暗示、模型演示、诗画欣赏、师生对话、活动表演及角色模拟等丰富多彩的新教学方法方式。这些方法有益于学生生动活泼地获取地理知识，更有利于学生在接受地理思想与地理文化的同时，掌握地理科学研究的一般方法，发展其基本地理素养。

案例 6-1

地理实验在中学地理课堂教学中的应用

2008 年 10 月 16 日至 17 日，浙江省地理观摩教学活动在舟山中学举行。在观摩

① 庞艳辉，徐宝芳．中学地理教学中地理思想与方法研究综述．内蒙古师范大学学报（教育科学版），2008，（8）：117.

课中，富阳中学马伟贵老师的“外力作用与地表形态”一课赢得与会专家和教师的一致好评。马老师大胆采用的实验探究授课方式，让所有听课专家和教师耳目一新。以下是对马老师授课过程精彩部分的简单摘录。

[教学片段一]“小马说事”：重走丝绸之路

我一生的愿望是进行环球旅行，去追寻郑和、麦哲伦、哥伦布等先辈留下的足迹。2008 年夏天，我有幸参加了本校组织的“重走丝绸之路”旅游考察活动。

具体路线（配有投影图片）：(1) 杭州出发→罗马（陆上“丝绸之路”）；(2) 罗马出发→杭州（海上“丝绸之路”）。

问题：分享完我校的“重走丝绸之路”考察见闻，请同学们拿出发给你们的考察图片资料（学案），思考分析：

(1) 你从上述“丝绸之路”考察留下的图文材料中发现了哪几种地貌形态？

(2) 你能根据“我”的简易描述和自身的了解，推测这些地貌类型的形成原因吗？

[教学片段二] 老师指导，学生分组实验演示

第一组同学演示实验一：模拟流水作用。

实验器材：玻璃缸（整理箱）、粗细不均的砂土、自来水；

实验过程：在模拟土坡上，堆放 5～15cm 粗细不均的砂土，再在坡面上方浇注水流，观察发生的现象。

第二组同学演示实验二：模拟风力作用。

实验器材：两只可乐瓶、大小不均的砂粒、电动吹风机（小气筒）；

实验过程：用可乐瓶制成的箱体，在风的入口附近堆放大小不均的砂粒，用电动吹风机（小气筒）向里吹风，观察发生的现象。

摘自：段海六．地理实验在中学地理课堂教学中的应用．中学地理教学参考，2009，(6)：26

随堂讨论 6-2

结合案例 6-1 教学过程，讨论地理实验方法对学生地理素养培养的意义。

马老师利用自己的野外实践经验，配以相应图片资料的播放讲解、描述自己“重走丝绸之路”旅游考察活动，提出相应问题，创设学习情境，给学生创造了更多的参与学习机会。学生在观察、实验、模拟、设计、搜集和判断等实践活动中，积极参与问题研究，探究地理事物和现象的特征，分析地理分布规律，体验地理知识的原创过程，逐渐建构起合理的地理知识结构和养成科学的地理思维方式。

6.1.2　地理教学过程优化的主要手段

地理教学过程是地理学科教学系统的重要组成部分，是一个学生获取、加工、储存和应用地理信息的过程，具有程序性和动态性的本质特征。[①] 程序性强调地理教学过程需要讲求

① 褚亚平，林培英．地理教育学．上海：上海教育出版社，1992：35.

整体规划、系统设计，因此，建构一套便于操作、行之有效的地理教学模式显得非常重要；地理教学过程的动态性则强调依据教学情境的变化调整教学策略，增强教学过程的适切性。任何一种特定地理教学模式的建构、地理教学策略的制定，都建立在一系列地理教学方法的合理选择与优化组合基础上，教师只有深入研究、认识每种地理教学方法的本质特性、适用范围和教学要求、操作程序，才能建构出切实可行的地理教学模式和制定出实用有效的地理教学策略，实现教学过程的最优化。忽视了地理教学方法的研究、设计与运用，等于忽视了地理教学基本功的培养与提高，即便有好的地理教学模式与策略设计，也是无源之水、空中楼阁，难以获得应有的教学效果。

1. 地理教学模式建构的基本要素

教学模式是指在教学实践中形成的具有一定指导性的简约理念和可照之行事的标准样式。它具有为完成一定任务而活动的方法特性，也属于方法的范畴。教学模式在教学中起着单一的教学方法所难以起到的具体的、明确的引导和示范作用，但教学模式又是在一定理念指导下的多种方法的特定组合。[①] 现代教学中最有代表性的教学模式是传授-接受教学模式和问题-发现教学模式。传授-接受地理教学模式是地理教学经常运用的一种模式，指教师主要通过语言传授、演示与示范使学生掌握基础知识、基本技能，并通过知识接受向他们进行思想情趣熏陶的教学，也称接受学习；问题-发现式地理教学模式是利用系统的步骤，指导学生自主思考、探索和解决问题，以达到启发学生思维，掌握科学研究的方法和程序，养成科学态度和品行目的的教学。[②] 探究发现教学法、问题解决教学法、研究性学习教学法都可以列入此范畴。从问题出发，引导学生通过探究、发现与建构新知是其共同特征。这两种教学模式都由若干个有固定程序的教学方法组成。地理传授-接受教学模式通常由读书指导法、讲授法、三板教学法、地图法、演示法、谈话法和练习法等地理教学方法组合而成；地理问题-发现教学模式通常由情境教学法、探究发现法、案例研讨法、启发式谈话法、归纳法和实际操作法等地理教学方法组合而成。两种教学模式各有其教学价值，分别满足不同的教学需要。在日常教学中，教师应对教学目的、教学内容、学生特征、教师教学风格和教学媒体条件等情境特征综合考虑后，选用适宜的地理教学模式及该模式所需要的一系列教学方法。

案例 6-2

运用问题-发现教学模式讲授“西气东输的原因”

案例视频播放：西气东输工程资料片

利用多媒体，图文并茂地展示案例，尽可能地渲染出案例所描述的氛围，让学生尽快地进入情境之中，从而充分感知，为后面分析与探究做好准备。

出示图片：“世界和中国能源消费构成（2002 年）”

合作探究：目前占我国能源消费比例最大的能源是什么，为什么？

教师归纳：我国能源消费结构中煤炭占绝对优势，达到 71.6%，这是因为：①我国是一个煤炭资源丰富的国家，储量占世界前列；②煤炭的开采成本低；③煤炭储存、运输方便，价格便宜。

---

① 王策三．教学论稿．北京：人民教育出版社，2005：236-237.

② 王道俊，郭文安．教育学．北京：人民教育出版社．2009：183，190.

出示图片：课本图5.3“煤炭和天然气作为能源的特点比较”

合作探究：既然煤炭作为能源具有这么多的优势，为什么我国政府还计划把天然气开发和利用作为21世纪能源结构优化和石油工业产业升级的重点？

教师引导：从正反两个方面深入比较煤炭、天然气资源在开采、运输和使用方面的优缺点。

合作探究：如何大力开发我国的天然气资源？

教师引导：出示“天然气资源分布图”，再归纳出总体分布特征，并总结我国东西部地区天然气资源发展的前景，进而深刻理解“稳定东部，发展西部”的油气发展战略。

转承：我国西部丰富的天然气资源为什么长期得不到充分的勘探开发？而东部地区则饱受能源短缺、环境污染的困扰？我们该怎么办？

（在前面剖析能源结构调整及重点分析我国油气开发战略重点转移的基础上，引导学生自己提出“西气东输”的策略）

合作探究：“西气东输”是否可行？

教师引导：提供图5.2“我国东部、中西部地区能源生产、消费占全国的比例”，从能源生产、消费地区差异的角度印证“西气东输”的可行性。

摘自：孙惠敏．新课标教材高中《地理》（人教版·必修3）第五章《区域联系与区域协调发展》第一节“资源的跨区域调配——以我国西气东输为例”教学设计．中学地理教学参考，2005，(12)：47

随堂讨论 6-3

结合案例6-2运用问题-发现教学模式讲授“西气东输的原因”，讨论该教学过程中选择了哪些方法，其合理性怎样？

2. 地理教学策略制定的重要成分

教学策略是指为达成教学目的与任务，组织与调控教学活动而进行的总体谋划。教学策略的提出与思考，有助于教师在进行教学之前对教学任务、内容及其完成的主、客观条件，作全面、总体的思考与决策。究其实际功能，属于广义的教学方法范畴，但又不同于方法。与人们总结并完善起来的客观的、确定的教学方法不同，教学策略更强调个人的能动性与选择性，[①] 充分体现了教师主体的认识、意愿、谋略与选择。但是，任何教学策略的制定都是教师在对其所储备的各类教学方法进行综合比较、分析判断各自优缺点基础上所做出的审慎选择与优化组合。

按照地理教学过程中学生学习活动的阶段性和各阶段学习任务的不同，教学策略也会相应调整，表现为学习动机激发策略、课堂导入策略、课堂讲授策略、过渡承转策略及课堂小结策略等，而这种调整又是建立在对地理教学方法不断优化组合的基础上的。

---

① 王策三．教学论稿．北京：人民教育出版社，2005：237.

案例 6-3

课堂导入策略与地理教学方法的运用

一、教材插图问题导入新课

地图是地理教材的第二语言，它具有直观、形象、易被接受等特点，再加上设计精巧的问题，一定能激发学生探究新知识的欲望。在讲授八年级教材“气温和降水”之前，先让学生观看农历立春时“春耕繁忙的海南岛”、“冰天雪地的黑龙江”两幅插图，设计以下问题：此时两地有什么区别？为什么会有这种差别呢？由此很自然地导入新课：我国冬季气温分布特点和原因，同时也培养了学生观察地图、发现问题、思考问题的能力，激发学生学习的兴趣。

二、时政新闻问题导入新课

通过当前国内外发生的重大事件导入新课，能引导学生关注社会、了解社会，同时还能让学生知道地理知识就在我们身边。在讲授八年级地理“北方地区和南方地区”时，结合2008年春节前后我国南方地区发生的特大冰冻低温灾害并播放有关新闻专题片，提出以下问题：南方地区自然景观到底是怎样的景象？冰冻灾害对南方甚至全国有哪些影响？发生灾害原因是什么？对我们有什么启示？通过这些问题，可以激发学生更大的学习兴趣。用这种方法导入新课，紧贴时代脉搏，激发学生对社会事件的思考，并全面地观察问题、思考问题。

三、问题调查导入新课

问题是获得知识的先导。设计适当的问题有利于引导学生、激发学生的求知欲望，激起他们学习的自觉性和主动性。如果让学生参与到导入新课之中，能更有效地使学生自觉主动地获取新知识。在讲授八年级地理“水资源”时，可先让学生调查一下当地水资源分布状况，如生活用水、农业用水是否合理？存在哪些问题？让学生带着问题调查，带着生活中的结论学习地理知识，来相互印证。随着问题的逐步解决，学生不但学到了知识，而且增强了节约用水、防止水污染等环保意识，从而接受了一次深刻的思想教育。

四、歌曲、影视资料导入新课

一首好的歌曲深受学生的喜爱，不但陶冶人的情操，而且以生动的歌词或旋律给人以强烈的感染。在讲授八年级地理“西北地区和青藏地区”前播放歌曲《天路》、《草原上升起不落的太阳》两首歌曲，并播放有关影视资料，展示对青藏高原和西北草原风光的描绘与赞美，从而使学生对两地自然风光有了初步了解，然后导入新课。

五、利用生活实例导入新课

生活处处皆学问。利用生活实例导入新课，既能架起地理知识与生活实践的桥梁，又能引导学生注意观察生活、思考生活，激发他们的学习兴趣。在讲授七年级地理“人类活动与气候”这一课时，可先以几年来我国北方地区风沙天气比前几年多是由于植被破坏严重造成的这一现象为例，再以我国北方地区农民在冬季建的蔬菜大棚、通过人为因素改变局部地区的小气候等为实例。列举学生身边的生活实例导入新课，会使学生感到很亲切，从而提高了他们学习的兴趣。

摘自：杨金玲．地理教学的导入新课设计．山东教育，2010，(Z5)：94

良好的导课方法和技巧，能为地理课堂教学锦上添花，是成功教学的开始。不同授课风格的地理教师对于不同的教学内容、不同的学生群体可采用不同的导入方法。在上述课堂导入策略中，教师根据初中地理教学内容的特点、初中学生的年龄特征和心理状态，灵活采用了情境教学法，融鲜活生动的影像、图片、音乐、时事资料于教学情境中，辅之以问题解决教学法和启发式谈话法等，有效地激起学生探究知识的欲望，让学生学习生活中的地理，终身有用的地理。

随堂讨论 6-4

1. 讨论交流地理教学方法与地理教学模式、地理教学策略三个概念间的区别与联系。

2. 选取高中地理某节课的课堂教学设计案例，分析讨论地理教学方法选择与地理教学模式建构、地理教学策略制定的关系。

6.1.3　地理有效教学达成的重要保障

有效教学是基础教育新课程重要的教学理论之一。有效教学的有效性体现在教师的有效指导、学生的有效学习和课程资源的有效运用三个方面，而其核心则在于教师如何使用恰当有效的教学方法提高教学效率。因为任何有效教学总意味着“想方设法”地让学生在单位时间内获得有效的发展。对于地理教学而言，地理教学方法的研究与设计将为地理有效教学的实践和研究打开一个通道，使地理“有效教学”显得不再玄虚和概念化，而变得形象具体、生动活泼和切实可行。

1. 提高学生地理学习的投入率

学生实际投入学习材料的时间称为投入率，它是指用于学习的时间比例，这段时间是学生真正进入学习的时间。集科学合理性与人文艺术性于一体的地理教学方法是地理教学系统中最活跃的一个因素，其选择与组合直接影响学生的学习动机与兴趣，决定着学生地理学习的投入率。

有效的地理教学方法具有目的性与适切性、趣味性与实用性相统一的属性特征，恰当使用包含这些属性特征教学方法的地理教学，更有助于引发学生积极思考、操作和运用所学内容。在讲授地理陈述性知识时，教师结合举例、图解、示范等方法来解释和澄清所讲内容的教学效果要比单纯采用讲解的方式更能激发学生对学习材料的兴趣；对于较复杂的地理程序性知识和策略性知识的教学，相比传授-授受式教学方法系列，小组讨论、合作探究、问题解决等问题-发现式教学方法系列，不仅有利于培养学生的观察能力、想象能力和思维能力，促进学生地理智力的发展，还有利于营造和谐的课堂气氛，促进学生非智力因素的培养，使学生在学习过程中处于高投入状态。

2. 优化地理学习材料的呈现方式

根据奥苏伯尔的认知心理学原理，学生在进行有意义学习时需要外部和内部两个条件：外部条件指学习材料本身具有逻辑意义；内部条件指学习者具有同化新材料的认知结构和具有学习新材料的学习心向。[①] 有经验的地理教师不仅熟悉学科内容，知道怎样教这些内容，

① 张大均．教与学的策略．北京：人民教育出版社，2004：60-61.

还善于根据学生的地理学习能力，通过地理教学方法的优选与组合调整教学内容和教学常规，将有意义学习的两个条件恰当结合起来，使学习材料既生动形象，又能体现出其内在联系，合理填补学生心理世界和地理科学世界之间的空地，实现教学内容逻辑序与学习者认知心理序的无缝对接。针对学生地理知识、技能或能力不足等情况，教师可采用地图法、演示法，或者额外的学习资源，如游戏、角色表演法，以及实践活动，如小组讨论、实习法等补偿性方法，将教学内容转化成易于学生理解接受的地理学习材料，这些方法能够避开学生的缺点，加强学生的优点，最大限度地发挥学生个体最擅长的接收方式的作用。

3. 提高地理课堂教学效益

课堂教学效益是指教师通过一段时间的教学后，学生所获得的具体进步和发展。课堂教学效益与教学方法的恰当运用息息相关。教学科学研究表明，教学法价值＝教学效益/教师投入劳动量＋学生投入劳动量。① 科学有效的地理教学方法遵循了地理教学过程客观规律，它将课程内容、学习目标、教学材料、学习者等恰当地联结在一起，能够使地理课堂教学在不加重学生负担情况下，使学生在掌握知识和技能，发展智力、提高思想品德诸方面，均取得良好效益。②

科学有效的地理教学方法不仅有利于学生在形成地理表象的基础上，掌握正确的地理概念和理解地理基本规律，而且还通过仿真地理科学研究过程的教学方法的运用，加强学生地理学习能力、探究能力和地理科学思想的培养。例如，野外考察法、社会调查法、观测采样法等可有效培养学生地理信息搜集与提取能力；区域比较法、综合分析法、归纳法、模型法等可有效培养学生的地理信息分析能力；问题发现、方案假设、合作探究、讨论交流与成果展示等方法既有益于学生运用地理知识与技能解决实际问题的能力与意识，也有助于学生批判思考、创造性思维和合作互动等地理素养的培养。新课程改革以来，地理教学方法在提高地理课堂综合效益方面所发挥的作用更加突出。地理新课程教学方法以现代教育理论、教学理论、学习理论、传播理论和系统科学理论为基础，以实现地理教学三维目标为出发点，以培养“现代公民必备地理素养”为核心，重视教学过程中师生的双边互动，注重对学生地理学习方法的指导，强调激发学生地理学习的兴趣，注意传统教学手段与现代教学手段的相得益彰，为学生探究、交互和合作学习创建了良好的环境，为推进新课程改革发挥了重要作用。

6.2 地理教学方法设计选择及案例研究

关键词　地理教学方法；类型及特点；选择原则与标准；选择程序

经过长期的教学实践和理论总结，尤其是新课程改革的实践推进，地理教育工作者创造出了多种多样的地理教学方法。随着时代的发展，地理教学方法仍在不断地变化与增加。在地理教学设计中选择地理教学方法，需要了解中学地理教学方法的类型及各自特点，在此基础上方可遴选和设计出行之有效的地理教学方法。

① 默耕．经典教学方法荟萃．福州：福建教育出版社，1993：1.

② 陈澄．地理教学论．上海：上海教育出版社，1999：104-105.

6.2.1　地理教学方法的类型及特点

教学方法是介于教学理论与教学实践之间一种客观存在的教学要素。由于理论与实践间的变异性与衍生性，很难对教学实践中实际运行的形形色色的地理教学方法找到统一的分类逻辑依据。但是，这并不意味着教学方法是无须研究或无法研究的。[①] 作为一种教育学现象，地理教学方法虽然并不会完全依据教学理论而存在，但必须通过一定的教学理论指导来确保其科学性；作为一种社会学现象，不同时代社会文化背景下有不同的地理教学方法分类依据与标准。在教育科学理论指导下，服从时代发展与社会进步的需要应是确定当代地理教学方法分类依据的合理方案。

1. 地理教学方法类型划分及分类意图

1）地理教学方法的类型划分

地理教学方法的分类依据有很多，常见的分类依据有：①根据教学过程中师生活动的不同特征；②根据地理教学内容；③根据学生在学习中不同的心理活动；④根据在教学过程中运用教具和教学辅助材料的不同；⑤根据一般地理课进程的不同阶段；⑥根据学生学习地理知识和技能的方式不同等。[②] 陈澄（《地理教学论》，1999）按照教学方法外部形态结合学生认识活动特点，将地理教学方法分为“以语言传递信息为主的方法、以直接感知为主的方法、以象征符号认知为主的方法、以自学或探究为主的方法、以实际训练为主的方法”五个大类，将地理教学方法分类研究提升到科学化层次，一度被地理教学界普遍认可和采用。随着当代地理教学技术的发展，地理科学知识的复杂化、知识范围的扩大和深度的增加，尤其是新课程改革以来大量新教学方法的涌现和教学方法论思想的演进，地理教学方法的分类依据和类型体系仍需要与时俱进，做进一步的整理和论证，寻求更契合时代文化需要的一套方法类型体系，以便使广大中小学地理教师更好地理解、选择和运用，并不断创造新的方法。

近些年来，根据知识的来源和学生在学习活动中的独立性水平进行教学方法分类的观点日渐占领主导地位。[③] 这种分类依据是对当代“生本取向”教学观的回应。它将课堂观察的视角由强调教师活动转为关注学生活动，重视学生作为教学活动主体的地位与教育学意义，观照教师和学生在教学活动中的地位与互动关系，凸显了教学方法的双边互动性本质。据此，依照地理教学过程中学生获取知识的来源和学生在地理学习活动中的独立性水平，可将地理教学方法划分为提示型地理教学方法、共同解决型地理教学方法、自主型地理教学方法三大类，每个大类均有各自不同的层次与类型，构成一个系统综合又复杂有序的开放系统，如图 6-1 所示。

2）地理教学方法的分类意图

第一，着眼教学活动，突出师生互动。教学方法是由教师设计，教师与学生共同活动的方法，教师教法、学生学法以及两者之间的互动关系构成了教学方法的本质属性。将教学活动主体双方的活动作为观察与分析对象，有利于清晰揭示知识的生成渠道与学生的学习活动类型，也有利于体现“以学定教、先学后教”的现代教学法思想。按照教与学的活动关系来划分，教学方法无非有三种，即以教师活动为主的方法，以学生活动为主的方法和以师生互动为特征的方法。提示型教学方法以教师的显性活动为主，学生活动则是隐性

---

① 王道俊，郭文安．教育学．北京：人民教育出版社，2009，235.

② 褚亚平，林培英．地理教育学．上海：上海教育出版社，1992：127.

③ 高文．教学方法的最优化．全球教育展望，1983，(5)：14.

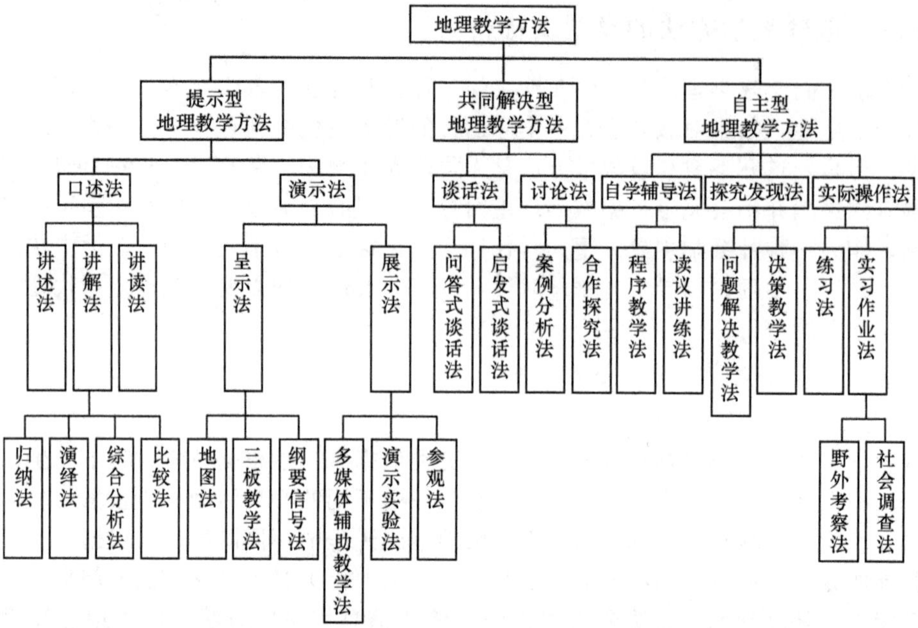

图 6-1 地理教学方法类型图

的，学生获取知识的来源主要是教师的讲授与演示，学生的独立性水平较低。共同解决型教学方法师生活动并重，知识由师生共同思考、共同探究而获得。这种教学方法追求师生关系的民主平等与和谐对话，学生的独立性水平较高。自主型教学方法以学生的自主性活动为主，教师则退居次要地位，知识主要由学生的自主探究获得，学生的独立性水平最高。

第二，采用混合分类法，突出实践操作性。按照结构组成，教学方法可分为单项性教学方法和综合性教学方法。单项性教学方法按照外部形态，可分为以语言为主的方法，如讲授法、讲话法、讨论法、读书指导法；以直观为主的方法，如演示法、参观法；以实践为主的方法，如实验法、练习法、实习作业法等。综合性教学方法是指从某一共同的教学思想出发，有机组合几种具体教学方法而形成的具有固定教学程序与步骤的方法，如读议讲练教学法、综合程序教学法等。由于教学过程的复杂性，教师在常态教学过程中，很少以一种单一的教学方法贯穿始终，而多是根据教学情境需要灵活选择几种单项教学方法或采用综合型教学方法教学。两者的区别仅在于前者是随机组合的，后者则是一种模式化操作。为服务日常地理教学实践，本书采用混合分类法，将单项型教学方法与综合型教学方法有机组合，依照地理教学方法三个类型的属性与特征，合理纳入各类型体系中，以便于地理教师实际操作。

第三，致力于创建一个动态开放的方法系统。教学方法分类理论与实践表明，无论传统方法与现代方法，都有其存在的价值与合理性，只要运用得当，都可发挥其应有的教学功效。因此，地理教学方法分类对教学方法的选用并不厚此薄彼，而以博采众长、兼容并蓄的态度，以继承性与发展性、科学性与实践性相统一为原则，将传统方法与现代方法融于一体，将教学理论所倡导的应然方法与教学实践所运用的实际方法统摄其中，构成一个多层次、多类型的复合系统。需要说明的是，由于教学方法具有多形态性和衍生性特征，本书教学方法分类体系绝不可能也无意将过去和当今出现的所有教学方法囊括其中，只是提供一个具有开放性和动态发展性的系统框架，供教师教学参考选用，以发挥其教学功能。

2. 地理教学方法类型及其模式特点

1）地理提示型教学方法类型及其模式特点

地理提示型教学方法是一种由教师通过口述、演示等方法输出地理教学信息，学生通过受纳性学习，确切掌握地理知识与技能，发展智力，培养地理情感态度与价值观的地理教学方法。地理提示型教学方法主要由口述法和演示法构成。口述法即通常所说的讲授法，对于中学地理教学来说，通常包括讲述、讲解、讲读三种基本方法。讲解法还可根据其语言逻辑形式进一步划分成归纳法（例-规法）、演绎法（规-例法）、综合分析法、比较法等。演示法是掌握知识的直观化手段，包括呈示法和展示法。呈示法就是运用地图、图解、模型等静态教育手段来揭示地理事物、现象特征的方法，常见的方法有地图法、三板（板书、板图、板画）教学法、纲要信号法等；展示法是运用多媒体、现场参观、实地考察、演示实验等方式将事物、现象的经过与过程直观化呈现出来的方法，常见方法有多媒体辅助教学方法、演示实验法、参观法等。呈示法与展示法的区别在于前者呈现的事物是静态的，可以反复操作、任意观察和探索；后者则是观察运动着的事物。两种方法都要求观察者具有一定的观察技巧和注意力高度集中。

根据教育心理学原理，在信息的储存、加工与提取的过程中，语言与非语言的信息加工过程是同样重要的，教学材料中的信息如果同时通过言语和视觉两条通道输入大脑，记忆理解会变得更加容易。实际教学中，通常会将口述法与演示法结合起来运用，其教学一般模式如图 6-2 所示。

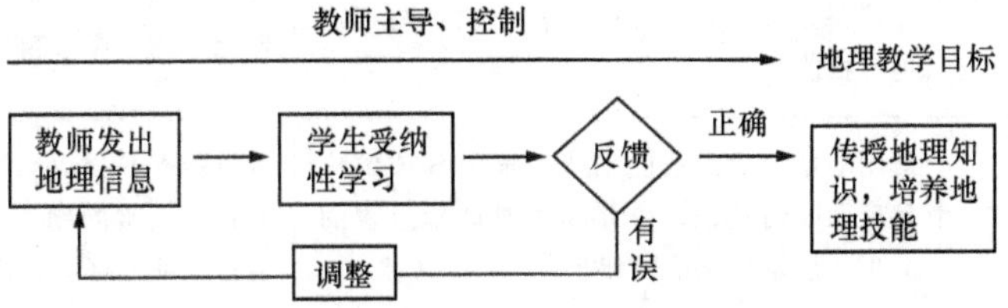

图 6-2　地理提示型教学方法一般模式

一般来讲，提示型教学方法的特点是教师非常主动，学生则是被动的，表现为教师通过口述或演示发出地理信息，学生则通过听讲、观察进行受纳性学习。整个教学过程主要由教师进行主导调控。这种方法对于短期内系统传授大量知识素材具有无可替代的优势，因此，它是一种省时的方法。另外，提示型教学法通过发挥教师的语言教育力，有利于培养学生地理学习的社会责任感和使命感，激发学生地理学习的积极性和自觉性。提示型教学法还有益于系统发展学生的地理思维能力和地理知识的受纳能力，这对于在知识急剧增加的信息社会快速准确掌握大量的知识与技能极为重要。但是，我们必须清醒地意识到，一旦片面地仅凭此法展开教学，只能使学生处于被动接受、机械学习的境地，这样就不可避免地陷于灌输式教学的泥潭。因此，只有在学生具有微弱的、不清晰的知识表象时，尤其是单凭间接经验可以阐明的教材领域，即不能直接引导学生接触所接受的事实与现象的状况时，方适合采用此方法。①

① 佐藤正夫．教学原理．钟启泉译．北京：教育科学出版社，2001：291.

2）地理自主型教学方法及其模式特点

地理自主型教学方法是教师创设系统的教学步骤，引导学生通过自主学习，探究地理知识，解决地理问题，掌握地理科学研究的方法和程序，养成地理科学态度和品行的教学。自主型地理教学方法主要由自学辅导法、探究发现法、实际操作法等构成。自学辅导法主要包括程序教学法、读议讲练教学法等。程序教学法是一种使用程序教材由学生个体自学的教学方法，由美国心理学家斯金纳依据“操作条件反射”和“积极强化”理论，并设计了教学机器和程序，而逐步成为一种影响广泛而深远的教学方法。读议讲练教学法是由上海育才中学从 1977 年开始进行的本土化教学实践探索总结出来的一种教学方法，它是在教师指导下，以学生自学为主的，融阅读、讨论、讲授、练习于一体的综合性教学方法。探究发现法是由教师创设问题情境，学生以探索者的身份思考、探索和解决地理问题的地理教学方法，从问题出发，引导学生通过探究、发现建构新知是其共同特征。许多国家倡导的问题解决教学法、研究性学习等方法，都可以列入此范畴。实际操作法是以实际训练为主的教学方法，主要包括练习法和实习作业法，是一种通过练习、实习等活动，巩固和完善对地理知识的理解，形成地理技能，发展地理智能的方法。

自主型地理教学方法教学活动通过该种教学方法的实际应用，引发学生的自主学习活动。按照活动的不同特点，自主性地理学习活动可分为再生性活动、创造性活动、理论活动、实践活动、个人活动和集体活动等，见表 6-1。

表 6-1 自主性地理学习活动的常见类型

自主型地理学习活动		内涵	例解
按活动目的	再生性活动	模仿科学家探究、发现和解决地理问题的过程与方法，以掌握地理科学知识与形成地理技能	演示昼夜更替、演示极昼极夜、演示地球圈层结构、画水循环示意图等
	创造性活动	运用地理知识与技能创造性地发现或解决地理问题的过程，培养学生对地理过程的分析、想象与简单预测能力	问题研究：如何利用南极冰山解决沙特阿拉伯的缺水问题、煤城焦作出路何在、家乡的农业园区会是什么样子等
按活动内容	理论性活动	运用地理原理性知识，采用演绎推理的方式分析解决地理问题，培养学生的综合分析与逻辑推理能力	虚拟设计地理情景，如地球运动方向改变、黄赤交角改变等，让学生运用所学知识分析其后果及影响
	实践性活动	综合运用操作、演示实验、地理调查与观测等方法解决地理问题，培养学生运用地理知识、方法、技能解决实际问题的能力	当地正午太阳高度测量与计算、调查家乡工矿企业布局及对当地生态环境的影响等
按活动形式	个人活动	以个体方式进行探究式学习，培养其独立进行地理观测、地理实验、地理调查和地理信息加工的能力	连续观测半个月以上的月相，记录并总结月相的变化规律，分析月相变化的原因
	集体活动	以集体合作的方式进行探究式学习，培养学生分工协作分析、解决地理问题的能力和态度	组织一次野外地质考察活动，观察岩层及地质构造，采集岩石、矿物标本，寻找化石，讨论地质构造与地表形态的关系

自主型教学方法是与自主性学习方法相对应的一种教学方法，其实质是一个学生带着问

题，自主学习，自主探究，自主解决问题的过程。其目的在于通过学生的自主学习，渐次发展学生自主思考的学习品质和全面发展的人格，其教学一般模式如图 6-3 所示。

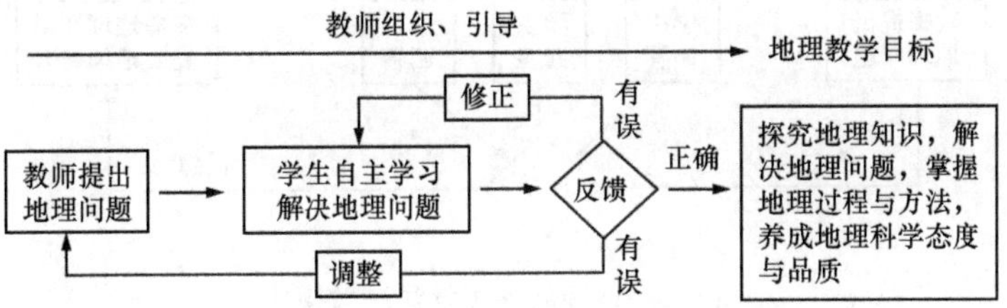

图 6-3　地理自主型教学方法一般模式

自主型学习活动有两个基本特点：一是教师提出问题或课题，并提供适当的时间，学生解决课题；二是问题一旦提出，学生必须竭尽全力寻求最好的解决办法。在学生带着问题解决问题的过程中，对问题的认识会逐渐深入，解决问题的方法会逐渐明晰，地理探究能力与问题解决能力会不断增强；通过学生自主探究地理知识，不仅使知识掌握更自觉、更深刻、更持久，而且可以促进学生养成专心致志、坚持不懈等良好的地理学习态度。通过自主性学习，学生的自我活动将由初级形式向更复杂更高级的形式转化，自主性能力越来越强，创造性自我活动的可能性越来越高。地理新课程对学生自主学习能力培养的建议，已经远远超出历史上各个时期地理教学活动目的的高度。深刻认识地理自主型学习活动的重要教学意义，深入研究与把握各种自主型地理教学方法的教学过程与方法，是新时代地理教师的重要教学素养与教学任务。

3）地理共同解决型教学方法及其模式特点

地理共同解决型地理教学方法是指由师生之间、生生之间的协商合作，共同思考、共同探求、共同解决地理问题、共同获得地理知识的地理教学方法，其基本类型主要有谈话法和讨论法。

谈话法是教师凭借学生已有的地理知识和生活、学习经验，通过问答的方式传授地理知识、启迪地理智力的方法。根据问答过程中所涉及的问题类型和问答方式，可分为问答式谈话法和启发式谈话法。问答式谈话法多涉及只有一个正确或最佳答案的封闭性问题和记忆性问题，只要求学生在一个狭窄的范围内选择反应或回忆已有的信息；启发式谈话法则通常涉及开放性问题和思考性问题，并不强调答案的唯一性和权威性，它要求教师通过启发诱导的方式，引导学生运用已有的信息去创造新的信息，学生不仅需要开动脑筋积极思考，而且需要有广泛的思考范围。

讨论法是指学生在教师引导、调控下，围绕某一中心问题，交流意见，互相启发，弄懂并解决问题的一种教学方法。讨论作为一种学生与学生、学生与教师面对面交流对地理问题认识的方法，很早就出现在我国的课程标准中。我国新课程实验倡导学生的自主合作和探究学习，“讨论”成为使用较多的具体方法之一。2000 年修订的初中地理教学大纲在教学方法的建议中，建议教师“要积极实行启发式和讨论式教学”，引导学生独立思考和培养创新精神。共同解决型教学方法是通过师生互动，共同解决地理问题的教学方法，其教学特点主要有师生主体间性、目的指向性、目标全面性和以生为本性等。两种教学法的一般模式如图 6-4、图 6-5 所示。

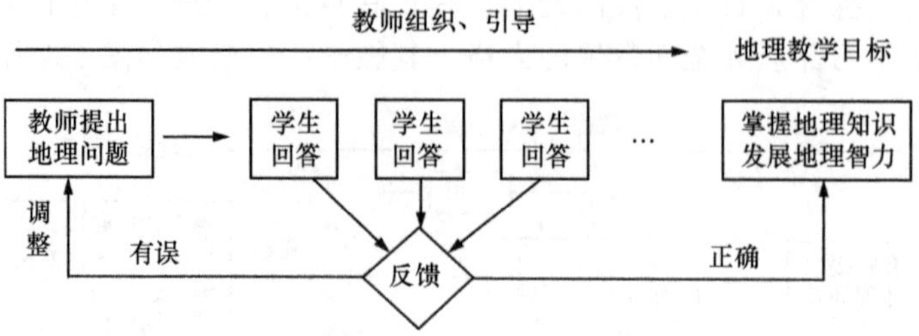

图 6-4　地理问答教学法一般模式

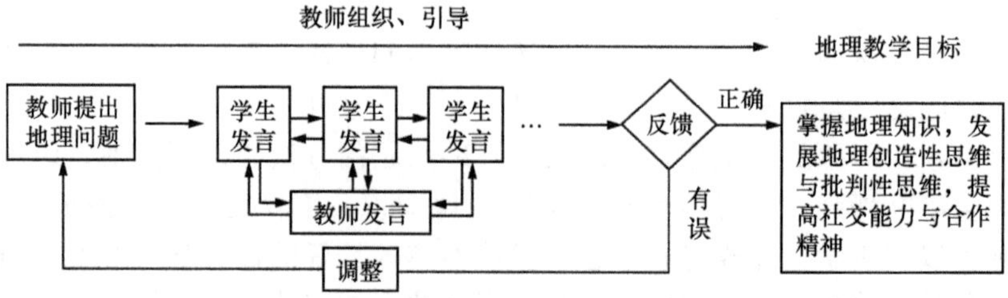

图 6-5　地理讨论教学法一般模式

地理问答教学法是由教师发问，一名学生或多名学生作答，教师从众多回答中选取正确适当的答案的方法。问答过程通常表现为“讨论之球”从教师抛出，最后又返回教师。学生们的回答与发言，从学生角度看是互不直接相关的，整个问答过程受教师支配，师生关系有教师居高临下的味道。讨论法则更显出对话双方地位的平等，显示出生动活泼的互动式教学的本质特征。相比问答法，讨论法更能体现出共同解决问题、共同引出真知的共同解决型教学方法的本质内涵。讨论法与问答法虽然都有问题的使用，但有一个重要的区别，即问答多为单向的谈话，讨论则是双向的，双方不仅可以互相提问题，而且可以就对方的回答提出自己的看法。① 在讨论进行中，全班学生都可参与讨论，其他学生发言时，每位同学各自仔细听取他们的发言，发表自己的想法，互相补充、互相修正，将对话一步步引向深入。随着地理新课程改革的深入进行，地理讨论法涌现出了诸多下位方法，如合作探究法、案例研讨法等，合作探究法又经常以情境教学法、角色表演法等形式出现。这些教学方法通常采取小组讨论或全班讨论的方式，对某个地理问题或地理案例展开分析讨论，教师则以组织者、引导者、启发者、评价者以及参与者的身份出现在讨论过程中。

6.2.2　地理教学方法的选择原则与标准

作为地理教学过程整体结构的有机成分，地理教学方法的选择与运用不是孤立进行的，而是与其他教学要素相互影响、相互体现的。因此，研究与探讨地理教学方法的选择，必须将其看做地理教学过程系统的一个子系统，深入探讨地理教学方法与地理教学过程的其他结构成分，如教学规律、教学原则、教学目的、教学内容、教师、学生、教学环境以及其他教学条件的内在联系。

---

① 林培英．学校地理教学方法的变革——我国地理课程变革中的继承与发展之教学法篇．首都师范大学学报（社会科学版），2011，(1)：65.

1. 规律-原则-方法的一致性

地理教学规律、教学原则与教学方法之间存在内在关系。地理教学规律是制定地理教学原则，选择和运用地理教学方法的基本依据。地理教学理论研究揭示的地理教学规律主要有人地关系律、空间关系律、综合联系律和事理结合律等。地理教学原则反映了人们对地理教学活动本质特点和内在规律性的认识，是指导地理教学方法选择与运用的基本依据。教学实践表明，地理教学原则应包括体现地理教育多功能原则、利用地理内容广泛性和生动性原则、以人地空间关系为主线原则、地理事实与原理并重原则、以综合思维与比较思维为主原则、坚持“启发”式和利用图像分析原则等。[①] 教学方法微观、细致、多元和具有操作性的特性，在特定地理教学规律与教学原则指导下对之进行综合选择，则便于形成系统。地理教学方法选择应遵循“规律-原则-方法一致性”的选择原则，以多样性、综合性和地理性为选择标准（图 6-6）。

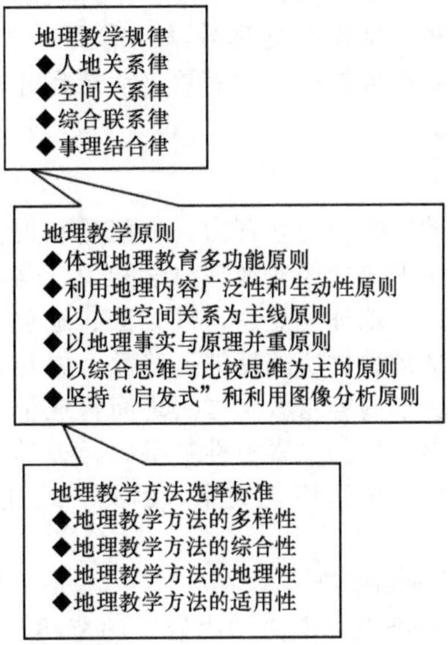

图 6-6　规律-原则-方法的一致性的选择原则

1）地理教学方法的多样性

实现地理素养和发展学生的多种潜能是地理教育的基本目标。由于地理教学内容、教学过程的复杂性和地理教育的多功能性，地理教育目标的实现显然不是靠某种单一的教学方法就可完成的，而是要求地理教学方法的多样化。地理教学方法的多样化能够保证学生将各种类型的记忆方法与各种性质的思维活动与操作活动合理结合起来，保证学生在地理学习过程中能将听讲、观察、思考、动手操作等综合运用，增强学生对教学信息最大限度地感知与接收的能力，使地理课堂教学效益更佳，为学生地理学习能力的全方面发展创造条件。

2）地理教学方法的综合性

地理教学的事理结合律以及地理事实与原理并重的教学原则均要求地理教学方法的选择必须遵循综合性标准。这是地理教学过程的本质要求，也符合学生的认知特点。例如，演绎法（规-例法）能培养学生的理论推导能力和重视理论的观念，但却容易导致学生理论与实际脱离，地理实践能力差，缺乏创新和批判意识；归纳法（例-规法）侧重从观察、实验和

① 褚亚平，林培英．地理教育学．上海：上海教育出版社，1992：121-125.

独立探索开始教学，有利于培养学生发现问题、解决问题的实践能力与创造能力，但却比较费时，容易造成课时紧张，完不成教学任务的后果。因此，将演绎法与归纳法结合起来，采用“例-规-例”法进行教学，已经成为中学地理教学方法综合运用的一种常见形式。

3）地理教学方法的地理性

相比其他学科，地理学科是一门实践性很强的学科，具有人地关系律、空间关系律、综合联系律等地理教学的重要规律；以人地空间关系为主线的原则、以综合思维与比较思维为主的原则和坚持“启发”式和利用图像分析原则是地理教学所特有的教学原则。因此，体现“地理性”是地理教学方法选择的重要标准。区域比较法、综合分析法、地理实验教学法、地理野外考察法、社会调查法、地理观察观测法、地理绘图法、地理三板教学法都是地理教学的基本方法。这些方法对于培养学生对地理空间格局的敏锐洞察力，发展学生对地理过程的分析、想象与简单预测能力，地理信息加工能力，以及运用地理知识、方法、技能解决实际问题的能力和意识极为重要。调查表明，当前中学地理教师对地理学科本身所特有的教学方法掌握和运用还比较薄弱，远不能满足地理教学的需要。准确把握地理学科本身的特点，深入研究地理教学方法的本质，能够根据教学需要灵活选择并制定出体现地理学思想与内涵的地理教学方法显得异常迫切。

2. 目标-内容-方法的适应性

地理教学内容蕴涵着丰厚的教养力与教育力，也就是在现代教育科学、地理课程与教学论观念指导下经过筛选组合后所形成的经典地理科学知识。这些知识蕴藏着培养现代公民所必备的地理素养，包括地理知识、地理观点、地理方法、地理能力、地理态度和地理情感等要素。地理教学目标就是要将地理教材所蕴涵的这些教育力与教养力以有效的方式对学生身心产生影响。地理教学目标、教学内容与教学方法之间构成了“教学目标决定教学内容的选择与加工，教学内容是实现教学目标的‘素材性’基础，教学方法的选用深刻影响教学目标的实现、并使教学内容发生变化”的适应性关系，因此，地理教学方法选择应遵循“目标-内容-方法”的适应性原则。

1）教学目标是方法选择的最高基准点

教学法上方法概念的最高基准点，不是“内容”的范畴，而是“目标”的范畴。[①] 教师对地理教学方法的选用，并不是为了找出适合于地理教学过程各阶段的方法，让学生去接受现成的知识，而是激发并引导学生以自我主体活动去积极参与地理学习，主动探究和解决地理问题的过程。只有这样，教师才能避免把地理教学仅作为传授知识与技能训练的知识课堂，才能避免把做大量单调重复性的习题、试卷误认为是开发学生智力和培养学生能力的有效手段的错误认识，使地理教学真正回归科学知识的传授与科学探索精神、科学价值观的培养于一体的教学过程。

2）教学内容对方法选择的制约性

教学方法与教学内容之间存在必然的本质的联系。一堂以自然地理内容为主的课使用的方法，可能会与以人文地理为主的课完全不同。地理教学方法的选用，要特别注意根据地理教学内容的不同特点，选用具有鲜明特色的教学方法。如果不紧扣学科内容来考虑教学方法的选用，就免不了总在某些泛泛而谈的争论“旋涡”中打转，却无法解决实际地理教学中的问题。[②] 例如，针对自然地理、人文地理和区域地理课程，除了共有的一般教学方法外，还

① 佐藤正夫．教学原理．钟启泉译．北京：教育科学出版社，2001：286，287.

② 林培英．学校地理教学方法的变革——我国地理课程变革中的继承与发展之教学法篇．首都师范大学学报（社会科学版），2011，(1)：67.

需结合各自学科特色和教学过程本质，深入研究其特有的教学方法体系（表 6-2）。另外，随着社会已经并且还在发生深刻变化，地理教学内容也已发生重要变化，地理教学方法的发展必定也要“与时俱进”。坚持改革，方可更好地为教学内容服务，为学生发展服务。

表 6-2　地理三大板块教学特有的地理教学方法

地理课程	特有地理教学方法
自然地理	讲解法、实验法、问题解决教学法、野外考察法、实习作业法等
人文地理	案例研讨教学法、决策教学法、角色扮演教学法、自学辅导法、问题解决教学法、社会调查法等
区域地理	地图法、区域比较法、区域综合分析法等

3）方法选择对目标与内容的服务性

方法与内容和目标相适应，同时也是为内容和目标服务的。我国地理教育工作者在多年教学实践中创造出了大量实用的地理教学方法。改革开放尤其是新课程改革以来，在借鉴和总结来自西方的教学方法以及我国教学本土化的过程中涌现出大量的教学新方法。面对种类繁多的教学方法，我们并不应该持不加分析地肯定某些而否定另一些的态度，而应本着继承性与发展性的指导思想，以服务于地理教学目标与内容为标准，对这些教学方法给予科学的借鉴与吸收。例如，地理“三板教学法”是具有内容美、形式美、书法美的地理课堂教学“集成块”，它集教材编者的“编路”、教师的“教路”和学生的“学路”于一体，具有启迪学生地理思维、培养学生读图分析能力、地理空间能力、提高地理学习兴趣的作用，在现代多媒体技术条件下，仍然发挥着电化教学不可替代的教育教学功能。为了圆满地完成地理教学任务，实现地理有效教学，教师务必以适用性为标准，在充分认识各种地理教学方法的优点与局限性前提下，选择使用合适的地理教学方法服务于地理教学实践。

案例 6-4

运用板图教学法讲授“大规模的海水运动”教学设计片段

知识模块	教师活动指导	学生活动设计
洋流的分布规律	配合板图，以问题导学。 设问 1：洋流形成的主要动力是什么？ 设问 2：展示多媒体课件，说说低纬信风、中纬西风如何影响洋流？ 设问 3：观察洋流分布模式图（下图），你认为洋流中哪个最有资格定为“模式第一笔”？为什么？ 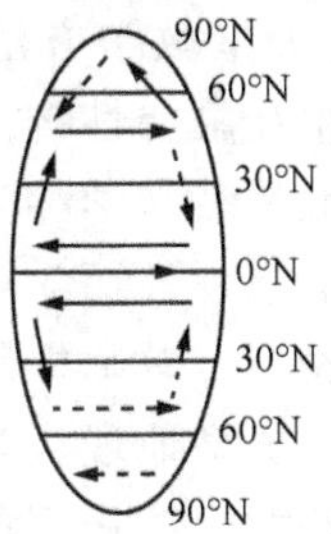 设问 4：为方便联想记忆，人们常将洋流的分布规律联想成“8 和 0”，北印度洋也符合这个规律吗？（板图介绍北印度洋季风洋流） 设问 5：观察世界表层洋流简图（板图），能否从洋流分布位置、运动方向、寒暖流的位置来归纳世界表层洋流的分布规律？	学生通过小组合作及“绘图练习”构建知识体系，绘图成果用投影仪展示，相互评论、反馈纠正。 （1）复习：绘制气压带和风带图（一位学生上台演示）； （2）在“世界海陆分布轮廓示意图”上绘制“世界洋流分布简图”（一位学生上台演示；讨论、确定“模式第一笔”，强调步骤：定纬度—想风向—画环流—加纬线—判寒暖）； （3）绘制“北印度洋季风洋流模式图” 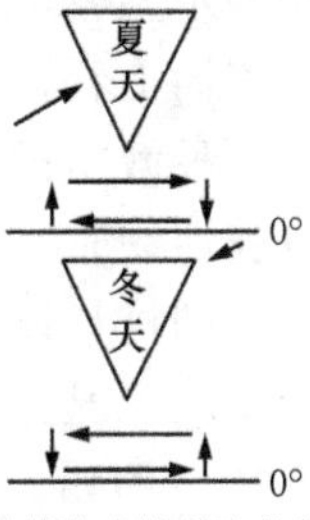 （4）小组讨论、总结发现的洋流分布规律； （5）阅读课本第 61 页图 3.5“世界表层洋流分布图”，记忆主要洋流的名称。

作者反思：本节课是自然地理的经典内容，属于地理学科基本原理和基本规律的范畴。在教学方法上，新课程强调运用地图归纳洋流分布规律的要求，体现了注重过程与方法的课改理念，在确定本小节教学目标时，就确定了“掌握利用手绘地图分析地理基本原理和基本规律的一般方法”，以图为线索，培养学生的画图、读图分析能力。本节课教学方法选择方面没有运用太多的多媒体辅助教学法，而主要采用了传统教学方法中的板图教学法：在黑板上画出“世界政区简略图”，教师根据学生的思维状态边讲边绘，动态展现洋流的流动方向和分布，实时调控教学节奏，及时反馈；还让学生自己在黑板上填、画出洋流分布简图，据图总结出洋流分布的规律、分析洋流对地理环境的影响。整节课不论对教师还是学生，都显得轻松、实用、有效。

摘自：蔡林梅. 新课标教材高中《地理》(人教版·必修1) 第三章《地球上的水》第二节“大规模的海水运动”教学设计．中学地理教学参考，2008，(10)：28-29

随堂讨论 6-5

结合教学案例 6-4，讨论说明地理教学方法选用时应如何处理好目标、内容与方法的关系？

3. 教师-学生-方法的双边性

所谓教学，不是由教师简单地把知识传授给学生，而是师生之间认知、情感的互动。原苏联教育学家巴班斯基指出：“教学方法的本质主要取决于学生的学习认识活动（学习）和教师相应的活动（教授）的逻辑程序和心理方面。教学方法是由学习方式和教学方式运用的协调一致的效果决定的。”他还从教师和学生相互作用的关系出发，将教学过程划分为六个基本环节，每一个环节都不是单纯的“教”或“学”的环节，而是“教学”的环节。我国对教学方法本质的认识，也经历了从着眼于教师的“教”到既关注教师的“教”又关注学生“学”的过程。教育家王道俊先生认为：“教学方法始终是组织教师与学生为传授知识、探索真知而共同进行的教与学双边互动的活动，这乃是教学方法独有的重要特点。”① 因此，地理教学方法的选择应充分体现“教师-学生-方法”的双边性原则。

1）教法与学法的耦合性

地理教学方法中，不管是提示型教学方法、共同解决型教学方法，还是自主型教学方法，其运用的有效性必须建立在教师教法与学生学法的相互融合性上。共同解决型教学方法自不待言，即使是提示型教学方法与自主型教学方法，也是教与学相互作用、相互促进的活动方式的总和。从表面上看，提示型教学方法是教师非常主动，而学生则是被动的，但我们并不能单纯地只看这种教学过程的表面形式。教育实践表明，教师提示的内容只有在能够激励、鼓舞学生的自我活动时，才能被学生接受。同样，自主型地理教学方法也无法完全脱离教师的组织、引导、调控与评估作用；相反，它对教师教学方法选用的多样性、灵活性和综合性提出了更高的要求。况且有些教学方法本身，既是教法，又是学法，两者的运作并不能脱离对方而单独存在。例如，认识地理特征、规律与成因的归纳法、演绎法、综合-分析法和比较法等，既是教师教学的基本方法，也是学生认识地理事物，形成地理概念的重要方

① 王道俊，郭文安．教育学．北京：人民教育出版社，2009：235.

法。因此，理想的地理教学方法具有教法与学法充分耦合的特征，表现为教师的输出就是学生的输入，或学生的输出即是教师的输入，这可使教学信息量的流失和损耗减少到最低程度。①

2）教学方法的结构性

每一类地理教学方法都是由相互联系着的师生的一系列活动方式组成，既具有一定的横向结构，也具有一定的纵向结构。横向结构由教师教法与学生学法及其之间的互动联系构成；纵向结构则是以学生的学习活动为线索的教学步骤，每一个教学步骤都是教法与学法的有机组合，是不断变化的。地理教学方法选择应体现教学方法的结构性，即学生学法是选择教师教法的依据与基础；教师教法对学生学法起着引导和调节的作用，两者相互依存，相互制约，相互渗透，构成不可分割的一个整体。例如，提示型教学方法中的学生认知活动系列包括建立学习心向—建立新旧知识间联系—认知同化—知识迁移与巩固—形成新的认知结构—应用知识解决问题等环节；与之相适应，教师教学方法系列就可确定为出示教学目标—呈现先行组织者—集体讲授—课堂讨论与练习—复习回顾—课后拓展与思考等环节。运用问题解决法进行教学时，学生的认知活动系列表现为明确地理问题—制订解决方案—进行问题探究—归纳地理原理—知识迁移运用等，相应地，教师教学方法系列就是提出地理问题—传授问题解决的知识与技能—引导学生的探究活动—帮助学生归纳原理—总结评价等。在确定教学方法的结构时，应首先确定学生学法的纵向结构，并以这种纵向结构为依据，再依次确定每个教学环节学生的学法，并依据学生的学法来确定与之相适应的教师的教法。

3）教学方法的生本取向性

关注学生，以学生为主，无论过去还是现在一直是教学方法改革的努力方向。它要求教师在做教学决策时不能仅考虑地理课程标准上规定的教学目标以及地理教科书上所指定的内容来进行地理方法的选择与组合，而应更多地考虑学生的学习现状与可能性。依据初中学生与高中学生心理年龄特征的差异，初中地理教学方法需更加倡导共同解决型的地理教学方法，如小组合作探究法、情境教学法、角色表演法等；图表教学法宜多采用读图法、填图法和简单的绘图法，而图解法、复杂绘图法、图表分析法则不宜过多运用；讲解法多用归纳法，而少用演绎法；比较法宜少数项目的比较，而不宜较复杂的综合比较。高中地理教学方法则应着眼“重视对地理问题的探究”这一课标理念，更多强调“开展地理观测、地理考察、地理实验、地理调查和地理专题研究”等实践活动，让学生经历观察、操作、练习、验证、搜寻、判断、分析、交流与表达等过程与方法。这样既可提高地理学习对学生的吸引力，还能培养学生的实践能力，更能在实践过程中发现问题，进而在解决问题的过程中激发学生的潜能和创造力，有利于学生地理素养的全面提高。②

4. 情境-条件-方法的境域性

马卡连柯认为，“教育学是最辩证、最灵活的一门科学，也是最复杂、最多样化的一门科学”。教学组成因素的复杂性、课堂教学进程的流动性和教学方法的多样性，使得地理教学方法在选择运用中充满变数，也蕴涵着丰富多彩的生机和活力，为教师主动性的发挥提供了充分发挥的舞台。“教学有法，但无定法，无法之法，是为至法”，地理教学方法的具体选择和运用应采取辩证、灵活、多样、发展的态度，体现“情境-条件-方法”的境域性原则。

---

① 吴也显．教学论新编．北京：教育科学出版社，1991：117.

② 陈澄，樊杰．普通高中地理课程标准（实验）解读．南京：江苏教育出版社，2003：41.

1）地理教学方法的情境适应性

同一种方法在不同的教师间存在差异，在各学校、各教学场景中的操作也有着明显的差别。实际教学活动中，并没有一种最佳的教学方法能够适应任何教学情境，也没有一种万能的教学方法能取得最好的教学效果，这正是由课堂教学情境的复杂性所致。多勒（Doyle）曾概括出课堂教学的五个情境性特征，即多元性、同时性、即时性、难以预料的公共课堂气氛和历时性。[①] 这种千变万化的教学情境，要求教师必须对课堂中传递出来的各种信息进行综合判断，选择出符合情境需要的教学方法。课堂教学中可能出现的各种教学问题，诸如课堂问题的防范、课堂教学学习的管理、学习动机的激发、知识传授策略、教学效果评价等，对如何运用各种各样的方法解决这些问题，教师须做到了如指掌，胸有成竹。

2）地理教学方法的动态发展性

由于课堂教学活动中教师、学生、环境、资源等都是不断变化的，变动不居是课堂教学的基本特征。因此，并没有固定不变的、绝对化的教学方法与模式。地理教学方法的选择必须“见机行事”、“伺机而动”，根据情境的变动而相应调整，制定决策。地理教师要全面考虑教学过程中师生、生生之间的交往、沟通、合作与竞争情况，充分估计教学过程中可能出现的各种突发事件，在对备选教学方法可能取得的教学效果进行慎重考量后，选择相应的教学方法，还需根据反馈信息，及时灵活地调整教学方法。

6.2.3 地理教学方法的选择程序

教学方法的选择程序是指教师根据一定的科学程序，在教学规律和原则的指导下，从一定的优选标准出发，自觉持有科学论据选择相应条件下一整套最佳的教学方法的教学活动。[②] 地理教学方法的选择程序也是在地理教学规律与教学原则的指导下，依据地理教学方法的选择原则及标准有序进行的。

1. 地理教学方法的收集与储备

教师搜集、了解到的教学方法越多，就越有利于教师进行教学方法的最优选择。教师应尽可能多地收集广泛多样的地理教学方法，方法的多样化有利于教师根据不同方法类型的特点进行游刃有余的选择，并针对各种方法的职能与适用范围进行扬长避短的有机组合，从而优化教学方法的整体效果。对于地理教学方法的收集与储备，可依据不同的分类依据分门别类进行，可按照师生双边活动收集，可按照学生获得的信息来源收集，也可按照教学过程各环节收集。

古往今来，国内外教育工作者和教学理论工作者相继创造了许多行之有效的教学方法，不时散见于有关书刊报摘中。这些教学方法是教学经验的结晶，是教学科研的成果，具有实践价值、理论价值和学术价值。教师要具有开阔的教育视野，不仅要浏览中学地理教学三大期刊和人大复印资料上出现的地理教学方法，还应以博采众长的态度，对其他学科中的教学方法加以合理地借鉴吸收和改造运用。教学既是一门科学，又是一门艺术，教师只有将工夫下在平时，多方收集、广泛积累各类教学方法，才能帮助自己根据具体条件选择最适宜的教学方法，并有可能通过方法的新颖效应及不同方法的替换和合理结合，实现教学方法的最优化，为学生的全面发展创造条件。

---

① Good T L，Brophy J E. 透视课堂．陶志琼，王凤，邓晓芳，等译．北京：中国轻工业出版社，2002：2.

② 高文．教学方法的最优化．全球教育展望，1983，(5)：20.

2. 地理教学方法适用条件的比较分析

无论多么优秀的教学方法，都有其特定的职能、适应范围和应用条件。为了更好地筛选与组合出一定条件下最优的一套教学方法，对所收集的各种教学方法的适用条件作比较分析是十分必要的。对地理教学方法的比较，不应笼统地比较方法的效率，而必须结合具体教学情境中各教学要素的内在联系进行综合比较分析。巴班斯基根据效率标准，在对教学方法与教学任务、内容的特点及师生本身的可能性进行深入分析的基础上，指明了各类方法的适用条件。本书参考巴班斯基教学方法比较分析思想，结合地理学科本身特点，针对提示型教学方法、共同解决型教学方法和自主型教学方法中各亚类就“最适宜解决的教学任务”、“最适宜解决的教材内容”、“相应的学生特点”和“教师应具备的可能性”等项目进行了比较分析见表 6-3。

表 6-3　地理教学方法适用条件比较分析

适用条件	提示型教学方法		共同解决型教学方法		自主型教学方法		
	口述法	演示法	谈话法	讨论法	自学辅导法	发现法	实际操作法
最适宜解决的教学任务	形成地理概念和掌握地理原理知识	发展地理观察力和激发地理学习兴趣	培养问题意识和提出问题的能力	发展地理批判性思考和合作交流能力	培养地理阅读能力与地理思维能力	提出问题、分析问题和解决问题的地理能力	运用地理知识、方法、技能解决实际问题的能力
最适宜解决的教材内容	逻辑思维为主的地理概念、地理原理等理论性知识	形象思维为主的地理景观、地理分布、地理演变等感性地理知识	过于简单的地理事实性知识，或过于复杂的地理原理性知识	具有开放性、探索性和前沿性的地理知识	教材内容难度中等，处于学生认识与理解的最近发展区内	教材内容与学生生活经验联系密切；问题具有解决方案的不确定性	教材内容与地理过程与方法知识密切相关，无法通过其他方法来有效掌握
相应的学生特点	学生具有相关知识储备或前提经验	学生能够接受直观教具	学生具备回答问题的动机和相应的知识前提	学生具备一定程度的基础知识并能洞察、判断知识间的一定关系	学生已熟悉该学习方式的环节与学习要领	学生已具备了采用问题解决式方法学习该课题的准备	学生具有完成实际操作方面的作业准备
教师应具备的可能性	教师相对更擅长运用此方法	教师对该直观教具的方法与步骤运用娴熟	教师已掌握好提问的时机、火候与分寸	教师擅长创设讨论氛围，并掌握引导讨论的策略	教师具备在课堂上组织学生独立自学的教学材料和时间	教师有时间采用，并很好地掌握了该教学方法的程序或步骤	教师具备组织实践操作练习的物质材料和教学资料

实践证明，任何一种地理教学方法都具有其自身独特的功能与作用，但并没有一种教学方法是万能的，在解决某项任务时，一种方法比另一种方法有效，但可能在解决另一项任务时，它们的位置则可能会互相交换。在“适用条件”项目中，“最适宜解决的教学任务”、“最适宜解决的教材内容”中“最适宜解决”字眼，就意味着该方法在解决某项教学任务时，相比其他方法，它是最合适的，但并不意味着全盘否定解决该项任务中其他方法的作用。实际上，最佳的教学方法大都是契合教学实际的多种方法的有机组合，比较分析的目的仅在于

帮助教师选择教学方法由感性上升到理性，使选择更有成效。“相应的学生特点”和“教师应具备的可能性”项目则表明，任何一种教学方法有效运用的前提都是师生双方必须对此方法的本质内涵、独特性能、适用范围、操作方法有着深刻的理解。此外，教师还要有足够的把握，学生对此教学方法在其学习过程中的采用是配合、欢迎的积极态度，而不是消极抵触的。

3. 地理教学方法的筛选与组合

现代教学对教学方法的选择要求日益提高，提倡以系统的观点为指导，对各种方法进行筛选与组合。一般来说，地理教学方法的筛选与组合应遵循如下几个步骤：首先，从三种教学方法大类中确定出某类方法作为该课题的基本教学方法；其次，从所收集储备的备选教学方法中筛选出适合本课题的具体方法亚类；最后，对所选教学方法进行优化组合，进行教学程序与策略的设计。需要强调的是，所有教学方法的筛选与组合均需依据教学方法选择的原则与标准进行。另外，对于教学难度较大的内容，教师还需要多制订几套教学方法设计方案，在对各方案教学效果进行综合评估后，确定出最满意的一套方案。

案例 6-5

“河流侵蚀地貌的形成与发展过程”教学方法的筛选与组合

方案一：提示型教学方法

步骤 1：教师介绍造成河流侵蚀地貌的三种侵蚀作用类型：溯源侵蚀、下蚀、侧蚀，并简单介绍三个概念。

步骤 2：教师结合图解法，配合讲授三种侵蚀作用类型对河流的影响。

步骤 3：教师采用列表比较法对河流侵蚀地貌的三种侵蚀作用类型的概念及其对河流的影响进行总结归纳。

方案二：共同解决型教学方法

步骤 1：教师首先通过 Google Earth 软件让学生观看学校附近某条河流的卫星图片，向同学们展示河流侵蚀地貌，并介绍造成河流侵蚀地貌的三种侵蚀作用类型。

步骤 2：以小组合作的方式，师生一起对三种侵蚀作用的概念及其对河流的影响展开探讨，并通过课堂练习进行知识的巩固与迁移。

方案三：自主型教学方法

步骤 1：教师先让学生自学造成河流侵蚀地貌的三种侵蚀类型的特点、对河流的影响等内容，为学生探究学习做好知识准备。

步骤 2：学生以小组形式，通过课外实践活动对家乡附近的河流展开野外考察，探寻三种侵蚀类型地貌的相关信息。

步骤 3：各小组对收集到的信息资料进行分类整理，在课堂上展示汇报。

经过实践比较，三种方法各有其优缺点，方案一采用了讲解法、三板教学法和列表比较法，讲解过程遵循地理知识的逻辑结构，有助于学生建立三种侵蚀作用的完整知识体系，形成结构完善的理论知识。但相对地没有考虑学生的学习心理和生活经验，不久后可能会出现学生对知识遗忘与混淆的问题。方案二主要采用了共同解决型教学方法，师生以课堂讨论的方式，其优点在于考虑到了学生的生活经验，并注意调动学生学习的积极性，但学生对于三种侵蚀作用的认识仍限于理论上的认知。方案三采用自学辅导法、探究发现法、研究性学习法，让学生经历地理知识的形成过程，培养学生的地理实践素养，关照了理论知识与实践能力的有机结合。但是，由于本节内容理论性强，学生对三种侵蚀作用的内在区别容易混淆，所以教师对知识的系统化与概括化将直接决定学习成效的高低。经过三种方案优缺点的综合比较分析，教师对三种方案所采用的方法加以筛选组合，拟订了以探究式教学方法为主，以多媒体演示和教师讲解为辅的教学方法组合。

步骤1：演示法。教师首先通过 Google Earth 软件让学生观看学校附近某条河流的卫星图片，向同学们展示河流侵蚀地貌，激发学生的探究兴趣。

步骤2：讲解法。教师向学生简要介绍河流侵蚀地貌的三种侵蚀类型的特点及其对河流的影响，为学生探究学习做好基本的知识铺垫。

步骤3：探究教学法。学生以小组形式，通过课外实践活动对家乡附近的河流展开野外考察，寻找三种侵蚀类型地貌的相关信息。各小组对收集到的信息资料进行分类整理，在课堂上进行展示汇报。教师对学生的探究学习过程给予激励性评价。

步骤4：练习法。教师通过课堂拓展训练，对所学知识进行巩固与迁移。

显然，这种教学方法组合能够将多种教学方法有机结合起来，有效解决了教师与学生、规模与质量、知识与能力、统一与个性等之间的矛盾，是一种具有科学性与艺术性的教学操作。

随堂讨论 6-6

结合案例6-5，分析讨论地理教学方法选择与设计的基本程序与策略。

6.3　不同取向的地理教学方法设计与案例研究

关键词　教学方法设计与案例研究；提示型地理教学方法；自主型地理教学方法；共同解决型地理教学方法

教学方法的显著特征是操作性强，这一特征决定了教学方法的设计也应该本着便于实施的原则进行。杜威在其《民主主义与教育》一书中指出，教学方法受特定的课程内容制约。各门学科的教学必须运用适合各自学科内容的思维方法、研究方法、研究手段，教师要探讨并把握各门学科的方法论特性。唯有如此，一般教学方法才能作为教学方法的一般基础发挥作用。

6.3.1　提示型地理教学方法设计与案例研究

采用提示型教学方法进行地理教学，其实质是一种接受学习的过程，是符号所代表的新知识与学习者认知结构中已有的适当观念建立实质性和非人为性的联系的过程，即有意义的学习。提示型教学方法之所以遭到很多批评与诟病，在于这种以教师为主导的讲授方式，容易使课堂授课变得枯燥、乏味、频繁、冗长，因而没有什么效果。尽管如此，这些批评大多反映的是过分或不恰当地使用这一教学方法会引起的许多问题，而不是这一方法本身存在问题。提示型地理教学方法教学效果的好坏取决于准备和进行讲解所花的精力和所采用的技巧。如果讲课组织得好，内容新颖，且方式恰当，这种方法仍然值得推荐。[①]

1. 提示型地理教学方法的准备

教学方法设计最重要的问题不是“我们是否应该运用此法讲课?”而是“我们应该什么时候采用此法讲课?”选择提示型教学方法，首先必须明确运用此教学方法将要达到的教学目的和特定的学习目标。一般来说，以下一些情况适合运用提示型教学方法：①目的是提供信息；②所讲解的信息不在现存的材料中；③材料以特定的方式组织；④激发学生对此方面的兴趣；⑤必须在学生自己研究主题前进行介绍或提供完成任务的指导；⑥信息新颖，或把来自不同材料的信息融为一体；⑦对信息加以概括或综合；⑧课程材料必须适合时代的发展，精心设计而成；⑨教师需要为讨论作准备，提供可供学生选择的观点或澄清问题；⑩教师需要提供补充的解释材料，以免学生独立学习时有困难。以上这些可作为选择与设计地理提示型教学方法的基本原则。教师在备课时要以这些原则为指导，认真做好课标分析、教材分析和学情分析，确定适宜采用提示型教学方法的课节和教学内容。

案例 6-6

“气压带和风带”（第 1 课时）教学设计片断

【课标分析】

课标要求：绘制全球气压带、风带分布示意图，说出气压带、风带的分布和移动规律及其对气候的影响。

本条标准的要求具有明显的层次性。首先，学生要会绘制全球气压带、风带分布示意图；其次，能够通过所绘示意图，说出气压带、风带分布及其干湿性质和移动规律；最后，能够举例说出气压带、风带分布和移动规律对气候的影响。

【教材分析】

本节教学内容是“气压带和风带的形成”，是第二节“气压带和风带”的核心，起着承上启下的作用。它既是对第一节“冷热不均引起大气运动”中“热力环流”和“大气的水平运动”相关知识的应用和迁移，也是由小尺度地理问题到大尺度地理问题的知识迁移，还是学习下一部分内容“北半球冬、夏季气压中心”的前提与基础。

【学情分析】

1. 通过“必修 1”第一章和第二章第一节内容的学习，学生已经基本掌握了太阳直射点的季节性移动、热力环流、大气的水平运动等知识，这些知识为学习本节课内容奠定了基础。通过前几节课严谨的逻辑推导分析过程，学生具备了一定的逻辑推理能力，有能力在教师的引导下推导出气压带和风带的形成过程。

2. 高一学生此时还未掌握立体几何的相关知识，故在空间想象能力上稍有欠缺。本节课涉及的内容逻辑性较强，我校高一学生地理学习能力差别很大，且男、女生的空间想象能力也存在较大差异，故部分学生学习本节课内容困难较大。

【教学重点、难点】

重点：气压带和风带的分布及其移动规律；

---

① Good T L，Brophy J E. 透视课堂. 陶志琼，王凤，邓晓芳译. 北京：中国轻工业出版社，2002：474.

难点：气压带和风带的形成过程。

【教学目标】

1. 通过从理想假设出发不断附加条件进行探究，推导气压带、风带的形成过程，并有序绘制全球气压带、风带示意图，说出气压带与风带的名称及分布规律。

2. 通过引导分析和绘制示意图，描述高、低空气压高低与气流升降的关系，说明近地面气压带性质；根据风源地判断近地面风带的冷热、干湿属性。

3. 通过观看动画演示，说出气压带和风带的移动规律。

4. 通过感受推导过程的逻辑严密性，使学生感悟知识的形成过程，并认识到世界是普遍联系和运动的，而联系和运动是有规律的，从而激发学生探索自然规律的兴趣。

【教学方法和教学媒体】

启发式讲授为主，计算机多媒体平台。

摘自：李文利，韩黎莉，王莉，等．新课标教材高中《地理》（人教版·必修 1）第二章《地球上的大气》第二节“气压带和风带”（第 1 课时）教学设计．中学地理教学参考，2008，(9)：23

随堂讨论 6-7

结合案例 6-6，分析讨论该教师选择地理教学方法所体现的原则和遵循的依据。

2. 提示型地理教学方法的实施设计

不管采用哪种类型的教学方法，真正的教学活动必须符合三个逻辑上必要的条件：引起学生学习的意向；明释学生所学的内容；采用易于学生知觉的方式。[①] 提示型地理教学方法同样如此。本方法的实施设计主要有新课导入、告知学习目标、呈现新内容、指导练习和修正反馈、课堂小结和布置独立练习等环节。各教学环节均会根据不同环节的教学目的，选择相适宜的具体方法与策略。

1）新课导入

本环节常用的教学方法主要有两类，一是采用情境教学法，通过问题情境、音乐、动画、讲故事或角色扮演等生动活泼的方式引入新课；二是采用先行组织者策略，以讲述法或问答式谈话法，让学生把储存于头脑中的信息与将要呈现的信息联系起来，从而为学生进一步组织学习内容作好准备。“组织者”要用学生熟悉的语言和概念呈现，让学生原有的认知结构与将呈现的信息发生交互作用。一般来说，课堂导入时间不宜过长，导入内容要精选与教学主题相关的情节，以激发学生强烈的求知欲望和高涨的学习热情为目的，而不可喧宾夺主，冲淡教学主题；复习内容也不宜过多，要精选那些学习新知必要的以及与新知有密切联系的旧知识作为复习内容，做到短时高效，迅速接触新知。

2）告知学习目标

告知学习目标是日常教学实践中极为关键又容易被忽视的一环。学习目标对学生学习具有积极的定向和调控作用。实践表明，具有明确学习目标的学生，更容易为后面的正式学习

① 施良方，崔允郭．教学理论：课堂教学的原理、策略与研究．上海：华东师范大学出版社，2009：16.

建立积极的学习心向，为学习过程的有序展开建立起积极的心理准备；其学习效果通常要比未出示学习目标的教学效果要高。学习目标出示通常采用多媒体展示法和口述法相结合的方式进行。学习目标一般涵盖知识与技能、过程与方法和情感态度价值观三个维度，采用行为目标的方式，以学生主体的身份加以阐述。学习目标要明确告诉学生将要学习什么和要达到的目标，以适当方式告诉学生学习内容的趣味性、重要性和有用性也非常重要。

3）传授新知

传授新知是地理教学的中心环节。学生是学习的主体，教师应充分考虑如何合理地安排适量的教学时间，确定具体的学习目标，有效地运用教学传递的各种方法，这些方法以最适宜帮助学生理解、吸收以及运用新的概念和技能为目标。口述法是传授新知最基本的方法，教师要做到清晰授课，充分考虑教授内容的覆盖度和逻辑序、教学语言的科学性与艺术性、讲解数量与速度的适宜性；教师还要能够根据教学内容使用新颖的教具、采用鲜活的案例和有效的课堂演示、举例、图解、实验等方法，并恰当运用讨论、提问等多种互动教学方法，通过多样化教学，将教学内容有效传递给学生。

4）巩固练习

知识的获取和能力的形成具有“感知—理解—运用”的层级分布特征，学生学到的知识和技能能够得以巩固和迁移，才能应用于将来的工作和生活，课堂内有效练习是促进知识巩固和迁移的重要方法。练习的效果不在于次数的多少，而在于重复练习后要达到一定的正确性和协调性，一定的速度和反应的自动化程度，因此，练习设计要注意“质”与“量”的结合。教师应结合新旧知识的增长点，采用集中练习和分散练习相结合的形式，给学生提供实践的机会，让学生回答、讨论、演示、操作，在较短的时间内让学生获得较多的知识技能，并达到灵活运用的目的。学生做练习时，教师不要去打扰，但要时刻监控练习的全过程，并对练习的结果作出适时评价。

5）课堂小结

好的课堂教学，不仅应当有引人入胜的导入、丰满翔实的展开，还应有发人深省、余味无穷的结课，正所谓“凤头—猪肚—豹尾”。本教学环节是非常必要的，通过对知识的回顾与总结，以利于重难点知识的提炼与知识体系的结构化。教师应根据教学内容的性质和特点，既可由教师回忆，也可由学生回忆，也可师生共同回忆，灵活选用总结整理式、承前启后式、拓展延伸式、悬念式、练习式及激励式等结课方法，[①] 对整堂课的主要内容高度浓缩，归纳概括，给学生以清晰深刻的印象，起到帮助学生整理思维、加深理解、巩固记忆的作用。

6）布置独立练习

与课堂巩固练习相比，课后的独立练习除了具有对知识的内化与迁移作用外，更具有拓展提升地理知识、技能的意义。问题设计一般具有一定的思考难度，具有开放性和综合性特点，更加关注程序性知识和策略性知识的巩固与掌握，借以培养学生提出问题的能力、问题解决能力和分析判断能力。一般来说，课后拓展练习所设计的问题要具有承前启后的意义，既对本节教学内容具有涵括和拓展作用，又与下节教学任务紧密呼应。下面仍以“气压带和风带”一节教学案例的教学实施阶段为例加以说明。

---

① 江晔，刘兰．地理课堂教学技能训练．上海：华东师范大学出版社，2008：171-175.

案例 6-7

第二节“气压带和风带”(第1课时) 教学设计片断①

教学环节	教师活动	学生活动	设计意图
新课导入	[情景导入] 讲述小故事："马纬度"。(略) 思考：这一地区为什么常常出现无风、闷热的天气?	学生猜测原因	创设情境 激发兴趣 导入新课
复习铺垫	[复习] 根据A、B两地的冷热状况，画出热力环流示意图(图略)	在学案中画热力环流示意图	为新课学习做铺垫
单圈环流	假设：地表均一，地球既不自转也不公转。 [活动1] 推导单圈环流的形成。 [小结] 在假设地表均一，地球既不自转也不公转的条件下，引起大气运动的因素是高低纬度之间的受热不均，在赤道与极地之间形成了单圈环流。 [承转设问] 赤道与极地之间的热力环流能否维持? 为什么?	在课本第63页图2.9中标出大气运动方向，描述该热力环流形成过程，并思考回答问题	热力环流原理知识迁移
三圈环流	[过渡] 此单圈环流不能维持，因为实际上地球是在不断运动的。 地球自转，假设：地表均一 思考：此假设条件下，引起大气运动的因素是什么?	思考回答(略)	承转过渡
气压带与风带的分布规律	[活动2] 推导三圈环流的形成。 边讲边绘制三圈环流示意图，引导学生分析、理解三圈环流形成过程	在问题的引领下，边听讲解、边观察示意图、边思考、边回答问题，并在学案上按顺序绘制三圈环流示意图	借助立体图突破难点，推导三圈环流形成过程，培养学生的空间想象能力和逻辑推理能力，为学习近地面的气压带、风带做铺垫
	[活动3] 描述高、低空气压高低与气流升降的关系，并绘制北半球气压带意图	完成学案表格；在学案中，绘制北半球气压带示意图，写出各气压带的名称	巩固北半球近地面气压带名称分布，为画北半风带做铺垫
	[活动4] 绘制北半球风带示意图，并归纳北半球气压带与风带的分布规律。教师展示投影，点评学生所画北半球气压带和风带示意图，并总结分布规律	在学案中画北半球近地面的风向，并说出北半球气压带与风带的分布规律	在平面图中落实北半球和南半球气压带和风带的分布，通过绘图和描述分布规律，培养学生绘图能力、语言表达能力和总结归纳能力
	[活动5] 绘制南半球气压带与风带示意图，并归纳全球气压带与风带的分布规律	在学案上画出南半球气压带、写出各气压带名称，并画出风向、写出名称；观察并说出全球气压带与风带的分布规律	
	[活动6] 各气压带和风带的干湿状况：教师通过板书，总结气压带和风带的干湿状况	思考、回答问题，说明气压带和风带的干湿状况	为下节课讲气压带和风带对气候的影响做铺垫
	[小结] 略		

① 李文利，韩黎莉，王莉，等．新课标教材高中《地理》(人教版·必修1) 第二章《地球上的大气》第二节“气压带和风带”(第1课时) 教学设计．中学地理教学参考，2008，(9)：23-24.

续表

教学环节	教师活动	学生活动	设计意图
气压带和风带的季节移动规律	[过渡] 地球在自转的同时还在不断地绕太阳公转，如果再附加一个公转条件，那么地球上的大气又将如何运动呢？ 地球既自转又公转，假设：地表均一。 [动画演示] 气压带和风带的季节移动	观察动画演示，思考回答问题，说明气压带、风带移动规律	利用多媒体动画突破难点，培养学生的空间思维能力
	[小结] 全球气压带和风带发生季节性的移动，以北半球为例，大致是夏季北移，冬季南移		
呼应导入	同学们能否利用这节课所学知识解释“马纬度”小故事中，30°N 附近常常出现闷热、无风天气的原因？	思考、解答问题	培养学生分析解决实际问题的能力
课堂总结	这节课通过推导气压带和风带的形成过程，重点学习了气压带和风带的名称、分布、性质及其移动规律。不同的气压带和风带有着各自的水热特征，它们是如何对世界的气候产生影响的？地表是不均一的，如果考虑海陆分布，全球的气压带和风带又会有什么变化？下节课来学习		总结要点，设置悬念，为下节课做铺垫
课堂反馈	布置练习	结合所学知识完成学案上的练习	学习效果评价

随堂讨论 6-8

阅读教学设计案例 6-7，讨论交流提示型地理教学方法的基本教学过程与注意事项。

3. 提示型地理教学方法设计的反思与评价

教学模式设计是否成功，就要看在有限时间内是否达到了令人满意的学习效果。① 对课堂教学效果的评价主要采用过程-结果评价方法，它又可分为学生学习结果研究和教师教学结果研究。② 由于提示型教学方法是以教师为中心的方法，因此，提示型地理教学方法设计的反思评价可主要关注教师教学行为的评价。要充分关注教师如何采用有效的信息表现方式促进学生的学习活动、如何激发学生的学习兴趣和帮助学生巩固所学知识和应用所学知识。北京师范大学申继亮教授认为，教师教学反思要经过自发性反思阶段、理性反思阶段和发展性反思阶段三个水平阶段。发展性反思是在水平一、水平二的基础上，清晰地表征问题，并能揭示行为背后的规律、理念，并以此指导问题解决的进程，进一步监控、调整自己的行为和观念。③ 因此，要想提高提示型教学方法设计反思评价的有效性，教师应尽量做到量化评价，运用评价量表（表 6-4），明确评价问题，并运用相关理论与原理进行科学合理的评价。

① 莫里森，罗斯，肯普．设计有效教学．严玉萍译．北京：中国轻工业出版社，2007：12.
② Good T L，Brophy J E. 透视课堂．陶志琼，王凤，邓晓芳，等译．北京：中国轻工业出版社，2002：470.
③ 申继亮．教学反思与行动研究．北京：北京师范大学出版社，2006：80.

表 6-4　提示型地理教学方法设计评价表

姓名	教学内容	班级	时间				总评
一级指标	二级指标兼评分要素	评分				得分	
		5	4	3	2	1	
A 教学导入	A1. 吸引学习者的注意力						
	A2. 学习目标清晰明确						
	A3. 帮助学习者确立合理的期望值						
	A4. 为学习者提供参与学习的机会						
B 教师言语	B1. 根据学习情境采用适当的表达方式						
	B2. 采用多种方式阐释概念						
	B3. 提供案例或例证阐明原理						
	B4. 语言的教育性、启发性与互动性						
C 信息流通	C1. 利用学习者的知识与经验						
	C2. 提出清晰而恰当的问题						
	C3. 鼓励和支持合作讨论						
	C4. 为学习者提供反馈机会						
D 巩固与迁移	D1. 鼓励学习者对所学知识进行复述、精加工和组织						
	D2. 提供实践新学知识与技能的机会						
	D3. 提供反思与回顾的机会						
	D4. 创设与所学知识有关的学习活动						

注：一级评价指标共 A、B、C 3 项，二级评价指标各 4 项，每个二级指标满分为 10 分。

表 6-4 中呈现了与提示型教学方法相联系的最关键的一组教学特征，包括教学导入、教师言语、信息流通、知识的巩固与迁移等。可以看到，它主要是围绕教师如何“学会教学”展开的。当然，实际教学反思与评价过程中，“学会教学”与“学会学习”是紧密结合的，教师既要对教学情境进行理性观察，又要对教学过程进行合理调控，对教学行为进行矫正，对教学对象的发展状态进行内省，从而不断提升教学实践的合理性，提升教师的实践智慧，从而改善后续教学行为，提高课堂教学的有效性。

6.3.2　自主型地理教学方法设计与案例研究

自主型地理教学方法是一种较耗时的方法，但自有其他教学方法所无法达成的教学效果。正如奥苏伯尔所说，学生独立收集信息需要花费几个小时，但有时候迫使学生自己花费几个小时去寻求信息又是必要的。学生的自主性学习活动大致包括三个阶段，一是认识所要学习的课题，明确所要达到的学习目标；二是探求解决问题、实现目标的方略或方法；三是总结学习成果，反思整个地理学习过程，并展开实际应用的练习。相应地，自主型地理教学方法的设计也包括准备、实施和总结评价三个阶段。

1. 自主型地理教学方法设计的准备

1）确定课题与自主学习的时间

没有主题、没有目标的活动是盲目的、流于形式的。心理学研究表明，设置适合的目标定向，有助于使学生获得成功体验，鼓励学生的自我强化。[①] 因此，合理确定地理课题和自主学习的教学时间是自主学习成功的关键，也是自主型教学方法有效实施的前提。教师需要审慎考虑，在教学时间的哪一阶段进行自主型学习活动特别有效。一般来说，高一可选在第二学期开学初，高二、高三可选择第一学期开学初；要考虑教学计划的整体性，不能因为过多过频繁地采用自主型教学方法而严重影响整体教学进度，应从全局着眼，综合考虑教学任务、教学时间、教学内容的特点以及学生特征，确定适宜的时间与课题。教师还需要慎重考虑课题的难度是否适合自主性学习，所选问题情境是否能够激发起学生自主探究的活力与兴趣，用于解决课题的时间与所求的结果是否协调等。

2）向学生传授自主学习的前提知识与技能

自主型地理教学活动的最大特征是学生能动的自我活动，当然，最重要的不是学生外表的活跃，而是学习强度与效果的提高。要想提高自主型学习活动的品质，教师必须首先培养学生自主解决地理课题的能力与习惯。一般来说，学生自主学习必须具备如下一些前提条件：其一，有一定的解决该课题的知识储备；其二，课题、活动的目标可以理解；其三，明确并掌握所采用的解决方法；其四，能视课题性质改变学习方法，拥有旨在解决课题、发展新方法的能力。[②] 为成功实施自主型地理教学方法，教师需结合上述方面向学生提前传授相关知识与技能，诸如如何发现地理问题，确定该课题的性质和问题所在；如何提出解决问题的设想，或暂提出一些尝试性的不同的解答方案；如何根据设想进行推理，以求得解决问题的方案；如何进行实验验证发现这些设想、假设的真实性和有效性；如何总结、检查、应用学习成果，学会地理学习的方法等。这样，最终使地理学习的能力与知识不再是教师才可拥有的东西，而成为学生本身的东西。

3）制订切实可行的活动计划

一次较复杂的地理自主学习活动就是一个地理研究性学习课题，为确保活动的高效运行，需要师生一起协商制订切实可行的自主学习活动方案。自主型地理学习活动计划通常包括活动时间安排、活动步骤或程序设计、活动任务的分配与协调、媒体技术与手段的准备等。教师需要制订周详的作业计划，根据教学任务对课题进行合理分配，确定计划的整体目标和阶段目标。进行小组组建，鼓励每个学生积极参加小组活动，一般不要从学习成绩上加以限制。教师还要考虑是否准备了必要的学习手段，如信息资料、多媒体技术、地图、绘图、模型和标本等，考虑同学之间互助互学的可能性，并做好活动困难预测。

2. 自主型地理教学方法的实施设计

自主型学习活动强调学生在没有教师指导的情况下，能够运用自身所拥有的地理知识与能力，正确地将地理课题及其解决方法互相结合，积极主动地解决地理课题，并促成其生产性的、创造性的地理学习态度与能力。自主型学习活动有两个特点：一是教师提出课题，学生解决课题；二是课题一旦提出，学生必须竭尽全力寻求最好的解决办法。

---

① 莫雷．教育心理学．广州：广东高等教育出版社，2005：445.

② 佐藤正夫．教学原理．钟启泉译．北京：教育科学出版社，2001：297.

1）提出自主学习问题

自主学习的问题情境一般由教师启发指导或学生自主就某一领域感兴趣的地理问题来确定。问题情境可利用演示实验、生活案例、问题假设等方式方法创设。不管何种问题情境，都必须具有“一石激起千层浪”的激活力和扩张力，具体表现在两个方面：一是问题的不确定性，即问题解决方案是有争议的、矛盾的、复杂的、有分歧的；二是问题的近体性，即所提问题是存在于学生生活经验中的、学生热衷尝试解决的、学生作为决策主体的地理问题。这样的自主学习活动才能成为充满灵性的、富于情感的和自由创造的活动。①

2）拟订自主学习活动方案

教师与学生经过多次沟通与协商，在充分预测活动的难度与所需时间后，结合各小组学生的能力、兴趣与特长，拟定出自主学习活动方案。活动方案不仅要充分考虑活动形式（个人独立研究、分工合作研究、班级集体研究）、活动计划目标（整体目标和阶段目标）、活动任务分工、实施条件准备等，还需充分考虑学生的已有经验、知识背景和智力水平，为学生提前讲解活动所涉及的步骤和环节、问题解决过程中可能用到的方法和技能等。这就相当于为学生活动搭建起一个行动支架，将复杂的学习任务分解，以便让学生循序渐进地掌握自主学习的过程与方法。

3）资料收集与分析

资料的收集与分析是拟订和选择问题解决方案的依据。这个过程是各种疑惑、困难、障碍和矛盾逐步暴露的过程，也是展示学生聪明才智、独特个性和创造成果的过程。② 教师既要能够放手让学生运用各种可能的途径与方法进行自我活动，又要对学生的活动过程和效果加以监控，对因思路不清无法顺利开展工作的小组要及时给予科学的方法指导、动作示范和理论支持；督促其按期完成活动。

4）初步形成方案

各小组在协商讨论的基础上，将本组方案进行提炼总结，以研究报告的形式撰写成文，形成初步问题研究成果。方案的形成要尽力克服个人选择和个人决断，体现出决策生成的群策群力，因为学习成效受社会相互作用、人际关系以及与他人交流状况的深刻影响。对问题解决方案的衡量取舍，价值判断是必须考虑的评价标准之一。总体而言，“满意化原则”是比“最优化原则”更为现实、合理的决策原则，因为方案涉及各方的可接受性。可能该成果是片面的、不成熟的甚至是行不通的，但自主学习过程中积累起来的各种经历和体验将成为今后解决类似问题的经验。

5）成果展示

心理学家发现，反馈可作为一种诱因，在很多情况下，可作为个体行为的适当强化。③ 小组活动的成绩通过汇报、作品展览等方式反馈出来，学生就可以及时知道自己的活动结果，包括运用所学知识解决问题的成效，这会产生很大的激励作用，从而增强学生的信心，提高其学习兴趣；不仅能够巩固小组活动成果，还能够有力推动活动的进一步开展。教师要善于做一个高明的幕后导演，把前台交给学生，让各小组选择某种方式在全班展示本组初拟方案，全班学生运用某些标准对方案的有效性与可行性展开评价。

---

① 户清丽．高中人文地理决策教学实践探索——以“煤城平顶山出路何在”决策教学为例．地理教学，2011，(11)：10.

② 段玉山．地理新课程研究性学习．北京：高等教育出版社，2003：8.

③ 莫雷．教育心理学．广州：广东高等教育出版社，2005：448.

案例 6-8

高中人文地理决策教学法“煤城平顶山出路何在”教学片断

【提出决策问题】平顶山，一座因煤而生的城市。近年来，煤炭的旺销和价格的上涨，使平顶山进入一个新的“盛世”时期，所以，不少人对“平顶山进入资源枯竭城市行列”一说不以为然，他们认为平顶山“正值盛年”；但是，城市决策者们早就意识到：单纯依靠煤炭业，平顶山的经济命脉就存在风险。煤城图变，已经成为平顶山普通百姓和高层领导的共识。有人说学好了地理最好去当一个市长，今天我们就来当一回平顶山市的市长，运用地理知识为煤城平顶山市寻找出路。

【拟订决策教学方案】

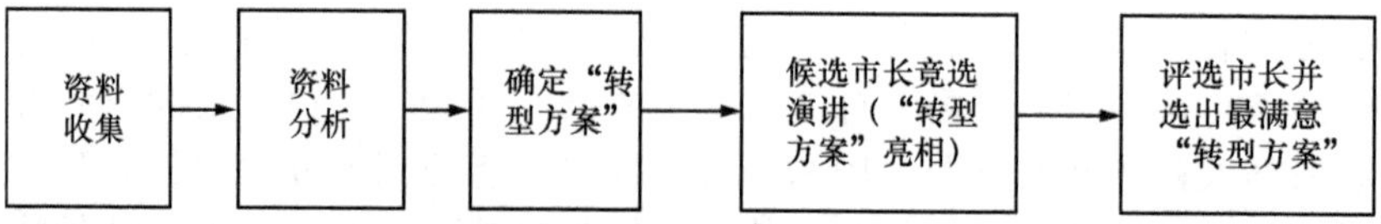

第一阶段：资料收集阶段。采用角色扮演法，将全班分成四个市长竞选小组，每组推举一人为候选市长，由其协调，让本组成员分别担任平顶山市各局局长及秘书等，将决策方案任务自行分割，让其利用各种途径分头收集资料。

第二阶段：资料分析阶段。各小组成员将所收集资料进行汇总、整理和筛选，在讨论基础上，酝酿决策方案。

第三阶段：确定“转型方案”阶段。小组秘书将讨论方案进行整理记录，初步拟定出平顶山市的“转型方案”。

第四阶段：候选市长竞选演讲阶段（“转型方案”亮相阶段）。各组候选市长参加竞选演讲，演讲结束后，“评审团方阵”对候选人进行质询，由候选人或“助理团”成员进行答辩，质询内容需围绕演讲内容展开。

第五阶段：评选市长并选出最满意“转型方案”阶段。以全民选举（全班同学举手表决）的方式，选举出平顶山市市长，该演讲词也相应被确定为平顶山市发展的最满意“转型方案”。

【资料收集与分析阶段】

让学生以参观访问、社会调查和查阅文献等方式，搜集平顶山区位、资源状况、当前经济发展及面临的问题等，为拟订和选择方案提供依据。

以小组为单位，结合收集材料，运用所学地理知识和原理，为煤城平顶山的转型展开分析讨论、出谋划策，并由小组秘书负责记录讨论结果。

【确定“转型方案”阶段】

各组在充分酝酿讨论的基础上，由各小组秘书负责将“转型方案”以书面报告的形式撰写成文，初步形成煤城平顶山发展的“转型方案”，作为各小组参选市长的演讲词。

【候选市长竞选演讲与答辩阶段（“转型方案”亮相阶段）】

在主持人（由学生扮演）主持下，各组候选市长参加竞选演讲。候选人演讲结束后，“评审团方阵”对候选人进行提问、质询，由候选人或“助理组”成员进行答辩，评审团的质询内容需围绕演讲内容展开，并确保不出现带有讽刺、挖苦等攻击性言辞。

此环节是决策教学的高潮。不仅是各决策小组将辛苦做出的决策成果进行展示交流的时间，也是各小组成员展示个性与风采的时刻。

【评选市长并选出最满意“转型方案”阶段】

最后，全班同学根据四组候选人演讲与答辩情况的综合评估，以举手表决的方式评选出“平顶山市市长”，并选出最满意的“转型方案”。

【教师点评激励】

今天大家扮演角色，为煤城平顶山的未来发展出谋划策；明天你们就会担任角色，成为各行各业有魄力有担当的决策人。下面我荣幸地宣布平顶山市市长和最满意“转型方案”……

摘自：户清丽．高中人文地理决策教学实践探索——以“煤城平顶山出路何在”决策教学为例．地理教学，2011，(11)：9-11

随堂讨论 6-9

阅读案例 6-8，讨论交流该案例中“问题提出”和“问题解决”的特点与教学意义。

3．自主型地理教学方法设计的总结与评价

1）学习方法与技能的总结提升

学生在自主学习过程中到底学习了哪些自主学习的方法，领悟了哪些问题解决技能，如何进一步理解和运用这些技能与方法，这还需要教师作关键的启发与点拨。因此，对自主学习过程的提升和拓展就成为总结评价阶段的重要任务之一。教师要帮助学生就“地理问题选择”、“问题解决步骤安排”、“问题解决方案制订”、“问题解决过程评价”等自主学习过程与方法的梳理和提炼，并要告知学生，本次自主学习教学活动虽然结束了，但地理研究性学习远未结束，现阶段的研究学习活动应是后继研究和活动的动因和基础。

2）学习活动效果评价

教学离不开评价。对地理教师而言，能否熟练掌握和运用各种有效的评价手段对地理自主学习活动展开科学合理的评价，无疑极有益于自主型地理教学方法教学效果的提高。除了教师在学生自主学习过程中及时进行鼓励性评价外，在活动结束后以评价表的形式对小组成员的自主学习效果进行总结评价也极为重要。自主学习活动的评价标准和规则应由教师在每学期初预先报告给全体学生，并附上详细的评价表；评价表的报告体系应当简明清晰便于使用，使每个学生都能明白分数所代表的意义；评价所得分数在期末成绩的权重中应占有一定的比例，以起到激发动机和鼓励的作用。

如表 6-5 所示，活动评价表以发展性评价观、多元智力理论为依据，以学生多方面潜能的发展为评价对象，对学生的活动参与状况进行了较客观的评价，较好地反映出学生的地理自主学习能力、自主学习态度和自主学习效果等方面的发展状况。采用过程性评价、激励性评价和多元化评价的方式，也充分体现出评价过程中应有的人文精神与人性关怀。

表 6-5 自主性地理学习活动个人表现评价表

姓名	教学内容	班级	时间				总评
一级指标	二级指标兼评分要素	评分				得分	
		5	4	3	2	1	
A 自我评价	A1. 善于发现问题，敢于提出问题，主动解决问题						
	A2. 学习兴趣浓厚，富于探索精神						
	A3. 善于和同学们合作学习，吸纳别人的正确见解						
	A4. 能够坚持自己的正确见解，并能说服别人接受自己的理解						
B 教师评价	B1. 对所探究问题的兴趣程度						
	B2. 对探究过程的参与程度						
	B3. 对问题解决所发挥的作用						
	B4. 探究学习的合作态度						
C 同伴评价	C1. 善于发现问题，并能积极思考去解决问题						
	C2. 课堂上敢于提出问题，并能积极回答课堂提问						
	C3. 愿意和别人一道解决问题并乐于帮助其他同学						
	C4. 问题解决后，感到特别快乐						

注：一级评价指标共 A、B、C 3 项，二级评价指标各 4 项，每个二级指标满分为 10 分。

6.3.3 共同解决型地理教学方法设计与案例研究

前面已经论述，共同解决型教学方法是借由师生对话，共同思考、共同探求、共同解决问题、共同获得知识的教学方法。它的基本类型有两种，即问答法和讨论法。尽管两者在教学形式上有很多共同点，但也有着鲜明的区别。下面就两者的教学设计分别展开论述。

1. 地理问答教学法设计

1）地理问答教学法设计的准备

哈佛大学有句名言："教育的真正目的就是让人不断地提出问题、思索问题。"地理问答教学法的最高价值应该就在于此。它是一种以"问"引"问"的教学方法。其中的第一个"问"是指教师提出问题；第二个"问"是指学生发现问题、提出问题。以"问"引"问"即指教师提出问题能引导或指引学生发现问题、提出问题。

（1）问题类型的准备与设置。盖泽（GetZels）曾区分了三种问题类型，即 A 型问题、B 型问题和 C 型问题。对于地理教学而言，A 型问题主要涉及对地理名称、地理数据、地理景观、地理分布和地理演变等地理陈述性知识的记忆与提取过程，一般采用问答式谈话法进行；B 型问题主要涉及较复杂的地理概念、地理特征、地理成因、地理规律等地理原理性知识，要求学生具有较强的分析与推理能力；C 型问题主要包括地理感知能力、地理信息能力、地图运用能力、地理阅读能力、地理实践能力及地理思维能力等地理程序性知识，需要对问题发现进行创造性的思考和探究。地理教材的每一个知识单元都由各种类型的地理知识组成，地理教师要针对不同类型知识的巩固与掌握设置不同的问题类型，实施差异性教学。

（2）创设民主和谐的教学氛围。教学实践表明，学生如果被管得过死，就会压抑其个性发展，影响其主体性、创造性和潜能的发挥，就难以生成高质量富于创造性的回答；唯有民主和谐的教学氛围，方可充分发挥学生的主体作用，引发生动活泼的教学对话，就像美国教育家梅里尔·哈明博士在《教学的革命》中所描述的那样，不管有没有天赋，学生们都能够昂首挺胸，大胆地发表意见，显得自信、无忧无虑。地理教师应树立崭新的教学观，讲求民主的课堂管理策略，营造敢问、善答的课堂氛围。

2）地理问答教学法的实施设计

随想随问，问题无层次，前后问题之间缺乏连续性，思维跳跃性大的提问对学生的思维发展不仅无益而且有害。有效提问的相关文献资料一致坚持，在提高学生的理解方面，提问的顺序比问题的类型更加有效。这些问题会促进学生参与教学对话，激发和加深学生对课程概念的理解。一般来说，有效提问的问题是在精心创设的情境中，由一系列开放式的、以思考为中心的问题构成的，其基本结构主要由情境创设、核心问题、后续问题、验证问题、重新聚焦问题和重新询问问题等构成（图 6-7）。

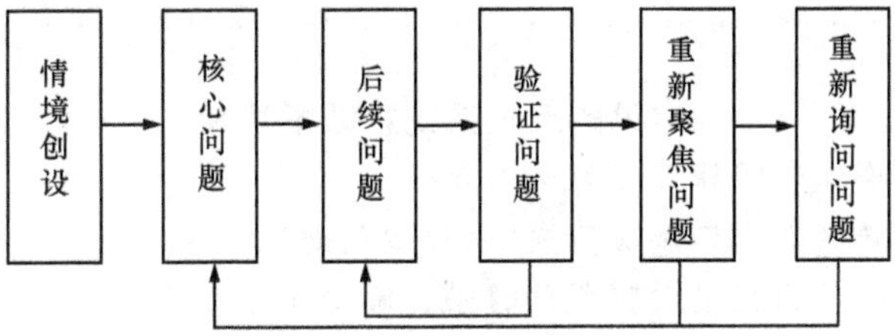

图 6-7　地理问答法结构示意图

（1）情境创设。情境创设通常运用语言描述、图片、示意图、多媒体等形式，将地理问题隐含其间。

（2）核心问题。核心问题就是那些能聚焦思考中心、引导初始思考方向和调节学生思考成果的问题。核心问题的提出目的有两个，一是可以将课堂讨论与问答对话的观点集中；二是由核心问题引领学生进行课堂互动交流，从而推动课堂思考的进程。核心问题的提出是对教师潜能的巨大挑战，它要求教师摒弃个人的习惯性偏见和狭隘经验，发挥思维的创造性和批判性，精心预设核心问题，用批判的眼光审视核心问题。理想核心问题要具备三个基本特征：一是要对本章节内容起到“牵一发而动全身”的作用；二是陈述准确清晰、不生歧义；三是开放式的而不是封闭式的问题，通常以“什么”、“为什么”一类的词开篇，核心问题能从学生那里获得更多、更丰富的回答，从而为后面进一步提问与完善学生的观点和认知操作奠定基础。

（3）后续问题。一旦学生对核心问题做出回应，教师应根据学生回答及时提出后续问题。后续问题非常重要，如果说核心问题只是课程的一个出发点，那么后续问题则是一系列指路的标志，最终目的是为了使学生生成高质量的回答，建构起完整的认知图式。教师要用自己的热情和智慧积极倾听学生的回答，并及时将获得的回答融入后续问题中，帮助学生反思自己的初始回答，打开思路，慢慢将思路的触角向更广阔的空间展开，生成个性化观点。

（4）验证问题。学生说出答案并不意味着问答的结束，教师要及时提出相关的验证问题，审核一下学生生成答案的思考过程和方法，以便去伪存真。学生对答案深入一步地验证、解释，也为学生和教师提供了一个共享他们生成答案的思考过程的机会。“什么使你那样说?”“你怎么这样来判定的呢?”这样能够有效避免只关注学生的认知结果，而不关注学生思考解决这个问题的过程和方法，忽视学生学习过程中的情感体验的简陋做法。

（5）重新聚焦问题。学生在回答问题时常常会出现“答非所问”、“脱离中心”等跑题情况，为避免学生的回答讨论长时间漫无边际地四处游荡，教师要相机吹响“归队号”，通过“重新聚焦问题”将学生的思路引回来。重新聚焦的“焦点”就是核心问题，核心问题是我们开展教学对话的中心，当学生回答的主题渐渐偏离核心问题时，我们就要重新聚焦起学生的思考中心。例如，“你的陈述是……，我想问一下，你是怎么与刚才这个问题建立联系的?”“你说的是……，我要求你回答的是……”

（6）重新询问问题。重新询问的目的是为了让更多的学生参与到课堂有效提问中来，在学生与学生之间展开更多的互动交流，从而生成和引出更多样化的观点和见解。我们要尽量避免在课堂上重复提问某一个或某些学生，应该经常通过重新询问问题的“中转站”作用，把问题交给更多的学生，展开更多的课堂对话，以期从尽可能多的学生身上获得多种回答。例如，“还有谁发表一下你的看法?”“还可以通过什么其他方式来考虑?”“还有其他理解吗?”

案例 6-9

《常见的天气系统》教学片断

【情境创设】“冷锋和暖锋”多媒体演示

师：我们怎样来区别冷锋和暖锋呢?（核心问题）

生：冷锋就是冷气团主动向暖气团移动，暖锋是暖气团主动向冷气团移动。

师：那么怎么知道哪个气团是主动移动的呢?（教师敏锐地捕捉到学生回答这个问题时只是从书上搜索到了答案，对概念并未真正理解，便马上提出了验证问题）

【学生再次观察动画播放】

生：冷锋一定是冷气团势力强大，它主动前进，把锋面向暖气团一侧推移着，而暖气团被迫后退抬升着。暖锋相反，我发现暖锋的冷气团箭头都回返了，像打了败仗撤退了一样。（学生会心地笑起来）

师：那你还发现了什么?（后续问题）

生：哦，下雨了!

师：那么，雨区发生在锋面的哪些部位了呢?

学生看着画面，处于为难状态。（教师从表情中捕捉到信息：学生对“锋前”、“锋后”的概念尚不理解）

师：你刚才说冷锋一定是冷气团势力强大，它主动前进，把锋面向暖气团一侧推移着，这句话意味着什么?（重新聚焦问题）

生：噢，冷锋的锋前就是冷气团前进的方向，暖锋的锋前就是暖气团前进的方向，那么冷锋应是锋后雨，暖锋就是锋前雨了。

师：思路非常清晰!请坐。那么，哪位同学再来总结一下冷锋与暖锋过境时的特点呢?（重新询问问题）

……

随堂讨论 6-10

阅读案例 6-9，讨论交流该案例中“提问”的结构特点与教学意义。

3）地理问答教学法设计的总结与评价

学生回答之后，教师一定要紧接着做出及时的总结与评价。“行为和反馈之间尽可能短的时间间隔是学习最重要的因素之一，行为和反馈之间的联系越紧密，学习就会越快发生。”在提问反馈过程中，需要注意以下几个方面。

（1）评价要由“个体”指向“全班”。学生的回答是“个体”的，但紧随其后的提问反馈要指向“全班”。这样做可以使个别学生的正确答案为全班所借鉴，使个别学生的错误为全班引以为戒，起到举一反三的范例作用。对学生错误性的回答要做出鼓励性的答复，如“你还可以描述得再完整些”、“你的开头很不错”、“你的答案已接近了正确答案”等，在尽可能非评价性的氛围中引发学生回答，这使学生能够自由地冒险式地回答，对于这些回答他们可能不大肯定，但他们能以这些回答为起点，开始构建正确的答案。

（2）及时调整难度。如果个别学生不能对某个问题做出回答，教师可以让其他学生回答。如果连续几名学生都不能正确回答，这就说明问题的难度可能偏高，超出了一般学生的认知水平。此时，教师需要降低要求，提出符合学生实际水平的问题。例如，由考查学生的理解力转变为考查他们的记忆力，或者为学生提供答题的关键信息，帮助他们去思考问题。虽然这样一来改变了原来提问的目的和要求，但却能保持师生之间的互动与交流，并且做到不挫伤学生的积极性。

（3）评价要讲究“留白”艺术。教师在与学生的对话交流中要善于运用“留白”艺术，反馈时不要讲得过多过滥，要留有余地，让学生自己去思考，去反省。一个有效的教学策略不必是教师直接提供答案，而可以通过后续追问来反馈他们的问题，让学生在思考后续问题中，自动发现先前回答的错误并主动修正错误。

2. 地理讨论教学法设计

1）地理讨论教学法设计的准备

根据德国心理学家勒温的“群体动力场”理论，讨论法能够发挥群体互动场的共振效应、极光效应和互补效应，是最能体现共同解决型教学法实质的方法。共振效应能使群体为共同的目标采取协调一致的集体行动，这种积极的行动又成为互相鼓励与促进的氛围，使个体的行动更加积极有效；极光效应能使成员的特长充分发挥，交相辉映和相互激发；互补效应能够实现群体成员间的“同伴互助”和“互相交流”，发挥“互补效应”的作用。要想使讨论法充分发挥群体互动效应，教师需要对其准备工作、实施过程及总结评价环节进行精心的设计。

（1）向学生传授讨论所需知识与技能。讨论法得以顺利开展的前提是学生必须具备一定的事实素材及要素性知识，并能洞察、判断知识间的一定关系。如果学生自身不具备某种程度的知识，就无法引起共鸣，也无法使讨论深入进行，产生实质性效果。因此，在学生讨论前需要经过提示型教学法授受一定的基础知识。例如，在地图教学时，应先教会学生如何看图、观察和揣摩，再进行讨论。对于较复杂地理问题的讨论，教师还需要指导学生搜集资料和调查研究，编好发言提纲。

（2）准备好讨论议题。讨论首先要有一个核心议题，讨论过程将围绕它展开。良好的讨论议题具有以下三个特征。一是基于学生的学习需要。讨论议题应针对学生存在的问题或容易出现的误解而设计，如知识的困惑点或思维的障碍点等，能够强烈引发学生的“认知冲突”，诱发学生的合作探究欲望。二是基于学生的知识经验。问题设计要建立在对学生已有的技能、背景知识、学习能力的充分评估基础上。三是问题难度具有一定的挑战性。实践证明，给学生拟订中等偏难的任务（成功是可望也可及的）比简单的任务更能够提高学习任务的内在吸引力。

（3）创建有利于讨论的教学环境。课堂教学环境包括物理环境和心理环境。物理环境包括可以有效促进学生之间在学习过程中正向互动或削弱互动干扰的教室里外环境的布置等；心理环境包括学生身上积淀的学习期待和学习热情，学生的合作意识，竞争意识等。除了考虑课堂布局形式、桌椅和多媒体的位置、教师和学生的方位这些教学背景外，组间同质、组内异质的合理分组能够建立一种能让所有学生积极参与互动的环境，为合作讨论、问题解决提供空间和机会，教师的宽容与控制两种心态也会深刻影响着课堂讨论氛围的形成，影响着讨论的实效性，见表 6-6。

表 6-6　教师的宽容与控制心态列表

高宽容度	低宽容度
教师适应学生的需要	教师向学生下达指令
教师对学生的行为提出表扬和奖励	教师强调学生的缺点和不足
教师鼓励学生参与争论而不是寻求某种一致	教师无视学生的提问与质疑
教师启发诱导学生获得正确答案	教师打断学生的表达
学生回答错误时，教师仍给予鼓励	教师对学生的错误回答只批评不交代原因
教师与学生达到观点上的一致与情感上的共鸣	教师向学生怒目而视或皱眉头
低程度控制	高程度控制
教师让学生依据自己的兴趣进行学习	教师占据教学的中心
教师允许学生做出自己的分析和选择	学生只能根据教学内容回答教师的提问
教师放手让学生独立完成自己的工作	教师不断提醒和限定学生的活动
教师鼓励学生自己检验自己的观点	教师希望学生明确答案而不是推测答案
教师鼓励学生积极参与课堂教学活动	教师根据自己设定的框架评估学生的学习

一般来说，高宽容度、低控制度特征的教师行为，会营造出一种暖色调的课堂氛围：师生关系融洽，学生拥有较大的自由，他们可以随时发表自己的看法，教师对课堂的管理往往基于师生对课堂纪律的理解与认同的基础。

2）地理讨论教学法的实施设计

（1）问题引导。讨论法是教师引导学生围绕特定情境下的一个教学主题展开的。讨论主题通常会以问题的形式出现，或者会蕴涵在案例或实验里。教师需要启发引导学生仔细阅读案例或观察实验，找出问题，发现疑点。需要说明的是，一个案例或实验可能蕴涵多个地理问题，由于学生知识背景与个性差异，容易出现多个讨论问题。教师要耐心帮助学生结合本节的教学目标和教学内容，找到与本节教学主题相关的关键性问题或典型性问题，而不可任意迁就学生的兴趣与爱好，使讨论陷入无中心无目的的浅层次学习中。

（2）问题研讨。讨论问题一旦明确后，充分发挥学生的主体参与性，由学生自己相互讨论、相互启发，对于问题解决极其重要。可采用自由讨论、分组讨论、角色扮演等多种形式进行。讨论中，教师要关注每个小组内部的互动合作状态，关注每一个成员的表现，采取有效措施把所有学生都吸引到讨论中来。要求每个小组成员都要积极发言，尽量避免出现总是由少数人发言，多数处于旁听的被动讨论状态。教师要鼓励学生围绕中心议题持之有据，言之有理地发言，通过他们的经验、能力和经历进行表达，意识到自己的推理过程，从而获得意义和理解。学生的讨论发言要不拘一格，允许见解不一致，不强求答案的标准与唯一性。

小组讨论过程中教师的角色与地位调整非常重要，教师作为讨论的指导者或教练，并不提供回答，而是通过使用提示、提供额外信息的方式来构筑对话，让学生充分参与到讨论当中。教师要敏锐察觉学生的学习动机、注意力、兴奋度方面的变化，一旦讨论偏离主题，应采取有效但不中断教学进程的干预方式，将偏离主题引入讨论正题。

(3) 问题解决。讨论通常与问题解决联系在一起。通过花费一定时间的讨论，通常各小组会在协商讨论的基础上，将讨论结果提炼总结，提出一个甚至多个问题解决方案。在取得组内共识后，每组推选一人发言，全班交流。由于集思广益，讨论开阔了学生的思路，独树一帜的见解时有发现。教师需要和学生一道，对各个讨论方案的利弊进行对比分析，在此基础上确定一个最满意的解决方案。

3) 地理讨论教学法设计的总结与评价

(1) 对讨论过程作出全面评价。对讨论的评价要具体可信，要关注学生的讨论过程，而不仅仅是关注讨论的结果；要关注讨论过程中每个学生的行为表现，评价其讨论的热情、参与度和发言内容对讨论成果的贡献；要体现讨论成果生成的群策群力，尽力克服个人选择和个人决断；多采用激励性评价和发展性评价，鼓励学生自评与互评。课堂讨论评价表如表6-7所示。

表 6-7　课堂讨论评价表

评价项目	自评	小组评	师评
小组讨论时，个人发表意见的情况			
小组合作讨论时，倾听组员发言的情况			
小组个人发言对本组讨论成果的贡献情况			
课堂主动发言的情况			
……			

(2) 总结反思讨论方法与技能。教学总结与反思能够将“学会教学”与“学会学习”结合起来，不断提升教学实践的合理性，提升教师的实践智慧。讨论结束后，教师要和学生一道，对讨论过程中的教学情境、教学行为、学生的发展状态进行理性反思，总结讨论过程中的经验教训，提炼出讨论方法与技能，并加以系统化，建构起精确、高效的课堂讨论程序与步骤，从而改善后续讨论教学法的教学效果。如果有必要，教师还需围绕教学内容的重点与难点，设计独立练习作业，以巩固知识和提高知识迁移能力。

科学有效的地理教学方法是遵循地理教学过程客观规律的反映，体现了地理教学的基本原则，它将课程内容、学习目标、教学材料、学习者等恰当地连接在一起，能够在不加重学生负担情况下，使学生在掌握知识和技能，发展智力、提高思想品德等方面，均取得良好的效果。① 实际教学活动中，并没有一种最佳的教学方法能够适应任何教学情境，也没有一种万能的教学方法能取得最好的教学效果，因此，教学方法的选择、设计和优化是教师重要的教学设计能力，其根本目的还是在于实现“教员因此可以少教，但是学生可以多学”的最佳教学效益。② 教师要结合自己的教学经验，将教学方法的相关理论和原理同自己的课堂教学方法结合起来，积极使用对学生兴趣、学习和社会发展有积极影响的方法，不断改进自己的

① 褚亚平，林培英．地理教育学．上海：上海教育出版社，1992：126.

② 夸美纽斯．大教学论．傅任敢译．北京：人民教育出版社，1984：1.

教学，促进地理课堂教学效益的提高。

复习与思考

1. 结合初中和高中地理课程标准，分析说明地理教学方法设计与地理新课程改革目标达成的相互关系。

2. 在《中学地理教学参考》杂志上，选取2011年12期中一个课题的教学设计案例，分析并评价它所采用的地理教学方法在优化地理教学过程和实现地理有效教学中所发挥的作用。

3. 查阅地理教学论相关论著中有关地理教学方法分类的依据与划分类型，思考如何进一步对该划分类型进行优化。

4. 任选高中地理三大模块中某一模块的一个章、节，设计该章、节的地理教学方法类型并指出其分类依据。

5. 分析说明地理提示型教学方法、自主型教学方法和共同解决型教学方法在设计与运用上的主要区别。

6. 任选高中地理中的某一课题，进行基本教学方法的设计，并说明选择此方法的理由与依据。

第 7 章　注重组合：地理教学媒体设计

学习目标

1. 能简述地理教学媒体的基本功能及其主要特征。
2. 能比较传统教学媒体与现代教学媒体的教学专业特性优势和局限性。
3. 能结合地理学科教学特性，说明运用设计多媒体课件应注意的问题。
4. 能运用地理教学媒体组合设计的基本原则，进行地理教学媒体运用设计。

7.1　地理教学媒体的基本功能及其主要特征

关键词　地理教学媒体；地理教学媒体类型；地理教学媒体功能；地理教学媒体技术特性；地理教学媒体专业教学特性

7.1.1　地理教学媒体的含义

媒体是指承载信息的物体或储存和传递信息的工具。例如，报纸、书刊、广播、电影和电视等都是媒体。没有承载信息的物体就不能说是媒体，如空白的纸张、胶片、磁带、录像带、光盘等都不能叫媒体，只有当它们承载了信息以后才能称为媒体。

资料卡片 7-1

媒体的本质

著名的加拿大传播学者麦克卢汉的“媒体是人体的延伸”观点是所有关于媒体的本质观点中最有影响力的一种。他把任何一种媒体都看做人体某器官的延伸：印刷品是眼睛的延伸，广播是耳朵的延伸，电视则是眼睛和耳朵的同时延伸，计算机不仅是眼睛和耳朵的延伸，而且是人类整个中枢神经系统的延伸。

摘自：王以宁．教学媒体理论与实践．北京：高等教育出版社，2007：22

教学媒体就是指储存和传递教学信息的工具。一般的媒体要发展成为教学媒体，需要具备两个基本因素：一是媒体能够用于教学活动；二是媒体用于储存和传递以教学为目的的信息。

地理教学媒体就是指储存和传递地理教学信息的工具。[①] 地理教学媒体经历了语言媒体—文字媒体—印刷媒体—电子媒体等阶段的发展，地理教学媒体的类型多种多样。常见的地理教学媒体有地理教科书、地图册、黑板、地理挂图、地理图片、地理实物、地理标本、地理模型、幻灯、投影、广播、录音、电影、电视、录像、计算机多媒体和网络等。

---

① 陈澄．地理教学论．上海：上海教育出版社，1999：159.

7.1.2 地理教学媒体的类型

由于标准不同，地理教学媒体的分类方法也不同。

1. 传统媒体和现代媒体

按照媒体的产生时间，地理教学媒体可分为传统媒体和现代媒体两类。

传统地理教学媒体又叫常规地理教学媒体，主要有地理教科书、地图册、黑板、地理挂图、地理图片、地理实物、地理标本、地理模型等。

现代地理教学媒体又叫电子地理教学媒体，具体又可分为以下四类。

1）电光类地理教学媒体

此类媒体包括幻灯和投影。其特点是：能够刻制文字、图形和图像，然后根据需要反复放映；能够将板书、板图、板画和某些地图、地理图片等放大，扩大教学面。

2）电声类地理教学媒体

此类媒体包括广播和录音。其特点是：能够录制语言和声音，然后根据需要反复播放；能够将声音放大，扩大教学面；传播信息迅速，不受时空限制。①

3）影视类地理教学媒体

此类媒体包括电影、电视和录像。其特点是：能同时给学生视觉、听觉两方面的信息；能生动、形象、直观地反映地理事物的外部形态；能以活动的图像，逼真、系统地展示地理事物运动变化发展的过程；能调节地理事物和现象所包含的时间要素，将缓慢的变化与高速的动作清楚地表现出来。

4）现代信息类地理教学媒体

此类媒体包括计算机多媒体和网络。现代信息类地理教学媒体除了具有影视类地理教学媒体的特点外，还能够储存大量教学资料供师生随时检索；可以展示地理教学知识的深化过程；为学生提供更多的练习机会；它还为学生的自学创造了良好的条件。

资料卡片 7-2

现代教学媒体的发展趋势

现代教学媒体的发展趋势表现为媒体设备小型化、微型化，媒体存储容量大型化，媒体功能综合化，信息交流国际化，以及媒体制作和使用简单化。

摘自：皮连生．教学设计——心理学的理论与技术．北京：高等教育出版社，2000：166

2. 印刷媒体和非印刷媒体

按照媒体的制作方式，地理教学媒体可分为印刷媒体和非印刷媒体两类。

1）印刷媒体

印刷媒体是指以纸张为载体的地理教学媒体，如地理教科书、地图册、地理挂图、地理图片等。目前，印刷媒体仍然是地理教学中的主流媒体。

2）非印刷媒体

非印刷媒体是指除印刷媒体以外的所有地理教学媒体，既包括部分常规地理教学媒体，如黑板、地理实物、地理标本、地理模型等，又包括所有电子地理教学媒体，如幻灯、投

① 陈澄．地理教学论．上海：上海教育出版社，1999：160.

影、广播、录音、电影、电视、录像、计算机多媒体、网络等。

3. 视觉媒体、听觉媒体和视听媒体

按照使用媒体的感知器官分类，地理教学媒体可分为视觉媒体、听觉媒体和视听媒体三类。

1）视觉媒体

视觉媒体指发出的信息主要作用于人的视觉器官的地理教学媒体，如地理教科书、地图册、黑板、地理挂图、地理图片、地理实物、地理标本、地理模型、幻灯、投影等。其显著特点是直观性，其教学效果不仅取决于学生的年龄心理特征、文化背景和所在的地域特征，而且受视觉媒体的色彩、明暗、对比度、静与动等因素的影响。

2）听觉媒体

听觉媒体指发出的信息主要作用于人的听觉器官的地理教学媒体，如广播、录音等。

3）视听媒体

视听媒体指发出的信息主要作用于人的视觉媒体和听觉器官的地理教学媒体，如电影、电视、录像、计算机多媒体、网络等。视听结合所形成的媒体，将直观、鲜明的图像和生动的语言、语音、语调有机结合，可以获得更多的教学信息，更长的记忆保持率和最佳的学习效率。

4. 完全可控媒体、基本可控媒体和基本不可控媒体

按照使用者自行控制的程度分类，地理教学媒体可分为完全可控媒体、基本可控媒体和基本不可控媒体三类。[①]

1）完全可控媒体

完全可控媒体指使用者可以根据需要决定使用时间、地点、传递信息的速度、进度，改变所传信息的内容和排列的地理教学媒体，如黑板、幻灯、投影、计算机多媒体等。

2）基本可控媒体

基本可控媒体指除了不能随意改变所传信息的内容和排列外，其余各项都可以由使用者自己控制的地理教学媒体，如地理教科书、地图册、地理挂图、地理图片、地理实物、地理标本、地理模型、录音、电影、录像、网络等。

3）基本不可控媒体

基本不可控媒体指使用者只能被动适应才能加以利用的地理教学媒体，如广播、电视等。

资料卡片 7-3

教学媒体的分类

从传递信息的范围来看，教学媒体可分为大规模教学用、集体教学用和个别化教学用三类。从所传递的信息与现实事物的关系来看，教学媒体可分为真实性、模拟性和符号性三类。从能否及时反馈信息来看，教学媒体可分为单向和双向两类。

摘自：乌美娜．教学设计．北京：高等教育出版社，1994：196

① 乌美娜．教学设计．北京：高等教育出版社，1994：197.

7.1.3 地理教学媒体的基本功能

案例 7-1

“北极地区和南极地区”教学设计节选

教学内容	教师活动
新课导入	【多媒体展示】美丽典型的极地风光图片——冰天雪地、企鹅成群、北极熊、高大的浮冰、耀眼的极光等。 【设问】这些冰天雪地的风光和可爱的动物可能出现在地球的哪些地区呢？ 【小结】这就是我们今天学习的内容——北极地区和南极地区。 【板书】2.5 北极地区 南极地区
范围	【活动】演示地球仪 【设问】你们一定可以在地球仪上指出北极地区和南极地区的大致位置。那能说出准确的范围吗？ 【承转】小结学生表达内容。我们来看一下课本是怎么描述的。 【板书】1. 范围 【讲解】北极地区是指北极圈以北的区域，包括北冰洋、亚欧大陆和北美大陆的北部及一些岛屿。 南极地区包括南极大陆及其沿海岛屿，还包括南太平洋、南大西洋和南印度洋的一部分
经纬度位置	【承转】在厦门一年四季我们都能看到绿树红花，而在极地地区却是冰天雪地、银装素裹的景象，这是为什么？是由什么决定的呢？正是由于南北极地区独特的地理位置决定的。描述地理位置可以从哪几个方面入手？ 【板书】2. 纬度位置 3. 经度位置 【多媒体展示】世界地图 【设问】1. 看图说出南极地区的纬度位置？ 2. 那么，北极地区呢？ 【板书】大部分位于南极圈以内 位于北极圈以内 【小结】不管是北极地区还是南极地区，纬度位置的共同特点是位居最高纬度。 【板书】位居最高纬度 【讲解】刚才讲了纬度位置，对极地地区来说，经度位置也很特殊——跨越所有经度 【板书】跨越所有经度 【小结】可见，极地地区的经纬度位置的共同特点是位居最高纬度，跨越所有经度。
……	……

摘自：刘春萍．“北极地区和南极地区”教学过程设计．地理教学，2010，(24)：11

随堂讨论 7-1

1. 分析案例 7-1 中每次的媒体呈示在教学中的作用及意义？
2. 结合案例 7-1，说明现代地理教学媒体的基本功能？

1. 呈现事实

地理教学媒体可以提供地理名称、地理数据、地理景观、地理分布、地理演变等客观真实的事实，使学生获得大量的地理事实材料，从而在学生的感觉与思维之间架起一座桥梁，使之较容易由直觉思维过渡到形象思维，由形象思维过渡到抽象思维。

2. 创设情境

地理教学媒体可以提供有关的地理画面、场景、活动现场等，说明故事的情节，展示特定的情境，让学生获得某种地理体验。

3. 提供示范

地理教学媒体可以提供一系列的标准行为示范，如绘图、演示地球仪、做地理实验、制作地理模型等，供学生模仿和练习。

4. 解释原理

地理教学媒体可以提供典型地理事物的产生、成长、发展的完整过程，借助语言或文字的描述，解释其特征、规律和成因，以使学生突破地理学习的难点，掌握地理原理。

5. 探究发现

地理教学媒体可以提供地理事物的典型过程或典型地理现象，借助语言或文字，设置疑点和问题，让学生进行分析、思考、探究和发现，以帮助学生理解地理原理并掌握分析和解决地理问题的方法与步骤。

7.1.4 地理教学媒体的主要特征

1. 地理教学媒体的一般特性

1）固定性

指地理教学媒体可以记录和储存地理教学信息，以供需要时再现。例如，印刷媒体直接将文字符号固定在纸张上；电子媒体将语言、文字、图像转换成声、光、磁信号，固定在胶片、磁带、录像带或光盘上。地理教学媒体的这一特性使地理教师能够把积累的实践经验记录下来，以供课堂使用和教师间交流。

2）扩散性

指地理教学媒体可以将各种符号形态的地理教学信息传递到一定的距离之外，使信息突破空间的限制，如广播、电视、网络媒体是超大尺度的扩散工具，学生可以在任意地点学习地理知识。

3）重复性

指地理教学媒体可以重复使用，使信息突破时间的限制。如果保存得好，地理教学媒体可以根据需要，多次被使用，而信息的质和量保持不变；而且可以复制成多份，在不同的场合使用。

4）组合性

指若干种地理教学媒体能够组合使用，相互促进信息表达的效果。可以由单一的地理教学媒体进行组合使用，也可以直接使用计算机多媒体。

5）工具性

指地理教学媒体与人相比处于从属的地位，是人们获取信息、传递信息的工具。再先进的地理教学媒体也离不开地理教师的设计和运用。

6）能动性

指地理教学媒体在特定的时空条件下，可以离开人的活动独立起作用。有时甚至可以代替地理教师上课。

资料卡片 7-4

计算机多媒体的主要特点

计算机多媒体有以下特点：①集成性；②控制性；③交互性；④非线性；⑤实时性；⑥便捷性；⑦动态性。

摘自：段玉山．信息技术辅助地理教学．北京：高等教育出版社，2003：13-14

2．地理教学媒体的技术特性

1）呈现力

指地理教学媒体呈现地理事物空间、时间、运动、颜色与声音特征的能力。不同地理教学媒体的呈现力不同。电影、电视与录像以活动的、彩色的图像和同步的声音全面呈现地理事物的空间、时间、运动、颜色与声音特征，具有极强的信息呈现力。但由于它转瞬即逝，不利于学生细心观察与思考。幻灯与投影在呈现地理事物的空间与颜色特征方面有较强的能力，而且能放映出更大和清晰的彩色图像。但在时间、运动和声音特征方面就比不上电影、电视与录像。然而正因为静止的图像能表现地理事物瞬间的特性，才能够让学生仔细地、有分析地观察地理事物的细部。广播与录音借助语言、音乐与实际音响的抑扬顿挫、轻重缓急，在呈现地理事物的时间、运动与声音特征方面具有较强的能力，但它对地理事物空间与颜色特征的呈现是不具体的、抽象的。计算机多媒体与网络则兼有以上教学媒体的优势，是呈现力最强的媒体。

2）重现力

指地理教学媒体不受时间、空间的限制，记录、存储的内容随时重新使用的能力。广播与电视转瞬即逝，难以重现；幻灯、投影能按教学需要反复重放；录音、电影、录像、计算机多媒体与网络能将信息记录储存，反复重放。

3）传播力

指地理教学媒体把信息同时传送到接受者的空间范围。录音、幻灯、投影、电影、录像与计算机多媒体只能在有限的教室里进行传递；广播、电视与网络能传送到无限广阔的范围。

4）受控性

指使用者对地理教学媒体操纵控制的难易程度。录音、幻灯、投影、录像、计算机多媒体和网络比较容易操控，并适合用于个别化学习。电影需要接受专门训练，才能操纵使用。广播和电视，使用者无法控制其播放时间和内容。

5）参与性

指利用地理教学媒体开展教学活动时，学生参与活动的程度。它分为感情参与和行为参与两类。广播、录音、电影、电视与录像具有较强的表现力和感染力，容易引起学生情绪反应，引起兴趣和注意，激发学生感情上的参与。幻灯与投影既可以使学生观察地理图像，又能在师生之间进行提问、讨论、答疑，让学生在行为上参与地理教学媒体的活动，使地理学习进一步深入。计算机多媒体是一种从感情与行为上参与程度都很高的媒体，而网络还提供了学生亲自动手操作媒体的机会。

表 7-1 从呈现力、重现力、传播力、受控性与参与性五个方面对各种地理教学媒体的技

术特性作了比较。[①]

表 7-1　地理教学媒体技术特性比较

特性		种类								
		黑板	挂图图片实物标本模型	广播	录音	幻灯投影	电影	电视	录像	计算机多媒体、网络
呈现力	空间特性	+	+	—	—	+	+	+	+	+
	时间特性	—	—	+	+	—	+	+	+	+
	运动特性	—	—	+	+	—	+	+	+	+
	颜色特性	+	+	—	—	+	+	+	+	+
	声音特性	—	—	+	+	—	+	+	+	+
重现力		—	+	—	+	+	+	—	+	+
传播力		+	—	+	+	+	+	—	—	+
受控性		+	+	—	+	+	—	—	+	+
参与性	感情参与	—	—	+	+	—	+	+	+	+
	行为参与	+	+	—	—	+	—	—	—	+

注：“+”表示较强、较易、较高等积极方面；“—”表示较弱、较难、较低等消极方面。

从表 7-1 可以看出，仅考虑呈现力方面，电影、电视、录像、计算机多媒体与网络的呈现力要强于其他地理教学媒体，而全面考虑呈现力、重现力、传播力、受控性与参与性因素，幻灯、投影、录音与录像的技术特性较强，计算机多媒体与网络则是最具优势的媒体。

3. 地理教学媒体的专业教学特性

地理教学媒体的专业教学特性是指教学媒体传递、处理不同内容的教学信息的能力。不同的教学媒体，传递、处理某一教学内容的能力是不同的。黑板适合文字教学，录音适合语言教学，幻灯、投影与录像适合图像教学，计算机多媒体则适合动画教学。

表 7-2 从地理事实、地理概念原理、地理技能、地理问题解决四个方面对各种地理教学媒体的专业教学特性作了比较。[②]

表 7-2　地理教学媒体专业教学特性比较

教学媒体	学习内容					
	地理事实			地理概念原理	地理技能	地理问题解决
	景观	分布	过程			
黑板	L	M	M	H	L-M	L-M
挂图	L	H	M	M	M	M
图片、实物、标本、模型	H	H	M	M	L	L
幻灯、投影	M	H	M	H	L-M	L-M
广播、录音	L	L	L	M	L	L
电影、电视、录像	H	M	H	H	M	L
计算机多媒体、网络	H	H	H	H	H	H

注：L 表示低效能；M 表示中等效能；H 表示高效能。

① 陈澄．地理教学论．上海：上海教育出版社，1999：165.

② 陈澄．地理教学论．上海：上海教育出版社，1999：163.

通过表 7-2，综合比较各种地理教学媒体的专业教学特性，可以看出，一般来说，技术特性好的教学媒体，对各种教学内容的功效都比较高，如幻灯、投影、录像、计算机多媒体、网络等即是如此。但也有例外，录音的技术特性虽好，却很难表现地理景观、地理分布以及地理事物的运动变化过程，它的地理教学特性比较差，所以在地理教学过程中使用的比较少。

7.2 地理多媒体课件设计与案例研究

关键词 地理多媒体课件设计；地理多媒体课件内容设计；地理多媒体课件素材设计；地理多媒体课件界面设计

7.2.1 地理多媒体课件的内容设计

1. 地理多媒体课件内容选择的基本原则

1）针对性原则

指地理多媒体课件的内容要具有选择性。并不是所有的地理教学内容都适合用多媒体来呈现，只有那些用黑板、挂图、模型等常规媒体不能充分表现地理事象，致使学生理解接受仍有困难的内容才适合用多媒体来呈现。对于那些更适合用真实表现方式如地理实物、标本、模型，或学生动手操作方式如地理实验来呈现的内容，用多媒体来呈现并不是最佳选择。例如，初中地理七年级上册“地球与地球仪”一节中，有关地球形状、地轴、两极和经纬网等知识点，因初一学生抽象思维能力较差，难以建立起空间概念，成为教学中的难点。如果利用地球仪，通过适当的讲解就能突破难点，达到教学的目的，取得教学实效。但有教师怀有“多媒体辅助教学就是高实效”的心理，将多媒体强行拖进课堂，虽然多媒体能模拟立体地球，但是与地球模型相比，华而不实，反而把问题复杂化，徒增许多无效的信息，分散了学生的注意力，影响教学目标的实现。

2）科学性原则

指地理多媒体课件的内容准确，无科学性错误。它表现在两个方面：一是指通过媒体展现的地理景观和分布，引用的地理事实与材料，解释的地理概念与成因，演示的地理过程与演变，揭示的地理规律与原理等都要符合地理科学规律和原理，使学生获得正确的地理知识；二是文字、符号、单位和公式等信息符合国家标准。

3）地理性原则

指地理多媒体课件的内容要突出地理科学的空间性、区域性特征，具有地理特色。为此，课件设计中要注意选用众多反映地理空间位置、空间分布的地图，反映空间运动、空间演变的视频、动画，反映区域特征与区域差异的景观图片。仅有文字的课件是不具有地理性的。

4）时代性原则

地理教学内容与社会实际是紧密联系的。社会的发展、时代的变迁使一些地理名称、地理数据、地理事实发生了变化。地理名称的变化如韩国首都更名为首尔、湖北襄樊市更名为襄阳市等；地理数据的变化如珠穆朗玛峰高度的重新测量、2010 年我国人口普查公布的最新数据等；地理事实的变化如缅甸的迁都、南苏丹的成立等。这些变化应按照教学进度及时反映在课件内容中，让学生紧跟地理科学的步伐，触摸时代的脉搏，以体现地理课件的时代特征。

2. 地理多媒体课件内容组织的基本原则

1）逻辑性原则

指地理多媒体课件的内容应按地理学科的逻辑顺序排列，严格保证知识的系统性和连贯性。对此，一是要注意课件内容应结构完整、层次清晰，可以通过标题的序号体现出来，如一、1、(1)、①等。二是要注意课件中的各级标题内容应以课题为中心，围绕课题展开。例如，人教版高中地理教材必修1“地球的运动”一节课件中的一级、二级标题可设计为：

一、地球运动的一般特点

1. 地球自转的一般特点

2. 地球公转的一般特点

二、地球自转与公转的关系——太阳直射点的移动

1. 太阳直射点移动的原因——黄赤交角的存在

2. 太阳直射点移动的规律

三、地球自转的地理意义

1. 昼夜交替和时差

2. 沿地表水平运动物体的偏移

四、地球公转的地理意义

1. 昼夜长短和正午太阳高度的变化

2. 四季更替和五带

三是标题下的各种媒体内容，如知识要点、文字材料、表格、地图、图片、录音、视频、动画应紧扣标题。

2）可学性原则

指地理多媒体课件内容的组织符合学生的认知规律，由感性知识到理性知识，由具体到抽象，由现象到本质。初中地理课件应遵循地理事实（现象）—地理分布—地理原理（规律、成因）的设计程式。例如，人教版《义务教育课程标准实验教科书地理七年级上册》第二章“陆地与海洋”应从“地球？水球？”——地球表面71％是海洋，陆地面积仅占29％开始，接着讲述海洋、陆地的分布——“七大洲和四大洋”，然后阐述地理成因——“大陆漂移假说”、“板块运动学说”。关于人种的知识，应先讲地理现象：白种人、黑种人和黄种人，接着讲述人种分布，最后阐述人种平等观念和人种形成的原因。

3）启发性原则

指地理多媒体课件内容要从地理事实或学生的生活实际出发，引导学生通过观察、思考，自己得出知识的结论。对此，要注意课件不直接给出知识的结论，而设计一些观察活动和富于启发性的问题，通过学生活动让他们慢慢悟出道理和结论来。例如，讲述初中地理“我国地势”时，在展示分层设色的中国地形图后，可以设计以下的问题。

1. 找出青藏高原、塔里木盆地、黄土高原和华北平原。

2. 说出青藏高原的大部分地区海拔在多少米以上，塔里木盆地和黄土高原海拔在多少米之间，华北平原的海拔大约在多少米？

3. 说出从青藏高原向东向北，我国的地势有什么变化？

课件通过上述读图和提问一步步地引导，学生很容易归纳出我国的地势特征。

4）巩固性原则

这是巩固性教学原则在地理多媒体课件设计中的具体体现。对此，一是要注意表现教学

内容与重点的画面镜头要有足够长的停留时间，重要的画面或解说可以进行必要的重复，以便加深理解和记忆。二是每一重要知识点讲完后要有简明的小结，使学生能记牢最重要的结论。三是在教学内容结束后，可安排一定的作业，如习题、思考、阅读、观察、调查、实验等，使学生在运用知识过程中巩固知识与训练技能。

3. 地理多媒体课件内容呈现的基本原则

1）表征多样化原则

地理多媒体课件将地图、图片、声音、文字、动画、视频等多种媒体集于一体，依据所刺激的感官的不同，声音素材通过听觉表征信息，而地图、图片、文字、动画和视频则通过视觉表征信息，分别形成不同类型的表象。多种媒体的组合呈现，不仅可以增加表象的种类和提取的线索，而且还可以在不同类型的表象之间建立起联系。一般有两种组合方式。一是视觉表征的组合。地图、图片、文字、动画、视频虽然都属于视觉表征，但地图、图片、动画、视频是属于形象具体的画面表征，则文字则属于比较抽象的言语表征。文字容易造成学习的枯燥感，并导致学生理解的困难。将言语表征和画面表征相结合，既可以激发学生的学习兴趣，又可以促进学生对文字的理解。二是视觉表征和听觉表征的组合。在地图、图片、文字、动画、视频使学生产生视觉表象的同时，运用声音使学生产生听觉表象，两种表象相互作用，能够加深记忆的痕迹，提高学生学习的效果和效率。

2）表征优势化原则

指根据学生不同的认知发展阶段，地理多媒体课件的表征要以不同的方式为主导。对此，初中课件中要以文字、图形与图像、视频、动画表征方式并重，高中课件则以文字、图形表征方式为主，突出地理知识的逻辑性、严谨性，辅以图像、视频与动画表征方式。

案例 7-2

《北美的天气、气候和居民》课件设计与运用

本课件在设计时采用动画模拟、录像抓帧、背景拟音、图文串联、问题（文字或录像）显示等方式，结合教学重点和难点通过画面展示、切换、停顿、组合、重复等步骤，力争使教学内容直观形象，生动鲜明，从而达到以往教学所难以达到的效果。

大容量、高密度、多渠道表现本节课内容是该课件设计和运用的特点之一。

本课件含有文字性问题、资料、教学内容总合 12 幅，含各类图（包括电脑动画）27 幅，录像 3 段，配（拟）音 5 段，其容量之大，表现形式之多，是目前任何一种教学辅助手段所不能比拟的，它不仅拓宽了教学信息面，而且使学生在学习过程中，由单纯的听觉或视觉获取知识，变为视觉、听觉同时使用，最大限度地刺激学生感官，使课堂教学效率提高。课堂教学效率的提高，使得用最少的教学时间，得到最大的学习效果，这正是本课件设计和使用想要达到的目的。

注意启迪学生的思维活动，发展学生的智力和能力是该课件设计和运用的特点之二。

学生的认知过程是一个逐步提高的过程，在整个教学过程中如何由浅入深，由易到难，步步深入，使学生的思维活动由具体到抽象，由形象思维到抽象思维，这是课件设计的一个重要环节。例如，在进行“北美气候类型和主要气候特点”设计时，先向学生展示“北美气候图”和“芝加哥各月气温、降水分布图”，并提出问题：1. 读北美气候图，说说北美有哪些气候类型？哪一种气候类型分布面积最广？2. 读芝加哥各月气温、降水图，说说北美分布面积最广的这种气候有什么特点？考虑到一些学生对北美分布面积最广的气候特点一时难以全面概括，故在上述问题的基础上，又分步设计了一些关于芝加哥气候的小问题：A. 最高气温和最低气温各出现在几月？B. 最高气温和最低气温各是多少摄氏度？说明什么问题？C. 最高气温和最低气温相差多少摄氏度？说明什么问题？D. 全年降水情况怎样？什么季节稍多？通过计算机分步展示问题及相关内容的图，学生对知识的接受、掌握、理解就容易多了。这一设计在实践中起到了启迪思维及发展智力和能力的作用。

突出重点，解决难点，实现人机交互是本课件设计和运用的特点之三。

教师能否帮助学生抓住重点，突破难点是课堂教学成败的关键之一。《北美天气、气候和居民》一节中，地形对北美天气、气候的影响是重点，也是难点，课件设计时，由于将"地形对北美冬季气温特点形成的影响"、"地形对北美夏季气温特点形成的影响"、"冬季北美灾害性天气"、"夏季北美灾害性天气"、"北美年降水量的分布规律及原因"等内容通过电脑动画、录像等手段分步、直观地表现出来，并提出符合学生实际水平的问题，让他们通过阅读课本，观看电脑动画、录像，有目的地去观察、思考，并且联系已学过的地理知识，讨论分析，加上教师的启发引导，人机交互使重点突出，难点变易，同时使学生的参与性、主动性意识得到加强。

形象直观，生动鲜明，增强教学感染力是本课设计和运用的特点之四。

在认识北美两种灾害性天气——冬季的寒潮和夏季的飓风时，以往教学仅仅是教师用语言描述，学生缺乏感性认识，往往印象较浅。本课件在设计时，采用了剪辑两段北美寒潮和飓风的录像资料，并配有暴雨、风雪的音响和自编的两段寒潮、飓风的形成及带来的灾害的解说词，把抽象的知识形象化、具体化，学生感到耳目一新，看后印象深、记得牢。课后，同学们普遍反映："两段录像使我们仿佛身临其境，感受到了大自然的威力"。在讲北美居民时，剪辑了一段因纽特人生活的录像资料并配有自编的文字解说，最后设疑提问，加强了思想教育，也同样收到了很好的教学效果。通过丰富的教学表现力和感染力，突出了教学的重点，从而使学生对所学内容一目了然。

摘自：沈瑄．发挥多媒体优势注重学生能力培养——《北美的天气、气候和居民》课件设计与运用．地理教育，1999，(1)：51

随堂讨论 7-2

1. 结合案例 7-2 分析多媒体在地理教学中有哪些作用？
2. 案例 7-2 中的课件含有哪些媒体表现形式？
3. 结合案例 7-2 说明在地理多媒体课件设计中如何体现启发性原则。

7.2.2　地理多媒体课件的素材设计

1. 文字

1）文字属性设置的简洁性

课件制作工具为文字的字体、字形、字号等属性设置的多样性提供了技术保证，但教师在地理多媒体课件设计过程中，应该避免过于复杂的文字属性的设置。另外，需要尽量避免使用生僻字，保证课件的易识性，避免加重学生的认知负担。文字是呈现教学内容的工具，不能让学生对文字本身的注意和识别影响到对教学内容重点的把握。

2）文字数量的控制

由于学生在既定的时间内接受教学信息的数量是有限的，就需要教师控制课件页面文字的数量。课件制作工具提供了各种对文字进行设置的功能，在实际的设计过程中可以通过字号、字符间距、行间距、段间距等的设置来控制文本的数量。

3）文字色彩设置的灵活性

色彩是文字的重要外观特点，它对学生的学习心理有着重要的影响。对于不同年龄阶段的学生在进行色彩设置的时候有不同的要求：对于初中生来说，鲜艳的文字颜色对学生感知教学内容会起到一定的促进作用；但是对于高中生来说，这个规律就不一定成立。

首先，色彩设置的灵活性。只要色彩的设置与课件界面的整体色彩、风格相协调，不分散学生的注意力，可以考虑其色彩设置的多样性。而且可以采用设置不同色彩的方式来突出要强调的重点内容。

其次，色彩设置整体风格的一致性。我们强调色彩设置的灵活性，同时也强调色彩设置整体风格的一致性，对于相同章节（模块）或具有相同地位、作用、性质的文本，可以采用统一的色彩风格，这样的设置可以使外观整齐划一。

4）文字排版的优化

在地理多媒体课件设计过程中，除了要对文字的属性进行设置外，还应该注意把需要强调的文本放置在屏幕的显著位置，注意文字的排版，通过行距、段间距、页边距等方面的设置来实现排版的优化。

5）文字强调的技巧

在地理多媒体课件设计的过程中，往往需要对一些重点词语进行强调，需要用不同的功能特性来达到吸引学生注意力的目的。通常情况下可以通过以下几种方式来强调和突出文字。

（1）改变文字的字体、字形、字号、颜色以及通过下划线等方法突出要强调的文字文本，这些设置可以单独进行，也可以结合起来综合运用。

（2）采用自定义动画的方式来对特定文本进行强调。在课件设计的过程中，通常情况下，默认的设置是文本直接出现，如果需要对某些特定的文本进行强调，可以通过自定义动画的形式来进行。对选定的文本施加动画效果，具体可以包括进入方式、出现方式及强调方式等几个方面的设置，这几个方面的设置可以单独使用，也可以综合运用。

（3）对所呈现的文字添加声效。配合文字文本的呈现使用效果声音也可以达到强调所呈现文本的目的。

2. 图形、图像

1）图形、图像数量的控制

一般来说，在一定的时间和一定的范围内，引起学生注意的点是有限的。因此，在地理多媒体课件设计中，在同一个页面内以及在一定的时间范围内，图形、图像的使用数量必须要有一定的限制，否则就会“过犹不及”，达不到突出重点内容的效果。同时，对单独使用的图形、图像素材来说，要简单明了，对图片中需要加以特殊说明的部分，要用最简练的语言或者文字来加以说明。

2）图形、图像色彩数量的控制

在地理多媒体课件设计中，为最大限度地降低视觉的疲劳程度，提高视觉的信息获取能力，一个页面中不要使用过多的颜色，否则会出现“花”、“乱”、“杂”的负面效果，使整个画面有杂乱无章之嫌，这样制作出来的课件既不美观，也易分散学生的注意力。因此，对颜色种类的选择，应尽量保持在 4 种以下为佳，对于一些特殊的需要，也尽量不超过 7 种颜色。这种选择是对于同一个页面的不同图片，对于同一幅图片来说也是如此。

3）注意图形、图像的色彩搭配

在地理多媒体课件设计过程中，如果使用多种颜色，要特别注意选择合适对比度的颜色组合。对一些特定的组合，如红色与蓝色、绿色与蓝色、黄色与蓝色、红色与绿色应尽量避免同时使用。另外，对于多次出现的同一个信息应该尽量设置成同一颜色，保持颜色的一贯性，避免给学生造成认知负担。对于不需强调的信息，可以使用低饱和度、低亮度、柔和、平淡的色彩，避免喧宾夺主。

4）图形、图像空间位置的最佳设置

人们在阅读时视线多为从左到右，从上到下。因此计算机屏幕的左上部分内容是观察频率最高、最容易引人注目的地方，其次是左下部分和右上部分。按照这个原则，在进行图片排版时应该把最重要的内容放在观察频率最高的部位，以达到最佳的效果。

5）合理运用各种特技效果呈现图形、图像

课件制作工具可以让教师对图形、图像信息的进入、出现、强调和突出等方式进行设置，实现不同的艺术效果，通过这些效果的设置强调所要呈现的图形、图像信息。但是在具体的运用过程中需要把握这些效果的运用频率和方式，避免过于花哨，从而达不到突出重点教学内容的目的。

6）图形、图像与文本信息的配合

在地理多媒体课件设计的过程中，图形、图像信息的呈现和文字信息的呈现要进行合理搭配，“图文匹配”是多媒体课件设计的重要原则。图形、图像信息对于直观、生动地传递教学信息有着文字所不具有的优势，但是有些图片信息仅仅通过对图片本身的观察是无法传递全部信息的，需要用文字对需要重点突出的内容和观察图片的提示进行说明。①

3. 声音

1）区分声音的表现形式

在地理多媒体课件中运用声音素材时，要对声音的表现形式进行区分，在界定声音表现形式的基础上，考虑具体的处理方式。通常来说，在地理多媒体课件中，声音主要有三种表现形式：解说、音响和配乐。通常情况下，这三种声音相互配合，会产生富有立体感的听觉效果，使画面内容或者主题思想能够得到充分的烘托和渲染。

解说在地理多媒体课件中通常是画面内容的补充和解释说明，帮助学生对所呈现的内容形成更加全面的理解，能够起到承上启下的过渡作用。

音响在地理多媒体课件中的主要作用在于营造画面所呈现的现场效果，增强画面的真实气氛和生活气息，加强画面的表现力。同时，音响的运用能够解释事物的本质，扩大视觉信息的表现力，增强画面视觉信息的空间感和层次感。

配乐是声音的另外一种重要表现形式，配乐可以深化教学主题，烘托气氛。最为重要的

---

① 朱京曦. 多媒体教学策略. 北京：北京师范大学出版社，2010：55.

一点是要根据教学内容要表达的基调和节奏的需要，选择不同的乐曲，这样才能表现出不同的意境。音乐是有感情色彩的，因此，对配乐色彩基调的把握尤为重要，否则会使效果大打折扣，甚至是歪曲了原有的感情色彩，不利于学生理解教学内容。

2）不同声音素材之间的配合

在地理多媒体课件设计中，有时候用到的声音素材不止一种，这就需要对声音进行处理，不同声音素材之间的配合要把握以下几个方面：首先，要实现声音之间的互相补充，当一种声音元素不能够完全表现内容时，可以考虑转接或增加另一种声音，来补充前一种声音的不足，并和前一种声音共同实现某种效果；其次，应该合理调整声音的长短，声音长短的选择要与画面长短取得一致；最后，需要注意声音的层次，根据声音作用的不同，应该增强主声、弱化伴随声，突出重点，切忌喧宾夺主。

3）声音节奏和长度的控制

声音具有其自身的节奏，声音与其他素材相互配合又会产生与画面呈现的教学内容相统一的课堂教学信息传播节奏，进而形成多媒体课件的节奏韵律。[①] 在设计过程中一方面需要考察声音信息的节奏；另一方面也需要考虑声音与画面配合之后的教学内容呈现的节奏。

在地理多媒体课件中使用声音素材时，需要注意声音长度的控制，提供的声音过长会导致学生的感官疲劳，这样起不到突出重点教学内容的作用。

4）声音素材与所呈现教学内容基调的配合

声音是具有感情色彩的，不同的音乐的感情色彩是不同的。在地理多媒体课件设计过程中，对于声音的问题需要注意把握声音素材与所呈现教学内容基调的配合。悲伤、喜悦、舒缓、宁静等的基调是需要不同的音乐来表征的。

另外，在音乐选取的过程中，要注意把握学生对音乐的熟悉程度，如果只是让学生来体会某种意境的话，尽量不要选择学生特别熟悉的内容，否则学生会不由自主地跟着音乐哼唱起来，分散了其对教学内容的注意力。但如果是要调动学生的情绪和情感方面，就不需这种处理方式。

4. 视频、动画

1）视频、动画设计要“去繁就简”

在地理多媒体课件设计的过程中，首先要考虑素材的可获取性，视频、动画具有其他媒体形式无法比拟的生动性、形象性、完整性，但是获取适合教学使用的视频、动画素材往往不那么容易。因此，教师在地理多媒体课件设计的过程中，要对素材的可获取性进行判定，对于能够用其他形式的素材呈现的教学内容，完全可以考虑不用视频和动画的形式进行。

2）控制视频和动画的长度与使用频率

视频和动画相对于其他媒体形式来说信息量比较大，所以在运用的过程中需要对长度和使用频率进行控制，视频和动画长度过长会给学生造成很大的认知负担。

3）切忌动画过于追求逼真，未能揭示事物本质

一切信息传播包括教学信息传播的本质是使信息接收者的大脑产生有效且有意义的信号，这种信号是通过人的感官受到刺激而产生的。动画信息作为一种信息呈现方式，在一定条件下过分的逼真极有可能引起对传播和学习过程的干扰，这对于向学生揭示事物的本质是极为不利的。同时，对于细节的过度关注会分散学生有限的注意力，不易于学生把精力集中

---

① 朱京曦．多媒体教学策略．北京：北京师范大学出版社，2010：59.

于重点教学内容。

4）动画素材与声音等其他媒体信息配合使用

计算机动画在呈现教学信息的同时，伴以解说、音响和音乐去补充和加强信息传送效果，可以大大提高信息传递效率。在动画素材的使用过程中，通常需要与声音素材进行配合，然而配合得不好，就会出现问题，主要表现在以下几个方面：声音进入太突兀、声音切出太生硬；声音主题与动画画面主题相差太远；声音与动画对位不准确等。这些方面的问题都是动画素材运用过程中需要特别注意的地方。另外，在播放动画时，声音的音量调节要适当。在地理多媒体课件的设计中注意避免以上几点问题，才能使动画与声音等其他媒体信息相得益彰，取得更好的协同效果，让不同形式的媒体信息为教学内容的传递服务。

7.2.3　地理多媒体课件的界面设计

1. 地理多媒体课件界面设计的基本原则

1）形式与内容相统一

优秀的界面设计首先是内容与形式的结合。一方面，多媒体界面设计应该追求形式美，但是形式美必须适合所要表现的主题的需要，这是地理多媒体课件界面设计的前提；另一方面，在进行地理多媒体课件设计时，需要确保界面中的每一个元素都有存在的必要性，而不要为了花哨而使用冗余信息。

在形式与内容相统一的基础上，要遵循基本的形式美法则，对于地理多媒体课件界面的各种媒体素材应该符合统一、对称、均衡的原则，这样才能构建出和谐、流畅、自然、美观的界面。在课件界面构图中，紧扣主题思想，做到主次分明、重点突出，在把握知识体系逻辑的基础上，处理好界面教学内容的逻辑关系。

2）内容呈现简洁明了

界面设计中有一个很重要的原则就是简洁与明了。从心理学和美学的角度来说，简单、清晰明了的设计更具有可取性。地理多媒体课件界面设计应该简洁、突出重点，避免画面过于花哨。在同一画面内，呈现的对象不宜过多，否则不但达不到呈现更多有效教学信息的目的，反而会分散学生的注意力，大大降低学生的学习效果。

在颜色搭配上也要考虑简洁明了。界面中的颜色不宜过多，这样会给学生眼花缭乱的感觉；同时，页面前景色和背景色不能太相近，防止因靠色造成感知困难。① 在进行素材搭配设计的过程中，要把握它们的重要性。界面中的动画、图像、文字等素材要协调，避免分散学生的注意力而降低学习效果。

3）布局合理、协调

地理多媒体课件界面的布局很重要。各种媒体素材之间按照怎样的布局进行安排才能体现课件的特色、吸引学生的注意力、突出教学重点，这些都是设计者在课件设计过程中需要考虑的。根据视觉习惯的规律，需要把重要的内容放在重要的位置，次要的内容放在次要的位置。一般情况下，视觉思维是先左后右，先上后下，在进行地理多媒体课件设计的过程中，需要把重点内容放在视觉停留点的位置。

界面的布局也需要注意保持协调性，各个界面之间的风格要统一协调，不要出现明显的跳跃感，不同页面之间的过渡要自然流畅，不同页面之间风格的差异不能太过悬殊，各个页

① 朱京曦．多媒体教学策略．北京：北京师范大学出版社，2010：61.

面之间的风格差异太大会使学生花费大量的精力来适应不同的风格，而忽略教学内容本身的信息。

2. 地理多媒体课件界面设计的策略

1）突出主体的策略

（1）把握不同内容之间的主次关系。教师在地理多媒体课件设计的过程中，最先需要考虑的是教学内容处理层面。一节课的教学内容通常有许多，各种不同的教学内容之间是有相对重要性关系的，同一页面上次要内容的布局应让位于主体内容，如作为文字补充的图片，一般都置于右边或右下部分，除特殊需要外，通常都不宜放得过大，以能看清楚画面内容为原则。处理好不同内容之间的主次关系不仅能够达到突出主体教学内容的作用，同时能够帮助学习者对不同教学内容之间的关系有一个清晰的认识。

（2）把握教学内容的位置安排。在地理多媒体课件中，每幅页面都有需要突出的主体内容。因此，在进行课件页面布局的时候，重点教学内容要占据课件页面中最重要的位置。在位置编排上，要按照人们的视觉习惯进行编排。人们在观看事物时，一般是从左到右、从上到下，而且对页面各部分的观察频度也不同，在进行页面布局时就要考虑到这一习惯，将主体内容摆放在中上方或者左方，这样处理的目的是让所要突出的重点内容在第一时间进入学生的视野，给学生留下深刻的印象，这是学生在多媒体条件下进行有效学习的必要前提。

（3）运用特技效果强调重点教学内容。把重点教学内容放置在页面的视觉热区是突出主体的重要方式之一，在此基础上，还应该对需要突出的教学重点内容进行细节化处理。具体的实现方式主要是通过课件制作工作的特效功能设计来实现。比较常用的方法主要有：在亮度、色调等方面加大主体与背景的反差，简化背景以及虚化背景等。将重点内容的关键词、句、概念、原理等，运用闪烁、加下划线、自定义动画等技术方法使之和其他信息区别开来，用此方式来吸引学生的注意焦点。需要特别注意的一点是，多媒体课件制作工具的技术特性能够有效地突出教学的重点内容，但是如果使用过于频繁的话，就会适得其反。

（4）简化页面。要突出主体的另一个方法就是需要简化页面，做到课件中每一幅页面呈现的主题单一、清晰明确。简单明了的画面内容才容易被学生理解，这一点是不言而喻的。过于复杂的界面内容会加重学生的认知负担，大大降低学习效果。因此，在同一页面各媒体的组合上宜简不宜繁，多余的、不必要的信息一概剔除，在课件设计过程当中不能为了显示多媒体特点，而故意堆砌多种媒体于同一画面，造成学习者视觉上的不适应，加大学生的认知负担，这样反而影响了教学效果。

（5）装饰性信息的控制。地理多媒体课件设计过程中，应该首先考虑课件的教学特性，在保障教学特性的基础上，提升其艺术效果。例如，在多媒体课件中，边框和点缀物是比较常用的提升艺术效果的手段，边框和点缀物的位置要适当，首先要让位于画面主体内容，边框不能太宽，颜色不能太显眼，花纹不能太过繁杂。

2）对比反差策略

（1）“大”“小”对比。所呈现的媒体素材之间的大小关系对比是界面布局中的重要一项。在地理多媒体课件设计过程中，文字、图片等素材信息都存在大小对比关系，如果需要强调某一部分的内容，可以采用文字、图片大小对比关系处理来实现，可以对重点教学内容的字号进行设置，以达到突出重点教学内容的作用。

（2）“动”“静”对比。从人的视觉习惯的角度来说，运动的东西比静止的东西更容易引起注意。教师在处理教学内容的时候，可以把需要强调的内容用自定义动画的形式来表现，从感官刺激的角度入手，加深学生对教学重点的印象。①

(3)“虚”“实”对比。“虚”与“实”是事物相对的两个方面，二者是相辅相成的，在地理多媒体课件设计中虚实关系的处理也是需要处理的一项重要对比关系。为了强化所要突出的主体对象，次要的内容就需要进行“虚”化处理，用次要对象的虚化来衬托所要突出重点教学内容的“实”，通过对比达到突出教学重点的目的，加深学生对重点教学内容的认识。

(4) 色彩对比。在地理多媒体课件设计过程中，色彩的运用是一项重要的信息表达项目。色彩的运用要与教学内容密切相关。色调要鲜明，要为所展现的教学内容、创造的意境服务。不同的主题、不同的内容应该用不同的色调来展现。教学内容对色彩明快和深沉的具体要求是不同的，需要实现内容和色彩基调之间的吻合。具体应该注意以下几个方面。

第一，前景色、背景色之间的对比关系处理。前景色与背景色要有鲜明的区别，形成对比关系。一般来说，应该用单独的一个色彩或者特定的简单图形作为背景，但是对比不能过于强烈，否则冲击性太强，会使学生产生疲劳；在深色或中度色调背景上应使用浅色文字，在浅色的背景上应使用深色字。

第二，控制同一屏幕中的色彩数量。在地理多媒体课件中，同一个屏幕中所使用的色彩数量不宜过多，在不必要的情况下，显示使用的颜色宁少毋多。

第三，同一个屏幕色彩对比程度的把握。在同一屏幕上使用多种色彩时，需要使用适当对比度的色彩组合。对比度大的色彩可以一起使用而不易引起混淆，如果使用过于相近的颜色，则会影响学生的辨别。

第四，辅助教学信息色彩的控制。在多媒体课件界面中，对于不需要特殊强调的辅助性教学信息，应该使用柔和、平淡的颜色，避免这些信息过于吸引学生的注意力，喧宾夺主，需要强调的重点内容反而会被忽视。

7.3　地理教学媒体组合应用与案例研究

关键词

地理教学媒体选择依据；地理教学媒体选择模式；地理教学媒体选择程序；地理教学媒体组合

7.3.1　地理教学媒体的选择

1. 地理教学媒体选择的依据

1) 地理教学目标

地理教学目标是对学生参加地理教学活动后应该表现出来的可见行为的具体的、明确的表述。它是贯穿地理教学活动全过程的指导思想，不仅规定了地理教师进行教学活动的内容与方法，而且还控制着地理教学媒体的类型以及媒体出示的时机、方法与步骤。因此，地理教学目标对地理教学媒体的选择具有决定作用。每个单元、课时、课题都有一定的教学目标，即具体的教学要求，为达到不同的教学目标通常需要使用不同的媒体来传输教学信息。②例如，对于认知类教学目标，选择挂图、图片、实物、标本、模型、投影、多媒体动画等媒

① 朱京曦．多媒体教学策略．北京：北京师范大学出版社，2010：66.

② 王以宁．教学媒体理论与实践．北京：高等教育出版社，2007：416.

体开展教学，可收到良好的教学效果；而对于情感类教学目标，选择表现手法多样、艺术性和感染力强的媒体，如录音、录像等，可对学生产生巨大的吸引力和情感上的震撼力。

2）地理教学内容

地理教学内容是指为了实现地理教学目标，要求学生系统学习的地理知识、技能和行为规范的总和。地理教学内容和地理教学媒体之间存在必然的、本质的联系。地理教学内容是制约地理教学媒体选择的重要因素。中学地理教学内容丰富，涉及自然地理、人文地理、区域地理等。对于不同的教学内容，应有区别地选择合适的教学媒体。例如，自然地理多选择图片、实物、标本、模型、录像等；人文地理多选择挂图、录像等；区域地理则多采用挂图、景观图片教学。从知识属性看，地理名称、地理分布一般采用挂图；地理数据一般采用黑板、投影；地理景观一般采用图片、实物、标本、模型、录像等；地理演变则多采用动画，制作多媒体课件，用计算机多媒体辅助教学；地理概念、地理特征、地理规律、地理成因等，则多采用板书、板图、板画、挂图等揭示地理事物的本质。

3）学生特点

教学媒体是储存和传递教学信息的工具。学生学习地理的心理基本特征是地理教学媒体选择的依据之一，其重要性是不言而喻的。心理学研究表明，高中生与初中生在心理发展上有很大区别。从学习积极性看，高中生与初中生在学习需要、动机和兴趣上都有区别。从认知结构看，初中生的观察能力较差，缺乏从整体上观察、从细微处观察的意识，注意力不容易持久集中，思维以直观形象思维占优势；高中生的观察能力较为精确而深刻，注意力比较趋于稳定而持久，思维具有更高的抽象概括性，能够逐步摆脱直观形象和直观经验的限制，借助概念进行合乎逻辑的判断和推理，想象更加丰富、合乎理性。[①] 而教学媒体与学生认知结构关系密切，如图 7-1 所示。[②] 可以看出，在地理课堂教学中，学生接受地理信息量的多少取决于地理教学媒体与地理教学内容是否统一，地理教学媒体与学生的认知结构是否相容，地理教学内容与学生的认知结构是否一致。统一性、相容性、一致性越好，图 7-1 中的重合部分越大，意味着有效信息量就越大。

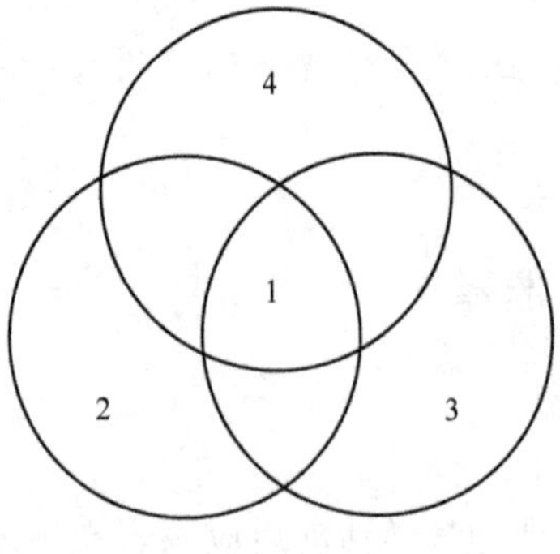

图 7-1　教学媒体、学生认知结构和教学内容关系示意图

1. 有效信息量；2. 教学媒体；3. 学习内容；4. 认知结构

因此，地理教学媒体的选择必须充分考虑学生的认知结构。对于初中生可以较多地使用投影、电影、电视和录像。投影片要形象生动，重点突出，色彩鲜艳，能活动的地方力求活

① 赫兴无．浅中学地理教材内容的选择．哈尔滨黑龙江教育学院学报（自然科学版），2005，(5)：137.

② 陈澄．地理课堂教学设计．上海：华东师范大学出版社，2001：125.

动，每节课使用的片数不宜太多，要对片中的内容进行详细的解释；使用电影、电视和录像，宜选用短片，动画镜头可以多一些。对于高中生，选用的教学媒体种类可以广泛一些，传递的内容可增加分析、综合、抽象和概括，增加理性认识的分量，重点应放在揭示地理事物的内在规律上，同一种媒体连续使用的时间也可以延长。

4）地理教师自身特点

每个地理教师在媒体的使用上都有自己的长处，也有不擅长的媒体，在选择媒体时应充分发挥自己的优势，扬长避短。有的地理教师语言表达能力较强、声音柔美、极富感染力，就可以多采用语言讲述，绘声绘色；有的地理教师美术功底好，可以多选用板图、板画、投影等辅助教学；有的教师能熟练使用计算机，在学校设备齐全的条件下，他就可以选择计算机多媒体辅助地理教学。如果一名地理教师同时具备上述能力，那么他在进行地理教学媒体的选择上就具有更大的空间。因此，地理教师在选择地理教学媒体时，一方面要正确认识自己驾驭地理教学媒体的能力；另一方面还要不断提高自己，以适应现代媒体对教师的要求。

5）地理教学媒体自身特性

地理教学媒体自身特性包括技术特性和专业教学特性两个方面。正确认识各种地理教学媒体的优势与缺陷，是地理教师有效选择媒体的前提条件。

6）地理教学环境

地理教学环境对地理教学媒体的选用有重要影响。根据信息传递方式，地理教学环境分为传统地理教学环境、电化地理教学环境、多媒体地理教学环境、多媒体网络地理教学环境。不同的环境为选择相应的媒体提供了可能。地理教师在进行教学设计时，应根据当地的教学环境，考虑所选用的媒体是否是唾手可得或通过简单的准备即可利用，而不应考虑那些在学校与教学环境中无法准备与实现的媒体。

案例 7-3

“人口的合理容量”教学设计节选

【课标分析】（略）

【教材分析】

教材设置“地球最多能养活多少人”、“地球上适合养活多少人”这两个问题作为段落的标题，一方面可以激发学生探究的兴趣，另一方面也与课标要求相对应，揭示了环境承载力与人口合理容量的差别。通过对“地球最多能养活多少人”问题的探究，知道了环境人口容量的概念，并了解到资源、科技发展水平、人口的生活和文化消费水平对环境人口容量有很大影响；通过对“地球上适合养活多少人”问题的探究，知道了人口合理容量的概念，认识到人口增长必须与资源、环境相协调，人类才能可持续发展，才能提高人们的生活质量。教材最后安排了关于“《中国土地资源生产能力及人口承载力研究》报告”的“活动”，意在使学生领悟到人口剧增对环境所产生的巨大压力，明确实行计划生育、控制人口增长和提高人口素质对我国的重要意义。

【学情分析】

本章第一节为“人口的数量变化”，第二节为“人口的空间变化”，通过这两节的学习，学生已经了解了人口的快速增长所带来的资源环境问题和人口的迁移对迁出区和迁入区的不同影响，但是对一个地区到底适合供养多少人尚缺乏认识。

从心理特点看，高中学生思维活跃，特别是逻辑推理能力增强，课堂适宜采用合作探究的教学方法。

【教学目标】

知识与技能

了解环境承载力、环境人口容量、人口合理容量的概念，明确三者之间的关系和区别；了解环境人口容量的影响因素；理解人口合理容量的不确定性和相对确定性及其对人口战略和人口政策的意义。

过程与方法

结合案例，运用系统思考的方法，理解人口、资源、环境之间的关系，从而建立环境承载力的概念；通过绘制关联图的方法，明确影响环境人口容量的各个因素之间的关系；通过复活节岛和地球的类比，明确地球控制人口数量的必要性；通过合作探究、讨论使学生理解人类要在世界各地消除贫困并保持人口的合理容量，各国必须采取相应措施。

情感、态度与价值观

正确理解人口、资源、环境三者之间的关系，并形成正确的人口观、资源观、环境观，进一步加深学生对我国计划生育和环境保护两项基本国策的认识。树立可保持发展的消费观念，逐步养成良好的消费习惯。

摘自：丁志军．新课标教材高中《地理》（人教版·必修 2）第一章《人口的变化》第三节“人口的合理容量”教学设计．中学地理教学参考，2011，(1-2)：72

随堂讨论 7-3

1．根据案例 7-3 中的教材分析，本节课应该选择哪些教学媒体？

2．根据案例 7-3 中的学情分析，本节课应该选择哪些教学媒体？

3．根据案例 7-3 中的教学目标，本节课应该选择哪些教学媒体？

2．地理教学媒体选择的原则

1）多样性原则

多样性原则要求在选用地理教学媒体时，在条件许可的前提下，应尽可能多选一些媒体，因为运用多种媒体比只用一种媒体效果好。

从媒体本身看，选择多种媒体有利于媒体优势互补，进行媒体组合教学。关于教学媒体功能的研究表明：没有万能的教学媒体，所有的媒体都有优点和缺点，没有一种媒体能永远优于其他媒体，也没有哪一种媒体能解决所有的问题，有时，某一种媒体的短处可能恰恰是另一种媒体的长处。[①] 综合使用多种教学媒体就可以取长补短，优势互补，充分发挥教学媒体的整体功能。例如，视觉型媒体能使学生眼见其形，但不能耳闻其声；而听觉型媒体则相反，只能使学生耳闻其声，不能眼见其形。如果选择两者，在课堂上结合使用，不仅各显其能，而且能够收到声形并茂和相得益彰的效果。

从教学信息论看，选择多种媒体有利于加大教学信息容量和提高课堂效率。多样性原则

① 李运林，徐福荫．教学媒体的理论与实践．北京：北京师范大学出版社，2003：98.

要求既要选择传统媒体，又要选择现代媒体，特别是在有条件的情况下，应尽可能地多选择现代媒体。因为现代地理教学媒体具有传递信息快，单位时间内信息容量大的特点，可以节省教学时间，有效地传递教学信息，达到“在现在的条件下用最少的时间和精力去获得最大可能的结果”。据教育统计材料，在同一单位时间内，运用现代教学媒体可比一般教学媒体增加 20%～30%的教学内容，所学到的材料分量比传统教学方式增加一倍，且可使考试中的错误减少 2/3～3/4。因此，要高效率地传递大量信息，提高课堂教学效率，应多选用幻灯、投影、电影、电视、录像、多媒体计算机、网络等现代教学媒体。

从学习的生理机制看，选择多种媒体有利于学生多感官参与学习，提高学习效率。对记忆的研究表明：多感官参与记忆，无论是记忆的速度还是记忆的质量远远大于单一感官的记忆。拿记忆后保持的比例来说，单用视觉，3 小时后记忆保持的比例为 70%，3 天后为 40%；单用听觉，3 小时后记忆保持的比例为 60%，3 天后为 15%；而视听并用记忆比例达到 90%，3 天后仍为 75%，远远大于只看只听。课堂选用多种媒体，传递教学信息就有多种渠道，分别刺激学生的不同感官。当不同的感官接受到的信息内容相互关联时，就会深化对知识的感知程度，达到强化学习、提高学习效率的目的。

2）适度性原则

多样性原则要求课堂教学应尽可能地多采用一些教学媒体，但这要以一定的条件为前提，并不是说媒体选得越多越好。因为尽管多种媒体传递的教学信息量一定比只有一种媒体传递的教学信息量大，但信息量大了，还要考虑学生能否接受，如果不能接受，媒体再多也没有用。因此媒体的选择还应遵循适度性原则，即一堂课使用的媒体不宜太多，应有一定数量的限制。否则媒体变换频繁，一会儿挂图，一会儿模型，一会儿幻灯，一会儿录音，一会儿电视，一会儿又是录像，这样不仅浪费教学时间，还会使学生眼花缭乱，感到疲劳，进而产生抑制心理。一般来说，现在很少有教师只用一种媒体上课，即使是传统的课堂教学，也至少要用教科书和黑板这两种媒体。一堂课用多少种媒体好呢？有人研究了课堂教学，认为不算常规教学媒体，仅选择现代教学媒体，以两三种为好，这样既能从不同方面理解教学内容，又能使学生始终保持新鲜感和学习兴趣，提高课堂教学效果。研究发现，如果选择四五种以上的教学媒体，教学效果就不好了。①

3）经济性原则

美国大众传播学家施拉姆曾说过：“如果两种媒体在实现某一教学目标时的功能一样，我一定选择价格较低的那种媒体”。选择媒体，除了看使用效果外，还要看何种媒体时间省、成本低，即要遵循经济性原则。一般来说，常规教学媒体的价格低于现代教学媒体的价格。在所有的教学媒体中，印刷品和黑板的价格最低，标本、模型、录音的价格较低，幻灯、投影、电视的价格中等，电影和录像的价格较高，计算机多媒体和网络的价格最高。前面说过，在有条件的情况下，要尽可能地选用现代教学媒体，但并不是说要一味地追求“带电作业”，认为选用媒体越高档越好，而是要看情况，具体问题具体分析。如果本来用黑板就能展示的板书，用挂图、图片就能说明问题的教学内容，却制成了昂贵的幻灯片、投影片；本来用幻灯片、投影片就能显示的例题或习题，却制成了高档的多媒体课件；本来可以直接用实物或模型演示的实验，却制成了高价的录像带，这样既浪费材料、人力，又浪费教学时间。可见选择教学媒体应该考虑低成本、高效能。

---

① 张有录．媒体教学论．北京：国防工业出版社，2008：47.

4）教学最优化原则

教学最优化原则是指把选用教学媒体的过程放在整体的教学设计中，充分考虑教学各方面的因素，协调教学媒体与教学其他方面的关系，使教学媒体的功效服从于整体教学设计，以取得最佳教学效果。教学最优化原则可以说是选用教学媒体的根本原则和根本要求。实施这一原则的关键是对教学的各个方面进行系统地分析。首先要充分认识各种教学媒体的功能、特性及其发挥积极作用的主客观条件。其次要明确课堂教学目标的构成与水平层次；分析教学内容的特点、类型、层次结构、逻辑联系、重点和难点及其教学意义；了解学生的年龄心理特征、生活经验、知识存量、初始能力、学习态度和学习风格；认识教师个人的教学风格和教学能力；熟悉学校的教学设备和教室的环境条件。在此基础上综合考虑，选用合适的教学媒体以实现教学最优化。

资料卡片 7-5

贝茨的教学媒体观

贝茨认为：①媒体一般是灵活的、可替换的，问题是在给定的条件下何种媒体最合适；②每种媒体都有其独特的内在规律，有一套能发挥其功能的固有原则；③不存在对任何教学目标都最适合的“超级媒体”，所有媒体都有其长处和短处，一种媒体的长处可能是另一种媒体的短处；④对于某些具体的教学目标来说，存在某种媒体，其教学效果明显优于其他媒体。

摘自：王以宁．教学媒体理论与实践．北京：高等教育出版社，2007：31

3. 地理教学媒体选择的模式

由于人们在选择教学媒体时考虑的因素不同，思考问题的角度不同，设计的选择方案也就不同，因而形成了各种各样的选择模式。这些模式是人们在大量的媒体应用实践中逐步总结出来的一些选择媒体的方法、程式或模型。目前已开发出来的媒体选择模式有问题表、矩阵式、流程图、算法型、经验之塔、六维排列等。

1）问题表

问题表实际上是列出一系列要求媒体选择者回答的问题，通过对这些问题的逐一回答，来比较清楚地发现适用于一定教学情境的媒体。

下面的一组问题便是例子。

所需媒体是用来提供感性材料还是提供练习条件？

该媒体是用于辅助集体讲授还是用于个别化学习？

媒体材料与学生的认知水平相一致吗？

教学内容是否要作图解或图示的处理？

视觉内容是用静止图像还是动态图像？

媒体仅需视觉形式还是听觉形式或二者结合的形式？

有没有相应的教学软件？

有无运行条件？

由教师对这些问题作回答，归纳问题的答案，就可以发现可以选择的媒体。问题表的优点是方便灵活，根据实际情况所列问题可多可少；可按逻辑顺序，也可不按逻辑顺序排列。这种模型出现较早，并为其他一些选择模型提供了基础。它的缺点是列表时全凭教师的认识与经验，所以容易出现遗漏。

2）矩阵式

这种模式是把各种教学媒体和选择媒体时所要参照的主要指标进行二维排列，建立一个矩阵式的表格。常规的矩阵一般是以各种媒体为一维，另一维则是教学目标或媒体的特性或媒体的功能，然后运用某种评判尺度反映两者之间的关系，评判尺度可用“适宜”与否、“高、中、低”等文字表示，也可用数字和字母符号表示。威廉·艾伦根据“教学设计取决于具体的学习目标，教学媒体的功能高低是相对于一定的学习目标而言的”观点，设计建立了一个关于教学媒体的种类和目标的关系矩阵，见表 7-3。①

这种模式通过表格排列，能把教学媒体与学习目标的关系清晰地表示出来，使选择者一目了然，便于选择。

表 7-3　矩阵式媒体选择

教学媒体种类	学习目标					
	学习真实信息	学习视觉鉴别	学习原理、概念和规律	学习过程、程序	完成熟练的知觉运动动作	发展所期望的态度、观念和动机
静止图片	中	高	中	中	低	低
动画片	中	高	高	高	中	中
电视	中	中	高	中	低	中
三维物体	低	高	低	低	低	低
自动录音	中	低	低	中	低	中
程序教学	中	中	中	高	低	中
演示	低	中	低	高	中	中
印刷课本	中	低	中	中	低	中
口语表述	中	低	中	中	低	中

3）流程图

流程图是在问题表模型的基础上发展起来的，根据描述计算机算法的方法设计的一种比较复杂的媒体选择模式。它把选择媒体的过程分解成一套按顺序排列的步骤，每个步骤都设有一个问题，在问题的下面又有一个个分支。教师从第一个问题开始回答，然后根据对问题的“是”与“否”的回答，进入相应的逻辑分支，以后依次回答每一个问题，直到问题结束，就基本上确定了一种或一组被认为是最适合于特定教学情境的媒体。

流程图的种类很多，如集体教学、小组教学和个别教学这几种教学形式，就都有各自的流程图；对于不同的媒体分类或不同的教学策略也都有相应的流程图。教师可以参考这些已有的流程图，也可以自行设计符合自己需要的流程图。流程图的优点在于它有许多现成的模型供人们参考。除此之外，当教师回答了全部问题以后，所需要的媒体也就确定出来了，而不需要像问题表那样还需进一步综合分析每个问题的答案才能得到结论。

4）算法型

算法型是通过模糊的数值计算决定媒体选择的一种方法。在运用此方法时，一般先对备选媒体使用的代价、功能和管理上的可行性等诸多因素给一个定值，然后对备选媒体的效益指数运用公式加以运算，从而确定所选媒体。其具体算法是

① 李运林，徐福荫．教学媒体的理论与实践．北京：北京师范大学出版社，2003：103.

$$\text{备选媒体的效益指数}=\frac{\text{功能（媒体）}}{\text{代价（媒体）}}$$

可以通过两种或两种以上备选媒体的效益指数的比较，最终确定所选媒体。例如，在课堂教学中，为了提供事物形象，常有挂图、幻灯、投影、电影、录像及计算机多媒体可供选择。这时既不应只考虑成本，也不能片面追求效果，而要以提高媒体的效益价值，即媒体所能达到的教学功能与所要付出的代价（经济成本、开发时间及要求的技术水平的高低）的较大比值为取向。若所需的事物形象不必是活动的，上述几类媒体都能实现这一教学功能，而就所要付出的代价而言，挂图、幻灯和投影最小，电影和录像其次，计算机多媒体最大，显然挂图、幻灯和投影的效益价值最大，于是就应该选择挂图或幻灯或投影。其具体算法是

$$\frac{\text{功能（静止画面）}}{\text{代价（挂图或幻灯或投影）}} \rightarrow \frac{\text{功能（静止画面）}}{\text{代价（电影或录像）}} \rightarrow \frac{\text{功能（静止画面）}}{\text{代价（计算机多媒体）}}$$

5）经验之塔

戴尔的“经验之塔”将教学媒体按其所能提供的经验，即教学信息的抽象程度作为分类标准，排列出11个层次，如图7-2所示。[①]“塔”的最底层所提供的直接经验最为具体，逐层上升后直接感觉参与量越来越少，趋向抽象。其优点是能较快地作出抉择，但在媒体间进行相互比较的标准过于简单。

图7-2 经验之塔

资料卡片 7-6

戴尔经验之塔的主要观点

戴尔认为：①经验之塔最底层的经验最具体，越往上升，就越抽象；②教育应从具体经验入手，逐步过渡到抽象；③教育不能止于具体经验，而要向抽象和普遍发展，要形成概念；④在学校中，应用各种教育工具，可以使得教育更为具

① 乌美娜．教学设计．北京：高等教育出版社，1994：202.

体，从而形成更好的抽象；⑤位于宝塔中层的视听教具，较言语、视觉符号更能为学生提供较具体和易于理解的经验，它又能冲破时空的限制，弥补其他直接经验方式的不足。

摘自：张有录．媒体教学论．北京：国防工业出版社，2008：21

除了上述五种主要模型外，托斯悌和鲍尔的“六维排列”也是教学媒体选择的一个模式。这六个维度分别是：信息呈现形态；信息呈现的持续时间或间隔频率；呈现的信息要求学生作出的反应类型；要求学生作出各种反应的频率和时间；管理形式和意图；管理的频率。它可以顾及更多的与教学情境有关的因素，但实际使用起来有一定的难度。

当我们面临较复杂的情形，要求必须权衡许多因素才能决定选择时，可以将两种以上的模型综合使用。

案例 7-4

“地形地势特征”教学设计节选

【课标要求】

根据“中国地形图”，说出我国地形、地势的特征。

【教材分析】

本节教材主要讲述“地形地势的特征”。学习本节知识，能根据“中国地形图”，认识我国地形的特点，并说明地形对我国经济发展的利弊影响；明确地势的三级阶梯，运用地势特征进一步分析地势对我国气候、河流的影响。

【学情分析】

“中国地形地势特征”的内容对学生的生活影响颇深，学生对这部分内容较感兴趣，通过七年级一年的地理学习，积累了一定的学习经验，掌握了一些地理学习的方法，学生的观察、记忆、逻辑思维能力有了进一步的提高，具备了一定的读图分析、归纳总结的能力。

【教学目标】

知识和技能

参照“中国地形图”，明确我国地形、地势的特征，并结合生活实例说明复杂的地形对我国经济发展的利弊影响；根据地势特征探究地势对气候、河流的影响。

过程和方法

在读图分析、层层探究的学习过程中，初步掌握探究学习思路和方法。

情感、态度与价值观

通过分析“地形对经济发展的利弊影响”，树立辩证唯物主义科学观；通过视频“甘肃舟曲发生泥石流”，培养学生“国事家事天下事事事关心”的主人翁精神；通过探究“地势对气候、河流的影响”，明确事物是普遍联系的观点；并通过“欢乐中国行”活动，激发学生热爱祖国壮丽山河的真挚情感。

摘自：王静．八年级《地理》（商务星球版上册）第二单元《自然环境》第1课“地形地势特征”教学设计．中学地理教学参考，2011，(9)：39

随堂讨论 7-4

1. 根据案例 7-4 提供的内容，试用问题表模式为本节课选择合适的教学媒体？
2. 根据案例 7-4 提供的内容，试用矩阵式模式为本节课选择合适的教学媒体？
3. 根据案例 7-4 提供的内容，试用流程图模式为本节课选择合适的教学媒体？

4. 地理教学媒体选择的程序

1）掌握媒体的功能与特性

认识和掌握各种媒体的功能与特性是科学选择地理教学媒体的前提条件。要从理论和实践上对地理教学媒体的类型、各种媒体具体的功能、有什么优点与缺陷进行深入地分析了解，并熟练掌握。同时还要明确各种媒体发挥作用的主客观条件。

2）教材分析

主要是教科书内容分析，包括知识结构分析和知识属性分析。分析教科书的地理知识结构，就是要明确一节或一个单元中的教材中包含哪些学习因子和知识点。地理教科书的知识结构分析的一般方法是先将该节内容划分为若干学习因子（教材框题），分析各学习因子的相互联系方式，再分析知识点的联系。地理学习因子和知识点的联系方式大体上可分为并列联系、主从联系、递进联系、层次联系、因果联系等。知识属性分析就是确定各学习因子和知识点所属段落、句子是讲地理事物、现象的概念、特征、类型、组成、结构、功能，还是讲过程、规律、原因、结果、意义、危害、措施、问题、方法等，并将其划分为事实、概念、技能、原理、问题等知识类型。

3）学情分析

学生特点是影响地理教学媒体选择的重要因素，因此，学情分析是地理教学媒体选择的重要环节。学情分析主要是分析不同年龄阶段学生的学习需要、学习动机、学习兴趣和认知结构特点，分析针对具体学习内容的生活经验、知识存量、初始能力和学习态度，分析不同类型学生的学习风格。常用的学情分析方法有观察法、问卷法和资料法。

4）教学目标设计

目标决定媒体，媒体为目标服务。教学目标设计是地理教学媒体选择的关键环节。要在分析认真地理课标、地理教材和学情的基础上，设计出全面、难度适中、具有可操作性、可观测性的地理课堂教学目标。

5）确定媒体使用目标

媒体使用目标是指媒体在实现教学目标的任务中，将要履行的职能。媒体使用目标与教学目标不是一回事，教学目标是指通过教学活动所要达到的要求。媒体使用目标必须根据学习内容和教学目标来确定，按其职能可分为事实型、情景型、示范型、原理型和探究型五种类型。

媒体使用目标与学习内容和教学目标之间有着密切的联系。为此，可以建立如图 7-3 所示的内容—目标—媒体关系的三维选择模型。① 利用该模型，可以根据学习内容与教学目标，确定媒体具体的使用目标。

6）选择媒体类型

根据媒体使用目标，采用某种或几种媒体选择模式，就可以初步确定出地理教学所需的媒体。

从理论上讲，此时选出的媒体都是适用的，但实际上它们中间还存在着最佳选择。因为在

① 张有录．媒体教学论．北京：国防工业出版社，2008：48.

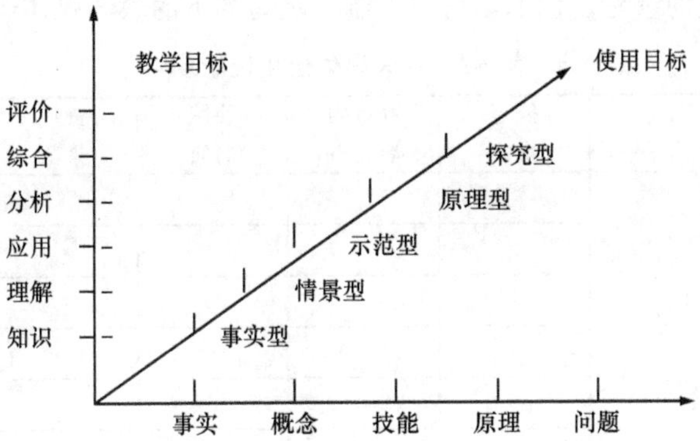

图 7-3　内容—目标—媒体关系的三维选择模型

地理教学设计实践中，纯粹按照教学目标、教学内容、教学对象、教学方法诸因素的要求来选择媒体的现象是很少的，还要考虑一些实际因素，根据实际情况进行选择，如表 7-4 所列。①

表 7-4　选择教学媒体需要考虑的实际因素

实际因素	备选媒体				
	挂图	模型	投影	录像	计算机
能否得到					
制作成本					
复制费用					
准备时间					
技能要求					
设施要求					
维护要求					
学生心态					
教师心态					

7）选择媒体内容

教学媒体的类型一旦确定，就开始选择媒体内容。媒体内容即指媒体对学生的感官产生刺激的符号，主要有语言符号、非语言符号和混合符号三种。选择媒体内容就是选择把教学信息转化为对学生感官产生有效刺激的符号成分。如果选择的媒体类型是投影，那就要考虑是用语言符号，还是用非语言符号，如果要用前者就选择文字投影片，要用后者就选择图解投影片。选择媒体内容具体要做到“五选”，即选择画面资料、选择画面的组合序列、选择声音语言、选择刺激强度和选择教师活动。特别要注意选择的画面资料的内容要与组合序列和教学内容相符，达到主体突出、结构合理、图像清晰、强度刺激适中的目的。

8）阐明媒体运用设想

选择教学媒体的目的是为了在教学中加以运用。从追求教学效果的角度看，媒体的运用比媒体的选择更重要。因此，教学设计者应将自己在选择媒体时的种种考虑升华至如何合理运用拟选媒体的设想上来。具体地说，应该把知识点、学习水平与媒体的关系及其应用方式表达出

① 张有录．媒体教学论．北京：国防工业出版社，2008：49.

来，作为教学过程实施的参考。例如，可以编制、填写如下的教学媒体运用说明表（表 7-5）。[①]

表 7-5 教学媒体运用说明表

课题名称	知识点	目标水平	拟选媒体	媒体内容要点	使用时间	资料来源	媒体在教学中的作用	媒体使用方式
	1							
	2							
	3							
	4							

其中，“媒体在教学中的作用”包括创设情境、引发动机，反映事实、显示过程，示范演示、验证原理，提供练习，训练技能，等等。“媒体使用方式”包括设疑→演示→讲解；讲解→演示→概括；演示→练习→总结；边播放，边讲解，等等。

案例 7-5

“大气的运动”教学媒体的选用

媒体类型	媒体内容提要	运用时间	媒体作用	使用方法
录音	录音 1《天气预报》	1	激趣引题	边播边讲
	录音 2《香港的南亚热带季风气候》	3	强化感知	播放
	录音 3《海风陆风及山风谷风》	2	知识迁移	边播边思考
投影	投影片 1《热力环流示意图》	2	点明大气运动原因	演示阐述
	投影片 2《水平气压梯度力》	2	明确概念掌握要点	启发引导
	投影片 3《气旋与反气旋》（复合片、拉动片组合）	5	启动思维深化知识	讨论演示
	投影片 4《北半球大气环流图》及《地球上气压带、风带季节移动图》一组	5	掌握三圈环流，巩固初中知识	演示、填图或学生作答
	投影片 5《海陆分布对大气环流的影响》及拉动复合片（1）“1 月、7 月海平面等压线分布图”；（2）“冬季风、夏季风”	8	了解规律，揭示知识内在联系	演示、思考与应用
	投影片 6 小结——本节知识网络图表	1	归纳整理	讨论、演示

① 乌美娜．教学设计．北京：高等教育出版社，1994：208.

续表

媒体类型	媒体内容提要	运用时间	媒体作用	使用方法
录像	录像片 1《南左北右的巧用》（自制）	3	激发情趣	边播边模拟
	录像片 2《风向的判读》（自制）	2	扩宽思路	边播边思考
	录像片 3《台风》	2	提供实例以利实用	播放、设疑

摘自：杨自主．合理利用电教媒体突破教学难点——“大气的运动”教学设计．中学地理教学参考，1997，(9)：31

随堂讨论 7-5

1. 评价案例 7-5 中的地理教学媒体选用是否合理，并说明理由。

2. 如果由你来为这节课选用教学媒体，你会选用哪些教学媒体？说明你的理由，并阐明你的运用设想。

7.3.2　地理教学媒体的组合应用

系统论整体原理认为任何系统只有通过相互联系，形成整体结构才能发挥整体功能。在地理课堂教学中，将几种媒体组合为一个整体加以运用，可以对学生的多种感官提供刺激，能够有效地加快学习进程和激发学习动机，起到 1＋1＞2 的效果。

1. 地理教学媒体组合的原则

1）目的性原则

它是指地理教学媒体的组合要有明确的目的，即为了表现教学内容，达成课堂教学目标，实现教学功能的最大化。为此，要求地理教师应认真研究教学内容与目标，精心设计媒体呈现的程序与组合方式。

2）大信息量原则

它是指地理教学媒体的组合要能够传递较大的教学信息量。传统的地理教学媒体一般信息传递速度慢、信息容量小，即使组合起来信息量也不大。而现代地理教学媒体具有传递速度快、信息容量大的特点。因此，大信息量原则要求地理教学媒体的组合中应有现代媒体的参与，即媒体的组合一般应是现代媒体之间的组合，或者是传统媒体与现代媒体的组合。

3）多感官并用原则

它是指地理教学媒体的组合要有利于调动学生多种感官参与学习。研究表明，多感官并用尤其是视觉和听觉并用将使学生获得更多的教学信息量、更长的记忆保持率和最佳的学习效率。因此，在地理教学媒体的组合中应注意图像型媒体与实物、标本、模型等实物型媒体的配合使用，以调动学生的视觉与触觉参与学习；应注意视觉媒体与听觉媒体或视听媒体的配合使用，以调动学生的视觉与听觉参与学习。

4）优势互补原则

它是指地理教学媒体的组合要注意不同功能的媒体的配合使用，使各种媒体的主要优势都得到充分发挥。因此，对于功能相同或相近的媒体不宜组合使用，如幻灯与投影，广播与录音，电影、电视与录像。

5）可操作性原则

一般来说，地理教学媒体的组合不应过于复杂，应简单实用，便于操作控制为佳，符合教育经济学原理。

资料卡片 7-7

多种媒体组合教学能产生较好的教学效果

一门学科的教学内容或者一节课的教学内容，往往是由众多不同类型的学习内容所组成的，而不同的学习内容又需要用不同的、恰当的教学媒体来表达。这样，在客观上就要求我们在教学过程中用多种不同类型的媒体来进行组合教学，做到每一个知识点都能在现有条件下用最合适的、经济的教学媒体来进行有效地呈现和表达，取得相对较好的教学效果。所以，在教学实践中往往是采用多媒体进行组合教学，而不是从头到尾用一种教学媒体。

摘自：张有录．媒体教学论．北京：国防工业出版社，2008：21

2. 地理教学媒体组合的类型与方式

1）视觉型与听觉型媒体的组合

视觉型媒体主要指地理挂图、图片、实物、标本、模型、幻灯、投影等，听觉型媒体主要指广播、录音等。前者具有形神兼备的特点，“形”指图形、形象，“神”指寓于图形、形象之中的思想、知识和艺术境界等。在教学中，学生是通过“形”来理解“神”的。后者具有声情并茂的特点，“声”指语音、语调和音效，“情”指通过语音、语调或音效表现出来的感情、情绪、气氛等。在教学中，学生是通过“声”来理解、感受“情”的。视觉型媒体只能见其形，不能闻其声，听觉型媒体则相反。因此根据教学需要把两者恰当地组合起来运用，不仅可以各显其能，而且可以收到形声结合和情景结合的综合效果。形、声媒体组合一般可用于绪言课，用于新课导入或用于对学生进行情感教育的教学片断中，如在讲述“中国地形分布”一章有关“喜马拉雅山脉和珠穆朗玛峰”内容时，教师在课前用生动的语言写一篇介绍喜马拉雅山和珠穆朗玛峰的文字介绍，请普通话水平好的学生配音朗读，进行录音。上课时，教师以幻灯出示一组珠峰的景观照片和攀登珠峰的实况照片，同时播放配乐解说词，用形声教学法对学生传递教学信息，并进行思想教育。由于课前准备充分，所以课上花时不多，但通过形声媒体的组合，可以突出喜马拉雅山是世界最高的山脉，珠峰是世界最高的山峰，并突出攀登珠峰的科学价值。

2）静态型与动态型媒体的组合

静态型媒体是指表现事物静止状态的媒体，如地理挂图、图片、实物、标本、模型、幻灯、投影等。动态型媒体是指表现事物运动变化状态的媒体，如电影、电视、录像、电脑动画等。前者善于表现地理事物的静态，便于学生观察和教师控制；后者善于表现事物的运动变化，便于学生了解事物的发生、发展和变化的全过程及其状态。动静组合运用有利于学生通过动静观察的两条渠道获得对地理现象与事物的全面认识，更好地完成某一学习任务。例如，在教授“中国地形地势概况”内容时，先选用静态型媒体，如中国地形挂图、中国地形立体模型等，介绍我国地形的多种多样和地势西高东低、呈阶梯状分布的两大基本特征，再选用反映五种地形形态的幻灯片，让学生看后讨论平原与高原、山地与丘陵的区别，最后再选用动态型媒体，播放反映我国地形特征和大陆架的有关电影、电视、录像等，增加学生的感性知识，加深对所学内容的理解和记忆。在介绍反映地理事物运动规律内容时，如介绍洋流的分布、水循环、大气运动等，均可先出示静态挂图，从整体上把握运动和分布的规律，再利用多媒体计算机制作动画课件，显示洋流的流动、水的循环运动、大气的运动等，变静为动，动静结合，以加深学生对教材的理解。

3）图像型与实物型媒体的组合

图像型媒体主要指地理挂图、图片、幻灯、投影、电影、电视、录像、电脑动画等，实物型媒体主要指各种地理实物、标本、模型等，它们都属于直观型媒体，但又各具特点和功能。这两种媒体的组合，可使所表现的地理事物更加形象化、直观化、具体化。例如，用幻灯、投影、电影、电视、录像或根据教材内容设计的电脑动画，能表现地理现象、地理事物的图像，可见度大、清晰度高，画片停留的时间、放映的速度可由教师灵活控制，便于教师指导学生观察和讲解。但与实物型媒体相比，图像型媒体真实感、空间感、立体感较差。如能将两者恰当地组合运用，就可以扬长避短，收到相得益彰的良好效果。例如，在教授有关“等高线地形图”内容时，教师出示等高线地形图，并以等高线模型对照说明等高线原理。在学生弄清原理的基础上，教师以幻灯显示山峰、山脊、山谷、鞍部、峭壁、峡谷、盆地、缓坡、陡坡等不同的地形图片，让学生对照等高线地形图加以判读，可使学生在实物与图形符号间迅速建立起有效的联系，从而掌握等高线地形图的判读方法。

4）传统型与现代型媒体的组合

传统型媒体主要指教科书、地图册、黑板、地理挂图、图片、实物、标本、模型等，现代型媒体主要指幻灯、投影、广播、录音、电影、电视、录像、计算机多媒体等。后者传播力强，有助于扩大教学规模；传递信息快，信息容量大，有助于提高教学效率；实现了声形并举、动静结合、化抽象为具体的效果，有助于提高教学质量。而前者在教学方面有其独特的优势，教科书、地图册能满足学生自学的需要，适合学生读图学习、发现学习和探究学习；黑板板书可以展示在地理课堂教学活动中生成的知识，而板图则适合展示示意图，配合教师的讲解，揭示事物的本质，适合展示读图题、绘图题的解题步骤；实物、标本、模型真实感、立体感强。同时，传统媒体容易获得，使用方便且对教学环境没有特殊要求，而现代媒体的软件制作费时费力，往往对教学环境有特殊要求，如幻灯、投影、电影要求遮光，计算机多媒体要求多媒体地理专用教室。这就要求教师要组合使用传统型媒体与现代型媒体，发挥各自的优势。例如，教师在讲述“地质构造”一部分内容时，用投影片分步演示褶皱和断层的形成，用录像演示褶皱和断层形成的全过程，用模型立体显示这两种构造，用板画解释“背斜成谷、向斜成山”。各种媒体轮换出现于意向、感知、理解和记忆阶段，获得了很好的效果。

案例 7-6

“黄河”教学中的多媒体组合

步骤	媒体选用	教学传播内容	教学目标
1	录音	男高音独唱《黄河颂》	认识理解黄河是母亲河——中华民族的摇篮。触发爱国主义情感，激励学习动机
2	挂图	黄河流域图、中国地形图	了解黄河长度、流域面积、流量、主要支流、上中下游分段等基本水文情况，并与长江流经省区及主要地形区作对比

续表

步骤	媒体选用	教学传播内容	教学目标
3	幻灯	黄河源头景观、中游、入海口卫星影片	知识呈现，使学生通过感性认识加深理解与记忆
4	投影	文字概括黄河的基本水文特征	理解黄河水文特征
5	录像	华北平原、宁夏平原、河套平原景观	认识黄河是华北平原的主要塑造者，是塞上江南米粮仓的主要塑造者。理解黄河水资源的灌溉作用。理解母亲河的奉献——养育了中华儿女，培养爱国情感
6	录像	龙羊峡水电站、三门峡水利枢纽录像	认识黄河水能资源的分布、水能的梯级开发和利用。通过了解黄河水利建设的成就，培养爱国情感
7	录像	流经黄土高原及下游“地上河”景观	知识呈现。对世界上泥沙含量最大的河流产生感性认识，为进一步理解黄河水土流失的危害作好铺垫
8	挂图	“地上河”景观挂图	认识黄河的隐患，分析其中游水土流失的原因以及地上河的成因；思考治理黄河的措施。面对黄河的危害产生忧患意识，树立正确的人地观，培养社会责任感
9	录像	“昔日黄泛区，今日花果园”录像	认识新中国成立以来治理黄河所取得的成就，对祖国建设所取得的成就产生自豪感
10	投影	文字小结黄河的功与过	从正反两方面认识黄河的功与过
11	投影	呈现本节知识要点和结构	总结、概括、强调重点
12	练习册	知识检查与反馈	了解学生掌握知识的情况

摘自：张蓓．多媒体组合地理教学促进学生智力发展的尝试．中学地理教学参考，1999，(9)：31

随堂讨论 7-6

1. 案例 7-6 中的地理教学媒体组合有哪些类型？
2. 评价案例 7-6 中的地理教学媒体组合是否合理，并说明理由。
3. 若这节课由你设计并给你提供这些地理教学媒体，你将如何组合这些媒体？

复习与思考

1. 举例说明地理教学媒体设计在地理教学设计中的地位与作用。
2. 结合地理课堂教学实践，举例说明计算机多媒体在地理课堂教学中的功能与作用。
3. 结合所在学校多媒体辅助地理教学实践，举例说明存在的主要问题，分析其原因，提出解决问题的思路。
4. 选择新课程某一版本高中地理教材中的一节内容，进行常规教学条件下的教学媒体设计。
5. 选择新课程某一版本高中地理教材中的一节内容，设计制作多媒体课件。

拓展资源

李家清．2009. 新理念地理教学论．北京：北京大学出版社
李家清．2010. 新理念地理教学技能训练．北京：北京大学出版社
林培英，朱剑刚．2001. 计算机辅助地理教学．济南：山东教育出版社
袁书琪．2001. 地理教育学．北京：高等教育出版社

第 8 章 系统优化：地理教学过程设计

学习目标

1. 能简述地理教学、地理教学结构、地理教学过程、地理教学模式的联系与区别。
2. 能结合高中地理教学实践，说明地理教学过程的基本特征。
3. 能结合高中地理教学实践，以地理教学过程设计的基本理论为指导，运用过程设计流程图，进行地理教学过程设计。
4. 能结合高中地理教学实践，选择地理教学模式进行地理教学过程设计。

8.1 地理教学过程

关键词 地理过程；地理教学过程；功能；本质；环节

地理教学过程是地理教学设计中的核心问题，由组织地理教学活动的具体环节及程序组成。只有正确地认识地理教学过程的含义，理解地理教学过程的功能，明确地理教学过程的本质，才能更好地掌握地理教学过程的模式和设计流程，从而有效提高地理教学质量，达成地理教学目标。由于地理教学过程隶属于一般教学过程，所以，对于地理教学过程的认识和理解主要通过对一般教学过程的介绍来认识和了解。

8.1.1 教学过程的含义

所谓教学过程，通常是指教学活动的启动、发展、变化和结束在时间上连续展开的程序结构。[①] 教学过程的概念一般涉及以下几个层面的问题：一是指以课时为时间单位，从开始上课到下课结束的教学过程；二是指以教学单元或教学课题为时间单位，从开始到结束的整个教学过程；三是指在一个教育阶段里（如小学、初中和高中等），从开学到毕业的整个教学过程；四是指贯穿于从幼儿园到大学的整个学校教育系统中的教学过程；五是指在人类历史发展过程中的教学过程。本书所论及的教学过程，主要是指前两个层面，即以课时为单位的教学过程和以单元或课题为单位的教学过程。

对于教学过程的特点，黄甫全和王本陆认为具有如下方面：[②] 一是历史性。教育、教学活动是自人类社会产生以来就具有的一种社会活动，随着人类社会的演进，社会需求和教育目的也不断发生变化，导致教学过程中的各种因素也相应变化，从而使教学过程具有深深的历史烙印，由古到今，教学过程越来越丰富化、生动化和个性化。二是周期性。现代教学活动是师生的双边活动，在这一过程中，师生之间相互作用，不断发生碰撞、交流与融合，形成一个又一个的教学周期，教学过程在时间上可以描述为不同教学周期的前进运动。三是整

---

① 黄甫全，王本陆．现代教学论学程．北京：教育科学出版社，2003：67.

② 黄甫全，王本陆．现代教学论学程．北京：教育科学出版社，2003：67-69.

体性。与其他社会活动相比，教学过程具有一定的独特性，它是一个培养人的过程，其最终结果是使学生获得全面、健康、整体的发展。四是个性化。教学过程与其他过程相比，更为多样、复杂，因为教学的客体对象——人在本质上具有极大的丰富性和立体性，要培养人、塑造人，就需要由具体的、个性化的教学过程构成一个立体交叉的教学过程系统，如不同年龄阶段学生的教学过程具有相应的个性，不同学科科目的教学过程同样具有相应的个性等。

李秉德认为教学过程主要有以下基本特点：[①] ①教学的目的、任务和内容受制于社会需要，主要原因有三点。首先，一定的学校教育目的、任务和内容是由一定的社会政治经济制度所决定的；其次，教学目的、任务和内容还受到一定社会的生产力和科技文化发展状况制约；最后，特定社会的文化价值、民族心理对教学目的、任务和内容也有较为明显的决定作用。②教学与发展相互制约与促进，这主要表现在两大方面，一是教学受制于学生的发展水平；二是教学与发展可以相互促进。③教与学相互影响与作用，教与学的相互影响与作用主要体现为两大方面的统一，即主导与主动的统一。首先，教师和教的活动起主导作用；其次，教师的教以学生的主动学习为基础。④教学的效果取决于教学诸要素构成的合力，现实教学过程中，不同的教学要素对教学效果的影响从来不是孤立的、简单的，而是相互联系、相互制约、相互作用下产生的，换句话说，教学过程中的每一要素都在产生一定的力，但最终导致教学效果的力并不是各要素之力的简单相加，而是在诸要素之间的实际关系中形成的一种“合力”。

资料卡片 8-1

教学过程的特点

特点是事物本质的典型表现，了解教学过程的特点，有利于我们对教学过程本质的研究和认识。一般来说，教学过程的特点主要是教学活动的双边互动性特点、结构性特点、教学模式的多样性特点等。

双边互动性特点。教学活动应包括教师的教和学生的学的活动，二者相互依存，又相互独立，贯穿于教学活动的全过程。

多元要素的结构性特点。教学是由多种要素构成的，但在教学活动中，因侧重点不同，其结构呈现出多种多样的姿态。不同学者研究的切入角度不一样，教学过程的结构更呈现出多姿多彩的样式。

教学模式的多样性特点。教学过程是一种教学的客观实在。在这种教学实践中，人们设计了多种多样的教学方案，久而久之，便形成了可资借鉴的教学模式。

摘自：刘合群，李汶，罗玉梅．现代教学论新稿．武汉：武汉大学出版社，2004：43-46

8.1.2　教学过程的功能

教学过程作为一个在时间上连续展开的教学活动程序结构，对于具体教学目标的实现具有多方面的功能。李秉德认为，教学过程是一种特殊的认识和实践相统一的活动过程，这一过程的目的在于促进学生的全面发展。具体而言，教学过程具有四个方面的基本功能：传授知识、形成技能、培养智能和发展个性。[②] 其中，传授知识是形成技能、培养智能和发展个

① 李秉德．教学论．北京：人民教育出版社，2000：28-34.

② 李秉德．教学论．北京：人民教育出版社，2000：34-43.

性的基础，是教学过程最基本的功能。技能和知识互为表里、互相依存，形成技能的过程和传授知识的过程是统一的，技能的形成是进一步学习知识和运用知识的可靠保障，技能的形成可以大大简化学生获得知识和运用知识的过程。基础知识和基本技能历来被看做智力和能力的构成要素，离开了知识和技能，智能就成了无源之水，无本之木；智能培养是在传授知识和形成技能的基础上，在传授知识和形成技能的统一过程中进行的，知识和技能的掌握，并非完全意味着智能培养的完成，实践证明，学生智能的培养，不仅要强调知识的传授和技能的形成，而且要注重知识传授和技能形成的过程和方式。最后，传授知识、形成技能和培养智能，也是发展个性的重要方面。不同的学生在不同的经验背景和生理条件的基础上，均有形成独特知识、技能和智能结构的可能，并以此为基础形成具有自身特点的个性发展。教学过程对发展学生个性的不同方面均有着重要的影响与作用。

刘合群等认为，教学过程的功能主要体现在以下方面：第一，促进学生发展功能。通过教学过程的实施，可以将人类社会的知识和经验以快捷、高效、简约的方式传授给学生，使学生在对人类社会文明承接的过程中，实现认识上的飞跃，成为社会发展所需要的人，具体体现在以下三方面。首先，促使学生认识人类文明，学习人类文化；其次，促使学生提高技能，发展能力；最后，促使学生形成积极的社会观念。第二，强化信息沟通功能。教学过程是一个信息沟通的过程，这一功能的开掘和认定，可以启发我们多角度、多侧面地认识教学过程的规律性；这一功能的强化，能够深化我们对其本质的认识。从信息沟通层面看，首先，教学过程具有信息传输与变换作用；其次，教学过程具有信息反馈与控制作用。第三，尝试社会交往功能。教学过程是一个促进人的发展的过程，是一个尝试社会交往的过程。从社会学的原理出发，对教学过程的发生情境进行分析，可以更好地帮助我们认识和理解教学过程所具有的尝试社会交往的功能。[①]“教学过程实际上是一个涉及师生之间在理性和情感两方面的动态的人际关系过程”，[②] 这一观点表明，教学过程中的师生关系，是一个人际交往的关系，师生之间个体的交往，既有知识信息的沟通，也有情感态度的互动，相对于学生而言就是一种社会交往的尝试，充分体现出教学过程所具有的人际交往功能。此外，教学过程也是一个组织系统的活动过程，在教学过程中体现着明显的社会组织交往功能，正确处理师生在教学组织中的关系，可以为学生今后处理社会组织中的各种关系提供相应的基础和前提。

黄甫全和王本陆认为，教学过程作为一个有目的、相互间具有有机联系的许多环节所构成的整体，具有三大方面的基本功能，即实现教育教学目标功能、团体维持功能与促进个体发展功能。[③] 实现教育教学目标功能方面：从教学过程的起点看，在教学过程展开之前，教师对它必须有明确的意识，知道由何处开始，如何开始，最终达到什么目标等。而且教师在教学过程中还可以根据具体的教学实际进行教学过程的调控，使教学过程为直达目标而组织起来，维持和发展下去，提高教学活动的效率。如果没有过程的组织、步骤及手段的集合，教育教学的目标是很难实现的。团体维持功能方面：教学过程作为一种社会活动过程，是师生之间、生生之间的团体性活动，在这一具体的教学活动中，师生之间通过相互之间的统整与融合，共同维持着教学过程的顺利进行，从而使得有着共同、明确教学目标的教学过程能够促进教师与学生之间以及学生与学生之间作为一个整体而保持统合状态，并且增强相互之间的凝聚力和团体功能。促进个体发展功能方面：教学过程的这一功能主要体现为通过教学过程可以使学生达到四

---

① 刘合群，李汶，罗玉梅．现代教学论新稿．武汉：武汉大学出版社，2004：34-43.

② 赖志奎．现代教学论．杭州：浙江大学出版社，2001：79.

③ 黄甫全，王本陆．现代教学论学程．北京：教育科学出版社，1998：40-42.

个方面的发展与完善，即掌握知识、形成技能、发展智能和发展个性。

值得注意的是，上述教学过程的功能通常是从正面影响、积极作用这一方面来谈的，是教学过程的正向功能。不可否认，教学过程也存在某些方面的起负面影响、消极作用的负功能，如反科学的、落后的教学内容，强硬灌输的、毫无生气的教学方法，压抑学生、令人窒息的教学气氛，强制专横的教学管理等，这些都会对学生的发展起到阻碍作用，甚至扼杀学生的个性，摧残学生身心健康。所以，我们应该合理、科学地组织和引导教学过程，最大可能地发挥教学过程的正向功能，最大限度地克服教学过程的负向功能。①

资料卡片 8-2

教学过程的组成成分

教学是学校实施全面发展教育的基本途径，是学校教育预期目标得以实现的重要保证。通过对教学活动的实际考察，我们可以发现，教学过程是由不同要素、成分等相互联系、相互作用而展开的动态运行过程，通常包括教学活动的启动、发展、变化和结束等在时间上连续展开的程序结构。具体来说，教学过程在组成上主要包括以下几个部分。

教学目标。教学作为教育活动的重要组成部分，在活动开始之前，关于活动的预期结果一定会存在于教育者的头脑之中，而教学活动的预期结果就是教学目标。在教学活动中，教学目标既是教学活动的起点，又是教学活动的终点，教学目标伴随着教学活动的始终。

教师和学生。师生是教学活动的具体参与者，离开了师生中的任何一方，教学过程都无从展开，即所谓“教是为学而教，学乃从师而学”。教师和学生是教学过程中不可分割、既相对独立又相互依存的两方，分别具有自己的“相对独立性”和“不可替代性”。

教学内容。教学内容是具体教学过程中师生教与学活动具体开展的凭借和载体，形式与内容上主要是人类已有知识与经验的反映。在学校的具体教育中，教学内容主要体现在课程计划、课程标准（教学大纲）、教材、教学辅助材料等中。

教学方法与教学手段。教学方法和教学手段是实现教学目标、完成教学任务的基本保障，既包括观念形态的方法与手段，也包括物质形态的方法与手段。

教学组织形式。教学组织形式是有关教学过程开展在人员搭配、时间安排、空间选择等方面形成的特殊形式、结构和程序等。教学组织形式对于教学过程的顺利进行具有重要的意义和作用。

教学环境。教学环境是影响教学过程的客观条件，通常包括物质环境和精神环境两大类型。

教学评价。教学评价即对与教学过程有关的环节、组成、活动和效果等进行的检查、测量、反馈、评定等。

摘自：黄甫全，王本陆．现代教学论学程（修订版）．北京：教育科学出版社，2003：71-72

8.1.3　教学过程的本质

王策三认为，教学过程理论是教学论的基本理论。任何事物都是作为一个过程展开的，

---

① 黄甫全，王本陆．现代教学论学程．北京：教育科学出版社，1998：42.

教学也是一个过程。正如恩格斯所说“世界不是既成事物的集合体，而是过程的集合体”。教学的基本规律正是存在于教学发生发展的过程中。要探寻教学基本规律，就要认真分析教学过程。教学任务的实现是一个教学过程，教学任务提出的内部根据也深深存在于教学过程之中。要真正实现教学任务，就必须真正理解教学过程。教学过程理论要回答的问题主要有两个：一是关于教学过程的性质问题，包括教学过程与其他自然、社会诸过程的联系和区别问题；二是关于过程的结构、环节、阶段、程序等，即模式问题。[①]

关于教学过程的理论与实践，古今中外有过不少的探索和解释。例如，我国古代孔子关于教学过程的主张，可以大体概括为“学、思、行”三大方面，其内容既有唯心主义的，也有唯物主义的。之后，《中庸》将“学”的过程概括为“博学之、审问之、慎思之、明辨之、笃行之”，朱熹明确将其定为“所以为学之序”。荀子则主张“闻、见、知、行”，且将“行”提到最为重要的地位。古希腊柏拉图提出：“认识真理的过程，便是回忆理念的过程，教学就在于回忆理念世界”。这同孔孟主张的内省学习基本内涵是一致的。古罗马昆体良提出比较明确的教学阶段的见解，即模仿、接受理论的指导、练习。近代以来，有关教学过程的研究更为丰富，如夸美纽斯提出了著名的直观教学主张，裴斯泰洛奇将教学过程设想为“关照(anschauung)”过程，赫尔巴特依据其“统觉”原理，提出教学的形式阶段。杜威提出“从做中学”，认为教学过程是学生经验的不断改组与改造过程等。进入当代，随着社会发展、科技进步及教育观念的现代化，对教学过程又出现了许多新的解释和说明，如皮亚杰、布鲁纳等的学说，更多地将教学过程看做一个发现的或认知结构不断构造的过程，等等。

马克思主义的教学论将教学过程看做一种特殊的认识过程。这是马克思主义教学论关于教学过程的本质的回答。它包括两方面的含义：首先，教学过程本质上是一种认识过程；其次，这种认识又不同于一般认识或其他形式的认识，有其特殊性。对于教学过程本质的理解，可以主要通过如下三方面进行：①把教学过程看做一种认识过程，这才把握了它的根本和整体；②把教学过程看做一种认识过程，不仅科学地说明了事实，而且具有重大方法论意义；③要克服对教学认识的简单化理解，主要是哲学代替论和心理学化的毛病。对于教学过程特殊性的认识，可以主要做以下理解：总的来说，其特殊性在于教学过程是学生个体的认识，是教育的认识。作为教育，它是认识性的教育；作为认识，它是教育性的认识，不同于一般认识和其他形式的认识。具体来说，首先，教学是个体认识，不同于人类历史总认识；其次，学生这个个体认识，不仅不同于人类历史认识，而且不同于其他个体的认识，学生这个个体的认识纳入了教育过程，它区别于教育以外的认识，区别于科学家、艺术家和一切正从事各种工作的人们的认识，这种认识具有三个基本特点：即间接性、有领导、有教育性。[②]

在对教学模式的认识上，王策三认为，古往今来，教学实践中存在多种模式，并不是只有一种模式。而不同的教学论，往往只着眼于某一种模式，只反映和总结某一种模式，甚至加以夸大，否定其他模式，因而陷入片面性。过去的教学论有的将教学过程简单化，除了表现为内容的贫乏，表型形式上也比较单一，常常将某一种教学模式当做教学的普遍模式。同时，王教授认为，几种常见的教学模式主要为：师生系统地传授和学习书本知识模式、教师辅导学生从活动中自己学习模式、折中于两者之间的教学模式，不同的教学模式还有相应的变式。

---

① 王策三．教学论稿．北京：人民教育出版社，2005：106-108.

② 王策三．教学论稿．北京：人民教育出版社，2005：109-130.

案例 8-1

教学过程的本质

有关教学过程本质的探讨很多，归纳起来，主要有下列几种观点。

一是认识发展说。这种观点认为，教学过程是教师有目的有计划地引导学生掌握文化科学基础知识和基本技能，发展认识能力，逐步形成辩证唯物主义世界观基础和共产主义道德品质的过程。

二是双边活动说。这种观点认为，教学过程是教师的教与学生的学相结合的双边活动过程。

三是多重本质说。这种观点认为，教学过程既然是多层次、多类型的，那么教学过程的本质也应该是多级别、多类型的，从而提出教学过程有认识论、心理学、生理学、伦理学和经济学五个方面的本质。

四是交往本质说。这种观点认为，教学过程中教师和学生都是主体存在，师生之间只有通过交往，人的主体性才能确证、生成和发展，只有通过主体间的亲身感悟、理解和体验，人才可以展示自我、发现自我、发展自我。

那么，教学过程的本质究竟是什么呢？

马克思主义认识论认为，人类的一般认识过程是由实践到认识，再由认识到实践。这种形式，循环往复以至无穷，这是认识发展的全过程。教学过程作为人类社会的一种认识过程，同样应该包括认识和实践这两个方面。据此，可以说教学过程是在教师的指导下，对人类已有知识经验的认识活动和改造主观世界、形成和谐发展个性的交往实践活动的统一过程。

摘自：李秉德．教学论．北京：人民教育出版社，2004：21-23

随堂讨论 8-1

结合案例 8-1 的内容，谈谈我们可以从哪些方面认识和理解地理教学过程的本质。

8.1.4　教学过程的环节

教学过程的环节（有时也称做教学过程的基本阶段）是教学过程展开和发展的基本程序，也是教师组织和管理教学过程的具体步骤。教学过程的构成一直受教育研究者所重视和关注。例如，我国古时就有“博学—审问—慎思—明辨—笃行”的教学过程论；西方也有历史比较悠久的赫尔巴特的传统五段教学法，即“预备—提示—联想—系统—方法”。近代以来，杜威依据“实验教学”，按照科学思维的五个步骤，提出了五环节的教学过程，即“疑难—问题—假设—推理—验证”；凯洛夫基于教学是一种特殊的认识过程的观点，提出了四环节的教学过程，即“感知—理解—巩固—运用”。上述的不同认识虽然具体内容不尽相同，有些还相互对立，但他们还是具有一个共同之处，即均以教或学的某一方面作为整个教学过程的基础，而对教与学的相互联系较为忽略。基于对上述传统教学过程环节的思考，巴班斯基指出：在描述教学过程的诸环节时必须贯穿整体性观点。他从时间角度出发将教学过程视为具有复杂序列的一个周期，这一周期由若干环节或“步子”组成；并认为说明这些环节必须遵守如下三条要求：①必须对教学过程的内容和活动做一说明；②应该反映师生活动之间的有机联系形式；③必须考虑到，在教学过程中，即使是学生独立的学习，也同样受到教师的控制，哪怕是间接的控制。

根据环节必须完整反应教与学的相互联系的要求，巴班斯基提出了六环节教学过程，具体如下：①教师掌握教学的社会目的和任务，并在研究教学系统的基础上，把教学目的和任务具体化；②考虑到全班学生的特点，使教学内容具体化；③教师筹划教学手段，根据已查明的系统特点，选择最优的教学形式和方法；④在教师的教学影响和学生的学习认识活动的统一过程中，师生在教学上的直接相互作用；⑤对知识、技能、技巧的掌握情况进行日常检查和自我检查，主动调节教学过程的进程；⑥师生对教学过程一定阶段结果的分析，查明尚未解决的任务，以便在教学过程的新周期中加以考虑。①

随着理论研究与实践的深入，人们逐渐认识到学生学习动机的激发和维持以及对教学效果的检测也是教学过程中不可缺少的环节，从而认为现代教学过程应该包括六个基本环节，即激发学习动机—感知教学材料—理解教学材料—巩固知识经验—运用知识经验—测评教学效果。同时，值得注意的是，对教学过程环节的认识，不能停留在单一的维度上，或只考虑教师施教的一面，或只考虑学生学习的一面，而应该将教师的教和学生的学有机统一起来。尽管各个环节的概括以学生的学习活动为主，但学习活动一定是在教师的引导和帮助下展开的。在教学过程中，不同的环节既相对独立，各自发挥独特的作用，又彼此相关，相互联系。在具体的教学活动中，由于教学情况的复杂性、多样性，教学过程的六环节不可能一成不变，有时会因时因地因人因课而出现不同的变化，如某个环节的省略或顺序的调整等。②

8.1.5 对地理教学过程的理解

基于上述对教学过程概念、功能、本质、环节等的阐述，对于地理教学过程的内涵可以从不同的视角进行解读与理解。③

从教育学角度看，地理教学过程是一种特殊的认识过程，有其特殊的认识对象、认识条件、认识任务。地理教学过程是师“教”生“学”互动交往、统一的过程。

从心理学角度看，地理教学过程是复杂综合的心理体验过程，是不断解决认知与非认知矛盾的过程。基于建构主义的观点，地理教学过程是学生主动建构的过程。

从教育社会学角度看，地理教学过程是教师、学生及其他社会成员之间的群体交往与合作的过程。地理教学过程需要多种社会活动的支持，借助网络可极大延伸。

从教育生态学角度看，地理教学过程是教师、学生和资源环境诸要素互利共生共荣的和谐化过程。适应与发展，平衡与失衡，共生与竞争等关系，需要随时关注及调控。

从教育美学角度看，地理教学过程是师生开发利用一切地理美、地理教学美的要素，欣赏之，表现之，创造之，以不断促进综合地理素养与和谐发展个性的形成。

从教育信息学角度看，地理教学过程是师生间地理教学信息的流通、传递、反馈和调控等过程。

从系统科学角度看，地理教学过程是地理教学系统各要素优化组合以其最佳结构实现其最大功能的过程。

从地理学科角度看，地理教学过程是体现地理学科特色、完善地理素质的过程，独具特色。

---

① 吴也显．教学论新编．北京：教育科学出版社，1991：101-102.

② 黄甫全，王本陆．现代教学论学程（第二版）．北京：教育科学出版社，2005：77-80.

③ 黄京鸿．新课程地理教学论．重庆：西南大学出版社，2011：93.

8.2　地理教学模式

关键词　教学模式；地理教学模式；概念；结构；类型

地理教学模式的研究对地理教学过程的设计和顺利实施具有重要的意义，因此，在具体探讨地理教学过程设计之前有必要对教学模式及地理教学模式的含义、结构和类型等进行简要的阐述。

8.2.1　地理教学模式的概念

美国教育学者乔伊斯和韦尔在其著作《教学模式》一书中认为，一般的教学模式是指依据教学思想和教学规律而形成的在教学过程中必须遵循的比较稳固的教学程序及其方法的策略体系，包括教学过程中诸要素的组合方式、教学程序及其相应的策略。教学模式是构成课程和作业、选择教材、提示教师活动的一种范式或计划。

在我国，有关教学模式概念的认识，有不同的观点与看法。吴也显认为："教学模式是格式和样式的统一，是特定条件下教学系统结构和功能的统一"。① 顾明远认为："教学模式是反映特定教学理论的逻辑轮廓的，为保持某种教学环节的相对稳定而具体的教学活动结构"。② 黄甫全和王本陆认为："教学模式就是在某一教学思想和教学原理的指导下，围绕某一主题，为实现教学目标而形成的相对稳定的规范化教学程序和操作体系。教学模式实质上就是人们在实践状态下，系统而综合地组合教学过程的诸因素，整体地操作教学活动的一种相对稳定的形式"。③ 靳玉乐认为："教学模式是指在一定的教学思想指导下和丰富的教学实践经验基础上，为完成特定的教学目标和内容而围绕某一主题形成的稳定而简明的教学结构理论模型及其具体操作的实践活动方式"。④ 李如密认为："所谓教学模式，是指在一定教育思想指导下和丰富的教学经验基础上，为完成特定的教学目标和内容而围绕某一主题形成的、稳定且简明的教学结构理论模型及其具体可操作的实践活动方式"。⑤

由上述不同的定义可知，将教学模式一词引入教学理论中的主要目的是想以此说明在一定的教学思想或教学理论指导下建立起来的各种类型的教学活动的基本结构或框架，具体表现为教学过程中的程序性的策略体系。鉴于此，我们可以将地理教学模式大体定义为：地理教学模式是指在一定的地理教学思想或教学理论指导下建立起来的较为稳定的地理教学活动结构框架和地理教学活动程序。作为结构框架，突出了地理教学模式从宏观上对地理教学活动整体及各要素之间内部关系和功能的把握；作为活动程序，则突出了地理教学模式的有序性和可操作性。地理教学模式的主要价值在于通过模式的研究，能够实现地理教学理论与地理教学实践之间的沟通和转换，为地理教学过程的设计与实施提供理论支撑和实践保证。

随着地理教学模式研究的进一步深入，地理教学模式概念的界定逐渐清晰。从静态看，地理教学模式是地理教学结构的模式。地理教学结构是稳定而简明的理论框架，这个理论框

---

① 吴也显．教学论新编．北京：教育科学出版社，1991：168.
② 顾名远．教育大辞典（第一卷）．上海：上海教育出版社，1990：180.
③ 黄甫全，王本陆．现代教学论学程．教育科学出版社，2003：432.
④ 靳玉乐．现代教育学（2008 修订本）．北京：教育科学出版社，2008：237.
⑤ 李如密．关于教学模式若干理论问题的探讨．课程・教材・教法，1996，(4)：25.

架很直观地向人们显示了教学诸因素的组合状态，对地理教师从理论上认识和把握地理教学模式具有重要的作用。从动态看，地理教学模式是地理教学活动过程的模式。地理教学过程是依序运动、因果相连的，为地理教师从实践上操作运用地理教学模式提供了具体的指导。地理教学模式是地理教学过程的表现形式，因为地理教学过程各阶段、环节、步骤之间相互联系，表现为一定的程序。也可以说，地理教学模式就是正确反映地理教学客观规律，指出教学目标，规范师生双边活动，将教学原则、教学程序、教学方法、教学手段、教学组织形式融为一体的策略体系。①

资料卡片 8-3

教学模式的特点

虽然存在不同的教学模式，但各类教学模式仍然具有共同的特点。

整体性。教学模式是联系教学理论与教学实践的桥梁，它由多种要素组成，需要有一套完整的结构和一系列的运行要求，必须从整体上把握其理论原理与操作方法。

针对性。任何一种教学模式都是围绕一定的教学目标设计的，各种教学模式的有效运用也需要一定的条件，不存在适用于任何教学过程的普适性教学模式，任何一种教学模式只有在其适用的范围内才能发挥其最大效用。

可操作性。教学模式是一种具体化、可操作化的教学思想或理论，它有明确的操作要求和操作程序，便于人们理解和运用。

简约性。教学模式是简化了的教学结构理论模型，一般采用精练的语言、象征性的图式、明确的符号表达出来，如条文式、框图式、公式型等。教学模式简洁明了，便于记忆、掌握和操作，因而又被人们称为“小型的教学理论”。

稳定性。教学模式在一定程度上揭示了教学活动的普遍性规律，是大量教学实践活动的理论概括，具有一定的稳定性。但教学模式的稳定性是相对的，随着社会政治、经济、科技、文化和教育的变化发展，教学模式也需要做出调整和改变。

灵活性。教学模式的运用需要根据学科特点、教学内容、现有教学条件和师生的具体情况而定，具有较强的灵活性。

摘自：靳玉乐．现代教育学（2008 年修订版）．成都：四川教育出版社，2008：237

8.2.2 地理教学模式的结构

根据教学模式的特点及其功能，靳玉乐等认为，教学模式在结构上主要包括以下六方面的要素。②

（1）主题。主题犹如一根主线，贯穿整个模式，主导着整个模式，支配着模式的其他构成要素，并产生出与主题相关的一系列范畴。例如，问题教学模式的主题是“问题”，探究教学模式的主题是“探究”。在教学模式结构中，主题既可以成为独立的因素，又可以渗透或蕴涵在其他因素中，其他因素都是依据主题而确立的。主题不但影响着教学模式中其他因素的确立，而且控制着教学模式运行的方向。

（2）理论依据。理论依据是教学模式赖以建立的理论或思想，是支撑教学模式这座大厦

---

① 倪刚，藤春惠．中学地理教学模式初探．中学地理教学参考，2005，(5)：7-8.

② 靳玉乐．现代教育学（2008 年修订版）．成都：四川教育出版社，2008：237-238.

的基石。教学模式的构建必须有一定的理论作指导，在不同的教学理论指导下会形成不同的教学模式。

(3) 功能目标。任何教学模式都指向一定的教学目标，在教学模式的结构中，教学目标处于核心地位，并对构成教学模式的其他因素起着制约作用，决定着教学模式的操作程序和师生在教学活动中的组合关系，也是教学评价的标准和尺度。

(4) 操作程序。操作程序即教学环节或步骤。操作程序确定了教学活动的先后顺序以及具体的教学步骤或阶段，具有明确的时间性、顺序性和可操作性等特点。任何教学模式都应该详细说明其逻辑步骤、实施顺序及各阶段的具体任务。

(5) 实现条件。实现条件即支持系统，是指能够使教学模式发挥效力的各种条件因素，如教师、学生、教学内容、教学手段、教学环境、教学时间等。

(6) 评价。评价指各种教学模式所特有的为完成教学任务、达到教学目标而制定的评价方法和评价标准等。由于不同教学模式所要完成的教学任务和达到的教学目标不同，使用的程序和条件不同，其评价的方法和标准也有所不同，任何教学模式都有自己的评价标准和评价方法。

借鉴上述一般教学模式的结构组成，地理教学模式在结构组成上也应包括以上几方面的因素，即主题、理论基础、教学目标、教学程序、实现条件和教学评价等。但结合地理教学模式的应用实际，可以对地理教学模式的组成要素进行相应的简化，一般认为地理教学模式的组成要素通常包括教学理论与教学思想、地理教学目标、地理教学程序、师生互动等四个方面，分别简述如下。①

(1) 教学理论与教学思想。教学理论与教学思想是建立各种地理教学模式的理论基础。任何地理教学模式都必须有一定的教学理论或教学思想作为依据，可以说模式是理论的一种具体表现形式。

(2) 地理教学目标。地理教学目标是构成地理教学模式的核心要素。任何地理教学模式都要指向和完成一定的地理教学目标，地理教学目标对其他要素具有制约作用，也是地理教学评价的标准和尺度。

(3) 地理教学程序。地理教学程序是完成地理教学目标的步骤和过程，任何地理教学模式都具有一套独特的操作程序和步骤，确定教学过程中师生活动的内容以及各个阶段所应完成的任务。

(4) 师生互动。地理教学过程中师生互动的具体任务、地位、方式、方法、途径和手段及其相互关系、相互作用的不同组合，也是构成一定地理教学模式的要素。

案例 8-2

地理教学模式的基本特征

地理教学模式具有如下基本特征。

完整性特征。任何地理教学模式都以一定的教学理论或思想为指导，都有明确的目标、操作程序以及教学策略，具有一套比较完整的结构和机制。因此，不可把地理教学模式理解为仅仅是教学的某种方式、方法或程序。

中介性特征。任何地理教学模式的形成和发展，都必须以一定的教学思想为指导，以一定的教学实践为基础。从其形成过程来看，或是先提出理论假设，设计实施

① 袁书琪．地理教育学．北京：高等教育出版社，2001：114-115.

方案，经过实践的检验、修正和完善，最终形成教学模式；或是先在实践中摸索，通过总结经验、提炼和论证，概括升华形成教学模式。由此可见，地理教学模式既是教学理论的具体化，又是教学经验的概括化。

操作性特征。任何地理教学模式总是从某种特定的角度和侧面来体现教学规律，解释地理教学各要素之间的关系，为此而设计出一套可以控制的、稳定的教学系统和程序，以便被人们接受和掌握。可操作性程度不高的教学模式实用价值不大，往往是没有生命力的。

摘自：袁书琪．地理教育学．北京：高等教育出版社，2001：115

随堂讨论 8-2

结合案例 8-2 的内容，讨论在实际地理教学过程中不同地理教学模式所具有的不同特征。

8.2.3 地理教学模式的类型

有关教学模式的类型，国内外学者从不的角度出发，按照不同的分类依据，划分为不同的类型。例如，乔伊斯和韦尔以教学模式的理论根源为依据，将教学模式划分为四种类型：[①]信息加工教学模式和人格发展教学模式、社会交往教学模式和行为修正教学模式。信息加工教学模式是依据信息加工理论，将教学看做一种创造性的信息加工过程，依据计算机、人工智能的运行规程确定教学的程序，着眼于知识的获得和智力的发展。属于这种教学模式的类型主要有认知发展模式、有意义接受模式、累积学习模式和概念获得模式等。人格发展教学模式是依据个别化教学理论和人本主义教学思想，强调个人在教学中的主观能动性，坚持个别化教学，着眼于人的潜力和整个人格的发展。属于这一教学模式的类型主要有非指导性教学模式和创造工学模式等。社会交往教学模式是依据社会互动理论，强调师生之间、生生之间的相互影响和社会联系，着眼于培养人的社会品格。属于这一类型的教学模式主要有小组探索模式、小组研究模式、社会调查模式等。行为修正教学模式是依据行为主义心理学理论，将教学视为一种行为不断修正的过程，着眼于学习者行为习惯的控制和培养。属于这一教学模式类型的主要有程序教学模式和智力行为多阶段教学模式等。

小安格林从教育学的角度出发，主要依据对学生的看法、教与学的关系以及教学组织形式等，对教学模式进行了两种类型四种模式的划分：首先，将教学模式划分为以群体为定向的教学模式和以个体为定向的教学模式；其次，在群体教学模式中划分出传统模式和学问模式两种类型，在个体教学模式中划分出系统模式和开放模式两种类型。[②]

巴班斯基从心理学和认识论的角度，根据掌握知识由初级到高级的形式序列，也划分了几种有代表性的教学模式，他将其称为教学型式，如讲解-再现教学型式、程序教学型式、问题教学型式、探究教学型式等。

我国的教育教学研究者对教学模式的类型划分也做过一定的研究。例如，王策三在《教

---

① 钟启泉．现代教学论发展．北京：教育科学出版社，1988：168.

② 吴也显．教学论新编．北京：教育科学出版社，1991：175-179.

学论稿》一书中将教学模式分为三大类：师生系统地传授和学习书本知识、教师辅导学生从活动中自己学习、折中于两者之间的教学模式。①“师生系统地传授和学习书本知识”模式又有几种具体形式和很多变式，并且呈现出一个历史发展的过程，在其历史发展过程中又不断改进和革新。近代以前的典型形式为：讲—听—读—记—练；近代开始，以夸美纽斯为代表，将观察引进教学过程，一般形式为：观察—记忆—理解—练习；之后，苏联教学论依据马克思主义认识论原理，提出了以下教学形式：诱导学习动机—领会新教材（感知、理解）—巩固知识—运用知识—检查。在上述三种形式之间，还有许多各有侧重、各有特点的具体形式或变式，如赫尔巴特的教学形式阶段：明了—联想—系统—方法；裴斯泰洛奇的能力发展与训练等。“教师辅导学生从活动中自己学习”模式是对前一类教学模式的否定，发轫于杜威的“从做中学”的教学认识，这种教学模式也有一个发展过程，并有许多变式。早期的教学形式为：感知—加工—表现；之后的设计教学法、道尔顿制等均属于这一类型，如涉及教学法的形式为：设置问题的情境—确定问题或课题—拟定解决课题方案—执行计划—总结与评价。“折中于两者之间的教学模式”是对以上两种类型教学模式的取长补短，这一类型的教学模式既重视系统知识，又重视学生个性和智能的发展，典型代表就是布鲁纳的主张——教材结构化和通过发现学习，其教学模式的一般进程为：明确结构、掌握课题、提供资料—建立假说、推测答案—验证—作出结论。此外，范例教学和暗示教学也属于这一教学模式。

吴也显基于师生关系的维度，将教学模式划分为三种类型：第一类是最低一级的教学模式，在这类教学模式中，师生之间是一种单向反馈关系，表现为记忆水平的教学；第二类是第二级水平的教学模式，师生之间是一种双向反馈关系，表现为理解水平的教学；第三类是第三级水平的教学模式，不仅在教师和学生之间形成了双向反馈关系，而且在教师和学生之间，学生和学生之间形成了双向反馈关系，表现为一种思考水平的教学。他认为，第三类教学模式应该是我们教学改革的方向，并进一步从我国中小学教学实践中概括出了五种类型的教学模式：传递-接受式教学模式、自学-辅导式教学模式、引导-发现式教学模式、情境-陶冶式教学模式、示范-模仿式教学模式。②

杨小微将教学模式区分为认知模式、程控模式、导学模式、非理性模式、社会学模式与整体优化模式等六类。③

靳玉乐在《现代教育学》一书中对我国主要的教学模式列出有如下类型：活动教学模式、尝试教学法模式、有指导的自主学习教学模式等。④

同教学模式的多样性相对应，基于不同的分类依据，地理教学模式也有比较多的划分类型。例如，李晴在《地理教学论》一书中提出过如下八种地理教学模式：讲解-接受地理教学模式、自学-辅导地理教学模式、引导-发现地理教学模式、参与-活动地理教学模式、地理综合程序教学模式、地理纲要信号教学模式、地理情境教学模式、地理问题教学模式。⑤

袁书琪在《地理教育学》中，将地理教学模式分为如下类型：讲解-接受地理教学模式、自学-辅导地理教学模式、引导-发现地理教学模式、咨询-研究地理教学模式等。⑥

---

① 王策三．教学论稿．北京：人民教育出版社，1985：135-138.

② 吴也显．我国中小学教学模式试探．课程．教材．教法，1989，(81)：51-52.

③ 杨小微．中小学教学模式．武汉：湖北教育出版社，1990：23.

④ 靳玉乐．现代教育学（2008 年修订版）．成都：四川教育出版社，2008：243-248.

⑤ 李晴．地理教学论．南宁：广西教育出版社，2001：155-173.

⑥ 袁书琪．地理教育学．北京：高等教育出版社，2001：118-124.

夏志芳在《地理课程与教学论》一书中，提出过如下九种地理教学模式：图表教学模式、互动探究式地理教学模式、操作活动教学模式、多媒体教学模式、实习教学模式、讲练教学模式、案例教学模式、自学导思教学模式、情境教学模式等。①

王民在《地理新课程教学论》一书中主要提到以下地理教学模式：探究教学模式、讨论式教学模式、体验式教学模式、小组学习和合作学习教学模式、讲解-接受式教学模式、研究性学习教学模式等。②

李家清在《新编地理教学论》一书中提到的地理教学模式主要有如下类型：讲解-接受地理教学过程模式、自学-辅导地理教学过程模式、讨论式地理教学过程模式、探究式地理教学过程模式、参与-活动教学过程模式、角色扮演教学过程模式等。③

研究地理教学模式在当前的地理课程与教学改革中具有重要的作用和意义。④ 首先，地理教学模式对丰富地理教学理论具有重要意义。研究地理教学模式可以从整体上综合地探讨地理教学过程中，各种教学因素之间的相互作用及其多样化的表现形态，有利于从整体上把握教学过程的本质及规律，纠正长期以来地理教学研究重因素而轻各因素之间的相互关系或相互联系的偏向和习惯于呆板单一的教学方式的偏向，并进而深化地理教学理论的研究。地理教学模式来源于地理教学实践，是由某些有效的具体的地理教学活动方式经过系统整理、提炼和加工而逐步形成的。随着思想认识的深化和适用范围的扩大，各种教学模式不断地完善和综合，逐步升华为地理教学方法理论。所以，研究地理教学模式不但可以提供各种具体的案例素材，而且还可以提供成熟的经验来充实和丰富地理教学法理论，促进现代地理教学论的研究。实际上，地理教学模式就是将个别的、特殊的教学实践经验升华为一般的、普遍的教学法理论的中介环节，在教学实践与教学理论之间起着不可缺少的重要作用。

其次，地理教学模式对指导地理教学实践具有重要意义。地理教学模式多是以简明扼要的语言和明确的象征性符号来表达教学理论基本特征的，虽比教学理论层次低，但能在人们头脑中形成比抽象理论更具体、更明确的框架结构；地理教学模式是教学实践经验的概括、提升和系统总结，比教学经验层次高，也为教学理论的具体运用提供了较为完善的可操作的实施系统和程序，便于人们理解、掌握和运用，从而切实改变地理教学理论脱离地理教学实际的状况。在地理教学模式的研究中，经过对各种地理教学模式的检验、建立、比较和改进，可以形成具有典型意义和参考价值，具有各自特定功能和适用范围的教学模式，使地理教师逐渐摆脱经验式乃至先验式的教学，为教师设计、组织和实施具体教学活动提供优选教学方法和优化教学过程的方便。所以，研究地理教学模式有助于提高地理教学质量，保证地理教学的实际效果。

案例 8-3

教学模式的发展趋势

当代教学模式的发展趋势主要有以下几方面的表现。

(1) 在教学目标上，从注重知识传授到注重学生的智能发展，再到重视学生的智力因素与非智力因素的协调发展。

---

① 夏志芳．地理课程与教学论．杭州：浙江教育出版社，2003：336-363.

② 王民．地理新课程教学论．北京：高等教育出版社，2003：114-127.

③ 李家清．新编地理教学论．北京：北京大学出版社，2009：148-155.

④ 卞鸿翔，李晴．地理教学论．南宁：广西教育出版社，2001：150-151.

(2) 在师生组合和互动关系中，既强调学生的主体能动性，又重视教师主导作用的充分发挥。

(3) 在评价上，将教师评价和学生的自我评价相结合，尤其强调学生的自我评价；将诊断性评价、形成性评价和终结性评价相结合，尤其强调发挥形成性评价的作用。

(4) 相互借鉴，相互融合，从单一化向多样化和综合化发展。

(5) 重视信息技术和互联网络的开发应用，创新出了多媒体教学模式和网络教学模式，并孕育着教学模式多媒体化和网络化的新趋势。

摘自：黄甫全，王本陆．现代教学论学程．北京：教育科学出版社，2005：443-446

地理教学模式的发展趋势

地理教学模式的发展趋势，主要有以下两大特征。

一是多样化特征。在“教育要面向现代化，面向世界，面向未来”方针的指引下，在地理教学改革的浪潮中，地理教学模式越来越呈现出多样性特征。据不完全统计，在书刊上公开发表的各种新的地理教学模式不下数十种。各种地理教学模式各具特色、各司其职、各有优势，也各有不足。任何一种地理教学模式都不是万能的。不能指望某种适应于一切教学情境的地理教学模式，只能说某种教学模式针对某一特定的教学目标、教学对象、教学内容而言是最佳的。应同一定的教学过程相联系而对教学模式作出评价。作为地理教师，必须掌握足够数量的教学模式，以便适应各种教学情境。只有熟练运用各种教学模式，通过吸收、消化、加工、融合、博采众长、灵活运用才有可能创新，逐步形成独具风格的新教学模式。

二是现代化特征。具体考查地理教学模式，种类繁多，着重点和侧重点各有不同，有的侧重于教学目的，有的侧重于教学内容，有的侧重于教学方法和手段，有的侧重于教学程序和结构，有的侧重于师生关系，有的则综合考虑教学过程的各要素，每种教学模式都有自己特定的功能和适用范围，有的适用范围更广泛些，有的则只适用于较特殊的教学环境。尽管如此，当前流行的各种地理教学模式都体现着现代教学观、现代学生观、现代教学质量观和价值观，都强调以学生为中心，为主体，教师为主导，重视学生积极主动地学习，注重能力培养、个性发展和因材施教，引导学生不仅学会、学好，还要会学、会创造。

摘自：李晴．地理教学论．南宁：广西教育出版社，2001：154-155

随堂讨论 8-3

结合案例 8-3 的内容，你认为在 21 世纪的新形势下，教学模式及地理教学模式分别具有哪些方面的新的发展趋势？

8.2.4　地理教学模式的选择与应用

从前述常见地理教学模式及其教学过程设计示例可以看出，具体教学实践过程中地理教学模式是多样的，影响地理教学模式的因素也是复杂的，这就涉及地理教学模式及其过程设计的有效性问题，要求地理教学模式的选择及其过程设计必须有一定的依据，运用必须坚持一定的原则。①

1. 地理教学模式的选择依据

第一，依据具体的地理教学目标与教学任务。不同的地理教学目标和地理教学任务需要不同的地理教学模式去完成，不同的地理教学模式对于完成不同的地理教学目标和地理教学任务具有不同的作用。所以，在实际的地理教学过程中，地理教师应该依据不同的地理教学目标和地理教学任务来选择不同的地理教学模式。

第二，依据地理教学内容的具体特点。一般来说，不同的地理教学内容，应采用不同的地理教学模式。例如，事实性地理知识的教学与程序性地理知识的教学对地理教学模式的要求就很不一样，事实性地理知识如地理概念、地理数据和地理景观等更倾向于采取课堂讲授式地理教学模式，而程序性地理知识如地理过程、地理成因和地理规律等的教学则使用探究性教学模式效果会更好些。

第三，依据地理教学模式的适用范围与使用条件。不同的地理教学模式一般具有各自不同的适用范围和使用条件，具有各自的优点和局限。某种地理教学模式对某一地理教学内容效果较好，但对其他地理教学内容效果却可能是非常差的。例如，自主探究式地理教学模式对地理成因和地理规律等知识内容的教学效果非常有效，但对地理数据和地理景观等知识的教学却可能是费时但效率不高的。

第四，依据地理教学的时间要求和教学效率。地理教学模式研究的一个重要目的就是提高地理教学效率与教学质量，实现地理教学的最优化。地理教学的最优化就是要求以最少的时间取得最佳的教学效果。在实际地理教学过程中，考虑地理教学过程的效率，做到省时高效，是制定和选择某种地理教学模式必不可少的一个环节。好的地理教学模式应是高效低耗的，能够保证地理教师在规定的时间内完成地理教学任务，实现具体的地理教学目的，并能够使教师教的轻松，学生学得愉快。

第五，依据学生的地理学习水平。教师的教是为了学生的学，地理教学模式的选择应符合学生的地理学习水平和个性特征。制定和选择地理教学模式要考虑学生对某种地理教学模式在智力、能力、学习态度、班级学习氛围等方面的准备水平，要有利于调动学生的地理学习兴趣和学习动机。

第六，依据地理教师的自身素养。地理教学模式的选择和运用是通过地理教师来实现的，每个地理教师在选择和设计地理教学模式时都需要考虑自身的学识、能力、技术、性格等方面的条件，尽量扬长避短，选择那些尽可能表现自己教学能力与风格的地理教学模式。例如，在实际教学过程中，初登讲台的地理教师与有多年教学经验的地理教师在地理教学模式的选择上往往具有较大的差别。

2. 地理教学模式的运用原则

选择了适当的地理教学模式，还要能够保证在地理教学实践中正确的运用。虽然每种地理教学模式均有明确的操作程序和实施步骤，具有一定的可模仿性，但由于具体的地理教学实践过程中存在许多变量因素，因此，地理教学模式的运用并不能机械地照抄照搬，而要求必须根据实际情况做出必要的变化甚至创造。

第一，要有正确的地理教学指导思想。地理教学模式总是受一定的地理教学思想、地理教学观念支配和指导的，地理教学模式的运用以及达到预期效果的程度，关键在于是否具有

① 李家清．新编地理教学技能训练．北京：北京大学出版社，2010：49-50.

正确的思想指导。在错误地理教学思想的指导下，无论什么样的地理教学模式，都不可能获得良好的地理教学效果。

第二，要树立完整的地理教学观点。每一种地理教学模式都有自己的功能、特点、应用范围及使用条件，同时又各有自己的局限性。为了更好地完成地理教学任务，达成地理教学目标，地理教师必须坚持完整的教学观点，在实际的教学过程中，依据教学情境的变化，充分发挥具体地理教学模式的整体功能。

第三，要以培养学生地理学习的主动性为本。无论选择哪种地理教学模式进行教学，地理教师在教学过程中必须明确：学生是地理学习的主人，教师的教仅仅是辅助手段，是为了让学生更好地学。地理教学的根本目的在于使学生学会做学习的主人，能自觉主动地进行地理学习，成为地理学习的主体。无论哪种地理教学模式都应以此为根本指导思想，采用多种有效的形式去调动学生地理学习的主动性、积极性和创造性，引导学生通过主动的学习去掌握地理知识、发展地理能力、提高地理素养。

第四，要重视地理教学模式的变通使用。地理教学指导思想是明确的，目标是具体的，内容是丰富的，过程是复杂的。因此，实际地理教学过程中选择与运用地理教学模式不应是机械的、被动的、单一的，而应该依据不同的教学目标、不同的教学情境、不同的教学环节等适当地对不同的地理教学模式做出变通使用。从学生地理学习而言，必须根据学生的学习准备、学习风格、学习水平等方面的差异对具体的地理教学模式作出相应的变通和调整，以适应班级教学中满足不同学生地理学习的需要。地理教师应根据地理教学实际，创造性地选择、理解、变通和运用多种地理教学模式。

案例 8-4

新课程理念下传统教学模式的改革

当前世界各国都致力于基础教育改革，改革的目标都指向以学生能力和个性为核心的发展。“为了每一位学生的发展”是我国新课程改革的核心理念，也是知识经济时代对教育提出的要求。地理教学模式的改革是时代发展的需要，能否将新课程理念落实到教师和学生的教学行为上，是地理新课程改革能否成功的关键。

当然，不存在适用于一切环境的最优的地理教学模式。任何一种教学模式都有自己的优点及局限性，传统地理教学模式当然也有自己得以施展的空间。传统地理教学模式目前仍然是我国高中地理教学中使用最广泛的一种模式。因此，对传统地理教学模式改革的成功就意味着整个高中地理教学的成功转型。利用新课改理念对传统地理教学模式的各个环节予以改进与完善。经过优化与改革后的传统地理教学过程模式，可以使学生变被动为主动，变消极为积极，极大地提高地理教学质量。

可以从以下几个方面对传统教学模式进行改革：

(1) 教学思想的改进。①新理念下的教学观；②新理念下的教师观；③新理念下的学生观；④新理念下的学习观。

(2) 教学目标的改进。①知识与技能目标的改进；②过程与方法目标的改进；③情感态度价值观目标的改进。

(3) 师生角色的转化。①引导者；②帮助者；③合作者；④鼓励者。

(4) 教学策略的转变。①先行组织者策略；②教材的分化整合策略；③精加工策略；④组织策略；⑤调控策略。

（5）操作程序的改进。即教学模式的变化。

（6）教学评价的改进。①地理教学评价内容的全面化；②地理教学评价主体的多元化；③地理教学评价方式的多样化；④地理教学评价目的的人本化。

摘自：李国荣．新课程理念下传统教学模式的改革研究．武汉：华中师范大学，2009：6

随堂讨论 8-4

结合案例 8-4 的内容，讨论在新课程改革背景下，地理教学模式革新的主要方向。

8.3　地理教学过程设计

关键词　地理过程设计；地理教学过程流程图；设计原则；方案编制

8.3.1　地理教学过程设计的概念

由本书第 4 章“审慎规划：地理教学设计及其基本架构”第 3 节“地理教学设计的基本要素与架构”可知，地理教学过程设计是经过“地理课程标准解读、学生学习需要分析、地理学习内容分析”三个环节和“教学目标设计、教学方法设计、教学媒体设计”三个阶段后，整个地理教学设计基本架构中一个必不可少的环节和阶段（具体见图 4-14）。通过以上三个环节（地理课程标准解读、学生学习需要分析、地理学习内容分析）和三个设计阶段（教学目标设计、教学方法设计、教学媒体设计），就进入了教学过程的设计。地理教学过程设计是地理教学设计的主体和核心，具体而言，其主要内容明确展示有关地理教学过程的实施程序、步骤与具体安排等，即用文字的、表格的或流程图的方式，简明扼要地表达地理教学过程中各要素之间的相互关系，直观地表示教学过程，给教师的具体教学提供一个可供参考的教学设计方案。

长久以来，地理教学过程曾被片面地认为是地理教师的教授过程，从而形成了以教师为中心，学生被动“听讲”接受学习的地理教学过程。与传统地理备课通常采用教案的形式来体现地理教学过程中各要素之间的关系相比，地理教学设计更多地倾向于采用类似于计算机流程图的形式，将复杂的地理教学过程进行分解，转化为相对简单的不同环节，通过不同环节之间的分工与联系展示地理教学过程不同要素之间的关系。这样更有利于地理教学过程的有序展开，以及不同环节在整个教学过程中功能与作用之间的组合与优化。

8.3.2　地理教学过程设计的基本要求

1. 更新过程观念

由上述对教学过程概念的介绍及地理教学过程的理解可知，地理教学过程既是地理教学活动在时间上启动、发展、变化和结束的一系列连续展开的程序结构，也是师生间地理教学信息的流通、传递、反馈、调控等的过程，以及地理教学系统各要素优化组合并以其最佳结构实现其最大功能的过程等。在新课程改革的背景下，过去那种传统的具有严格步骤的规则化、程式化的地理教学过程，已经不太适应当前地理课程改革所提出的转变学生的学习方式的要求。新课程所倡导的自主学习、合作学习、探究学习等学习方式正对地理教师教学过程观念的更新产生着积极的影响。新课程背景下的地理教学过程的设计，需要地理教师将地理教学过程观念进行以下方面的更新。

一是将地理教学过程看做师生互动交往、共研共创、教学相长的发展过程。传统的地理教学观念认为，地理教学过程是教师对学生进行地理知识与技能培养的单向活动，新课程要求教师必须对这一观念进行更新，地理教学过程不是教师对学生单向的培养活动，而是师生之间双向交流、共同探求、分享理解。师生是地理教学过程中密不可分的教学“共同体”，在这一教学“共同体”中，师生平等交流，分享彼此的知识、经验和体会，交流彼此的感受、情感与体验，教师更多的是地理教学过程的组织者、学生地理学习的合作者、知识和技能探求的促进者和引导者。在具体的地理教学过程中，师生通力合作，共识共进，实现教与学的共同发展。

二是将地理教学过程看做师生展现自我、追寻个性、开放灵活的探究过程。传统地理教学过程中教师是整个教学过程的权威、主宰，总是以威严形象出现在学生面前，整个教学过程封闭、呆板、单一，以接受学习为主，过分强调认知目标，以知识价值为首位，以思维过程和情感态度价值观为附属，师生之间均缺乏应有的个性与自我展现，教师为知识而教，学生为知识而学。地理新课程明确提出要转变学生的地理学习方式，呼吁建立新的师生关系，改变传统地理教学过程中过于重视知识传授的倾向，积极引导和组织学生自主学习、合作学习及探究学习，培养学生勤于动手、乐于思考、善于探究的意识和能力，精心设计开放性探究性的问题，给学生创设自主探索的契机，将地理学习的自主权还给学生，充分展现学生的学习个性和特点，使地理教学过程成为师生展现自我、追寻个性、开放灵活的探究平台。

三是将地理教学过程看做师生体验教学、感悟教学、生成教学的创新过程。传统地理教学过程中，教师更多的是作为整个教学内容的阐述者和传播者，学生则是单纯的知识承受者或接受者。在这样的教学过程中，师生很难体验到教学的乐趣，感悟到教学的得失，生成新的教学资源，也就很难谈得上教学的创新。地理新课程改革对于教师的教与学生的学均提出了明确的要求，教学过程的创新与完善需要师生双方的共同努力。新课程倡导对教学过程的变革，强调师生对教学过程的个性化理解和解读，注重建构具有个性化特色的教学过程，以使师生在主动积极的思维和情感活动中加深对教学过程的理解和体会，并在体验教学、感悟教学的基础上实现生成化教学，提升教学过程的内涵与品味，达到对教学过程的创新与完善。

2. 了解过程内涵

了解地理教学过程的内涵是顺利进行地理教学过程设计的前提和基础，有关地理教学过程的内涵与结构等内容，之前已有所述及（具体参见前面各章及本章相关内容），此处仅列出进行地理教学过程设计时需要了解和考虑的一些主要事项。

（1）激发学生的地理学习兴趣，唤起学生的地理学习需要。

（2）依据教学内容和学生分析，明确教学要达到的具体目标。

（3）与教学内容相关的先前知识或经验的准备。

（4）教学内容的规划与相关学习领域、学习资源、教学环节的安排与组织。

（5）作业设计与反馈处理。

（6）教学效果的保持和迁移。

3. 明确教师职责

明确教师职责是在进行地理教学过程设计时，从地理教师的角度而言所应注意做好的工作，主要有以下几方面。

（1）帮助学生检视和反思自我，明确学习目标，知道自己将要学习的内容和学习的结果，帮助学生确立能够达到的目标；

（2）帮助学生依据学习目标寻找、搜集和利用学习资源；

（3）帮助学生选择和运用适当的学习方法、学习资源和学习活动；

（4）帮助学生理解知识、掌握知识，并引导学生发现其所学知识或能力的个人意义；

（5）帮助学生营造并维持良好的学习氛围，促进学生学习能力和学习心理的提高与完善；

（6）帮助学生对学习过程和结果进行评价，并促进对评价的消化和内化，提高学生的地理学习能力。

4. 把握设计策略

进行地理教学过程设计时，适当把握和运用相关的设计策略，可以使设计做得更有针对性和更具操作性，增强和提高教学的实际效果。地理教学过程设计中的一些常用策略有以下四种。

（1）遵循学习者认知规律和学习心理的策略。学习者的认知规律特点，取决于他们的年龄心理特征。戴尔研究的“经验之塔”理论告诉我们，学习者年龄越小，越应通过直接经验学习，随着年龄不断增大，知识、经验增加了，感知能力提高了，学习者逐步具备了抽象的、领悟词语符号的能力，能够通过一定的意志努力，集中注意力参与学习活动，其思维也由形象思维为主逐步过渡到抽象思维为主。例如，初中学生地理知识储备少，注意力不易持久集中，形象思维强，抽象思维还不成熟，教学过程设计时就应更多地注重通过为学生“创设”直接经验来促进学生的学习效果；高中学生已经积累了较多的地理表象知识，逻辑思维已趋成熟，比较、分析、抽象、归纳、概括能力增强，教学过程设计就可以更多地通过逻辑思维来促进学生对相关地理知识的学习。总体而言，在教学过程设计中只有遵循学习者的认知规律和学习心理，符合学习者特有的认知要求，才能获得满意的教学效果。

（2）多活动师生互动策略。地理教学过程是一种动态的过程，是由多种教学活动组成的师生互动过程。运用多活动师生互动策略，就是要从地理教学内容和形式的多样性出发，有针对性地灵活设计多种地理教学活动，处理好师生活动的关系，提高活动和师生互动的质量。师生互动要解决“知与不知”的矛盾，“能与不能”的矛盾，学习课题与学生发展水平之间的矛盾，学习材料与学生生活经验之间的矛盾等，在师生互动过程中，应有针对性地灵活选择和优化组合多种互动方式，如灌输式、启发式、问答式、讨论式、角色扮演式等。需要注意的是，无论何种方式的互动，均需充分发挥“教师主导、学生主体”的具体作用。教师主导作用主要体现为引导学习者自行获取地理知识和培养学生地理学习能力，而不是灌输地理知识；学生主体作用主要体现在能充分发挥学习者的学习积极性，更加主动地参与到具体的学习活动之中，真正做到动脑、动口、动手相结合，使学习者不仅学会，更要会学，从被动接受知识转变为主动获取知识。

（3）多种媒体优化使用策略。“媒体”指承载和传递地理教学信息的载体。由于地理教学信息类型多样，各自的最佳表现形式不同，随着教育技术的发展，地理教学媒体的种类也越来越多。不但有语言、文字、黑板、教材、地理图册和实物模型等传统媒体，而且有投影、录像、电影、电视、计算机和网络等现代媒体。现代教学媒体与传统教学媒体相比，其优势在于储存和传递地理教学信息的容量大，扩大了地理教学信息的接收范围（如不易被全班同学看清的小型地理模型或实验，使用投影仪则可以解决这个问题），具有动态显示特性。但传统媒体也有其固有的优势，如板书、板图、板画具有较强的概括性，可以与教师的讲解或师生的讨论同步展开，简易明了，便于笔记，且便于根据教学现势随时修改原设计。多种媒体的优化组合可以很好地将感性认识与理性认识，形象思维与抽象思维密切结合。对各种媒体的选用应本着实事求是的精神，从地理教学内容和方法出发，宜传统则传统，宜现代则现代，各种媒体应各施所长，互为补充，扬长避短，相辅相成，形成优化的媒体组合系统。①

（4）体现优选教学方法的策略。教学方法是教师和学习者为共同实现教学目标即完成教学任务而采用的手段和方式。教学方法既包括教师的教法，也包括学生的学法，两者应该相互照应，相辅相成。心理学研究表明，单一的刺激容易形成疲劳，如果一节课或整个教学过程中仅仅采用一两种教学方法的话，往往会使学生情绪不高，注意力分散，尤其是教学内容丰富多样时更会如此。所谓“教学有法、但无定法、贵在得法”就辩证地说明了教师在教学过程中科学、合理优选教学方法的重要性和必要性。总体而言，地理教师在进行具体教学过程设计时，应该在综合考虑教学目标、教学内容、学生特征、教师特点和教学设施等情况下，有的放矢地进行教学方法的选择和使用。

8.3.3　地理教学过程流程图的编制

地理教学过程流程图，顾名思义，是指表示地理教学过程中不同环节的安排、开展及实施过程的整个流程的示意图。地理教学过程流程图中对不同教学环节和教学要素的内容表现，层次清楚、简明扼要、一目了然，可以比较直观、清晰地显示整个课堂教学活动中不同环节或要素之间的关系、比例等。使用流程图的主要目的在于表示地理教学过程的操作过程及步骤，加强教学过程中教师、学生、教学内容和教学媒体之间的有机联系，形成最佳的地理教学过程结构。地理教学流程图是具体地理教学过程的浓缩，具体使用时目的性强，灵活性大。依据教学流程图，教师可以有针对性地对学生在教学过程中的不同反应情况作出灵活的改变和处理。

地理教学流程图的编制一般利用一些设定的、表示一定教学意义的图像符号来设计完成。其编制过程大体为：首先，设定一些表示一定教学意义的图像符号；其次，以这些图像符号为基础，将地理教学过程中的不同环节内容在图像符号中表示出来；最后，将不同的图像符号及相关内容前后相连，并以示意图的形式进行表示。用于表示地理教学过程流程图的常用符号如表 8-1 所示。②

表 8-1　地理教学过程流程图符号

符号	表示的意义
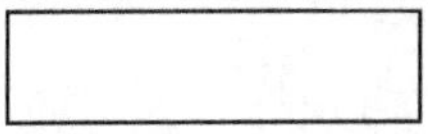	教师的活动
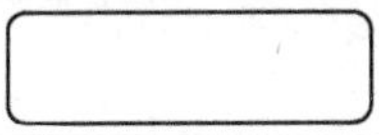	媒体的应用
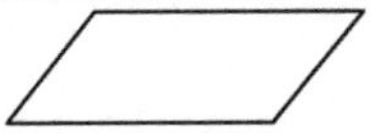	学生的活动
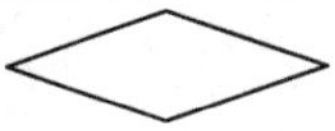	教师进行逻辑判断
	过程进行的方向

① 袁书琪．地理教育学．北京：高等教育出版社，2001：32-33.

② 徐英俊．教学设计．北京：教育科学出版社，2001：168-186.

编制和使用地理教学过程流程图时需要注意以下几方面的问题：①在地理教学过程流程图的图框之内，简要说明不同教学环节或步骤的主要内容；②在地理教学过程流程图的图框之上，可以注明需要了解的其他信息；③地理教学过程流程图的反馈回路应该是闭路循环，不能中间断开；④流程图的有些图像符号可以自创，但需要在流程图的图框之下说明其含义。

具体进行地理教学过程流程图的编制过程中，随着所选择和运用的地理教学模式的不同，地理教学过程流程图也会具有不同的特点。与地理教学模式相对应，常见的地理教学过程流程图类型主要有：讲解-接受型、引导-发现型、咨询-研究型、互动-探究式等。图 8-1 为

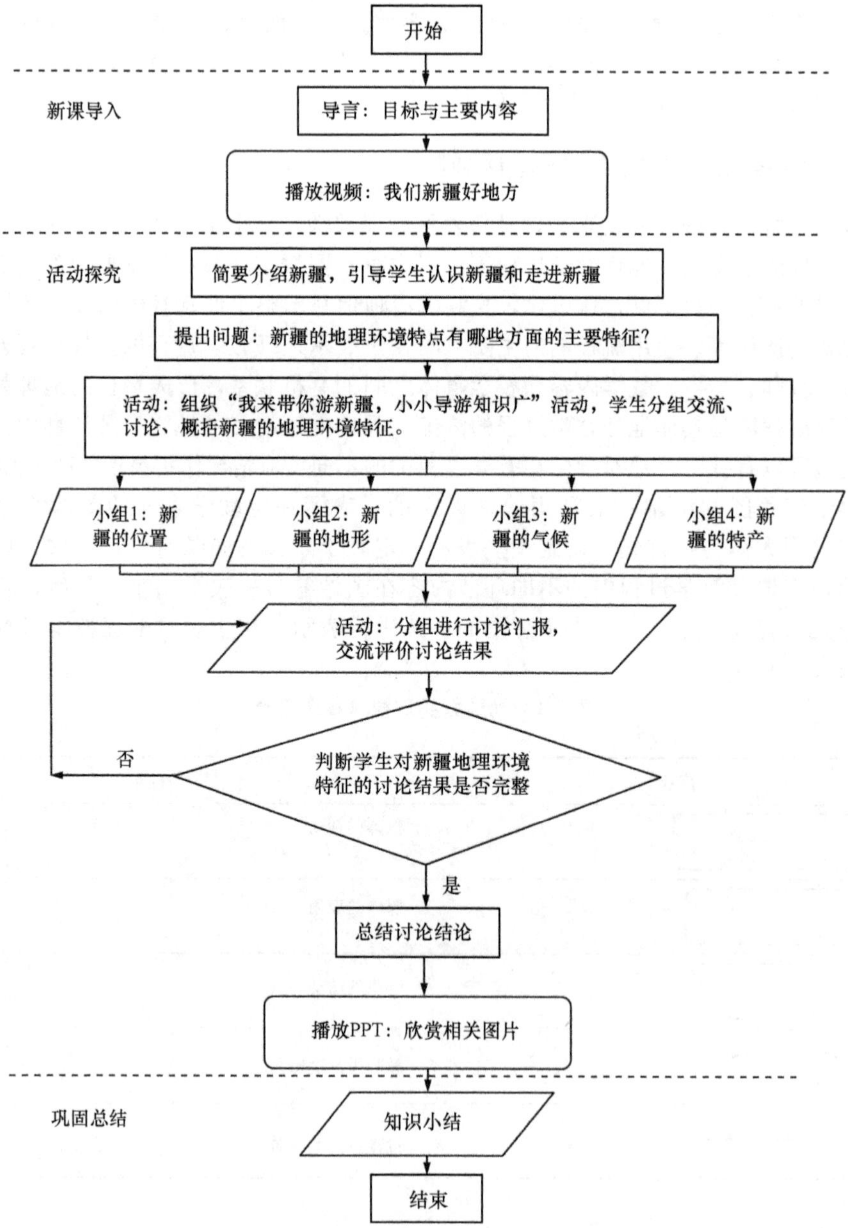

图 8-1 地理教学过程流程图示例

《义务教育课程标准实验教科书八年级地理下册》（人教版）第六章认识省级区域中第四节“西部大开发的重要阵地——新疆维吾尔自治区”（第一课时）教学设计中的教学过程流程图。[①]

8.3.4　地理教学设计方案的编制

经过前面各个阶段的分析和设计工作，接下来要做的就是将具体教学内容及过程编制成完整的教学设计方案。教学设计方案一般包括如下内容：课题、所用教材、教材分析、学生分析、教学目标、重点难点、教学方法、教具准备、教学过程（包括流程图与教学过程叙述）、练习设计、板书设计和教学反思等。

8.4　常见地理教学模式及教学过程设计示例

关键词　讲授式地理教学模式；探究式地理教学模式；地理研究性学习

8.4.1　讲授式地理教学模式及其教学过程设计

1. 讲授式地理教学模式的界定

讲授式地理教学模式，即讲解-接受地理教学模式，[②] 是一种应用广泛、历史悠久的教学模式。本模式以教师为主导，由教师直接控制地理教学过程，并有目的、有计划地组织和实施地理教学过程。这种地理教学模式的理论依据主要是行为主义心理学的学习理论，尤其受斯金纳操作性条件反射训练心理学的影响，认为通过“联系-反馈-强化”的反复循环过程，可以有效地塑造学生的行为。该模式以传授地理基础知识、培养地理基本技能为目标，重视对学生学习过程中记忆力、理解力和思维力的锻炼和培养，强调使学生在较短的时间内掌握较多的地理信息，注重教学过程中地理教师的指导作用和权威性。通过教师讲解，传递地理知识，引导学生观察、感知、理解和领会，组织学生练习、巩固和运用所学知识，最后由教师检查或指导学生自我检查学习效果。

2. 讲授式地理教学模式的操作程序

讲授式地理教学模式的基本操作程序是：复习旧课—引入新课—讲授新课—巩固新课—检查反馈。所有的地理教学活动都围绕这几个基本程序来组织与展开。

复习旧课。本环节包括复习和检查学生对已学内容的掌握情况，其主要目的在于诊断学生已有地理知识水平，为讲授新课做好准备。

引入新课。也称导入新课，主要是指教师根据新课内容，设置一定的教学情境和引入活动，激发学生的地理学习兴趣，为新课学习作铺垫。在实际教学过程中，引入新课的方式多种多样，如复习引入、情境导入、故事导入和设疑导入等。

讲授新课。讲授新课是讲授式地理教学模式的核心环节，也是教学过程中用时最集中最多的环节。在这一环节中主要以教师的讲授和指导为主，教师精心实施设计的教学计划，通

---

① 本教学过程流程图由信阳师范学院城市与环境科学学院潘璐璐同学提供，稍有修改.

② 袁书琪．地理教育学．北京：高等教育出版社，2001：118-119.

过适当的教学方法和手段，引导学生从已知到未知，从略知到详知，从认识到掌握。同时通过不同的地理活动，训练学生的地理学习能力。

巩固新课。本环节是地理教学成果的巩固和运用阶段，是教师引导学生在课堂上对新学的知识进行巩固和运用的过程。巩固方式也多种多样，如概括归纳、练习检查和讨论交流等。

检查反馈。本环节是该教学模式的最后一个环节，目的主要是使学生对所学新内容加深理解、加强记忆，同时较为系统地考查学生的学习情况，检查教师的教学效果和教学任务的完成情况，作为改进教学的依据。

当然上述教学程序也并非一成不变的，实际教学过程中，地理教学可以根据具体情况对这几大程序有所调整或取舍。如复习旧课这一环节，在不少教师的运用当中往往将其舍去，而根据实际情况直接导入新课。

3. 讲授式地理教学模式的评价

讲授式地理教学模式要求地理教师要根据学生的知识结构认知水平对教学内容进行加工整理，以使所讲的地理知识与学生原有的地理知识结构相联系。在讲授过程中要充分发挥地理教师的主导作用，要求教师具有良好的语言表达能力和对学生学习情况的察觉能力。讲授式地理教学模式最突出的特点是可以在有限的时间和空间内，使较多的学生比较迅速有效地接受较完整的地理知识传授，掌握地理知识结构，教师的主导作用直接得到发挥。这种模式在一定意义上体现了教学作为一种简约的认识过程的特点，对传授知识来说，效率较高，是最经济的教学模式之一，所以在教学实践中这种模式运用较广，长盛不衰。但由于这种模式过分强调教师的主导作用，忽视学生的主体地位和主动作用，不利于调动学生学习地理的积极性，也不利于学生能力的全面培养。所以，本模式要求教师在讲授的同时，应充分注重学生学习的主体地位，一个设计良好的讲授式地理教学同样可以激发学生地理学习的积极思考和主动参与。

相关研究表明，以下几种的地理教学比较适用于讲授式地理教学模式：学生学习的基本目的是对地理知识的理解；缺乏可以利用的现成的地理学习材料；材料需要重新组织并以特殊的方式为特殊的对象呈现；有必要唤醒学生对某一课题的兴趣；学生只需要在短期内记住材料；某一领域或某一学习课题方向的介绍等。

4. 教学过程设计示例

以下是义务教育初中《中国地理》第四章“中国的天气和气候”第三节“降水和干湿地区”（第一课时）的讲授式教学过程设计。[①]

案例 8-5

“降水和干湿地区”教学过程设计

教学过程：（引入新课）

电脑展示：旅游的故事

大意如下：今年暑假我们这里连降大雨，爸爸出差到吐鲁番，特意带上雨衣，可到了那里却无用处，吐鲁番晴空万里，骄阳似火。到了国庆节秋高气爽，我们一家到

① 李慎中，邵华．中国地理第四章中国的天气和气候第三节“降水和干湿地区”（第一课时）的教学设计．中学地理教学参考，2002，(10)：45-46.

广州旅游，爸爸说这次我再也不带累赘了。谁曾想三天的广州之行，饱受雨淋之苦，真让人扫兴。爸爸更是满肚子懊恼：我们中国的降水真没规律，让人摸不着头脑。

引入：我国的降水真像爸爸所说：没有规律让人摸不着头脑吗？学过第三节“降水和干湿地区”，我们就明白了。

（讲授新课）

一、季风区与非季风区

1. 结合学生的生活经验引出影响我国的冬季风和夏季风。

2. 电脑展示：影响我国的夏季风。

问题：（1）影响我国的夏季风有哪两种？（东南季风和西南季风）它们影响我国的哪些地区？（东部地区、西南地区）

（2）我国哪一地区受不到夏季风的影响？（西北内陆）为什么？（深居内陆，加之重重山岭的阻挡）

3. 电脑展示：季风区与非季风区分界示意图。

思考：季风区与非季风区降水有何差别？（季风区降水多，非季风区降水少）

承转：受夏季风的影响我国降水的地区分布有何特点？

二、我国降水的地区分布

1. 电脑展示：我国降水量分布图。引导学生根据图例识图，并尝试解决如下问题：

（1）找出年降水量在 1600mm 以上的地区，并说明降水多的原因。（东南沿海距海近，受夏季风的影响）

（2）找出年降水量在 200mm 以下的地区，并说明降水少的原因。（西北内陆地区，难以受到夏季风的影响）

（3）400mm、800mm 等降水量线分别通过哪些地方？（400mm：大兴安岭西坡经张家口、兰州、拉萨到喜马拉雅山东部；800mm：秦岭、淮河一线）

总结：我国年降水量的变化趋势是从东南沿海向西北内陆递减。

2. 拓展

电脑展示：图片

问题：（1）你能把我国三种不同的农业生产景观（草原牧业、旱地耕作业、水田耕作业）分别与不同的降水区域对号入座吗？

（2）吐鲁番、广州的房屋建筑有何差别？为什么？

承转：我国的降水不仅地区分布不平衡，而且季节分配也不均匀。

三、我国降水的季节分布

1. 电脑展示：哈尔滨、北京、武汉、广州的位置及降水柱状图。

问题：（1）广州、武汉、北京、哈尔滨四地降水较多的各是哪几个月？（广州 4～9 月；武汉 3～8 月；北京 7 月、8 月；哈尔滨 7 月、8 月）

（2）比较四地降水量的年变化有什么共同点，又有什么明显的差异？（四地降水都较多的是 7 月、8 月，但武汉、广州的雨季开始早，结束晚，而哈尔滨、北京则开始晚，结束早）

总结：我国大部分地区降水集中在夏秋季节，南方雨季长，北方雨季短。

承转：我国降水的季节分布与夏季风的进退有什么关系呢？

2. 电脑展示：锋面雨的形成

问题：(1) 锋面雨是哪两种气流相遇形成的？(暖湿气流与北方南下的冷空气)

(2) 暖湿气流是从哪里来的？(夏季风从海洋上带来的)

讲述：在我国东部地区夏季风进退到哪个地区，锋面雨带就推移到哪里，该地区降水就较多。

3. 电脑动画展示：我国东部地区锋面雨带的推移

配合小故事：5 月暖气流像一个活泼的娃娃，满怀好奇登上了南部沿海，在这里它与冷空气相同，一见面便你来我去，呼风唤雨好不热闹。随着时间的推移，暖气流日渐强壮，6 月它将冷空气推到了江淮地区，在这里他们势均力敌，互不相让，大战几百个回合，不分胜负，此时恰逢梅子成熟，当地人称之为梅雨。在风雨的磨炼中暖气流更加强壮，7 月、8 月它一鼓作气将冷空气推到华北、东北地区，华北、东北先后进入雨季。天气渐渐转凉，昏睡了大半年的冷空气苏醒了，9 月冷空气一怒之下将暖气流推回江淮地区，收复了北方的失地。10 月愈加强劲的冷空气把已没有招架之力的暖气流送回了老家，从而占领了大半个中国。

问题：不同时间我国东部地区的锋面雨带分别推移到哪些地区？

用歌诀总结：南岭五，江淮六，两北七八，九回头。

4. 拓展

讨论：春末夏初华北地区降水状况如何？对农业生产有何影响？你认为应怎样解决这一问题？

(课堂总结) 本节课我们学习了哪些内容？引导学生梳理总结并电脑展示，回扣开头的故事，让学生解决问题。

(巩固训练)

电脑展示：标有乌鲁木齐、临沂、香港、北京、哈尔滨、上海位置的中国地图

1. 当香港进入雨季时（　　）

A. 临沂正组织抗旱　　B. 北京正全力防汛

C. 哈尔滨正举办冰灯节　　D. 上海正值梅雨期

2. 9 月 10 日临沂教师代表团赴香港旅游，所带物品中多余的是（　　）

A. 钱　　B. 雨具　　C. 毛衣　　D. T 恤衫

3. 仅从气候考虑，北京 2008 年奥运会应选择在（　　）

A. 7 月　　B. 9 月　　C. 12 月　　D. 2 月

4. 图中六城市按降水从多到少排列是________________。

案例 8-6

“等高线与地形图”教学过程设计

【复习旧课】同学们，上节课我们学习了地图的三要素，本节课我们将学习有关地图的另一个内容“等高线与地形图”。

【引入新课】在本节课的开始，老师先来给大家讲一个发生在老师自己身上的故

事。（故事内容略）

【讲授新课】首先，我们来复习两个概念：海拔和相对高度。

虽然海拔和相对高度指的都是垂直距离，但海拔的起算点是黄海平均海平面，各地的海拔是可以比较的，因此，我们通常用海拔表示地形高度，并绘制成等高线。

那么，什么是等高线？等高线有什么特点呢？

（具体讲授内容略）

【巩固新课】好了，我们对等高线和地形图知识的学习到此就结束了。为了检验一下我们的学习结果，现在大家共同做几个练习。（练习题略）

【检查反馈】

通过练习的检验，说明大家本节课学得不错，希望继续保持。

随堂讨论 8-5

阅读案例 8-6 的内容，结合讲授式地理教学模式的操作程序，谈谈我们可以从哪些方面更好地进行讲授式地理教学过程设计？

8.4.2　探究式地理教学模式及其教学过程设计

1. 探究式地理教学模式的内涵理解

所谓探究式地理教学模式，即以探究为主的教学模式，具体地说是指在教师的启发诱导下，以学生的自主探究为核心进行教学过程实施的一种教学模式。在进行地理新课程改革的今天，教学中学生的主体性越来越受到重视，地理新课程改革呼唤学生主体性的回归，强调学生在地理教学中的话语权，要求把地理学习中的思考权、判断权、选择权、探索权等还给学生。在此背景下，探究式地理教学模式引起了广泛关注，成为地理新课程改革所倡导的主要教学模式之一。探究式地理教学模式强调在地理教学过程中充分发挥学生学习地理的主体性，以“学生本位”代替传统的“教师本位”，以“主动探究”代替传统的“被动接受”，以问题为开端，倡导学生在地理学习过程中发挥自身的主动性、积极性和探究性，教师则在整个学习过程中充当情境创设者、学习引导者、疑难帮助者、学习评价者的角色。

探究式地理教学模式的理论依据主要是建构主义学习理论。建构主义认为：学习是一个积极主动的建构过程，学生在这个过程中不是被动的信息吸收者和刺激接受者，而是对外部信息的积极选择者与加工者；知识是个人经验的合理化，教学应该把学生现有的知识经验作为新知识的生长点，引导学生应用当前已有的知识经验实践新的信息，并且在新信息与旧知识不一致的情况下解决这些矛盾和差异；知识的建构不是随心所欲的，教师应重视学生对各种现象的理解，注意引导学生丰富并调整自己的理解。建构主义强调学习的主动建构性、社会互动性和知识情境性。探究式地理教学模式集中体现了建构主义学习理论的观点，以培养学生地理学习的自主性和探究性为主要目标。所谓自主，是指学生在总体地理教学目标的宏观调控及地理教师的指导下，根据自身条件和需要制定并实现具体地理学习目标；所谓探究，是指学生在地理学习过程中自己探索问题并解决问题。

2. 探究式地理教学模式的基本程序

探究式地理教学模式的基本操作程序为：① 创设情境—引导探究—发现规律—迁移巩固。

(1) 创设情境。创设情境是探究式地理教学模式的起始环节，是引导探究的基础。在探究式地理教学中，要十分重视问题情境的创设。问题情境一般由地理教材或地理教师呈现出来，情境设计应尽量贴近学生生活，贴近社会实际，贴近学生学习知识的最近发展区，有利于激发学生的探究兴趣，有利于学生运用所学知识去解决新问题。

(2) 引导探究。引导探究是在教师的引导启发下要求学生按照一定的目的，有意识有步骤对相关现象与规律进行探究。这一环节是本模式的关键和核心环节，学生是否真正参与探究，以及探究的参与度、充分度如何是衡量本模式是否成功的重要指标。在具体的探究过程中，教师应发挥应有的指导作用，给学生适时提供必要的探究线索，以及富有针对性、启发性的提问，以使学生有明确的探究方向和探究路径。同时，要注重培养学生的探究自主性，不同学生的实际情况不同，探究能力也不一样，在实际的教学过程中，教师应根据不同的学生实际，循序渐进，逐渐培养学生的探究意识和探究能力。

(3) 发现规律。发现规律是指学生经过探究阶段后，最后形成的自己关于问题的结论性认识。这一环节是引导探究的结果，以使学生体验自主探究的学习价值，感受探究成功带来的喜悦。由于这些地理规律是学生自己探究发现的，记忆往往更深，理解往往更透。不过需要注意的是，有时会遇到学生对某些地理现象或规律的认识和发现不太全面、不太系统的情况，这时教师应保持应有的耐心和信心，加以持续引导并适当总结，以使学生最终完成对相关问题的探究，形成完整的认识。

(4) 迁移巩固。这一环节指在探究结束后，对整个探究过程进行的巩固与应用。这种迁移巩固，既是总结性的，又是发展性的，通过迁移巩固，可以使学生更好地理解和掌握相关规律，并提高知识的“学以致用”能力。

图 8-2 所示为探究式地理教学模式的基本操作程序。

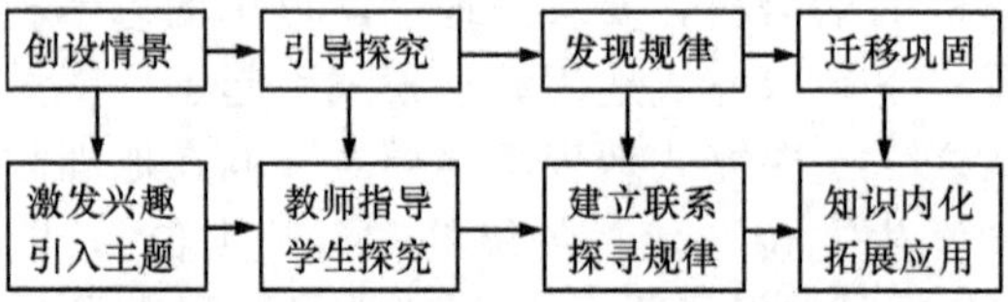

图 8-2 探究型地理教学模式的操作程序

3. 探究式地理教学模式的评价

探究式地理教学模式要求地理教师根据学生的知识水平对地理教学情境进行创设，以引起学生的新鲜、惊奇、疑问等情绪，充分激发学生的地理求知欲。在引导探究阶段，教师在使学生获得知识和技能的同时，要注意培养学生的动手实践能力、分析问题能力、解决问题能力以及交流合作能力，同时，教师应注意对学生探究过程的调控，教师应以参与者的身份参与学生的探究，以平等的身份与学生对话，以协商的口气与学生交流，以促进学生探究的成功。在学生探究问题、发现规律的过程中，教师要鼓励学生不断发现新问题，探索新方法，不断增强实践能力和创新能力。由于学生发现的地理原理、规律更多的是停留在记忆、理解的层面，所以在迁移巩固环节，教师有必要根据相关地理原理、规律等，组织学生进行

① 夏志芳. 地理课程与教学论. 杭州：浙江教育出版社，2003：340-342.

有关的实际训练，以促进和提高学生的解决问题的能力。

与讲授式地理教学模式相比，探究式地理教学模式的适用范围较偏重于地理理性知识的教学。因为地理理性知识大多与揭示地理事物或现象的本质、特征、规律、原理和成因等有关，具有较强的逻辑性和推理性，易于教师采用递进式、启发式和引导式的问题设置方式，促进学生对相关地理现象或问题的思考与探索。此外，探究式地理教学模式对地理教师的要求相对较高，需要教师具有一定的运用地理教学策略的能力，能够策划富有暗示性而又有相当程度的探索余地的情境材料，使学生利用材料能够去探究、乐于去探究；需要教师具有切实了解学生的学习水平、学习心理和学习差异的能力，能够花费较多的时间和精力设计实施步骤，并能对探究程度和探究方式有多种准备和要求，保证探究的过程性、层次性和有效性。

4. 教学过程设计示例

以下是“地理环境的整体性与地域差异性”的探究式教学过程设计。[①]

案例 8-7

“地理环境的整体性与地域差异性”的教学过程设计

【创设情境】

情境（一）：播放录像《自然环境景观》、《森林、草原、荒漠、冰原等》

提问：在录像中看到了些什么？有哪些景观？

引出课题：第六节地理环境的基本特征

情境（二）：播放录像《热带雨林环境》

【引导探究】

1. 让学生描述热带雨林的景观特征。
2. 为什么会有这种环境？
3. 气候会影响哪些环境要素？其他要素对气候有影响吗？
4. 归纳组成自然环境的要素。
5. 各要素之间有何关系？

【发现规律】

特征之一：地理环境的整体性

各环境要素的相互联系、相互作用、相互制约，组成了自然环境的整体。地理环境的整体性是地理环境的一个重要特点。

提问：

1. 假如环境中某一要素改变，会导致怎样的后果？
2. 环境要素在各地的分布有何特点？造成怎样的结果？

特征之二：地理环境的地域差异性

【引导探究】

环境的地域分异有没有规律性呢？

结合《理想大陆自然带分布图》提问：

1. 从图中找出森林、草原、荒漠带的分布。

---

① 夏志芳．地理课程与教学论．杭州：浙江教育出版社，2003：342-344．

2. 自然带的分布在哪些地方有明显的变化？
3. 它们是如何变化的？
4. 为什么有这样的变化？

【发现规律】

地理环境的分异规律：

规律一，纬度地带性——以热量为基础

受制于气候热量带分布影响，各自然带随纬度分布。

规律二，经度地带性——因水分条件变化所致

受海陆分布影响，尤其是中纬度地区明显。表现为由海岸到内陆的变化。

【引导探究】

1. 山地的地理环境分布有何特点？
2. 为什么这样分布？
3. 这是一种什么分布规律？

【发现规律】

规律三，垂直地带性——水热条件随高度而发生垂直变化，受地形海拔影响，自然环境在垂直方向上的分布规律。

【迁移巩固】

屏幕显出《世界陆地自然带分布图》或《各大陆自然带分布图》，让学生运用地带性规律，读图解释各大陆自然带的分布规律。找出图中具有明显地带性规律的实例。

【引导探究】

1. 在《世界陆地自然带分布图》中，是否都明显存在着地带性分布规律？
2. 哪些地区的自然带打破了地带性分布规律？举例说明。
3. 你知道为什么会这样吗？

【发现规律】

非地带性分异：局部的海陆分布、地形、岩石性质及洋流等因素的差异，导致环境的地带性不明显或完全打破有规律的地带性分布，这种现象为非地带性分异。

强调几处明显的非地带性分布，并说明由于非地带性的存在，地理环境更加复杂（既有地带性，又有非地带性），非地带性分布实际上还受人类的影响。

【迁移巩固】

根据地理环境的整体性和差异性特点，谈谈人类在改造自然环境中，应树立怎样的正确观念？为什么？

【课堂小结】（略）

案例 8-8

“青藏铁路”的专题探究活动设计

【教学过程】

第一步：创设情境

教师在课堂上引入作家裘山山的《遥远的天堂》中的部分文章和图片，一方面将

学生带入美丽的青藏高原风光，另一方面让学生了解交通不便给守卫边防的战士们所带来的困难。在这样的情境下导入关于“青藏铁路”的专题探究活动中。出示“青藏铁路”的地图，请学生说说自己知道的青藏铁路的概况，包括起止地点、建设过程以及所接触的报道中给他们留下深刻印象的内容，为学生有针对性地提问奠定一定的知识基础，同时对学生原有知识结构中关于青藏铁路的错误认识加以纠正。

第二步：提出问题

组织学生讨论：关于“青藏铁路”你想知道哪些内容，想到了哪些问题？在学生提出下列问题后，教师指导学生将提出的问题总结分类，为分组进行探究作好准备。

总结分析学生的提问可以看出，学生的问题主要集中于三个方面，一是建设前的选线问题，二是建设过程中的问题，三是建设后的开发和保护的问题。由此可以将学生分为四组，第一小组为选线小组，第二小组为建设小组，第三和第四小组为开发小组，针对自己小组的问题进行探究。分组的原则是各组人数相等，但人员自由组合。

第三步：引导探究

第一小组使用地图和图片将川藏、滇藏、青藏、新藏四条进藏铁路的具体线路以及线路所经地区的地形、气候、植被等方面作详细介绍，介绍了选线过程中专家们考虑的主要因素，比较了四条进藏铁路的优势和劣势，并提出自己对进藏铁路选线的看法。

第二小组介绍青藏高原的自然和人文状况，对青藏铁路建设过程中可能遇到的困难作了详细的讲述，介绍了铁路建设专家在对待困难方面所采取的态度和最后的解决方案，并给出自己的评价。

第三小组和第四小组针对当前已经开发的项目作详细介绍，并对这些项目的利弊提出自己的看法，展示自己组内的开发计划和前景展望。

第三小组学生的结论如下：我们看到已开发的项目，青海省主要集中在电力、盐化工、石油天然气、有色金属四大支柱产业的建设，西藏自治区的开发主要集中于电力和旅游等产业的发展上，交通问题一度成为这些项目开发建设的阻力，而青藏铁路的建成将改变这种状况。

第四小组学生以《天路》作为讲解开篇，令人有耳目一新的感觉：我们之所以选择《天路》作为开篇，就是想让大家感受到青藏地区人们渴望发展的迫切。青藏铁路开通后给本地区带来的好处，第三组的同学已经作了比较详细的介绍。我们认为开发旅游是从外面看青藏地区，而更重要的开发是本区内自身的开发和建设，因此我们关注的开发重点是当地资源。我们设计的开发重点放在交通进一步改进，青藏铁路进一步延长，建设川藏铁路，促进青藏地区整体发展。

第四步：评价提升

整个教学活动以学生活动为主，由师生共同参与完成，探究活动结束、得出结论后，要及时作出激励性评价，要肯定学生的探究活动，即使有的学生得出的结论不那么全面甚至有误，也要对学生的积极思考和参与探究活动给予肯定，以满足学生心灵深处渴望被人尊重和认可的那份需要，从而增强自尊，保持学习地理的兴趣，增强提高成绩的信心。

教师可遵循以评价小组集体为主、个人为辅相结合的原则，采取互评互议的方式，鼓励学生互相督促、互相评议、互相补充，充分发表意见，教师再适当补充，使学生充分体验到由自己参与评价、交流获取知识后的成功感和喜悦感。

摘自：刘蕙．“青藏铁路”的专题探究活动设计．地理教学，2007，(3)：26-27

随堂讨论 8-6

阅读案例 8-8 的内容，结合探究式地理教学模式的操作程序，讨论实际地理教学过程中我们可以怎样更好地对探究式地理教学过程设计进行改进和完善？

资料卡片 8-4

两种常见的探究式地理教学模式

引导-探究式地理教学模式和自主-探究式地理教学模式是两种常用的探究式地理教学模式。引导-探究式地理教学模式通过教师创设一定的情境，以问题解决为中心，仿照科学家探究未知知识领域的途径，通过引导学生发现问题、分析问题、解决问题等使学生掌握知识和锻炼能力。引导-探究式地理教学模式的教学环节主要如下：创设情境、激发兴趣-提出问题、引发思考-引导探究、合作探究-练习检测、评价提升。如下图所示。

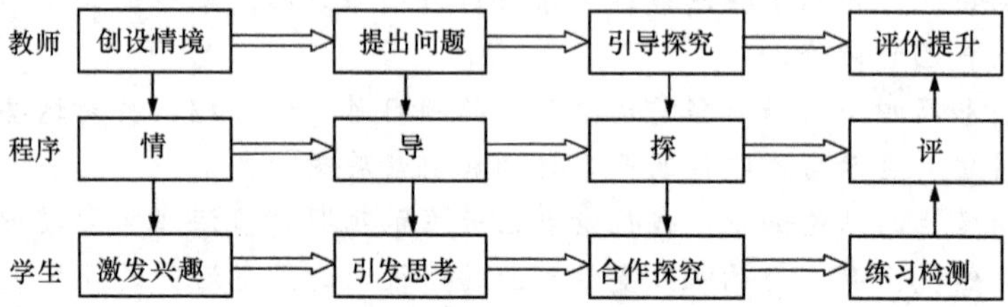

探究式地理教学模式的教学程序流程图

引导-探究式地理教学模式常用的引导方式有：①给出解决该类型问题的思维方式和主要方法；②引导学生将已学知识迁移到新的知识；③引导学生寻找、挑选主干材料和信息，将复杂的问题简单化；④收集有用信息，进行归纳、类比、推理，在条分缕析的过程中达到解决问题的目的；⑤组织开展小组讨论、双边辩论或全班交流等。

自主-探究式地理教学模式，是指地理在教师的启发诱导下，以学生独立自主学习为前提，以现行教材为基本探究内容，以学生周围世界和生活实际为参照对象，为学生提供充分的自由表达、质疑、探究、讨论问题的机会，让学生通过个人、小组、集体等多种解难释疑尝试活动，将自己所学知识应用于解决实际问题的一种教学形式。自主-探究式地理教学模式主要由四个环节组成：出示目标—自学释疑—探究交流—延伸迁移。

摘自：王敏．新课程理念下探究式地理教学模式的研究．武汉：华中师范大学硕士学位论文，2008

8.4.3　地理研究性学习及其教学过程设计

1. 地理研究性学习的内涵

地理研究性学习作为改善中学地理教学质量的一种有效的教学模式或学习方式，对于帮助学生获得地理基础知识和基本技能，提高学生的地理学习能力具有重要价值。地理研究性学习的概念是从“研究性学习”引申和发展而来，要想较好地理解地理研究性学习的内涵，必须对“研究性学习”作一简要介绍。在我国目前的教育理论研究中，对“研究性学习”概念有不同的理解，主要基于三种角度：或指一种学习方式，或指一种教学策略，或指一门专设的课程。作为一种学习方式，研究性学习就是指以类似科学研究的过程、方法和形式进行的学习。作为一种教学策略，研究性学习是指教师通过引发、促进、支持、指导学生的研究性学习活动，来完成学科教学任务的一种教学思想、教学模式和教学方法。作为一门课程，研究性学习是指通过知识与经验并重的主体性探究活动来实现学生的发展，培养他们创新精神的生成性课程。① 整体而言，尽管研究性学习有学习方式、教学策略、课程类型等不同的定义，但其核心点是学习方式，而教学策略和课程类型实际上是学习方式对课程、教学提出的必然要求。

21世纪以来，世界基础教育改革步伐不断加快。国内外课程、教学改革的实践证明：研究性学习作为一种有效引导学生主动探究、培养学生创新精神和实践能力的教学模式，已成为世界基础教育改革的热点。研究性学习也已成为改变学生学习方式、培养学生创新意识、提高学生创新能力及提高基础教育教学质量的有效途径和方式。2001年国家《基础教育课程改革纲要（试行）》明确规定：从小学到高中设置“综合实践活动”并作为必修课程，其内容主要包括信息技术教育、研究性学习、社区服务与社会实践以及劳动与技术教育，目的是使学生有机会在教师指导下，参与从学习生活和社会生活中选择和确定研究专题，主动获取知识、应用知识、解决问题的学习活动。②

地理研究性学习是将“研究性学习”引入地理学习活动领域的产物。由于地理学科知识与现实生活的紧密联系和其自身的综合性特点，学生易于在掌握一定的地理学科知识后将其应用于具体问题的解决之中，这使得地理研究性学习的开展具有一定的可行性；另外，作为现代课程领域之一，地理课程也担负培养学生创新精神和实践能力的重任，而采用研究性学习有利于更好地完成这一重任，从这一意义上讲，开展地理研究性学习又具有一定的必要性。基于上述理解，可以将地理研究性学习的内涵表述如下：地理研究性学习是指学生在教师的指导下，基于一定的态度和价值观，主要应用地理知识（含地理能力）、地理研究方法和研究手段发现与地理有关的问题，并分析问题和解决问题的主动探究过程和方式。③

2. 地理研究性学习的操作程序

常用的地理研究性学习主要有两种方式：以问题为中心的研究性学习和以专题为中心的研究性学习。以下主要对这两种研究性学习的实践操作进行简要探讨。

1）问题式地理研究性学习的操作程序

问题式地理研究性学习将教学内容设计成具有思考价值的“问题”，通过“问题”，使学

---

① 王升．研究性学习的理论与实践．北京：教育科学出版社，2005：10-39.
② 钟启泉．基础教育课程改革纲要（试行）解读．上海：华东师范大学出版社，2001：123.
③ 夏志芳．地理课程与教学论．杭州：浙江教育出版社，2003：368.

生学会分析问题、解决问题的方法，训练学生的思维过程，很好地改变了传统地理教学中以教师为主导的知识灌输模式，有效激发了学生地理学习的主动性、积极性。问题式地理研究性学习以"问题"为基本载体，以培养学生发现问题、提出问题、分析问题、解决问题为基本目标，以在教学过程中培养学生地理研究方法为基本内容，以提出问题、分析问题、解决问题为基本过程。一般而言，问题式地理研究性学习的实践操作通常包括以下四个环节：提出问题—讨论问题—解决问题—评价总结。

（1）提出问题。培养学生的问题意识是问题式地理研究性学习的首要环节。师生结合实际提出具有思考价值、有意义的"问题"，通过问题，激发学生的地理学习兴趣和动机。

（2）讨论问题。培养学生的合作意识、创新思维是问题式地理研究性学习的核心内容。针对所提出的问题，教师组织学生交流、讨论，通过讨论，深化学生对问题的认识，培养学生的合作意识、沟通能力，提高教学内容的针对性和教学过程的时效性。本环节是问题式地理研究性学习的核心，通过对问题的讨论，不仅有利于问题的解决，更重要的是展现研究性学习的过程，使学生通过参与、交流，表达自己的见解和看法，在开放、平等的讨论中，学会与别人共享和分享。教学过程不仅仅是知识传授的过程，也是学生非智力因素培养的过程，是教师教会学生学习的过程。成功的教学过程重在激发学生的学习动机，引导学生主动地学习；培养学生的学习兴趣，引导学生快乐地学习；提升学生的创新能力，引导学生能动地学习。①

（3）解决问题。培养学生的知识迁移能力是问题式地理研究性学习的最终目的。通过解决问题，使学生理解和掌握所学知识和技能，并学会应用所学知识，培养学生的知识迁移能力。

（4）评价总结。培养学生的归纳概括能力是问题式地理研究性学习的深化拓展。通过评价总结，使学生对整个学习过程的经历、感受进行回顾、概括，巩固和熟练原有知识与技能，促进知识与技能的进一步深化和提高。对于问题式地理研究性学习的实践操作还可以如表 8-2 所示。

表 8-2 问题式地理研究性学习的实践操作

步骤	目的	作用	特点
提出问题	培养学生的问题意识，激发学生的学习动机	促进学生的探究欲望，引导学生对问题的积极思考	简明、清晰
讨论问题	培养学生的合作意识、创新思维、沟通能力	帮助学生克服思维定式，减弱学生的盲从心理，共享资源、分享成果	过程、实践、创新
解决问题	培养学生的知识迁移能力及获得成功的体验	开阔学生思考问题的思路，促进新问题的产生	执行、解释，判断
评价总结	培养学生的概括、归纳能力	巩固和加深原有知识与技能，加深对学习的感悟	概括、感悟

2）专题式地理研究性学习的操作程序

专题式地理研究性学习是指对地理教材中涉及的某一现象或事件，以专题的形式提出，对其加以考查、探索、分析、概括，从而揭示其具体变化情况、特点及趋势的教学活动与形式。专题式地理研究性学习中，对专题所涉及的资料收集、信息处理、问题分析等，都需要学生通过自己的实际参与进行。同时可以通过不同侧面、不同层次、不同深度来对学生的学习情况进行评价，评价没有统一的模式，也没有固定的答案，有利于开发学生的创新潜力，

① 杨怀中．教学过程的实质是教师教会学生学习．高教发展与评估，2009，25（2）：98-103.

培养学生独立思考的习惯，拓展学生获取信息的渠道，全面提高学生的探究素养。专题式地理研究性学习的操作程序主要包括如下环节：专题选择—专题研究—专题讨论—专题评价。

（1）专题选择。这是专题式地理研究性学习的第一步。专题的选择并非简单的一蹴而就，而是需要结合教师、学生、学校实际进行选定，选定的专题既需要具有必要性也需要具有可行性。专题选择一般通过两条途径：一是教师通过钻研教材，寻求并挖掘适于进行研究性学习的专题；二是师生共同就具体教学内容进行探讨，商定适于进行研究性学习的专题。

（2）专题研究。本环节是专题式地理研究性学习的核心，主要包括如下工作：首先，专题确定之后，需要收集相关资料，资料的收集应尽量发挥学生的积极性、主动性，让学生分小组或个人利用课余时间进行；其次，在资料收集的同时，进行专题研究分组，分别查阅与专题有关的背景知识、发展现状、相关成果、存在问题及发展动向等；再次，在此基础上，使不同小组的学生结合实际对所收集的资料进行整理、分析，在初步讨论的基础上进行初步的结论交流，明确进一步的研究思路和方案，此时，教师可给予适时的指导。最后，各小组根据进一步的研究方案，实施更为详细的具体研究。

（3）专题讨论。专题讨论是专题式地理研究性学习的关键环节，很大程度上决定着专题研究的最终结果。这一阶段通常采用“面向全班，分组汇报”的形式进行，以全班为整体，通过各小组间的交流与探讨，对专题研究的不同部分进行成果总结。在讨论过程中，教师以平等的参与者身份参加不同小组的讨论与交流，鼓励小组成员积极发表自己的看法和意见，引导小组集思广益，引导不同小组之间进行研究成果的共享与分享，培养学生的合作意识。

（4）专题评价。本环节是专题式地理研究性学习的最后一环，是实现教学目标的重要保障。通过专题评价，对专题性研究的教学过程进行总结反馈，使学生对整个研究过程进行体会和感悟。评价应注重过程性、激励性、实践性和互动性。评价内容应丰富、灵活，不仅包括知识的掌握状况，而且包括学生思维水平、研究能力、情感体验等多方面的评价，从而促进学生的全面发展。

3. 地理研究性学习的评价

研究性学习具有明显的主体性、开放性、实践性、探究性、过程性等特征。研究性学习可以为学生创造有意义的学习经历，帮助学生获得相关领域的基础知识和基本经验，提高学生发现问题、分析问题与解决问题的能力，较好地激发学生持续探究和学习的动力，促进学生领悟知识的构建与创新过程，从根本上改变传统讲授教学中知识传授与意义发现相互分裂的情况。在研究性学习过程中，教师与学生的角色与地位发生了明显的变化，教师不再是单纯的知识拥有者，学生也不再是简单的知识接受者。

如果将研究性学习比作修筑道路的工程的话，那么，在这一工程之中，教师并不是道路修筑的决定者，而是道路建筑的协助者，学生才是道路修筑的具体实施者；道路的修筑也不是一开始就已经决定好了，不可更改，而是需要教师与学生的共同配合，教师与学生之间的关系是联合与合作，而并非简单的支配与接受，这种合作过程可以称为联合创建。正因为研究性学习中师生之间具有上述关系，可以说，对于学生的发展而言，研究性学习有利于在具体教学过程中培养学生的团队意识、合作精神、关心他人、尊重他人等优良品质；可以较好地锻炼学生的交流能力、沟通能力、操作能力等；可以培养学生严谨的治学态度和不畏困难的意志等。

开展研究性学习并非简单的无论什么内容都要探究一番。具体教学过程中，有些内容受教学材料、教学设备、学生学习能力等限制，不一定适合进行研究性学习；有些内容较为复杂、抽象，很难通过简单的研究性学习进行。因此，并非所有的课程内容都适合进行研究性学习。与传统教学方式相比，研究性学习以研究为主，重视学生的参与和探究，不仅重视授之以鱼，更重视授之以渔。选择合适的教学内容是进行研究性学习的必要条件，也是组织教学材料、安排教学环境的重要依据。

现代认知心理学把知识分为陈述性知识和程序性知识两大类。陈述性知识是有关“是什么”的知识，如名称、事实、概念等，具有明显的公共性和外显性，不太适合进行研究性学习。例如，《地理教学论》中一些简单的概念、名称、事实等通过听讲、阅读、记忆等方式能够理解和掌握的知识，就没有必要花费较多的时间和精力进行研究性学习。程序性知识是关于“为什么”和“怎么办”的知识，如对概念、规则、原理的理解和应用，解决问题的技能、方法与策略，以及情感的体验等，具有较强的内隐性和个性化，比较适合研究性学习。但在具体教学过程中也不能流于形式，为研究而研究，将教材中所有的程序性知识都应用研究性学习方式进行，这样反而会增加学生的学习负担。由于研究性学习一般所需时间较长，花费精力较多，加上课时所限，所以必须重视对教学内容的合理选择，以提高研究性学习的适应性和教学效率。

资料卡片 8-5

地理研究性学习开展的一般过程

地理研究性学习开展的一般过程，基本包括以下环节：①自主发现问题和确定研究的课题；②制定课题研究计划；③课题研究与方案修正；④结果处理和报告撰写；⑤研究成果交流研讨；⑥研究的再继续。

摘自：何美珑．新课程地理课堂．上海：上海社会科学院出版社，2008：277-278

4．教学过程设计示例

以下是“正午太阳高度的变化”的研究性学习教学过程设计。[①]

案例 8-9

“正午太阳高度的变化”教学过程设计

1．研究课题的提出

（1）依据课程标准的要求，学生可通过观察、查阅资料，说出自己的结论及体会。

（2）依据教学过程的需要，该内容处于高中地理必修课程的开篇位置，往年单凭教师讲解，没有实践活动，学生难以理解。通过课内与课外相结合、课堂学习与实践探究相结合的教学，可以较好地突破教学中的难点，激发学生学习地理的兴趣。

2．研究性学习过程

（1）开题。在制订了详尽的实施计划后，对学生进行宣传和动员，对参加课题研究的学生合理分组。能否设计出合理的切实可行的研究计划，事关整个课题研究的进展和成败。因此，开题是课题研究的关键一步，通过开题以确定具体设想和研究活动的框架等。教师辅导学生开题，如表 8-3 研究性学习开题表所示。

---

① 杨少英，赵芳．结合地理教学内容开展研究性学习的尝试——以正午太阳高度的观测和应用为例．地理教育，2008，(5)：61-62.

表 8-3　研究性学习开题表

<table>
<tr><td>课题名称：</td><td colspan="5"></td></tr>
<tr><td>组长：</td><td colspan="5">指导教师：</td></tr>
<tr><td>课题组成员</td><td colspan="5">任务分工</td></tr>
<tr><td>1
2
3
4</td><td colspan="5">组织者
测量员
记录员
上网操作员
汇报人</td></tr>
<tr><td colspan="6">课题的意义：</td></tr>
<tr><td rowspan="3">研究步骤</td><td>阶段</td><td>时间</td><td>任务</td><td>目标</td><td></td></tr>
<tr><td></td><td></td><td></td><td></td><td></td></tr>
<tr><td></td><td></td><td></td><td></td><td></td></tr>
<tr><td>预期成果：
表达形式：</td><td colspan="5"></td></tr>
</table>

(2) 观测。观测对象：学校的旗杆、篮球架的影子。

观测时间：每天的 12 点 16 分（北京的正午）。

观测工具：卷尺、量角器、直尺、铅笔、记录本、手表

在实施过程中出现问题时，教师及时进行个别指导。同时在测量的过程中，经常表扬、鼓励，在学生有所懈怠的时候，及时提醒和激励。

结果记录：将观测结果记录在表 8-4 中。

表 8-4　研究性学习观测记录表

日期	天气	时刻	物影长度	物影方向	测量员	记录人

(3) 推导规律。学生在原始记录的基础上推导出北京地区正午太阳高度的变化规律。有的小组建立直角坐标系，手绘影长的时间变化图，推导北京正午太阳高度的最值，获取规律。有的小组利用计算机软件进行数据处理，获取规律。

(4) 应用。三个小组选取了不同的应用项目和手段。第一组学生在北京地区多处选点，在居民区实测楼距，并通过计算得出理论楼距与实测楼距，比较判断是否合理，进而分析原因。第二组学生拟定访谈提纲和调查问卷，进行入户采访，了解小区的采光情况。第三组则通过网络、书籍和调查，了解太阳能在生活中的利用情况。

(5) 建议。第一组和第二组学生提出如下建议：希望开发商能保证住户基本的采光需求，小区的设计要有合理的楼距；住户要了解自己拥有采光权，勇敢维护自己的权益；政府部门也要加强监管。第三组学生初期提出建议：目前太阳能热水器的承光板角度固定，如能随高度角变化而变化，将能提高太阳能的利用效率。后经调查，认为目前的太阳能热水器完全能满足消费者的温度需求。因此，再次建议，如能开发家

庭用的太阳能发电装置，并将承光板设计成向日葵型，必将大大提高太阳能的利用效率，并能对改变大气环境作出贡献。

(6) 活动评价。在学生进行了成果汇报后，采用学生自我评议、小组评价、指导教师评价相结合的方式对各小组进行评价，评价标准及级别如表 8-5 所示。

表 8-5 研究性学习评价表

课题名称					
小组成员					
指导教师					
成果形式					
评价标准	评价内容	A 级	B 级	C 级	D 级
科学性					
社会性					
可行性					
创造性					
学术性					
成果表达					

案例 8-10

地理研究性学习的目标与方法

地理研究性学习的课程目标，主要是体验性目标。它强调学生的学习过程、学生的直接参与和亲身体验。

通过开展对“真实问题”的学习，提高发现问题与解决问题的能力。

调动学生学习地理的积极性，提升不同层次学生的创造兴趣。

培养科学精神，增强社会责任感。

提高学生的交往能力和合作能力。

建立起新型的师生关系。

地理研究性学习的方法一般有：

文献法。通过查阅各类资料、图表等，分析、比较，得出结论。

调查法。通过实地调查、考察，运用有关的理论，得出解决问题的方法和途径。

实验法。借助有关的实验，分析有关数据，寻找答案。

摘自：张攸玮．教学方式与学习方式的变革——透视研究性学习．北京：北京理工大学出版社，2006：118-119

随堂讨论 8-7

结合实际，讨论新课程改革背景下地理研究性学习的必要性和重要性。

复习与思考

1. 简要说明地理教学过程设计的内涵和意义。

2. 结合地理教学实践，说明研究地理教学模式具有什么理论意义和实践意义？

3. 试举两例，说明地理教学模式选择和运用的主要依据与原则各有哪些？

4. 简要说明地理教学过程设计的基本要求。

5. 以必修 1 “常见的天气系统” 一节为例，运用地理教学过程流程图进行教学过程设计。

6. 比较几种常见地理教学设计模式的异同，说明不同地理教学设计模式教学过程设计的优势和局限性。

7. 以人教版高中地理必修 2 第二单元为例，研读高中地理课程标准和地理教科书内容，探讨该单元中哪些内容适合于讲授式地理教学模式，哪些内容适合于探究式地理教学模式，并说明理由。

8. 自选一种地理教学模式，结合高中地理教材的一节内容，进行地理教学过程的应用设计，并说明使用该模式的理论基础、原则和应注意的问题。

拓展资源

李国荣 . 2009. 新课程理念下传统教学模式的改革研究 . 硕士学位论文. 武汉：华中师范大学 .

第 9 章 关注差异：地理基础知识的教学设计

学习目标

1. 能简述进行自然地理、人文地理、区域地理基础知识、地理策略性知识教学的联系与区别。
2. 能简述树立“关注差异”的观念，进行地理基础知识的教学设计的意义。
3. 能结合高中地理教学实践，进行自然地理基础知识的教学设计。
4. 能结合高中地理教学实践，进行人文地理基础知识的教学设计。
5. 能结合高中地理教学实践，进行区域地理基础知识的教学设计。
6. 能结合高中地理教学实践，进行地理策略性知识的教学设计。

在所有学科中，地理学科是最具综合性、研究范围最广、兼具自然和社会科学属性的博大精深的学科，拥有自然地理、人文地理和区域地理三大知识体系。根据知识分类理论，人类任何知识都归属为陈述性知识、程序性知识和策略性知识三类知识学习，三类知识所解决的问题、表征方式、对应策略各异。由于自然地理、人文地理、区域地理的研究对象、反映的地理问题、知识类型各有侧重，学生不同学习阶段的智力与非智力因素影响差异较大，因此，它们在教学方法、媒体选择、策略运用及知识分类属性侧重点等教学设计上应有差异。关注地理基础知识教学设计差异，应成为我们地理教育界的共识，并付诸课堂行为。

9.1 自然地理基础知识的教学设计与案例研究

关键词 自然地理基础知识；地域结构宏观性；时空组合宽广性；地理科学素养；地理实验；变式练习；规-例法

9.1.1 自然地理基础知识的内容结构

自然地理学是研究自然地理环境组成、结构、功能、动态及其空间分异规律的学科，是地理学的一个重要分支学科，具有自然科学性质。高中地理必修 1、必修 2、必修 3 的知识模块是一种递进关系，三者既相互联系，又相对独立，构成一个整体，体现地理学自然地理和人文地理的统一性。但从知识内容的比例来看，必修 1 侧重自然地理，重点是阐明人类赖以生存和发展的自然地理环境，及其对人类活动的影响。本章的自然地理基础知识的研究内容界定为必修 1 知识模块内容。同理，人文地理基础知识、区域地理基础知识的研究内容分别为必修 2、必修 3。

在高中地理的 7 个选修模块中，“宇宙中的地球”、“海洋地理”、“自然灾害与防治”、“环境保护”是侧重于地球科学和自然地理的模块，都涉及自然地理原理、基本规律和基本过程。学习必修 1 模块的自然地理基础知识有利于学习这些选修模块。即使偏重人文地理的选修模块，如“旅游地理”、“城乡规划”要从地理角度深入理解，仍然需要学习本模块的内容，而选修模块“地理信息技术应用”，不仅需要有自然地理的基础，还需要以地理视角、地理观念来看待地理信息技术的应用。因此，本模块对于培养学生基本的地理视角、地理观念和地理方法具有其他模块不可替代的价值。[①]

必修 1 模块主题是自然环境对人类活动的影响，包括宇宙中的地球、自然环境中的物质运动和能量交换、自然环境的整体性和差异性、自然环境对人类活动的影响四部分，如图 9-1 所示。

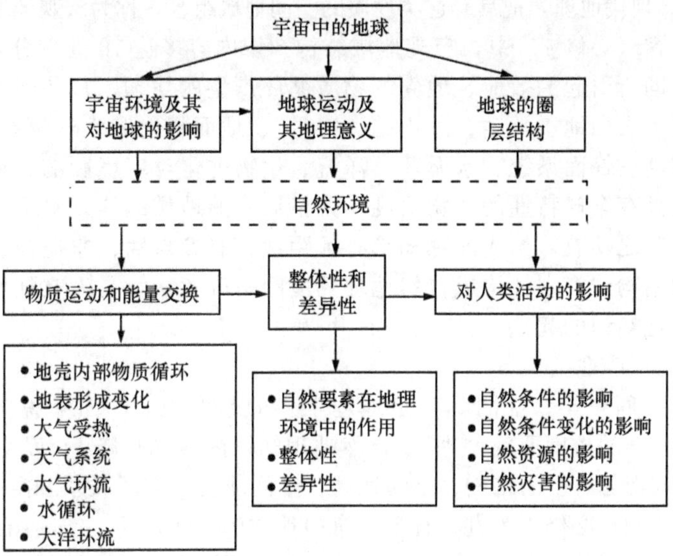

图 9-1　必修模块“地理 1”内容结构

从内容结构所反映的知识联系看，要了解人类所生存的地球的自然环境，就要对地球所处的宇宙环境和地球的运动有一个基本的认识，在此基础上认识地球的圈层结构和地球上的自然环境。而我们人类生活在地球上的自然环境中，从宏观层面讲，要了解自然环境的大气圈、岩石圈、水圈、生物圈的基本知识和发展规律；从微观层面看，只有深入认识四大圈层的岩石、地貌、气候、水文、土壤、生物六大要素，才能更好地理解人类适应自然和合理利用、改造自然，促进人类与自然地理环境和谐、走可持续发展道路，提高人类的生存质量的必然性。

本模块是经典的自然地理内容，也是高中地理传统内容，遵循新课程的基本理念，必须深入认识自然地理基础知识的内容特点，选择教学内容，设计教学过程。

9.1.2　自然地理基础知识的内容特点

1. 宏观性

自然地理基础知识包括宇宙中的地球、自然环境中的物质运动和能量交换、自然环境的整体性和差异性、自然环境对人类活动的影响四部分内容，从地理事项的组成、地域性、地理事物时间变化、空间分布和差异、地理事物的相互联系上，阐明了地理分布、地理成因、地理规律和地理原理，内容体系具有宏观性特点，表现在地域结构的宏观性、时空组合的宽广性、地理环境的客体性三个方面。

1）地域结构的宏观性

地域组合的宏观性即宏观地域结构。所谓宏观地域结构，指全球（大陆或大洋）尺度上地理要素和地理单元的构成格局。在现代地理学看来，宏观地域结构通常指某种具有“背景式”的、

① 陈澄．地理教学研究与案例．北京：高等教育出版社，2006：7.

“基础性”的地域空间组合。这类地域空间的组合识别，更多地不在于自身的再现，而在于它所产生的“效应”和“烙印”，以及一切地理事物所附加的隐函数式的作用。好像一列奔驰于原野上的列车，其上的人虽没有感觉到地球转动对于列车和人自身的影响，但这种影响却实实在在地隐含于列车的运动之中。现代地理学把具有这类性质的空间地域组合，称为宏观地域结构。

在自然地理内容（必修1）中，宏观地域结构知识内容多达16处，分别为太阳辐射与活动的影响、地球运动所引起的效应、地壳的物质循环产生的烙印、板块运动对地貌影响、褶皱作用与地质构造、火山地震活动、冰川的“力量”、地面辐射和大气辐射效应、热力环流、气压带和风带的移动、锋面系统、水循环、洋流、生物进化对环境影响、地域分异规律、全球气候变化，都是具有全球特性的“宽尺度、大格局”的地域结构，对地理环境的发展与影响有“润物细无声”之功效，给人的感知具有远距性、非参与性、非把控性的特性。自然地理知识反映的地域结构的宏观性构成自然地理环境的基础背景，是人文环境着陆的根基和前提，是学生学习地理知识的起点。

2）时空组合的宽广性

地理学是一门空间科学。空间观念是地理学科的基本观念，如果脱离了空间观念探讨“地”，就无法站在科学的角度研究“理”。自然地理知识内容（必修1）以空间观念贯穿始终，包括空间位置、空间形态、空间结构、空间运动、空间演变、空间联系和空间差异等。以新课标教科书湘教版高中地理必修1为例，有第一章中地球的空间位置、空间结构、空间运动、太阳对地球的空间影响、昼夜长短的空间演变；第二章中不同尺度、区域与形式的大气运动、水循环、洋流的空间运动；第三章中环境变迁、自然带的空间分布、自然地理环境的空间联系（整体性）和空间差异（差异性）；第四章中地域的空间形态、气候的空间演变、自然资源的空间分布等。这些自然地理基础知识就是在空间观念下阐明的地理事物空间演变、空间运动、空间差异、空间联系，都是“大空间”、全球尺度的“空间”，是广阔视域下的空间。

地理事物的形成和发展离不开地理过程，地理过程强调地理事物随时间的变化特征，自然地理知识内容（必修1）中空间上表现出的地理事项和特性实际是气候、地形、土壤、植被和水文五大地理要素的物质和能量交换过程的结果，随时间表现出不同的特征和状态，并且这个时间跨度非常大。例如，地质循环、岩石的转化、板块运动造就的大地构造、内外力作用引起的地表形态的变化、外力作用下的风化、侵蚀、搬运、沉积和固结成岩等对某种地表形态的塑造、水土流失对生态的影响、土壤形成过程、地理环境的差异性形成、全球气候变化等的地理过程往往以地质年代或中长时间尺度为期限，气压带、风带季节移动、天气系统形成、厄尔尼诺现象、拉尼娜现象、水循环的周期、洋流对气候的调节作用、季风洋流、自然灾害的形成等也是长时间尺度（至少以亿年为单位）上变化的结果。总之，自然地理环境的形成具有时空组合的宽广性。

3）地理环境的客体性

必修1的自然地理知识内容重在阐明地理环境的组成和地理环境对人类活动的影响。人地关系思想是必修1内容编写的主线。人地关系思想包括“人对地”、“地对人”的作用与认识两个方面。必修1的自然地理基础知识体现的人地关系突出“地对人”的影响，以新课标教科书（湘教版）高中地理为例，其中“地对人”的影响有20处，“人对地”的影响有9处，见表9-1。“地对人”和“人对地”的思想在课文系统中所占篇幅和表现形式也有较大差异，“地对人”的影响在教材中的篇幅占有绝对主导地位，以地理环境组成、特点、规律为脉络，辅以活动板块栏目、阅读栏目及图表进行递进分析和说明，“人对地”的知识内容在文字系统中一般放在“地对人”影响分析后的末尾，阐明人类应如何遵循自然规律，以获得更好发展为落脚点。例如，人类活动只能“以增加或减少地表蒸发、人工增雨及跨流域引水等方式，去影响水循环的个别环节”,[①] 人类活动对地理环境的影响“必须尊重和顺应自然，防止过度的开发活动诱发和加剧对自然环境的破坏”。[②] 自然地理基础知识内容的“地对人”的人地关系主导思想，使人类对地理环境的认识是“你-我”的被动关系，地理环境成为人类认识的客体和宏观空间里的宏观场。

表 9-1　新课标教科书（湘教版）自然地理基础知识（必修 1）的人地关系思想

知识点	“地对人”	“人对地”	原理	体现的地理学思想
天体系统	天体系统构成地球所处的宇宙环境	无	无	宇宙观
地球	地球环境产生人类	无	无	宇宙观
太阳对地球影响	太阳辐射与活动影响地球环境	无	原理	宇宙观
地球运动	产生昼夜长短变化、四季更替等	无	原理	宇宙观
地球圈层结构	构成地球内、外部环境，使人类得以立足和生存	无	原理	宇宙观
地质循环与岩石转化	岩石圈生长与消亡、地壳矿物与岩石转化影响海陆变迁和人类生产	无	过程	物质观
内外力作用	塑造地表形态，影响人类生产活动	对地表改造，如山地变梯田、填海造陆等	过程	环境观
大气受热过程	对流层大气影响人类生产生活	无	原理	环境观
大气环流	产生风等	无	过程	环境观
气压带风带分布、移动	对气候产生影响等	无	规律	环境观
锋面、低高气压系统	对天气产生影响	无	原理	环境观
水循环	进行空间位移、影响气候、塑造多种地表形态	水力发电、人工增雨、跨流域引水等	过程	环境观
洋流分布及环流	影响海水空间分布与调节	利用洋流航海等	规律/过程	环境观
自然地理要素与环境	自然要素与环境相互影响	人类活动产生温室效应等	原理	环境观
自然环境整体性表现	不同尺度各自然地理要素相互作用对整体环境影响	人类活动形成水稻土等	原理	整体观
地理环境地域分异规律	引起自然景观的规律性分布和差异	因地制宜确定土地利用方式等	规律	差异观
地形	影响聚落分布和交通线布局	夷山修路等	无	环境观
全球气候变化	气候变化对生态系统、人类活动产生影响	无	原理	资源观
自然资源	促成农业文明形成、生产力布局等	利用自然资源进行生产建设等	无	资源观

① 朱翔，陈民众．普通高中地理课程标准实验教科书《地理Ⅰ》．长沙：湖南教育出版社，2004：60.

② 朱翔，陈民众．普通高中地理课程标准实验教科书《地理Ⅰ》．长沙：湖南教育出版社，2004：69.

续表

知识点	“地对人”	“人对地”	原理	体现的地理学思想
自然灾害	对人类生产生活带来影响	洪涝围圩等	原理	灾害观

注：①地对地的影响皆视为“地对人”，因为地理环境是人类生存的条件；②“人对地”中的“无”，表示未经人类作用，对应的环境为天然环境。

2. 原理性

在地理知识分类理论中，地理知识分为地理事实性知识和地理原理性知识。地理名称、地理分布、地理演变、地理数据等属事实性知识（即陈述性知识）是回答“它在哪里”、“它是什么样的”的知识，这部分知识是学生终身学习的基础。地理原理性知识（即程序性知识和策略性知识），是回答“它意味着什么”、“它为什么这样”、“怎么办”的知识，包括地理概念、地理特征、地理规律、地理成因及在解决问题时内在方法的习得和自如运用。地理原理性知识是引导学生将知识转化为技能，解决“学会学习”问题的重要途径。

自然地理基础知识是整个高中地理课程的理论基础，必修1模块中选取了16个高中生学习必须掌握的有理论价值的自然地理基本原理、基本规律和基本过程知识，基本原理如太阳辐射对地球的影响，地球运动的地理意义，地球圈层结构……；基本规律包括气压带与风带的分布、移动、洋流分布规律、地理环境地域分布规律；基本过程包括地壳内部物质循环与岩石转化、内外力作用、大气环流、水循环、大洋环流等，见表9-1。自然地理规律、地理过程追索根源的内在还是地理原理的反应，因此，我们可以将规律和过程都纳入地理原理范畴，从统计归纳出的自然地理覆盖的20个基础知识点中有16个涉及基本原理的学习的比例来看，可以说自然地理基础知识具有“原理性”特点；从知识分类理论角度看，这些自然地理知识是程序性知识和策略性知识，即地理原理性知识。

3. 培养地理科学素养

高中地理课程改革提出了“培养公民必备的地理素养”的基本理念。地理素养是学习者经过地理学习后所养成的比较稳定的心理品格，分地理科学素养、地理人文素养和地理技术素养。[①] 这三种素养都由地理知识、地理方法、地理能力、地理思想、地理科学精神五大要素构成。它们在自然地理、人文地理、区域地理内容中皆有突显，目的在于通过高中阶段的学习培养今日和未来世界活跃而又负责任的公民。其中，地理科学素养是关键，地理人文素养是升华，地理技术素养是工具，三者相辅相成，是一个整体。必修1、必修2、必修3教材编排在人地关系思想表现上的方式不同，对三方面地理素养各有侧重，必修1自然地理基础知识注重培养地理科学素养，必修2人文地理基础知识注重提升地理人文素养，必修3区域地理基础知识注重综合运用，凸显地理技术素养。

必修1自然地理知识中的地理科学素养与其他两类素养在地理知识、地理方法、地理科学精神三大要素的学习目标上具有一致性和普适性，即运用比较、分析、综合、归纳、演绎等地理思维方法，以及运用地理观测、地理实验、地理野外调查、地理实地考察等地理学科特色的学习方法，来掌握地理事实性知识和地理原理性知识，培养学生关爱全球、人地协调的可持续发展素养。与其他两大素养相比，自然地理中的地理科学素养在地理能力、地理思想两大要素上具有独特性。在地理能力培养上，面对自然地理知识的“宏观性”、“时空组合的宽广性”特点，乃至全球尺度

---

① 王向东，袁孝亭．地理素养的核心构成和主要特点．课程·教材·教法，2004，(12)：64-65.

的地理空间观念的形成及与之对应的空间格局，要致力于培养学生的敏锐觉察力，如观察全球植被分布图，能总结植被地理分布规律；面对自然地理知识的“原理性”特点，致力于发展学生对地理原理、地理规律、地理过程的分析、想象与简单预测能力，如关于哥伦布寻找新大陆的案例(见案例 9-1)。

在地理思想上，自然地理内容从地理学的三个视角“从时间变化上认识事物、从空间分布和差异性上认识事物、从相互联系上认识事物”[①] 出发，精选“宇宙中地球”、“自然环境中的物质运动和能量交换”、“自然地理环境的整体性和差异性”、“自然环境对人类活动的影响”四大主题 20 个知识点，构筑和培养学生的宇宙观、环境观、资源观、灾害观、整体观、差异观和物质观（表 9-1）。自然地理学的这些思想全面、准确渗透于必修 1 知识体系中，指向培养学生“情感态度与价值观”的终极目标。

案例 9-1

哥伦布寻找新大陆

观察全球洋流分布图和哥伦布寻找新大陆航线图，“哥伦布从欧洲去美洲时，走了图中 A、B 两条不同的路线。有趣的是走距离较短的 A 路线用了 37 天，而走距离较长的 B 路线却只用了 22 天，试解释原因”，如下图所示。

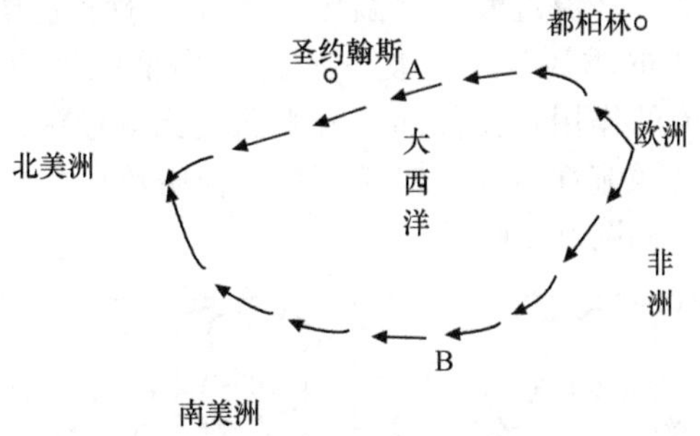

随堂讨论 9-1

1. 阅读案例 9-1，试分析 15 世纪，哥伦布航行到达完全未知的土地利用了哪些自然地理知识，有着怎样的地理学思想，这些知识是如何体现宏观性、时空组合的宽广性特点的？

2. 试分析哥伦布前往未知世界区域，成功到达另一大陆彼岸，他有着怎样的地理科学素养？

① 美国国家研究院地学·环境与资源委员会地球科学与资源局重新发现地理学委员会．重新发现地理学——与科学和社会的新关联．北京：学苑出版社，2002.

9.1.3 自然地理基础知识的教学设计思路

1. 核心策略设计：变式练习与“规-例”法

无论是自然地理、人文地理还是区域地理，它们的教学策略具有许多相同和共通的地方，但研究对象和知识属性及其特点不同，这就需要在策略上求异或各有侧重。自然地理知识的突出特点之一的“原理性”，意味着学习的关键是解决原理性知识即程序性知识和策略性知识的教学问题。这里主要讨论自然地理中程序性知识的教学与设计（在 9.4 中讨论策略性知识的教学设计）。程序性知识的学习主要是对学生理解能力、运用概念和规则能力的培养。如果学生能说出地理概念、特征、成因、规律，而不能运用这些知识解决地理实际问题，那么这些知识还处于陈述性知识阶段，未转化为程序性知识。心理学研究表明，运用变式练习和“规-例”法的教学是地理陈述性知识转化为程序性知识的良好教学策略，更是自然地理知识教学的核心策略。

1）提供变式练习，揭示地理原理

自然地理基础知识的宏观性、时空组合的宽广性及原理性特点，往往导致教材对知识的表述比较抽象，一个问题或结论背后藏着一个或多个原理，解决问题特别关键的本质属性“隐蔽”在非本质属性中。例如，暖流概念“从低纬度流向高纬度的洋流”，“低纬度流向高纬度”这个非本质属性掩盖了“流过海水水温比流经区海水水温高”这一本质属性。这是一般情况，事实上，北印度洋的季风洋流，夏季时海水由低纬度流向高纬度，却是索马里寒流。这是因为，由于补偿流的作用，使低纬度海水温度比流经区高纬度海水低。虽然同样是低纬度流向高纬度，得出的洋流性质却与定义相反，但暖流的本质属性“流过海水水温比流经区海水水温高”却未变。如图 9-2 所示。

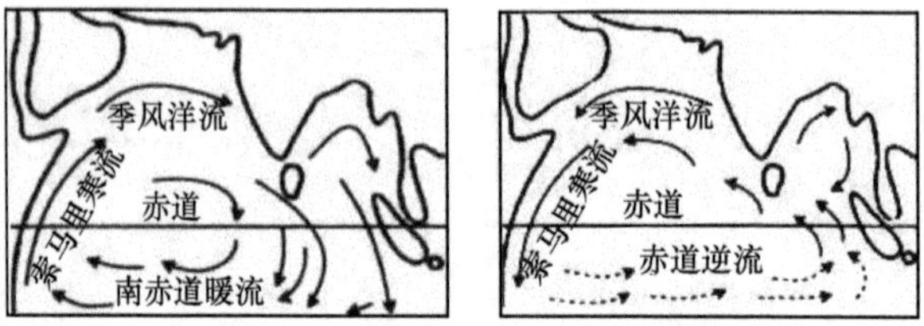

图 9-2 北印度洋季风洋流示意图

此例说明，对于地理原理性知识的教学，教师应该引导学生一步一步从非本质属性中把本质属性揭示出来，这就必须善于在地理学习中提供足够量次的变式练习。

案例 9-2

“日照图的判读”变式设计

日照图历来是高中地理学习中的重点和难点。高考往往以此作为切入点考查有关地球运动的地理意义以及与之联系紧密的气候、水文、季风、洋流等自然地理特征，从而考查学生对自然地理基础知识和基本技能的掌握以及分析问题、解决问题的能力。在讲解日照图的判读方法后，通过不同的变式图来训练：既可以从不同视角呈现变式，如侧视图、俯视图、矩形投影图、斜侧视图等，也可以以四至点中的一至点如夏至日的某一视角进行呈现，揭示原理，接着再呈现冬至日、春分日、秋分日进行判读。如图 9-3 所示。

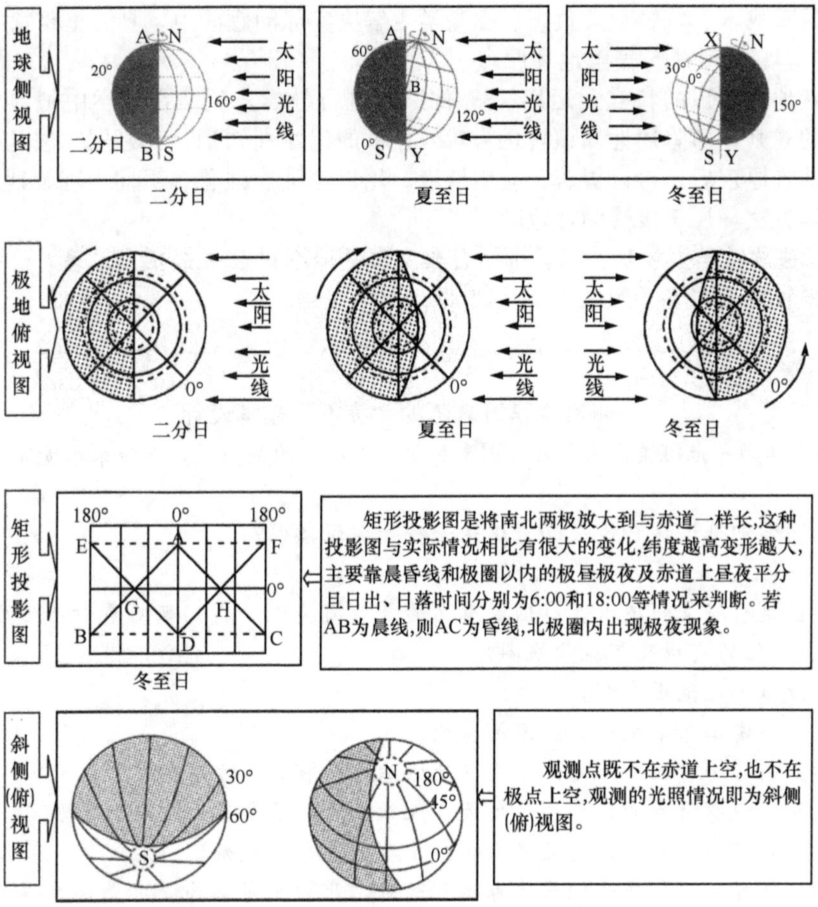

图 9-3　“日照图的判读”变式设计

随堂讨论 9-2

1. 分析案例 9-2 变式设计练习图，说明地图中所隐含的地理知识及其本质属性是什么？图像背后反映怎样的地理原理？

2. 试以气旋为例，设计“图图变式”。在自然地理教学中，你还做过哪些知识点的变式练习教学？是否对学生理解自然地理知识难点有帮助？

所谓变式，就是学习对象的非本质属性的表现形式的各种变化方式。方式上的变是围绕本质上的不变进行的。这些变化方式，有利于变更学生观察地理事物的角度或方法，以突出对象的本质特征与本质要素，从而在变式中运用灵活思维，牢固掌握地理事物的内涵和规律。在地理学习中，解释复杂地理规律、原理及地理过程时，需运用变式。心理学研究表明，在多种情境中进行练习，对于学生学会在其他情境应用规则十分重要。变式练习能使习得的地理原理性知识在新情境中产生迁移，主要可以从举例的拓展上去设计，从情景的转换上去设计，从呈现的方式上去设计。[①] 在地理教学中精心设计变式练习，对于避免大量重复练习、消除题海战术、减轻学业负担、提高学生解决实际问题能力，具有重要意义。

2）运用“规-例”法，理解地理原理

根据自然地理知识的特点，运用“规-例”法进行教学，就是在教学中把地理原理转化为支配行为的规则，即陈述性知识转化为对外办事的程序性知识。“规-例”法是由教师先行讲解或说明地理原理后，再设置若干应用情境，用以论证、强化、巩固、理解地理原理的一种演绎式教学方法，属于接受学习范畴。

“规-例”法的教学要领是：①教师结合典型事例详细讲解并概括出原理；②接着呈现符合该原理的各种应用情境。例如，“凌汛”原理教学设计。

案例 9-3

广州某中学万老师的“凌汛”教学设计

教师：出示一张河流实景图片，图上显示，在河流的某一段，河流来水受冰坝阻挡水位暴涨。

问：同学们见过这种情况吗？这是一种什么现象呢？

学生：摇头。

教师：这种现象叫凌汛。我国最有名的是黄河凌汛。我们来看看黄河发生凌汛的河段图。（流位的省域及河流曲线图）

问：凌汛河段范围在哪？

学生：下游山东省境内，上游河套段。

教师：看看为什么同一河流，有的地方结冰，有的地方不结冰？

学生甲：说明结冰的地段还是冬天，未结冰的地段是春天，春天雪融了。

学生乙：不对，同一条河流怎么会一个春天一个冬天呢！

教师：同学们说，当我们南方春暖花开时，北方黑龙江还是冰灯冰雕季节，能说我们中国一个是春季，一个是冬季吗？显然不能。那说明什么呢？

学生：因为黑龙江纬度高，我们广州纬度低。

教师：那同学们再看看这条河水流向及纬度呢？

学生：哦，原来是低纬度流向高纬度，低纬度河段河冰已融，高纬度河段还未融。水流向高纬时会受水坝阻挡，水位被抬升。

教师：那么，我们认为凌汛形成的条件是……？

学生：河水从较低纬度流向较高纬度的河段。

教师：对。长江的上游宜宾到宜昌也是由低纬度流向高纬度，发生过凌汛么？

学生：没有。因为长江很少结冰。

教师：那么，我们可以总结出河流可能发生凌汛的两个条件：一是河流有结冰期，二是河水从较低纬度流向较高纬度的河段。

教师：发生凌汛的河段一年可能发生几次？

学生：两次，一是秋末入冬，二是入春。

---

① 夏志芳．地理学习论．南宁：广西教育出版社，2001：197.

教师：说的没错。如果纬度更高的河流发生凌汛的时间可能会更早和更迟。在世界上有凌汛的河流是不少的。我们来看看下面几幅图。接着呈现若干河流，如尼罗河、辽河、叶尼塞河、松花江等，引导学生依据这一原理进行分析，看看哪些河流可能有凌汛，哪些不会有。

随堂讨论 9-3

试对“凌汛”案例的“规-例”法进行分析、评价。

2. 多种媒体支撑：全能组合与突显

从学生认知的难易程度看，表 9-1 所列举的自然地理知识的 20 个知识点，个个都是难点。自然地理教学难、学习难，是教师与学生的共同体验和实践结论。根据系统论的整体性原理、戴尔的“经验之塔”理论以及“刺激-反应”理论，寻求合适的技术媒体支撑，尤其是多种媒体优化组合，能有效解决自然地理教学“难”问题。实践表明，对于反映动态的地理过程和原理知识的教学，除使用其他媒体外，特别要突出动态和视频媒体的使用；对于相对静态的地理现象或规律，要注意突出大尺度空间的地图、景观图的运用；对于“宇宙中的地球”（必修 1）和“地球与地图”（初中），选择使用模型、动画和数字星球软件媒体等效果较好。以必修 1 自然地理为例，各部分内容媒体组合建议如表 9-2 所示。

表 9-2 自然地理基础知识（必修 1）的媒体组合与设计

知识点	媒体应用主要对应知识观测点	原理	特色或突显的媒体选择与设计
天体系统	宇宙空间看银河/太阳系/地月系	无	动画、录像、数字星球软件
地球	地球在银河系	无	动画、示意图、数字星球软件
太阳对地球影响	太阳辐射与活动影响地球环境	原理	录像
地球运动	自转/公转/地转偏向力/昼夜长短变化/四季更替	原理	模型、动画、投影
地球圈层结构	地球内部圈层/外部圈层	原理	示意图、影片
地质循环与岩石转化	地壳物质组成/地质循环/物质转化/板块构造学说	过程	示意图、动画、影片
内外力作用	内力作用/外力作用/地表形态/背向斜/火山地震	过程	景观图片、卫星影像、动画
大气受热过程	大气受热过程	原理	示意图、动画
大气环流	热力环流/大气水平运动	过程	动画、示意图
气压带风带分布、移动	气压带风带移动	规律	动画、示意图
锋面、低高气压系统	锋面/高气压/高气压系统	原理	动画、示意图
水循环	水循环	过程	示意图、动画
洋流分布及环流	洋流	规律/过程	示意图、动画
自然地理要素与环境	生物进化与环境演变/全球变暖	原理	实物图片、影片
自然环境整体性表现	不同尺度各自然地理要素相互作用	原理	实物图片、示意图
地理环境地域分异规律	自然景观的规律性分布和差异	规律	示意图、景观图
地形	地形与聚落/地形与交通	无	示意图、景观图、卫星图

续表

知识点	媒体应用主要对应知识观测点	原理	特色或突显的媒体选择与设计
全球气候变化	全球气候变化与生态系统	原理	示意图
自然资源	自然资源与农业文明/自然资源利用/自然资源与生产力布局等	无	示意图
自然灾害	自然灾害危害/梅雨（台风）	原理	示意图、实景图

3. 难点方法突破：实验法

地理教学需要地理教师具有丰富的本体性知识、条件性知识、实践性知识和素养性知识，[①] 地理教师只有具备这些知识，才能在课堂上游刃有余地剖析知识重点，自如应对动态课堂随时可能产生的生成性教学亮点，“因时制宜”、“因地制宜”选择教学方法突破教学难点。基于自然地理知识的“原理性”特点，需要在教学方法上找准切入点，讲解宏观的地理过程、规律、成因。运用多种媒体组合，进行自主学习、合作学习、探究学习；开展地理观测、地理考察、地理实验、地理调查和地理专题研究等实践活动，是自然地理学习常用的教学手段和方法。实践表明，地理实验是自然地理知识破解难点和最具特色的经典教学方法。

自然地理知识教学的实验内容涉及天文类、地质类、大气类、水文类、环保类，即紧扣地理环境的五大要素气候、地质、水文、土壤、生物。实验类型分演示实验、模拟实验、观测实验、化学演示实验、电脑模拟实验等。见表 9-3～表 9-7。

表 9-3 大气运动类地理实验

教学内容		相关实验名称	实验类型
大气圈	大气的运动	冷热不均引起的大气运动	课堂模拟实验
	东亚季风的成因	土壤与水的热容量对比	课堂演示实验
	太阳辐射与地面辐射的差异	学校所在地区气温的日变化	室外观测实验
	城市热岛效应	大型绿地的降温增湿作用	室外观测实验
	大气的保温效应	观测秋冬季节晴朗的昼夜与多云的昼夜温差	室外观测实验
	锋面气流的运动	模拟锋面气团的运动	模拟实验

表 9-4 地球运动类地理实验

教学内容		相关实验名称	实验类型
地球的运动	地球自转运动	地球自转偏向力的南北半球差异	课堂演示实验
	正午太阳高度的季节变化	正午太阳高度的季节变化	室外观测实验
	太阳高度的日变化	物体影子长度的日变化观测	室外观测实验
	太阳直射点在地球上的周年变化	利用地球仪与直射点教具演示太阳直射点的周年变化	课堂演示实验
	昼夜长短的季节变化	制作模型并演示	课堂演示实验
	太阳辐射的纬度变化规律	太阳直射与斜射的能量差异	课堂演示实验

① 夏志芳，张继红．地理课堂教学行为研究及案例．南昌：江西教育出版社，2009：29-36.

续表

教学内容		相关实验名称	实验类型
天体	彗星的形状变化与公转轨道	电脑演示彗星的公转轨道与形状变化	电脑模拟演示实验
月球的运动	月相变化、潮汐现象	月相变化的演示日食与月食的成因演示	电脑模拟演示实验
	日食与月食	日全食观测	室外实地观测实验

表 9-5　地质类地理实验

教学内容		相关实验名称	实验类型
岩石圈	地球的圈层构造	密度分离实验	演示实验
	大陆漂移学说	电脑模拟演示地质年代中大陆的漂移过程	电脑模拟演示实验
	海底扩张学说	收集岩石年龄数据验证海底扩张	推理演示实验
	板块构造学说	电脑模拟演示板块的运动	电脑模拟实验
	三类岩石的特征	辨认三类岩石及主要特征	课堂实物观测实验
	风积地貌的形成	流动性沙丘的模拟	课堂模拟实验
	喀斯特地貌的形成	实验验证石灰岩的溶蚀现象	化学演示实验
	岩石的风化作用	温差引起岩石物理风化现象	演示实验

表 9-6　水文类地理实验

教学内容	相关实验名称	实验类型
流水作用	河流的搬运作用与沉积作用	模拟演示实验
地表水的运动	不同地表组成中水的运动，可以解释黄土高原的水土流失现象	模拟水的运动（草地与裸地）
水电站对河流的调节作用	水电站对河流的调节作用	模拟试验
水循环	模拟水循环	模拟实验

表 9-7　环保类地理实验

教学内容	相关实验名称	实验类型
黄土高原的水土流失	植被与水土流失的关系	课堂模拟实验
全球变暖	模拟温室效应	模拟实验
水体污染	水体污染的量变与质变	演示实验
城市热岛效应	大型绿地的降温增湿作用	室外观测实验
大气的保温效应	观测秋冬季节晴朗的昼夜与多云的昼夜温差	室外观测实验
湿地对河流水量的调节	湿地对河流水量的调节作用	模拟实验

以“昼夜长短变化”内容为例进行实验教学设计如案例 9-4 所示。[①]

① 徐宝芳，张卫青．中学地理实验教学研究．西安：陕西师范大学出版社，2010：88-89.

案例 9-4

“昼夜长短变化”演示实验教学设计

【实验目的】

1. 学习昼夜长短的变化规律
2. 培养制作地理模型和地理观察技能
3. 培养探究与合作意识

【方案】

实验器材：硬板纸（10cm×10cm）一张、透明薄膜（15cm×15cm）一张、空心铆钉、记号笔一支。

实验步骤与方法：

1. 用彩色水笔在透明薄膜片上画出晨昏线、夜与昼，太阳直射光线箭头用红色笔加深。上盘空白部分代表白昼，阴影部分代表黑夜。

2. 下盘代表地球，下盘画在硬纸板上，画出0°纬线，南北回归线、板圈。

3. 将上盘和下盘的圆心用铆钉固定好，使上盘能在下盘上自由移动。

4. 转动上盘，使太阳直射光线对准下盘中地球的0°纬线，注意观察不同纬度的纬线上无阴影与阴影部分之比，即昼夜长短情况。如图9-4所示。

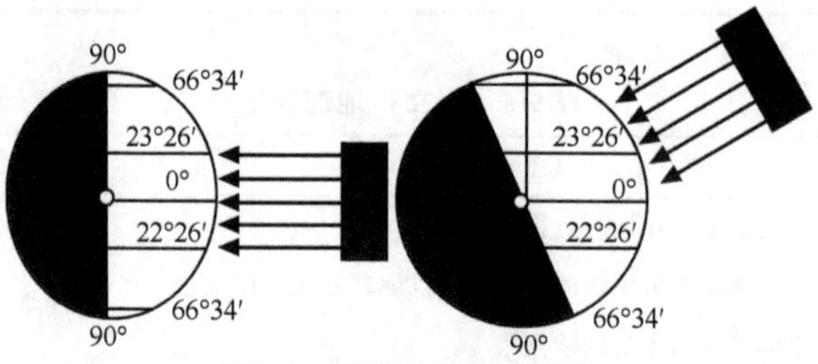

图 9-4　昼夜长短变化转盘

随堂讨论 9-4

1. 评价“昼夜长短变化”实验设计思想，对解决自然地理教学难的意义。
2. 试以某一节内容为例，谈如何进行实验教学设计。

9.2　人文地理基础知识的教学设计与案例研究

关键词　人文地理基础知识；近域-生活性；理论-应用性；地理人文素养；例-规法教学；探究式教学

9.2.1　人文地理基础知识的内容结构

人文地理是探讨各种人文现象的地理分布、扩散和变化，以及人类社会活动的地域结构的形成和发展规律的一门学科，是地理学的一个主要分支学科，具有社会科学属性。高中地理必修 2 偏重人文地理基础知识，主要说明人类活动对地理环境的影响，以及如何协调好人地关系。学生学习和掌握人文地理的思想和方法，特别是要正确认识人地关系，应该有自然地理基础知识必修 1 的先期学习作基础，同时，学习人文地理知识，还是学习必修 3 区域地理关于人地关系的学习和地理信息技术学习的基础。可见，必修 2 人文地理基础知识的学习在三个模块中起着承前启后的作用。高中地理的 7 个选修模块中，“旅游地理”、“城乡规划”、“环境保护”与人文地理有密切关系，但不一定是基础与提高的关系，因为选修模块也可以在必修模块之前开设，因此两者是互为基础的关系，这也是新课程设计的重要思想。

从地理科学体系上看，人文地理涉及的内容广泛，包括经济、人口、聚落、旅游、政治、社会、文化和行为等方面。高中有限的课时不可能囊括全部，择其要而选四个主题：人口问题、聚落中的城市、生产活动与地域联系、人地关系和可持续发展理论，四个主题综合为三部分内容来学习：人口与城市、生产活动与地域联系、人类与地理环境的协调发展，如图 9-5 所示。

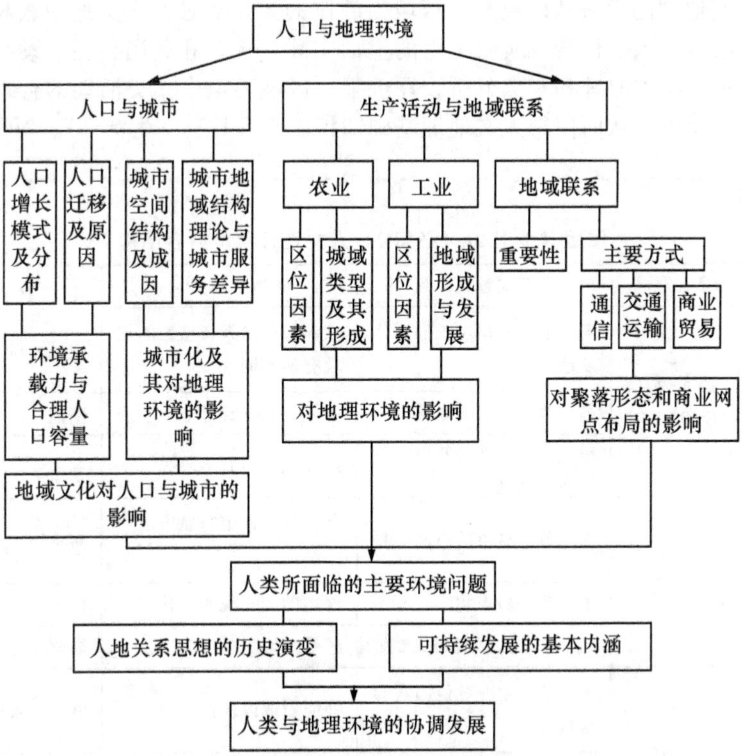

图 9-5　必修模块“地理 2”内容结构

从内容结构所反映的知识联系看，这些主题内在联系紧密，其中，人口问题是人文地理学习内容的核心，如城市的发展与人口增长、人口迁移与人类居住地形态等都有直接关系；人类的生产活动与地域联系普遍，无论是工业、农业、商业、通信还是交通，也与人类居住地有关，特别与城市发展有关；城市化进程对农业地域布局的影响，工业布局与城市区位之间的关系，城市内部的商业网点与交通布局之间的关系等，都同“人口与城市”有密切的联系。而主题“人地关系与可持续发展”的基本思想，是贯穿“人口与城市”、“生产活动与地域联系”的主线，同时也是这两部分内容的学习总结。总之一句话，“人类活动对地理环境的影响，人文地理环境的形成和特点”构成经典的人文地理内容。

9.2.2 人文地理基础知识的内容特点

1. 近域-生活性

人文地理课程的知识结构始终围绕满足学生“了解人类活动对地理环境的影响，理解人文地理环境的形成和主要特点，认识可持续发展的意义及主要途径”的教学目标。自然地理的人地观以“地对人”的主导思想展现“宽尺度、大格局”的地域结构及时空组合的宽广性和地理环境的客体性，给人的感知具有远距性、非参与性、非把控性、非“亲水性”，与人类对地理环境的认识是“你-我”的被动关系不同，人文地理的人地关系主要是“人对地”的影响占主导地位，人在利用自然、改造自然过程中充分发挥着能动作用，表现出人类对地理环境的认识是“我-他”的主动关系，从心理上缩短了人（学生）对抽象的人文地理原理认识的距离，在心灵、情感上对人文地理空间产生“近域性”、“可控性”和“亲水性”。

事实上，人文地理的学习和研究是以区域为载体的。在必修2人文地理教材排编中，特别注重密切联系和结合重大的社会现实或学生的生活实际，选取和利用典型活动、鲜活生动的案例，运用人文地理的基本原理和观点分析、评价某一区域环境中人类活动的合理性或对人类的不合理性活动进行反思，从而使得人文地理基础知识的内容具有“生活性”、“可参与性”。

案例 9-5

中图版《地理 2》（必修 2）人文地理教材内容结构

章	每章课题	各节次教学内容	各节探索活动	各节案例研究
第一章 人口的增长、迁移与合理容量	调查家族人口的增长和迁移	第一节　人口增长的模式及地区分布	欧洲与中国人口增长的比较有何不同	中国人口的变化模式
		第二节　人口的迁移	世界人口的迁移	德国移民
		第三节　环境承载力与合理人口容量	地球承载力有极限吗	中国人口究竟多少才合适
第二章 城市的空间结构与城市化	读地图和照片研究城市变化	第一节　城市的空间结构	用自然因素解释城市的空间结构	南京城市规模与用地结构
		第二节　城市化	深圳的变化说明了什么	中国城市郊区化
		第三节　地域文化与城市发展	感受地域文化	徽州文化
第三章 生产活动与地域联系	分析生产活动对地域的影响	第一节　农业区位因素与地域类型	杜能农业区位论	欧洲的农业模式
		第二节　工业区位	为什么中关村成为科技园区的首选	高新技术产业区的区位选择
		第三节　地域联系	牛仔裤的“生命过程”	石家庄的变化
第四章 人类与地理环境的协调发展	关注你身边的环境问题	第一节　人类面临的主要环境问题	地球的委屈、不幸与悲哀	中国土地沙漠化问题
		第二节　人地关系思想的历史演变	世界环境主题日	不同做法不同的结果
		第三节　通向可持续发展的道路	乐在其中	中国可持续发展10年道路

随堂讨论 9-5

参照案例 9-5，对人教版、湘教版和鲁教版必修 2 的教科书进行内容分析，说明它们的“生活性”、“参与性”的主要表现。

案例 9-5 表明，从必修 2 教材排编的各节次教学内容上看，主要是阐述人文地理理论与原理，这些理论与原理的阐述并未置于区域背景下，但我们知道，“人文地理是从区域的角度研究社会现象的”，因此，教材在安排原理教学的同时，力求原理的通俗易懂和应用性，特地安排了与学生生活实际紧密联系的“身边的地理”和区域的地理（见案例 9-5 表中加着重点的字词）。如每章开篇都以课题栏目出现，每个课题学生都可以结合自身经历经验亲自参与，这些活动所要反映的人文地理原理又正是本章学习目标；又如，为了理解教学内容中的地理原理，教材专门编排了“各节探究活动”和“各节案例研究”栏目，这两个栏目都以大小不同的区域尺度进一步分析和说明地理原理，评价人类活动的合理性，并作出决策，这些区域尺度既可以是他域的，也可以结合学生身边的区域举一反三，从而体现人文地理基础知识学习的“近域-生活性”、参与性与可控性。

2. 理论-应用性

人文地理的四个主题人口问题、聚落中的城市、生产活动与地域联系、人地关系和可持续发展等知识的学习，都有完善的人文地理理论作基础的，如环境承载力与人口合理容量理论、人口迁移动因理论、城市空间结构理论、中心地理论、农业区位论、工业区位论、可持续发展理论等。人类活动在地理环境上产生的人文现象都隐含在这些理论和原理之中。掌握地人文地理理知识和技能，运用所学原理分析地理事物特点、成因、规律，是体现地理学“学以致用”思想，培养学生地理能力的重要目标。在人文地理基础知识的教材编排中，每一章节都以不同形式要求学生进行各知识点的学习应用。下面以人教版《地理 2》为例。

案例 9-6

《普通高中地理课程标准实验教科书地理Ⅰ必修》（人教版）教学内容的“理论-应用性”

章	各节次教学内容	理　论	应用	
			活动	读图表思考
第一章人口的变化	第一节 人口的数量变化	人口增长理论	1. 给出数据，计算人口数量 2. 分析芬兰人口增长模式转变原因	比较地区人口增长差异并分析原因
	第二节 人口的空间变化	人口迁移动因理论	1. 家庭成员历史上的迁移及原因 2. 分析美国或我国的人口迁移的影响因素	我国人口迁移流向变化
	第三节 人口的合理容量	环境承载力与人口合理容量理论	据资料分析我国人口政策的合理性	木桶效应揭示的原理
	问题研究	以上理论综合	如何看待农民工现象	资料分析

续表

章	各节次教学内容	理论	应用	
			活动	读图表思考
第二章 城市与城市化	第一节 城市内部空间结构	城市空间结构理论	1. 分析香港功能区及特点 2. 分析自己城市功能区分布特点 3. 评价我国北方某城市的居住区和工业布局方案	分析曼哈顿建筑的土地利用效率
	第二节 不同等级城市的服务功能	中心地理论	分析本省或某一区域不同等级城镇服务的差异	德国南部的城市体系分析
	第三节 城市化	城市化原理	1. 结合城市化进程图和英国城市化进程资料，概括城市化特点 2. 结合自身体验，谈城市化给环境带来的压力	读图分析发达国家和发展中国家城市化差异
	问题研究	以上理论综合	从市中心到郊区，你选择住在哪里	资料分析
第三章 农业地域的形成和发展	第一节 农业的区位选择	农业区位论	1. 分析水稻生长的区位因素 2. 分析江西千烟洲的立体农业布局模式 3. 以家乡为例，分析农业区位因素变化 4. 分析澳大利亚混合农业特点及形成原因	
	第二节 以种植业为主的农业地域类型	农业区位论	解释我国南方水稻区形成原因	
	第三节 以畜牧业为主的农业地域类型	农业区位论	分析西欧乳牧业原因	
	问题研究	农业区位论	家乡的农业园区会是什么样	资料分析
第四章 工业地域形成和发展	第一节 工业的区位因素与区位选择	工业区位论	分析鞍钢和宝钢的区位因素	
	第二节 工业地域的形成	工业区位论	惠州音响零件供应厂家地域分布规律	
	第三节 传统工业区与新工业区	工业区位论产业集群理论	1. 温州乡镇企业布局及问题 2. 美国“硅谷”区位因素特点 3. 北京中关村优势及问题	
	问题研究	工业区位论	煤城焦作出路何在	资料分析
第五章 交通运输布局及影响	第一节 交通运输方式和布局	区位论	选择你熟悉的交通运输方式，分析它们布局的影响因素	举例说明如何运用交通运输方式
	第二节 交通运输布局变化的影响	区位论	1. 交通运用布局对商业网点分布的影响 2. 联系你所生活地区，分析商业场所形成的区位条件	
	问题研究	区位论	北京的自行车是多了还是少了	资料分析

续表

章	各节次教学内容	理　论	应用	
			活动	读图表思考
第六章 人类与地理环境的协调发展	第一节　人地关系思想的演变	可持续发展理论	1. 你所生活的乡村或城市的生产活动对环境产生哪些影响 2. 谈谈自己对可持续发展的理解	1. 举例说明耕地面积扩大的影响并评价 2. 列举发达国家与发展中国家的主要环境问题，分析差异
	第二节　中国的可持续发展实践	可持续发展理论	1. 举例说明为何我国要走可持续发展之路 2. 你在日常生活中打算采取哪些有益于可持续发展的行动	
	问题研究	可持续发展理论	绿色食品知多少	资料分析

随堂讨论 9-6

参考案例 9-6，对《普通高中地理课程标准实验教科书　地理Ⅱ　必修》（湖南教育出版社）的内容进行“理论-应用性”列表归纳，并说明其价值。

案例 9-6 表明，教学内容是在阐述一个地理理论之后，往往紧接着会要求学生开展“活动”或“读图表思考”，运用理论和原理分析、揭示身边或他域的人文地理现象。特别在每章最后安排了“问题研究”栏目，更是对前述理论的综合应用，较好地实现理论与实践应用的对接，体现地理学的“学以致用”思想。

3. 提升地理人文素养

地理人文素养主要包括人文地理知识和地理学科中的人文精神两个部分。[①] 人文地理知识主要包括人口、聚落、文化、宗教、经济、旅游、人地关系等相关内容。高中地理必修 2 选取了其中的人口、聚落、文化、经济、人地关系等经典的人文地理知识，这些知识的学习一方面积累学生必备的观察世界、分析人文地理事项的基础知识存量，另一方面掌握应用这些知识探讨人类活动在对地理环境影响中产生的问题和解决的方法。其根本目的在于提升学生运用人文地理技能的素养、获取人文地理信息的素养、探索人文地理问题的素养、关爱乡土的素养、学会学习与合作的素养。当这些素养内化为学生的比较稳定的心理品格时，学生就具备了地理人文综合素养，这是当代教育发展的时代追求，更是高中人文地理基础知识教学目标。

地理科学中的人文精神是指有关“人对自然的基本态度”方面的内容。高中地理必修 2 人文地理的四个主题紧密联系人口、资源、环境问题，以人地关系为主线，围绕和引导学生形成“人地协调发展”观念和相应的态度与行为来作为全书指导思想和价值追

① 袁孝亭，王向东．中学地理素养教育．北京：高等教育出版社，2005：19.

求。例如，通过环境承载力与人口合理容量内容的教学，帮助学生树立“只有一个地球”的意识。由于科技发展、人口爆炸、环境的限制性，地球正日益“变小”，我们要珍爱地球，人口要合理增长；要帮助学生认识实行计划生育、控制人口增长、提高人口素质，是我们应担负的责任，形成“人口道德”意识；通过生产活动与地域联系内容教学，帮助学生形成“尊重自然、人与自然和谐共处”的意识，懂得人属于自然的一部分，人类在进行生产活动和自然改造过程中，必须尊重自然，人与自然和谐共处是我们应当遵守的行为准则；通过人地关系和可持续发展内容的教学，帮助学生认识到任何有意或无意的污染和破坏环境的行为都是不道德的，保护环境是人类持续生存与发展的重要保障，帮助学生形成“环境道德”意识；要帮助学生懂得资源是有限的，注意节约和开展综合利用，加强抚育和保护是当代公民对后代幸福应承担的责任和义务，形成“资源道德”意识。

9.2.3 人文地理基础知识的教学设计思想及案例研究

1. 教学资源开发：立足数据、资料

人文地理现象不像自然地理现象具有那么明显的地带性特征和规律，其规律不具有普适性，[①] 形成人文地理现象的原因也不是具有普遍规律的因果关系能解释清楚的，人文地理现象较自然地理现象往往更易变化，且频率快得多。这是因为人文地理现象表现出的特征易受区域的、时间的、社会的、经济的、文化的、技术的及各种自然因素的综合影响，其区域性、地方性、时间性更加突出。因此，人文地理的教学要把握人文地理特征与某一区域地理环境之间的关系，立足区域、地方、时间进行教学设计，以解读人文现象隐含的人文地理理论与原理。教学实践表明，通过区域的数据、资料及图表来分析、论证、验证人文地理原理或总结人文地理特征，是最有效的学习人文地理基础知识的方法。这些数据信息丰富、类型多样，如世界和我国的环境污染数据、人口数据、粮食状况数据等。以“人口增长模式”为例，进行如下教学设计。[②]

案例 9-7

“人口增长模式”教学设计片段

（讲解引导）（大屏幕展示）1999 年 10 月 12 日是世界 60 亿人口日，2008 年 6 月世界人口已经达到 66.18 亿，2008 年 2 月 16 日中国人口已达 13.22 亿，目前全世界每年净增人口 7700 万，预计到 2030 年全球人口将超过 80 亿。

板书一：人口增长

1. 人口增长历程（板书）

（活动探究一）（大屏幕展示）“历史上的人口增长”图（课本 P_2 图 1-1）。

（师）请大家注意横轴和纵轴的含义，并对照课本相关内容思考下列问题：①世界人口的变化经历了哪几个阶段？呈现了什么样的增长趋势？什么时候增长最快？②历史上世界人口的增长有什么特点？

---

① 何妮妮．从初中地理教学的角度学习认识人文地理．课程·教材·教法，2010，(5)：94.

② 刘绍春，李岳樵．“人口增长模式”教学设计（湘教版）．地理教育，2010，(1-2)：40-41.

（生）①经历了旧石器时代、新石器时代、铜器时代、铁器时代、中世纪和现代六个阶段。整体呈现上升趋势，现代阶段人口增长最快。②人口增长速度不均匀，有的时期增长很慢，有的时期增长很快。

（大屏幕播放视频）中国的人口增长。

（师）下面请大家观看中国的人口增长视频资料，注意片中提及的数据及一些地理词汇，同时思考下面三个问题：①新中国成立后到20世纪90年代中国人口增长的趋势如何？②通常用什么来衡量人口增长的快慢？③什么是人口自然增长率？

（生）①人口增长越来越多，但是人口增长速度有所放慢。②人口自然增长率的高低。③人口自然增长率是指一定时期内人口出生率与死亡率相减的得数。

2. 衡量指标：自然增长率＝出生率－死亡率（板书）

（师）人口自然增长率、出生率、死亡率一般都用百分比来表示。这里的一定时期内一般指一年，出生率是指一年内一定地区出生人口与总人口之比。死亡率是指一年内一定地区死亡人口与总人口之比。

（练一练）教材 P_2“活动”，计算后学生回答问题如下。

（生）①埃及的人口自然增长率为1.85%，日本的为0.12%。②埃及的人口增长速度快一些。③2000年，埃及自然增长的人口为118.36万，日本为15.22万，埃及自然增长的人口多一些。

（活动探究二）(1) 根据爷辈、父辈以及“我”三代人的亲兄妹，尝试画出你家三代的简易家谱。

(2) 讨论：从“家谱”中反映出我国20世纪人口出生率和死亡率有什么样的特点？产生的原因有哪些？

（屏幕展示漫画）结合教材 P_3“活动”，让学生阅读、思考、讨论后回答下列问题。

(1) 想一想，为什么发达国家人口自然增长率低，发展中国家人口自然增长率高？

(2) 一定区域人口自然增长速度的快慢，究竟受到哪些因素的影响？起决定性的因素又是什么？

……

（过渡）回顾人口增长的历史过程可以看出，不同时期生产力发展水平的差异，形成不同时期的人口增长模式。人口增长模式，又称为人口转变模式，它反映了不同国家和地区的人口出生率、死亡率和自然增长率随社会经济条件的变化而变化的规律。通过对近代世界人口问题的研究，人口学家总结出三种人口增长模式：“高-高-低”模式、“高-低-高”模式、“低-低-低”模式。

板书二：人口增长模式

（活动探究三）（大屏幕展示）

芬兰1785～1976年人口增长状况

人口阶段	出生率/%	死亡率/%	自然增长率/%
第一阶段（1785～1790年）	3.8	3.2	0.6
第二阶段（1910～1915年）	2.9	1.7	1.2
第三阶段（1970～1976年）	1.3	1.0	0.3

(1) 根据表中所给资料，尝试绘制一幅芬兰人口增长状况的柱状图（教师适当点拨柱状图的绘法）。

(2) 根据你所作的简图，试判断芬兰不同阶段人口增长模式的类型，并分析其根本原因。

(3) 分析“高-低-高”和“低-低-低”两类模式人口增长状况的差异，由此会产生哪些问题？我们该如何去解决？

（讨论）将全班同学分成三组，阅读教材（含“阅读”、“活动”）分别讨论三种人口增长模式的主要特征、社会发展阶段、原因及地区分布等，并完成表格。学生讨论后，教师对各组代表进行提问，引导学生积极参与，鼓励回答，若有答错的地方，可再进行讨论或及时给予纠正，最后教师作总结概括。

（大屏幕展示）“人口增长模式比较”表格（表格内容按教学次序，逐个显示）。

案例 9-7 教学设计的中主要特点是教师通过引导学生阅读人口数据图表、展示人口资料、计算人口等，在分析大量人口数据资料的基础上提炼出“人口增长模式”特点，这种参与式的内化学习方式，对学生达成“三维目标”具有重要作用。

随堂讨论 9-7

对案例 9-7 的教学价值进行评价，并以“人口环境容量”内容教学为例，以“立足数据、资料”的教学理念为取向，设计教学过程。

2. 核心策略设计：“例-规”法

人文地理知识内容及原理因反映人类利用自然、改造自然的结果中，紧密联系社会经济，接近学生生活，学生可“近域”地去参与、调查、观察、体验人文地理现象，通过教师的循循善诱，由学生自主运用分析、比较、假设、论证、判断、推理等思维方式，揭示出人文现象背后隐蔽的本质属性。教学经验表明，采用“例-规”教学法，不仅适合人文地理知识特点，而且有利于促进学生思维发展，建立人文地理基础知识的结构体系。

“例-规”法也是程序性知识教学策略中的一种，与“规-例”法合为地理规则的学习策略。“例-规”法是一种归纳式教学法，指在教学过程中先呈现一系列体现地理规则的例证，然后引导学生从这些例证中推理、概括出一般结论的方法。它属于发现学习或研究性学习的范畴。其一般程序是：[①] ①教师呈现体现地理规则的例证；②引导学生观察、分析例证中有关地理事物特征，找出一般关系，发现和概括出规则；③设置新的应用情境，让学生运用掌握的规则去判断，解决相关地理问题。例如，“城市化”教学设计片段。[②]

---

① 黄莉敏．地理新课程教学设计的理论研究与实践．武汉：华中师范大学硕士学位论文，2007：40.

② 根据李德军和郑晓军的教学设计修改。李德军，郑晓军．“城市化”教学设计．中学地理教学参考，2005，(3)：40-41.

案例 9-8

“城市化”教学设计片段

一、城市化含义及主要标志

教师：改革开放以来，我国的社会生产力取得巨大进步。尤其是在东部沿海地区，随着产业结构调整和工业化进程加快，一方面，大批乡村人口涌入城镇，使得原有城镇规模不断扩大；另一方面通过县改市、乡改镇的途径，新设一大批市镇。

材料：《深圳的崛起》影视片断。

结合材料，引导学生思考：

(1) 深圳的发展，体现了城市化进程，结合“材料一”，分析城市化的含义。

(2) 城市化使一个国家和地区的人口、用地发生哪些变化？总结城市化的两个最主要标志。

二、城市化与经济发展关系

教师：展示下面图表

国家	1970 年		1992 年	
	城市人口占总人口比例/%	人均 GDP/美元	城市人口占总人口比例/%	人均 GDP/美元
埃塞俄比亚	9	69	13	114
韩国	41	282	74	6 777
英国	89	1 912	89	15 625
美国	74	4 861	76	23 180
日本	71	1 946	77	29 486

教师：哪一指标表示城市化水平？其公式是怎样的？城市化水平高低衡量的最主要标志？

学生：通过讨论得出答案。

教师：读表中城市人口比重与人均 GDP 的关系，思考城市化水平与经济发展水平的关系。

学生：积极的城市化，其城市化水平与经济发展应成正相关。

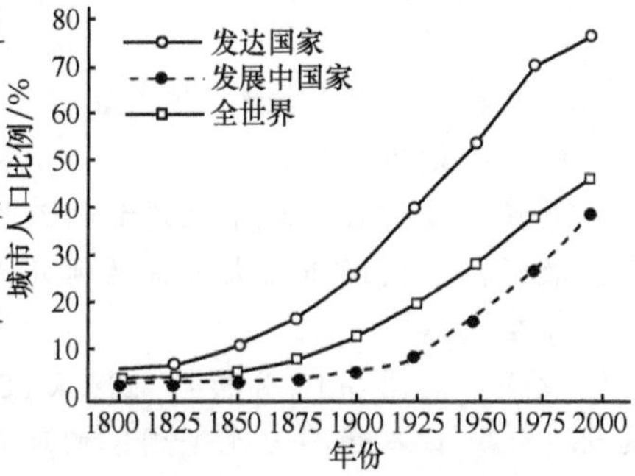

图 9-6　世界城市化进程图

三、世界城市化进程

教师：展示图 9-6

教师：请同学们读“世界城市化进程”图，结合教材分析：世界城市化进程大致分为几个阶段。

学生：发展阶段：几千年前 $\xrightarrow{\text{缓慢发展}}$ 18 世纪中叶 $\xrightarrow{\text{加速发展}}$ 二战结束 $\xrightarrow{\text{空前发展}}$ 现在

教师：请同学们自己来分析各阶段特点及成因。

学生在教师引导下，回答并总结各阶段分析。

(1) 产业革命之前低水平缓慢发展，原因：生产力水平低。

(2) 产业革命后加速发展，原因：产业革命后，生产力发展迅速。

(3) 二战结束后城市空前发展。原因：二战之后，世界进入和平发展时期，生产力迅猛发展。

教师：那我们可以总结出是什么因素影响了城市化的发展？

学生：生产力发展。

教师：那么，发展中国家和发达国家在城市化进程上有没有差异呢？我们来读教材表格和图 9-7 进行分析。

教师提示学生，从城市化时间、城市化水平差异、城市化速度差异、各国城市化未来发展趋势等四个方面进行比较。

学生总结发展中国家与发达国家城市化特点。教师评价与修正。

教师：从世界各国城市化进程看（图 9-8），城市化随时间的变化可表示为一条稍被拉平的“S”形曲线，尽管世界各国城市化水平高低不一，但都处于城市化过程中的某一阶段上。

教师：发达国家出现逆城市化现象，讨论分析原因。

学生：交通拥挤、住房紧张、环境恶化等问题，城市向郊区城市化发展。

教师：发展中国家在城市化过程中存在什么问题？举出案例让学生分析总结。

学生：人口增长过快、农村劳动力过剩等，大量人口涌向城市，与经济发展水平不适应，这是一种假城市化。

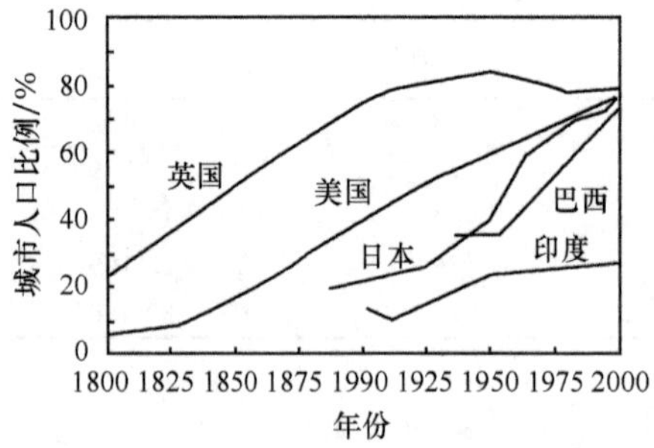

图 9-7 五国城市化进程图

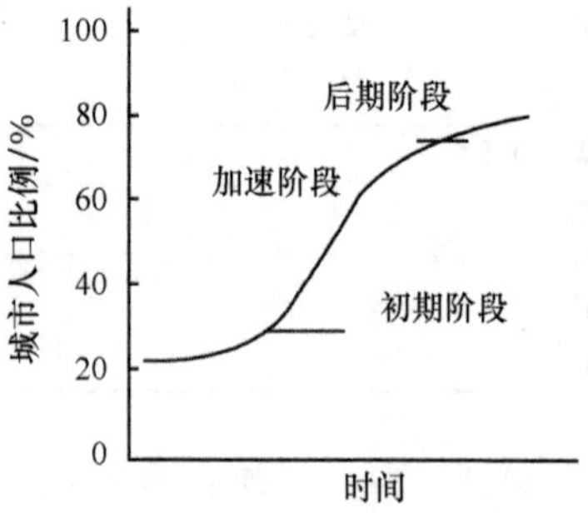

图 9-8 城市化进程阶段图

四、知识运用检测

教师：读“我国城市化进程曲线图”（图 9-9）。

教师：我国城市化大致分为哪几个阶段，试析原因。

学生：略

教师：读图 9-10 分析：(1) 从 20 世纪 50 年代开始，这五个国家的城市人口有何变化？(2) 日本和其他几个国家的城市有何相同和不同之处？

学生：略

图 9-9 我国城市化进程图

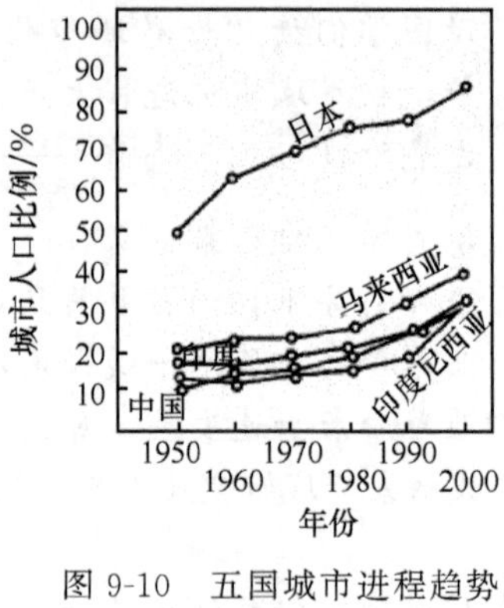

图 9-10 五国城市进程趋势图

案例 9-8 的教学设计是通过材料一、材料二，引导学生总结出城市化的含义和两个最主要标志；通过五个国家 1970 年和 1992 年的数据，引导学生自己得出城市化与经济发展的关系；通过引导学生对城市化进程图分析，得出城市化发展的影响因素；通过图表和暗示，让学生总结出发展中国家和发达国家城市化特点差异及分析其原因；最后，又通过案例，让学生运用刚学的城市化原理分析应用。该教学设计选取城市化非常突出的深圳为典型材料导入，通过呈现案例和资料，引导学生独立思考，逐步对案例、图表、资料中的信息进行分析，总结出城市化相关概念和原理。

随堂讨论 9-8

1. 上述“城市化”教学设计案例对你有什么启示？
2. 你认为“例-规”法应成为人文地理的解决程序性知识教学的主导方法吗？试辨析。

3. 决策教学方法：着眼乡土，凸显调查探究

人文地理教学中，许多教师认为人文地理知识浅显易懂，“没什么好讲的”、“易学不易教”，“重自然轻人文”现象严重，不少教师采用读书本、画重点、背“条条”的方法教学，导致课堂沉闷，学生倦怠。如何能将人文地理课上得“有滋味并有用”，而不是远离学生生活的枯燥乏味的画重点、背“条条”，成为人文地理“难教”的地方。[①] 根据人文地理知识的“理论-应用性”、“近域-生活性”特点，基于乡土，运用决策教学方法，不仅有益于充分挖掘乡土教学资源，而且有利于培养学生运用人文地理原理解决地理问题的能力。

“乡土”是一个相对概念，对于定居国外的人来说，祖国是他的乡土；对于省外工作的人来说，其出生的省域是他的乡土；对于在高中读书的学生来说，市（行政地区级）、县是他的乡土。因此，本书的“乡土”是一个感性的区域，是学生的“视线区域”至市、县级区域。“乡土”是乡土地理的研究对象，[②] 是学生结合已有生活经验经历和视觉进行理论联系实践，融会理论应用理论的用武之地。高中地理课程标准在“教科书编写建议”中也提出应“选择联系学生实际，反映时代特征的素材”、“合理开发校外地理课程资源”，强调了乡土教学资源的应用价值。从“乡土”着手，运用决策教学方法，凸显探究，进行人文地理知识教学，可以充分感受科学家的研究过程与思维，领悟地理原理，激发学生学习兴趣，抑制课堂倦怠现象。

分析表明，高中地理必修 2 的人口问题、聚落中的城市、生产活动与地域联系、人地关系和可持续发展等四大主题的每一个知识点，都可打开学生的乡土情结，融入学生的生活经历。乡土探究主题设计如表 9-8 所示。

表 9-8　基于乡土的人文地理决策教学探究主题设计

主题	知识点	乡土地理探究主题设计
人口问题	人口增长模式	搜集学校所在市（县）域改革开放近 30 年来人口性别、数量资料，分析各时期人口增长模式
	人口空间变化	1. 你的祖籍在哪里？调查家族人口的增长和迁移。 2. 调查近 5 年本县市人口迁出情况，主要迁移方向、性别、学历等，分析原因和对迁出地的影响

① 林培英．探讨“决策”教学．课程·教材·教法，2010，(6)：58.

② 王静爱．乡土地理教学研究．北京：北京师范大学出版社，2001：2.

续表

主题	知识点	乡土地理探究主题设计
人口问题	人口合理容量	调查本村土地面积和自家农田面积，计算家庭平均面积，并探讨本村面积上人口合理容量和家庭合理人口量
聚落中的城市	城市内部空间	1. 调查学校所在城市的形成和发展史，分析与自然、经济地理区位有哪些关系。 2. 分析你所在城市用地图，看有哪些用地类型，分布特征是什么。你们学校所在地属哪种类型。 3. 考察你学校所在城市的郊区，分析其功能。 4. 调查家人或邻居一般去哪些商店购买哪些生活用品，进行分类统计，找出其中规律。 5. 调查住所附近的商店类型和数目及周围比较大的商业点类型、数据和离住所距离，进行统计分析。发现什么现象
	不同等级城市服务功能	1. 分析本市县不同等级城镇服务的功能和差异，并解释。 2. 分析本市县城镇等级的服务范围、空间分布关系
	城市化过程和特点	搜集数据分析本市县城市化过程与特点
	城市化过程对地理环境的影响	1. 结合你的生活体验，说说所在城市盲目开发会给你周围的地理环境带来怎样的压力，提出缓解措施。 2. 从市中心至郊区，你选择住在哪里，说明理由
生产活动与地域联系	农业的区位选择	1. 以你的家乡或学校周围农村为例，说明农业区位因素的变化，以及一个因素变化引起其他因素变化。 2. 解释你所在家乡某一农产品区形成的原因。 3. 分析家乡特色农业区形成的原因
	工业的区位因素与区位选择	1. 家乡的工业区位条件调查。 2. 调查学校附近的一家工厂，了解这家工厂的原料（或零部件）来源和产品的市场。分析这家工厂与哪些地区或部门存在商贸联系。 3. 调查家乡某一工厂历史，考察其地理位置，它们的选址优势和弊端，给出分析报告
	工业地域的形成	1. 家乡有什么产业集群，各生产零件供应商厂家地域分布有什么规律。 2. 考察家乡经济技术开发区区位，分析其形成的机理
	交通运输及布局	1. 结合本地人口分布、主要功能分区、区域未来发展等资料，为本地区设计更为合理的交通线路和站点布局。 2. 分析学校所在城市交通状况，有哪些货物类别和数量运入和运出，还可发展哪些交通方式来推动经济。 3. 选择你所在乡土熟悉的交通方式，分析影响它们布局的因素有哪些？哪个因素起主导作用。 4. 考察学校所在城市商业网点布局，试分析布局的合理性
人类活动与可持续发展理论	人地关系思想演变	1. 你的家乡是扩大还是减少了耕地面积，为什么？试分析带来的积极和消极影响。 2. 调查家乡的工业生产，是否存在环境污染问题，对人们的生产生活造成什么样恶劣后果
	可持续发展实践	1. 人们吃了有农药残留的食物会产生什么后果，应如何治理污染。 2. 对当地食品市场情况作调查并初步分析。 3. 若学校附近有绿地被投资商看中，想开发成工厂区以加工本地的矿产资源，你认为是否合理，你的态度和行动是什么。 4. 从可持续发展理念出发，你认为家乡建设如何采取措施，请向政府建言献策

注：部分探究题设计参考湘教版、人教版教材改编。

我们以“城市空间结构”为例进行探究教学设计，[①] 如案例9-9所示。

案例9-9

“城市空间结构”探究教学实录

“城市空间结构”一课的内容标准是“运用实例，分析城市的空间结构，解释其形成原因。”鲁教版、人教版教材都是以“北京城市功能区”为实例进行分析，中图版选取了“南京的用地规模与结构”，湘教版则没有实例。扬州使用教材为鲁教版，徐飞老师并未以“北京城市功能区”为实例，而是结合学生所熟悉的扬州乡土资源进行了生动而有成效的教学。

【教学现场】

课前，老师布置学生对扬州三处知名商场的房租进行调查。

探究活动1：分析城市空间结构中的主要功能区。

教师登录互联网，进入“Google Earth”中的“扬州市区”提问：观看卫星图像，找一找扬州城市的用地有哪些方式？

学生兴趣盎然，不断有新的“发现”。例如，文昌阁附近商场、银行林立，是商业用地；许多同学找到了自己的家，海德公园、京华城、四季阁、东方百合园等大型住宅区备受关注；扬大附中、扬州中学、扬州大学、扬大附小紧邻，应该属文化用地；瘦西湖—平山堂一带绿树成荫，是旅游用地；市区南部开发区、西北部的江阳工业园布满工厂；长江沿岸有许多港口设施，等等。

教师小结：同一种土地利用方式对用地空间和位置需求往往是相同的，这就会导致同一类活动在城市空间上的集聚。在城市内部，不同类型的土地利用在城市里的集中，就形成了不同的功能区。

教师又登录了“扬州市规划局”网站（www.yzghj.gov.cn）找出“扬州市城市总体规划用地现状图”并提问：扬州主要有哪些土地利用方式？有哪几种功能区？

生答：商业用地、住宅用地、工业用地、交通用地、休憩用地和政府机关用地等形式。从功能看，可分为商业区、住宅区、工业区、文化区、旅游区等。

教师小结：每一座城市都有自己特有的空间结构，一般地说，商业区、工业区、住宅区是城市最基本的功能区。

探究活动2：分析城市三大功能区的分布特点。

教师引导：我们继续分析扬州的卫星图像与“扬州城市总体规划用地现状图”，大家结合自己的生活印象，说说家乡的商业区、住宅区与工业区呈现什么样的分布规律？

生1：扬州的商业区在市中心由来已久，这个区域的标志是文昌阁，所以称文昌商业圈。

生2：文昌商业圈是老商业区，现在京华城已经形成一个新兴商业区，它位于西区新城的主干道交汇处。

生3：扬州东北部是老重工业区，发电厂、水泥厂、钢铁厂占地很多，属大气污染严重企业，布局在东北部，对城区污染小。

---

① 朱雪梅，陈茜．高中地理课堂教学中乡土化特色功能实现——以“城市空间结构”为课例．中学地理教学参考，2009，(3)：7-10．(此案例根据这篇文章改编设计)

生 4：扬州南部沿运河分布的主要是化工企业，其布局符合沿河流下游方向的原则。

生 5：开发区工业园、广陵产业园、江阳工业园都是政府规划建设的新工业区。这些工业区都位于城市外围，靠近高速公路与火车站，开发区工业园还靠近长江，有河运优势。

生 6：扬州的住宅区遍地开花，我认为其面积占了全市用地一半以上。大致位于商业区与工业区之间吧。

生 7：扬州不同住宅区环境有明显差异。别墅区靠近旅游胜地，风景优美，附近没有工厂，是高级住宅区；城市南部的农药厂、制药厂附近的房价很低，是低级住宅区。

……

在教师引导下，学生进行归纳小结。并要求学生完成了“城市主要功能区的比较表”（表 9-9、表 9-10）。

表 9-9　城市主要功能区的比较

城市功能区	形态	主要特征	分布特点
商业区	团状或带状	城市的核心区，地价高，占地面积小，土地利用集约	交通便捷的市中心和街道两侧
住宅区	片状或面状	城市最基本功能区，占地面积最广，高、低级住宅区有分化现象	一般分布在商业区与工业区之间
工业区	片状或带状	不断向市区外缘移动，趋向于沿交通干线分布	城市外围，并沿主要交通干线分布

表 9-10　学生调查结果

商场名称	距文昌阁距离/m	年租金/（元/m^2）
金鹰国际购物中心	约 30	约 45 000
银河电子城	约 1 500	约 10 000
大润发超市	约 3 000	约 6 000

探究活动 3：分析影响城市空间结构的形成原因

教师引导：本节课学习重点是探究城市空间结构的形成原因。大家还是从咱们家乡的实际情况进行分析，想一想影响城市功能分区的最重要因素是什么？

教师展示“扬州东西向主干道分布简图（图 9-11）”，标注了让学生调查的几所商场，并请相关学生公布调查结果（图 9-12），然后组织学生讨论。

学生小结：经济因素是城市功能区分化的最重要原因，离文昌中心越近，房价越高，商业用地就越多。另外，商品房用地的价格比工厂用地价格高，所以工业区离市中心最远。

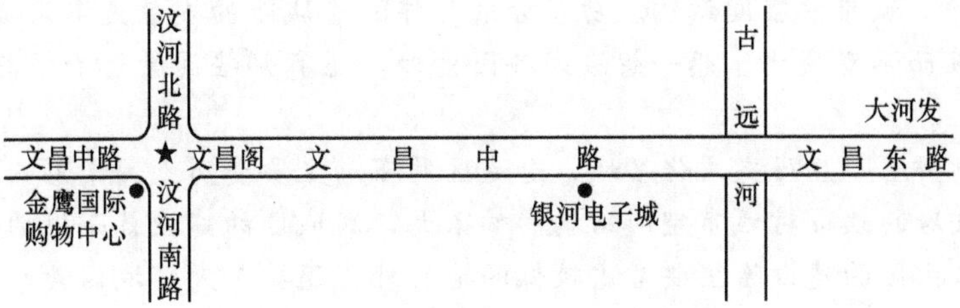

图 9-11　扬州东西向主干道分布简图

教师要求学生根据表 9-11 数据绘制各类土地利用付租能力变化图（图 9-12），并画出三类功能区的范围。然后投影、交流学生作品，以验证大家探究结论，教师强调三种功能区的分布规律，如图 9-13 所示，说明各种城市功能的付租能力是形成空间结构分异的主要因素。

表 9-11　某市各类土地利用付租能力情况

距市中心距离	各类土地利用的租金/（元/m²）		
	商业	住宅	工业
0	600	420	320
1	400	350	280
2	200	280	240
3	0	210	200
4	0	140	160
5	0	70	120
6	0	0	80
7	0	0	40
8	0	0	0

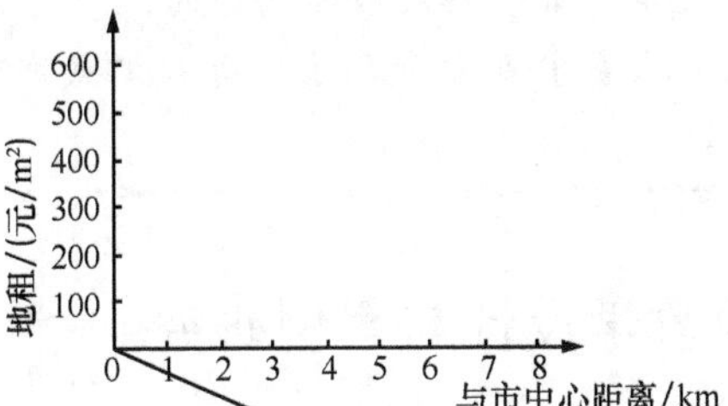

图 9-12

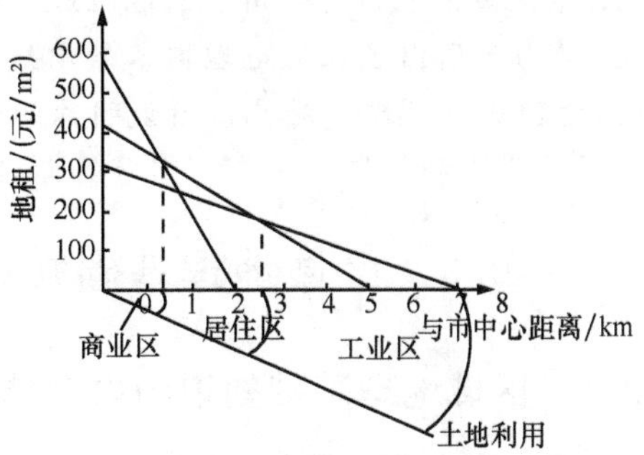

图 9-13

教师引导：城市的空间结构、功能分区是伴随着城市的发展逐渐形成的，也将随着城市的发展而不断变化。想一想除经济因素外，还有哪些因素影响了扬州的空间分布格局？

生1：扬州是一座历史文化名城，老城区的布局主要受历史因素影响。

生2：政府的政策对城市空间结构影响很大，新城区的建设就是规划建设而成的。

生3：工业区的建设除主要考虑较低的地价外，还要考虑环境因素与交通条件。

……

最后，教师利用“城市地域功能分区成因结构图”（图9-14）进行了小结。

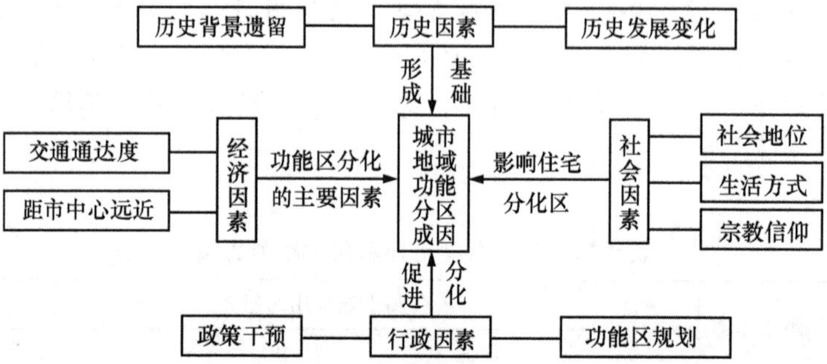

图9-14 城市地域功能分区成因结构图

【课后活动】

登录“扬州市规划局”网站（www.yzghj.gov.cn），阅读“扬州市城市总体规划用地现状图”，说说你对家乡的城市规划有什么修改意见。

案例9-9依据课程标准，充分利用扬州乡土资源进行“城市空间结构”内容的教学，把学习内容与学生生活紧密结合，设计了具有决策教学特性，互动、参与、探究性强的教学过程，体现了“学习生活中有用的地理”的课程理念，生动有趣，丰富多彩，增加了“城市空间结构”内容教学价值。

随堂讨论 9-9

1. 案例9-9中利用扬州乡土地理进行探究教学是如何解决教学问题的。
2. 表9-8列出了人文地理内容教学知识点，从表中可看出几乎所有知识点都可结合乡土地理进行教学，对此，请说明你的观点。

9.3 区域地理基础知识的教学设计与案例研究

9.3.1 区域地理基础知识的内容结构

关键词 区域地理知识结构；知识特征；设计思路；地理人文素养；案例法；探究教学

区域地理是以一个地区作为单元来研究该地区自然环境结构形成的规律及生产发展的条件和特点。区域地理兼有自然科学和社会科学双重属性。区域地理是地理学的核心，是地理学的重要分支学科之一。高中地理必修 3 偏重区域地理基础知识，是在学习自然地理和人文地理基础知识后，帮助学生进一步了解和掌握如何应用有关的地理知识和原理实现区域的可持续发展。必修 3 中增加的以往各时期各版本都没有的地理信息技术的应用内容，是新课程改革的一个亮点，契合了时代发展，顺应了地理学发展的潮流，促进了学生对地理学形成新认识。从必修 1 到必修 2 再到必修 3 的课程学习，是一个循序渐进理论与实践相结合的过程，是一个培养学生“学以致用”的过程。必修 3 为学习选修模块“海洋地理”、“旅游地理”、“城乡规划”、“环境保护”等相关内容打下了基础。当然，选修模块若先行学习，也可为学习必修 3 提供有益帮助。

高中区域地理内容由三个部分组成，即区域地理环境与人类活动、区域可持续发展、地理信息技术的应用，如图 9-15 所示。

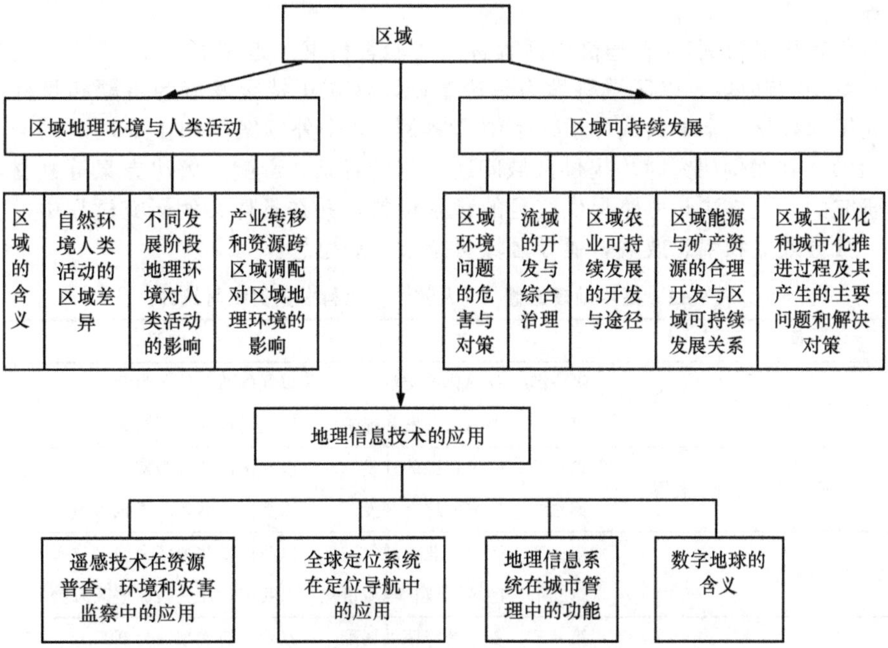

图 9-15　必修模块“地理 3”内容结构

图 9-15 表明，必修 3 的内容结构内在联系十分密切，“区域地理环境与人类活动”侧重于区域发展理论的阐述，知识脉络旨在让学生了解和掌握区域地理研究的主要内容和基本方法，为学生学习“区域可持续发展”打下基础；“区域可持续发展”侧重于具体区域可持续发展的研究，是“必修 3”的核心内容，通过该部分内容学习重在帮助学生认识到不同区域在可持续发展道路上存在的不同问题以及应当采取的对策和措施。“地理信息技术的应用”是区域发展研究的技术支持系统，[①] 地理科学诸多关于自然地理、人文地理的要素，如资源、环境、经济和人口等都可以应用地理信息技术进行研究分析。

① 陈澄，樊杰．普通高中地理课程标准备解读．南京：江苏教育出版社，2004：108.

9.3.2 区域地理基础知识的内容特点

1. 案例性

必修 3 是在学生学习了必修 1、必修 2 之后，基本了解和掌握了地理环境组成、环境对人类活动的影响、人类活动对地理环境的影响及人地协调发展等有关知识的基础上，进一步学习如何应用有关的地理原理实现区域的可持续发展。结合具体区域可持续发展，将人类与地理环境协调发展的基本原理应用于实践是区域地理的核心宗旨。因此，区域地理基础知识在教科书内容编写上具有“案例性”的典型特点。在《普通高中地理课程标准（实验）》中，必修 3 的三个主题 13 个“标准”中，就有 8 条标准均要求“以……区域为例，分析……”，“以……区域为例，比较……”，突出强调以“案例”方式学习区域地理。特别是课程标准针对第二个主题“区域可持续发展”作了有关“案例”的专门要求：[①]“选择符合‘标准’主题的区域，采用案例研究方式编写教科书和开展教学。本部分至少选择 3 个中国案例，1 个外国案例”等。

以人教版教科书为例，《普通高中课程标准实验教科书 地理 3 必修》（人民教育出版社）共分 5 章 10 节内容，以区域科学为理论基础，区域可持续发展为主题和目标，采用典型案例研究组织教材，全书共选择了 5 个中国案例，2 个外国案例和 1 个地区案例（东亚地区）（表 9-12）。在案例研究时均提供区域问题产生的背景、影响、解决方案等素材，为学生探究区域研究的一般方法与思路提供充足的背景材料，并在具体案例研究过程中，关注区域经济效益、社会效益和生态效益，倡导区域可持续发展思想。

表 9-12 高中地理必修 3（人教版）教科书案例编写统计

章	节	案例	区域
第二章 区域生态环境建设	第一节 荒漠化的防治	以我国西北地区为例	中国
	第二节 森林的开发和保护	以亚马孙热带雨林为例	巴西
第三章 区域自然资源综合开发利用	第一节 能源资源的开发	以我国山西省为例	中国
	第二节 河流的综合开发	以美国田纳西河流域为例	美国
第四章 区域经济发展	第一节 区域农业发展	以我国东北地区为例	中国
	第二节 区域工业化与城市化	以我国珠江三角洲地区为例	中国
第五章 区际联系与区域协调发展	第一节 资源的跨区域调配	以我国西气东输为例	中国
	第二节 产业转移	以东亚为例	地区

2. 综合性

区域性和综合性是地理学的两大特点，区域是根据区域研究的需要，以某一指标为依据划分的，其“内部的特定性质是相对一致的”，[②] 区域内各地理要素具有整体性，各区域之间形成差异性，每一个区域的要素具有外向的开发性、流动性。区域的这些特征通过人地关系为主线综合反映在区域地理基础知识中，构成高中地理必修 3 的“综合性”，表现在以下几方面。

（1）人地关系的综合性。注重理论与实践相结合，从“人地关系”、“地地关系”、“人人

① 中华人民共和国教育部．普通高中地理课程标准．北京：人民教育出版社，2003：11.

② 陈澄．地理教学研究与案例．北京：高等教育出版社，2006：71.

关系”等多个角度，综合地、全面地研究分析人类所面临的诸多区域性重大问题。

(2) 研究内容的综合性。学习自然地理和人文地理基本原理是为了培养学生的区域可持续发展观念和意识，其落脚点是应用这些原理实现“区域的可持续发展”，必修 3 区域地理基础知识的“区域可持续发展”内容借助于五个论题，通过案例研究，使区域地理内容全面、综合地覆盖了资源、人口、环境、经济、社会等各个领域。

(3) 学习领域的综合性。必修 3 的区域地理基础知识内容不仅有“区域可持续发展”，还增加了“区域地理环境与人类活动”和“地理信息技术应用”两部分内容，使区域可持续发展的基本理论、区域可持续发展研究的技术支持与区域可持续发展研究融为一体，完善了高中地理课程兼跨“社会”、“科学”、“技术”三个学习领域的功能。

(4) 案例选材的综合性。高中地理课程标准要求“区域可持续发展”的教学应采取案例研究式，比较不同版本（人教版、湘教版、中图版、鲁教版）的高中地理必修 3 教科书，在案例的选材上都表现出自然地理案例与人文地理案例兼顾；国内与国外案例兼顾；土壤、河流、产业、资源、城市化等要素兼顾的“综合性”。

3. 凸显地理信息技术素养

进入 21 世纪，信息技术越来越作为诸多领域的研究与学习载体与工具，在社会经济发展中的作用日益扩大。高中区域地理基础知识的内容，是自然地理和人文地理在具体区域上的综合反映，不仅培养学生的地理科学素养、地理人文素养，更是突破以往历次改革，新增“地理信息技术的应用”内容，既向学生展示了当今社会“信息自动化带动产业化”是一种区域发展新趋势，同时也让学生领悟到了“地理信息技术是现代地理科学研究的重要技术手段之一”，契合了地理学技术发展的时代脉搏。地理信息技术应用内容在高中区域地理教科书中的融入，凸显培养学生具有地理信息技术素养的用意，是现代公民必备的地理素养之一。

地理信息技术素养是指对地理技术的正确辨别、全面理解与综合应用的能力，[①] 它包括地理信息技术知识、地理信息技术能力、地理信息技术观点三个部分。

必修 3 区域地理信息技术知识是地理信息技术素养的基础，要求学生应当掌握地图绘制与应用、3S 技术及其应用领域，如水土流失、沙尘暴、大气污染、水污染等问题的防治技术，景观生态设计，不同区域尺度多维要素的规划技术，地震、火山、台风、洪涝、干旱等灾害的预测、防治技术等。

必修 3 区域地理信息技术能力是地理信息技术素养的核心，是对地理信息技术知识的深化与应用。主要包括：①运用 3S 技术进行地理信息处理能力；②运用区域规划知识进行城乡、旅游等规划的能力；③对水土流失、沙尘暴、大气污染、水污染等环境问题进行防治的能力；④对地震、火山、台风、洪涝、干旱等灾害进行预测与防治的能力；⑤利用 3S 技术进行国土资源整治的能力；⑥正确选择并的综合运用地理信息技术的能力；⑦运用数字地球的能力。

必修 3 区域地理信息技术观点是地理信息技术素养的重要表现形式，包括：①知晓地理信息技术的正面和负面影响；②明晰地理信息技术与科学、社会关系。

---

① 袁孝亭，王向东．中学地理素养教育．北京：高等教育出版社，2005：22-23.

9.3.3 区域地理基础知识教学设计的思想

1. 教学目标设计：突出培养学生的区域可持续发展观念

“区域可持续发展”是必修3区域地理知识的核心内容，不仅在于“可持续发展”是当前国际社会普遍关注的问题，而且还在于无论是部门的持续发展还是整个社会经济的持续发展，其落脚点必然是具体的区域的发展，“区域发展的学习内容是可持续发展教育的有效载体”。必修3区域地理模块列出区域可持续发展的5个内容标准要点和4个相应活动建议，要求区域发展的学习能够通过实践来体验，从而帮助学生进一步领悟可持续思想的深刻内涵和重要价值。因此，教师在对每个区域案例教学的设计中都要始终贯穿和体现可持续发展的观念，同时在应用中站在区域可持续发展的角度，升华学生的认识。例如，对于不同区域在可持续发展道路上存在的问题，以及应采用的不同策略和综合治理措施，都要以经济持续发展、社会持续发展和生态持续发展三方面基本内涵为出发点进行分析和探讨。

2. 教学策略设计：注重区域比较和综合分析

区域具有整体性、差异性、开放性特征。不同区域由于地理环境的差异，其可持续发展的策略也必然不同，也就是说，每个区域都具有不同于其他区域的地理特征，只有通过比较，才能了解区域差异。此外，区域地理知识是涉及面广、知识点多、综合性强的一个知识体系，只有通过综合分析，才能掌握区域地理的学习方法，对一个区域的地理特点有全面了解和掌握。因此，通过设计选择不同类型区域进行比较和综合分析，有利于学生对区域要素差异、区域问题差异、区域成因差异的认识，有利于提出措施和制定不同区域可持续发展的对策。

在“区域可持续发展”内容的教学设计中，应采用区域比较和综合分析的方法来进行教学设计，以教科书中的区域素材作为“原型”，进行区域地理原理的讲解与分析，并开发设计具有相同要素区域进行比较，促进学生对区域地理原理应用与迁移。例如，教科书中以“美国田纳西河流域的治理”，可开发设计“淮河流域的治理”或“塔里木河流域的治理”进行区域比较和综合分析；“德国鲁尔区的探索”，可开发设计“中国东北老工业区的探索”进行区域比较和综合分析；某某区域城市化的探索，可设计本地城市探索与其进行比较和综合分析；“西北地区荒漠化防治”，可开发设计“云南省石漠化的防治”进行教学，等等。

总之，对于区域地理的教学应充分利用区域比较和综合分析的教学策略，区分区域地理环境的差异性、区域问题的差异性、区域成因的差异性、区域可持续发展策略的差异性，同时，在比对分析中认识区域要素的整体性和流动性，牢固掌握区域地理学习的方法，进行区域地理可持续发展观念的培养和意识养成。

案例 9-10

“美国田纳西河流域的治理”与“塔里木河流域的治理”区域教学对比设计

比较项	美国田纳西河流域的治理	塔里木河流域的治理
自然、人文概况	田纳西河是密西西比河流程最长、水量最大支流俄亥俄河上的支流，全长1450km，流域面积10.6万km^2，年径流量254亿m^3，降水丰富，河床比降大；蕴藏丰富煤炭、磷、铅锌等矿产资源	塔里木河是中国最大的内陆河，全长2486km，流域面积102万km^3，约占新疆总面积的64%，人口825.7万；是中国重要的棉花、石油化工基地，也是香梨、杏、薄皮核桃、石榴、无花果等新疆特色果品基地

续表

比较项	美国田纳西河流域的治理	塔里木河流域的治理
问题与成因	20 世纪初田纳西河流域，生产力低下，航运条件差。因流域内长期滥伐森林，水土流失严重，导致河流经常洪水泛滥，造成土地贫瘠、田园荒芜，人口外流。是当时美国最贫穷落后的地区之一	塔里木河内干旱少雨，生态脆弱。长期以来，气候变化和对水土资源的不合理开发利用，加上盲目开垦和乱砍滥伐，导致河流中断，湖泊干涸、地下水水位下降，林木死亡，土地沙化，生态环境恶化，威胁至中国整个西部地区生态系统
可持续发展对策：治理措施	1. 从防洪入手，综合开发利用水资源 2. 因地制宜，发展农、林、牧、渔业 3. 利用廉价水电，发展高耗能工业 4. 把保护环境与开发旅游资源相结合，促进旅游业发展	1. 在塔里木河上游的和田河、叶尔羌河实施老灌区节水防渗改造，并在源流上建若干个山区水库 2. 修缮塔里木河中游两岸 800km 长的堤防，在两岸建闸、筑堤、造林 3. 跨流域调水
治理效果	略	略

案例 9-10 对两个不同区域素材教学设计进行了比较，通过区域比较和综合分析可以使学生了解不同区域的自然地理、人文地理环境差异，存在的问题及成因，在成因中分析出流域问题产生的共同点和相似性——人类对自然的不合理开发和利用行为。由于各区域地理要素的复杂性、空间性和关联性，同样的行为结果带来的恶劣后果又有差异。针对不同问题和恶果应因地制宜采取不同措施解决，以获求区域的可持续发展。通过“塔里木河流域的治理”的案例应用设计，较好地实现知识、原理的迁移和运用，对学生掌握区域地理学习方法和领悟可持续发展观念具有重要意义。

随堂讨论 9-10

1. 试析区域比较与综合分析作为区域地理基础知识教学的统筹性策略的价值。

2. 对《中学地理教学参考》杂志近 3 年的区域地理教学设计进行统计分析，概括主要特点，并分析其原因。

3. 教学方法设计：案例教学法主导

区域地理基础知识所反映的人地关系现象完全建立在人类社会生产活动的基础上，是人类活动给区域地理环境打下的烙印及地理环境的正负反馈，都是有据可查的一个个鲜活的个案。个案背后隐藏着一个或多个地理原理、规律，是多种地理要素的综合体，能牵引出多重地理学习思维和方法。这是必修 3 旗帜鲜明地倡导开展案例教学的根本原因。

案例教学可以优化教学过程：[①] 用案例引述地理问题、验证地理原理、探究地理规律、推动学生地理思维，实现教与学的统一。在案例选择上，可以是教材中的范例，也可以是教师自

① 许定龙，郑伟大．地理教学案例的选择原则和应用举例．中学地理教学参考，2002，4：32.

己编写的案例，或是学校所在区域的乡土案例，但要注意案例选择的“客观性、典型性、时代性、趣味性、多样性”。[①] 经过自然地理、人文地理基础知识的先期学习，学生已基本具备地理原理的分析方法与相关的地理知识、技能与价值观，因此，在案例教学策略上，教师主要引导学生以分析案例的组织形式和比较分析的方法建立思维模型，教学过程介绍如下。

1）学生分析案例的组织形式

（1）个人思考。对于案例内容较少、相关知识学生储存较多或学生生活中多见的案例，以学生独立思考的形式完成规律分析。

（2）小组讨论。有些案例内容复杂，涉及的地理现象、规律和原理容量大，这时可以通过分组讨论的方式，组织学生进行广泛的交流和讨论，进而培养学生的研讨习惯和合作精神。

（3）分组辩论。有些案例及其所反映的地理规律具有开放性特点，甚至结论具有发散性，此时可以通过分析辩论的形式，让每个学生发表并论证自己的观点，在辩论过程中去伪存真，培养学生思维速度、表达能力、竞争意识和心理随受能力。

2）教师帮助学生建立思维模型

帮助学生建立思维模型，就是引导学生找准案例中地理问题分析的要素、方法、步骤和逻辑联系，建立同一类事件的分析模式。然后列举同类事件，帮助学生利用这一思维模型进行应用。这也是区域比较和综合分析策略的应用。

以“南水北调工程对地理环境的影响”教学片断为例，[②] 进行案例教学设计（案例 9-11）。

案例 9-11

“南水北调工程对地理环境的影响”教学片断思维模型设计

将学生分成三组，代表东、中、西三条调水线路。

1. 为什么要调配？

我国水资源分布南北不平衡，南方地区降水多，径流量大，水资源丰富；北方地区降水少，径流量少，加上人口、城市密集，工农业发达，水资源需求量大，水资源短缺严重。南水北调工程有利于合理配置水资源。

2. 怎样调配？

教学中呈现“南水北调工程东、中、西线规划示意图”，通过读图要求三组学生分别了解：南水北调工程的三条调水线路各自的起讫点，途经省区，穿越的地形区和主要流域；分析各自的优势和不足。

3. 对地理环境有什么影响？

可以按“课标”的建议，在学生收集相关资料的基础上，让三组学生每组内再分二组分别扮演南水北调各线路“调出区”居民与“调入区”居民，开展一次模拟对话活动。活动中要引导学生学会辩证地看待问题，既要讲到对环境的有利影响，也要讲到可能产生的不利影响，如对调入区而言可获得水资源、改善当地水文环境、促进经济发展等，不利影响是会产生土壤次生盐碱化问题。并简要分析产生有利或不利影响的原因以及对不利影响应采取的对策。

① 陈庭．高中地理案例教学研究．上海：复旦大学出版社，2009：34.

② 周红星．“区域地理环境与人类活动”单元内容解读．地理教育，2010，(7-8)：35.

在分析的基础上，建立同类问题的思维模型（图 9-16）。

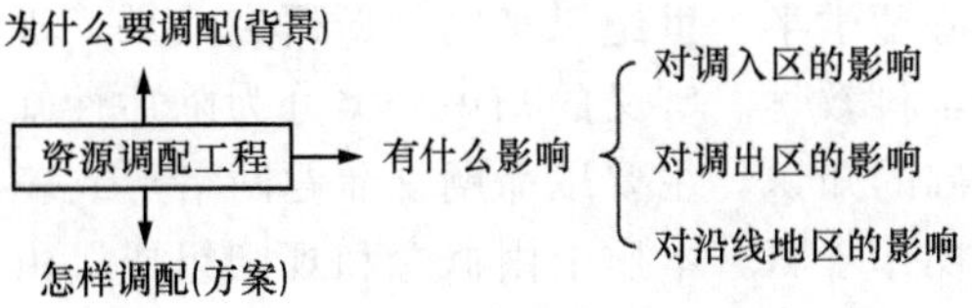

图 9-16　南水北调案例研究思维模型

引导学生结合思维模型对“西气东输”和“西电东送”进行分析和比较（表 9-13）。

表 9-13　“西气东输”和“西电东送”的区域比较与综合分析

工程	概况	对调入区的影响	对调出区的影响
西气东输	主体工程从新疆轮南出发，经甘肃、宁夏、陕西、山西、河南、安徽、江苏到上海；还包括从四川、重庆、湖北到湖南的输气工程	缓解能源供应紧缺局面，改善能源消费结构，减轻大气污染	资源优势转变为经济优势，加快天然气的开发和综合利用，改善产业结构
西电东输	西部青海、贵州、云南、广西、四川、内蒙古、山西、陕西等省区的电力输送到广东、上海、江苏、浙江和北京、天津等地区。该工程分北线、中线和南线三项工程	获得充足电力供应，促进经济和社会发展，改善能源消费结构，改善环境质量	加快电力开发和建设，拉动相关产业的发展，但水电建设易对生态环境产生破坏，坑口火力电站易加剧环境污染

案例 9-11 通过小组合作的组织形式，由学生在教师引导下分析出“南水北调”跨流域水资源调配的案例研究思维模型，并将这种思维模型上升为资源调配问题的普适性模型。这样，在学生遇见同类事件的时候就有了便捷灵活的分析操作思路，从而举一反三。也正基于此，在“南水北调”跨流域水资源调配的案例研究思维模型形式后，学习“西气东输”和“西电东送”课题时要求学生作区域比较与综合分析，进一步应用和熟练跨区域资源调配对区域地理环境的影响，掌握同类事件的思维模型和分析方法，培养人地协调的可持续发展观。这一案例使用了区域比较和综合分析的教学策略，以及案例研究法等主导教学方法，较好地体现了区域地理教学特色。

随堂讨论 9-11

以“农业的地域类型”教学片断为例，构建思维模型，并进行教学设计。

9.4　地理策略性知识的教学设计与案例研究

关键词

地理策略性知识；含义；特点；掌握阶段

9.4.1 地理策略性知识的含义

知识分类理论是认知心理学半个世纪以来的创新研究成果，理解知识分类理论，掌握其内涵与要领，能有效指导学科教学。广义的知识分类分为陈述性知识和程序性知识，陈述性知识是作为事实回忆之基础的知识，主要以命题（命题网络）或表象的形式在大脑中表征；[①]程序性知识是一套办事的操作步骤，本质上由概念和规则组成，由于运用概念和规则的指向性不同，因而程序性又分为一般程序性知识（智慧技能、运动技能）和认知策略或策略性知识，前者称一般程序性知识。加涅指出，“认知策略是学习者用以支配自己心理过程的内部组织起来的技能……学习过程受内部执行控制过程的修正和调节，这些内部定向过程被称为认知策略。”地理陈述性知识、智慧技能与策略性知识内涵有着迥然不同（表 9-14）。

表 9-14　三类知识的含义比较

地理知识分类	作用对象	表征	提取和应用	适用的地理知识要素
地理陈述性知识	地理事实	命题网络、静态信息	个人有意识地提取线索，能直接陈述	地理术语、地理名称、地理景观、地理分布、地理数据、地理演变
程序性知识	地理概念、规则	运用习得的概念和规则加工外在的信息	通过练习可以达到相对自动化的程度，很少或不需要受意识控制	地理概念、地理成因、地理规律、地理过程
地理策略性知识（认知策略）	地理概念、规则	运用习得的概念和规则来调节、控制自己的认知加工活动，是对内调控的技能	以对客观规律的洞察和把握为基础的活动定向性知识，通常受意识控制，具有灵活性	

9.4.2 地理策略性知识的特点

地理策略性知识必须掌握概念和由概念构成的规则，但构成策略性知识中的概念和规则不同于反映具体事物性质的概念和对它们进行加工操作的规则。所以，教师必须注意策略性知识学习的特殊性。策略性知识具有以下特点：[②]

第一，策略学习的内隐性。策略性知识是对内调控的技能，它所涉及的概念和规则反映人类自身认识活动的规律。因为人类的认识活动潜藏于人脑内部，无法从外部直接观察到，这类概念和规律难以通过直接演示的方法教给学生，所以策略性知识的一个难点是教师如何通过具体实例向学生示范策略应用的情境。

第二，策略学习的概括性。策略性知识所涉及的概念和规则一般都有较高的概念概括性，在应用时有很大灵活性，规则的应用必须适合变化的情境，所以策略性知识的学习一般不可能短期见效。

第三，策略学习的制约性。策略性知识的学习受学生个体及其认知发展水平制约。策略性知识学习的最高水平是学习者不仅能在训练过的情境中应用某种学习过程的策略，而且能把习得的策略移到未训练的情境中。这就需要学习者意识到所学习的策略是什么（what），它所适用的范围（where）以及怎样（how）和什么时候（when）应用。

---

① 吴吉惠．程序性知识的获得与学生能力的发展．西南师范大学学报（人文社会科学版），2005，(9)：116.

② 皮连生．学与教的心理学（第三版）．上海：华东师范大学出版社，2003：147.

资料卡片 9-1

关于策略性知识

策略性知识的学习与程序性知识的学习相似，同样需经过陈述性知识阶段、策略练习阶段和策略运用阶段。但由于策略性知识是一种对内调控的技能，具有较高的概括性，并受到儿童整个认知发展水平和反省认知水平的制约，因此它的学习过程又有其特殊的内外部条件。

摘自：皮连生．教学设计——心理学的理论与技术．北京：高等教育出版社，2000：47

9.4.3　地理策略性知识掌握的三个阶段

1. 了解阶段

在这个阶段，策略性知识以陈述性知识的形式被学生学习，学生首先需要了解有关概念、规则、地理事实和解决问题的步骤，并纳入个体的知识结构中。

2. 知识转化阶段

这一阶段通过多次应用上述知识，使策略的陈述形式向策略的程序形式转化，即每当遇到同类任务时，就能用同一策略去解决。此时，相应的策略已经开始支配学生，策略性知识开始内化，外在的策略开始向内在的、个性化的、自己的策略性知识转化。通过适当练习，陈述性知识可以向程序性知识转化，这一转化就构成了技能和策略获得的基础。①

3. 策略熟练应用阶段

策略性知识完全支配人的学习活动，可以将已习得的知识迁移到新的应用情境中。这说明策略性知识开始具有外在形态，经由内化过程而形成个体的策略性知识结构。

9.4.4　地理策略性知识的教学设计

1. 呈现情境，引导学生判断规则

地理策略性知识的学习必须遵循其学习转化的三个阶段。首先为学生提供知识学习的情境，在教师引导下让学生要求学生根据呈现的例证找出一般关系，发现和概括出规则，但此时学生还不能用来解决实际的问题，这说明学生还不具备办事的能力，此时知识尚处于陈述性阶段。例如，地中海气候知识的教学，学生对其特点、成因可以流畅地背出，但再呈现另一区域的地中海气候的情境时，学生不能分析识别。

2. 悉心归纳，明确规则使用条件和范围

在学生初步判断情境中地理现象的概念和规则后，再一步一步对规则进行分析，在归纳出规则是什么的同时，能理解地理现象有什么特点，有什么规律，内在机理是什么，其规则适宜的条件和范围。例如，地中海气候的学习，需要学生识记地中海气候的特点的同时，明确地中海气候产生在什么纬度地带，大致的地理位置。此时，地理知识已基本处于程序性阶段。要进一步使学生掌握策略性知识，尚需进一步的练习。

---

① 皮连生．教学设计——心理学的理论与技术．北京：高等教育出版社，2000：213.

3. 提供训练，促进知识快速策略化

在掌握地理规则使用条件和范围后，多提供类似情境，使学生熟悉规则使用条件和范围，总结出一定的步骤和程序，迅速进行判别，直至在新情境中能对规则实现快速的“条件-反应”判别和相应规则分析方法的使用。此时，知识进行了迁移和应用，并成功转化为策略性知识。

策略性知识的教学步骤为：①呈现体现地理规则的例证；②要求学生根据呈现的例证找出一般关系，发现和概括出规则；③设置新的应用情境，让学生运用掌握的规则去判断。

案例 9-12

“地中海气候”规则的策略性知识教学设计

学习“南北纬30°～40°的大陆西岸为地中海气候”这一规则时，可按下述步骤展开教学过程：

第一步，呈现地中海沿岸地区作为例证，引导学生判断出“地中海气候在南北纬30°～40°”这一结论。

第二步，要求学生总结出地中海气候分布的纬度范围及该气候分布在大陆哪一个部位；

第三步，呈现非洲南端、南美洲智利中部作为例证，引导学生得出这些地区也是地中海式气候。

第四步，要求学生用准确的语言判断形式，对第一步、第三步进行比较，找出地中海式气候分布的一般关系，并对地中海式气候所在的纬度、海陆位置的关系作出概括，再引导得出“南北纬30°～40°的大陆西岸为地中海气候”这一规则。

第五步，呈现出澳大利亚气候图，要求学生再应用规则进行分析判断。

第六步，教师进一步设问：“世界上还有哪些地区会有地中海气候的分布？”

案例9-12中第一步、第二步以地中海区域为例，对地中海气候的概念和规则作出判断，此时知识处于陈述性知识阶段；第三步、第四步通过其他非地中海区域的例证找出与地中海式气候一样的特点，于是归纳出地中海式气候的一般规律和规则，即“南北纬30°～40°的大陆西岸为地中海气候”，此时已将陈述性知识转化为外显的技能，为程序性知识阶段，并且掌握其分析方法是先确定纬度，再确定大陆西岸的步骤；第五步、第六步已能通过练习由大脑提取信息作出判断分析和自如应用，为策略性知识阶段。

随堂讨论 9-12

参照案例9-12的策略性知识的教学设计及其分析说明，设计“热带沙漠气候”“背斜与向斜”的策略性知识的教学思路。

复习与思考

1. 运用自然地理基础知识的设计思想，对“大气运动”一节内容进行设计。
2. “为何晴天时天空是蓝色的，为何夕阳是红色的？”请对其进行实验教学设计。
3. 试对“工业的区位选择”进行基于“例-规”法的乡土地理探究教学设计。

4. 你是如何在地理基础知识教学中体现地理素养的，以你所作的基于自然地理、人文地理、区域地理某一内容的教学设计所体现的地理素养思想进行举例。

5. 下面是“地域文化”一节教学中列举的案例。试分析这一设计体现的地理基础知识的教学设计思想。

案例 1：“山西四合院”案例

我国山西省有一些老式的四合院民居（图 9-17）。其房屋的屋脊呈外面向单面倾斜，用当地的话就是“肥水不流外人田”。

问题设计：

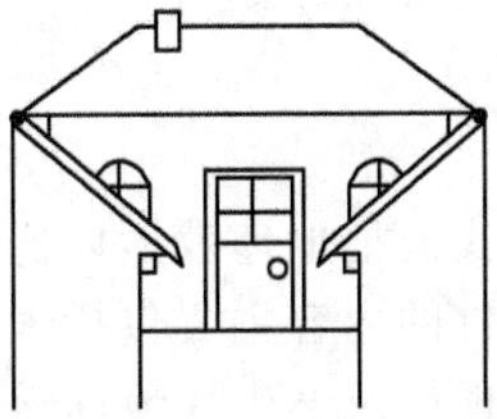

图 9-17　山西四合院示意图

（1）“肥水不流外人田”反映了当地社会心态；同时这种房屋的形式也与自然条件有关。

（2）一般情况下，我国南方的屋脊多________式样，北方地区以________式样为多；北冰洋地区的因纽特人，则充分利用当地材料________建筑了特殊房屋。

案例 2：“福建土楼图”案例

福建客家人的土楼是客家居民利用当地的土、卵石和杉木，用垒筑的方式建筑的高达五六层的圆形、方形建筑、可住几十户，甚至上百户（图 9-18）。楼内数百人聚族而居，不分辈分大小一律均等，同样大小的居住单元，不论朝向，不论方位，成为民居建筑的一大奇观。

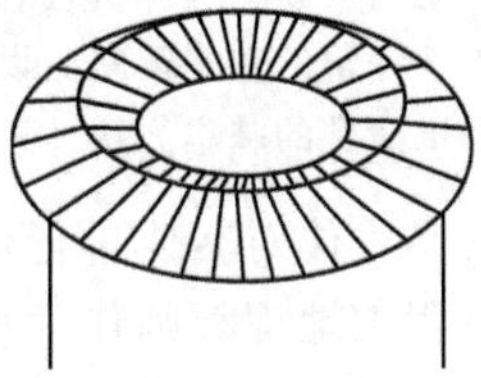

图 9-18　福建客家土楼示意图

问题设计：

（1）这种为世人称奇的房屋建筑是在什么历史背景下形成的？房屋建筑的式样主要起到什么功能？居住的特点又说明客家人的什么特征？________。

（2）上述都说明________因素也可以影响乡村聚居的分布形态。

（3）土楼采用的建筑材料是受________因素的影响，建筑的方式又与________有关。

拓展资源

樊杰，韦志榕 . 2004. 普通高中地理课程标准（实验）教科书 . 北京：人民教育出版社
王民 . 2004. 普通高中地理课程标准（实验）教科书 . 北京：中国地图出版社
朱翔 . 陈民众 . 2004. 普通高中地理课程标准（实验）教科书 . 长沙：湖南教育出版社

第 10 章 多元取向：地理教学评价设计

学习目标

1. 能简述不同教学评价模式的教学意义。
2. 能结合实例，说明以新课程评价理念为指导开展地理教学评价对学生发展的意义。
3. 能运用地理教学评价的基本策略，设计地理“三维目标”的教学评价。
4. 能熟悉地理考试命题的基本方法，进行地理考试命题设计。

所谓评价，就是主体对客体进行价值判断的过程。在本章，我们把地理教学评价定义为地理教学活动的过程中地理教师作为评价主体对学生的评价，评价的内容主要包括学生的地理知识掌握和能力发展情况、学生对地理知识获取方法和过程的理解及学生在地理学习过程中表现出来的情感、态度和价值观倾向等。

教学评价作为教育评价的一个分支，遵从教育评价活动的基本规律。从现有已发表的研究成果来看，地理教学评价作为地理教学活动的一部分，并没有表现出与其他学科的教学评价活动明显不同的学科特性。从评价的角度来看，各学科之间的最大区别，也许是评价内容的区别。所以，本章在参考现有的教育评价基本理论的基础上，关注我国基础教育课程改革对教学评价活动的基本要求，并在关涉教学内容时考虑地理学科的学科特性，对地理教学过程中的评价活动进行分析和讨论。

10.1 地理教学评价基本理论及其教学意义

关键词　教学评价；地理教学评价新理念；评价的教学意义

10.1.1 教学评价的主要理论模式

现代科学、系统的教育评价理论基本都是在国外形成并引入我国的，主要的理论模式有行为目标模式、CIPP 模式、目的游离模式和应答模式。作为教育评价活动的一种，开展教学评价时，也适用这些模式。以下分别对其进行简单介绍。

1. 泰勒模式

该模式是美国著名学者泰勒在 20 世纪 30 年代提出来的，故名泰勒模式。其特点是：以预定的目标为出发点，通过各种测量手段，评价结果是否与预定目标相一致，检查预先目标的达成度如何，其中心就是教育目标。[①] 运用泰勒模式开展评价活动的基本步骤为：①确定教育方案的目标；②根据行为和内容对每个目标加以定义；③确定应用目标的情景；④设计给出应用目标情景的途径；⑤设计取得记录的途径；⑥决定评定方式；⑦决定获取代表性样

① 辛涛，李雪燕．教育评价理论与实践的新进展．清华大学教育研究，2005，(6)：40.

本的方法。[①]

泰勒模式的最主要特征，就是把行为目标作为评价的焦点，一切评价活动都是围绕预先制定的目标展开的。因此，泰勒模式也被称为行为目标模式。泰勒模式的提出，标志着教育评价科学化的开端。

泰勒模式提倡围绕教育目标，通过逻辑严密的程序来开展评价活动，并且重视通过多种手段与方法，对学生的知识、智能、身体健康状况以及思想道德水平等进行综合性评价。这是泰勒模式的优点。但是，其缺点也是很明显的，因为作为评价活动核心的目标制定得是否科学合理，将直接决定着整个评价活动的成效。此外，教育活动是极其复杂的社会活动，在教育的过程中，可能意外和偶然的因素都会对其产生影响，加之教育效果无法完全用外显的行为动词进行描述，仅仅评价教育活动对预先制定行为目标的达成度，并以此来评价教育活动的成败，显得过于机械。

尽管如此，泰勒模式由于结构紧凑、逻辑脉络简洁清晰，不仅容易理解，而且容易实施，所以至今依然是世界各国常用的评价模式。[②]

2. CIPP 模式

CIPP 模式是由斯塔弗尔比姆（D. L. Stufllebeam）在 1966 年提出来的，四个英文字母分别代表背景评价（context evaluation）、输入评价（input evaluation）、过程评价（process evaluation）和成果评价（product evaluation）。

CIPP 模式实际上是以上四种评价的综合体，它强调评价是“为决策提供有用信息的过程”。[③] 背景评价要考察评价客体的整个状况，为制定目标提供信息，使评价的目的和重点与被评价者的需要相一致。在这里，目标本身成为评价对象，根据评价的结果，应该对目标作出判断和调整。输入评价为制定教育活动方案提供信息，比较各种方案的成本、优点和缺点，以对各种方案的可行性作出评价。过程评价为教育方案的实施过程提供信息，对教育活动进行持续不断地跟踪检查，并提出改进建议。结果评价为评判教育结果提供信息，即测量的结果，并对结果进行解释和价值分析。

CIPP 模式强调评价的意图不是为了证明（prove），而是为了改进（improve）。[④] 它突破了泰勒模式的框架，提出了背景、输入和过程评价，重视评价为决策提供全面的信息从而改进决策的功能。但是，重视定量的目标，仍然是 CIPP 模式与泰勒模式的共同特性。

3. 目的游离模式

目的游离模式是由迈克尔·斯里克文（Michael Scriven）提出来的。严格地说，目的游离模式不是一种完善的评价模式，因为它没有一套完整的评价程序。因此，有人把它仅仅当做一种评价的思想原则。[⑤]

目的游离模式从检验教育活动的实际结果来判定其价值，而不考虑其预先制定的教育目标。“严格按目的办事往往会大大地限制评价的范围及其深远的意义”。所以，评价活动应该

---

① 泰勒．方案评价原理．龚伟民译，陈玉琨校//瞿葆奎．教育学文集·教育评价．北京：人民教育出版社，1989：253-254.

② 余文森．论美国教育评价的历史发展．福建师范大学学报（哲学社会科学版），1995，(4)：123.

③ 斯塔弗尔比姆．方案评价的 CIPP 模式．陈玉琨译，施良方校//瞿葆奎．教育学文集·教育评价，北京：人民教育出版社，1989：301.

④ 斯塔弗尔比姆．方案评价的 CIPP 模式．陈玉琨译，施良方校//瞿葆奎．教育学文集·教育评价．北京：人民教育出版社，1989：298.

⑤ 陈玉琨．教育评价学．北京：人民教育出版社，1999：65.

把关注的重点从“方案想干什么”改为“方案实际干了什么”。目的游离评价者可以不受提前制定的教育目标的限制，在没有偏见的情况下自由地评判教育活动的优点。目的游离评价的拥护者认为，教育活动的价值来源于其实际结果与受其影响的公众需要之间的一致性，而不是教育结果与预定目标的一致性。所以，评价者的主要任务是确定受影响的公众的需要，这些需要才是判断教育结果的基础。斯里克文把目的游离评价看做“以需要为基础的评价”。①

目的游离评价并没有得到广泛使用，主要原因在于它没有具体可行的操作方法，以及教育管理人员的反对，还有评价人员不愿承担过大的责任等。但是，该模式提出的评价思想还是对教育评价的理论和实践产生了很大影响，它使评价者更加关注教育活动的实际效果。

4. 应答模式

应答模式是由美国学者斯塔克（R. E. Stake）提出来的。它强调评价过程中利益各方参与其中的重要性，认为评价就是所有与教育方案有利害关系的人共同参与、共同协商的过程。该模式以所有与教育方案有切身利益关系的人所提出的问题作为评价的先导，通过评价者与相关人员的不断对话，寻求满足各种人需要的应答。②

在具体的评价过程中，应答性评价并不是像其他评价模式那样先确定目标或先建立假设，而是先确定评价计划，这个过程也是一个广泛征询意见、了解评价需要的过程。

应答评价收集资料的主要手段是观察和反应。“观察”主要是指通过评价者个人深入到评价活动中去，进行细致的考察，详细记录活动中出现的任何问题，从中找到作出价值判断所需的有关事实；“反应”是指利用各种交流媒介，收集持有不同观点的人对评价对象的意见，收集被评价者的看法，请权威人士对评价问题的重要性发表见解。因此，在应答评价模式中，评价者不是以自己的主观意志或某些权威人士的意图来确定问题和制订计划，而是以所有参与评价的人的意图为基础，再由评价者综合这些信息，得到教育评价的结果。③

应答模式重视收集信息的过程，这些信息代表了个体不同的需要，反映了多种价值取向的融合。在方法上，应答评价强调客观描述性的定性分析方法。

现代世界已经是一个价值多元化的世界，现实社会的多元化也使教育评价理论的发展呈现多元化的趋势。除了以上四种被广泛认可的模式之外，一些研究者还提出了其他一些教育评价模式，对此感兴趣的，可以查阅相关理论资料。

随堂讨论 10-1

1. 以上四种教育评价模式有何异同？
2. 以初中或高中地理中的一节课为例，尝试用每一种评价模式，分别设计评价方案。
3. 如果让你选择，你更喜欢哪种评价模式？请说明理由。

---

① 许建钺，赵世诚，杜智敏，等编译．简明国际教育百科全书·教育测量与评价．北京：教育科学出版社，1992：51-53.

② 辛涛，李雪燕．教育评价理论与实践的新进展．清华大学教育研究，2005，(6)：41.

③ 周艳．美国教育评价模式价值取向的转换及借鉴作用．广西师范大学学报（哲学社会科学版），1996（4）：61.

10.1.2　我国地理教学评价的发展和现状

1. 传统的地理教学评价

我国传统的地理教学评价主要以期中、期末考试，以及中考、高考等高利害性考试为主。学生的考试成绩往往作为评价学生以及地理教师教学能力的主要依据，甚至是唯一的依据。

传统的地理教学评价存在很多问题，具体表现为：①评价功能失调。过分强调甄别和选拔的功能，忽视了评价的发展功能；过分关注学生考试的分数和排名，对考试反映出来的学生的地理认知问题研究不够。②评价重心偏离。过分关注地理学习的结果而忽视地理学习的过程。对知识性的目标关注过多，而对能力性目标关注不够。③评价标准机械。忽视了学生的个体差异，用统一的标准去要求所有的学生，忽视了评价对象的丰富性和多样性。④评价方法单一。过分注重量化和纸笔测验型考试，忽视其他许多有效的评价手段和方法，如质性评价等。⑤评价对象被动。评价活动的主体比较单一，由教师主导，学生作为被评价者，在评价活动中处于过于被动的地位。学生的情感性和参与性被忽视，导致评价不能有效发挥促进学生发展的功能。[①]

资料卡片 10-1

传统学校教育评价的弊端

教育被看成具有固定的课程、按年级划分的成套学习任务以及一组混合的学习者，他们在这个系统里，在每个主要的时间单元上，都在被划分类别。考核或其他评价程序是用来对每个学生在教育系统中的价值与前途作出决定，尤其是一些关键的，而且常常是不可逆转的决定。这些决定与划分等级常常影响到一个学生的全部生涯。

……

这种系统对不成功的学生的影响并不是教师与行政人员所主要关心的事情，而在开始接受教育的人中，大部分在这一系统的某个阶段上是不成功的。常用的分类系统是把每个年级或层次中的学生分数，划分为接近正态分布（如 A、B、C、D 和 F）。由于这种系统从一个年级（或水平）到下一个年级有高度的延续性，我们的研究便发现：一些学生在每个年级都得到 A 等或 B 等，而其他学生则一次又一次地被通知为 D 等或 F 等。这样划分的结果是，使一些学生确认他们是有能力的、良好的、合乎要求的；同时使另一些学生认为他们能力不足，是差的、不合乎要求的。（当然，这些都是从这种教育系统的观点来看的。）这种不断贴标记的做法对个人的教育不可能带来益处，他对许多学生的自我观念则可能具有不利的影响。身体上（以及法律上）被学校体系束缚了 10 年或 12 年，并在此期间反复得到消极的等级，这必然对人格与性格发展具有严重的不利影响。

评价的目的，像现有的教育系统最常用的那样，基本上是把学生分等与分类。它被用来区分失败的（D 或 F 等）学生、成功的（A 或 B 等）学生以及过得去的（C 等）学生。学校内通常使用的测试及其他形式的评价，对于改进教学作用甚微，而且

① 万国平，李家清，张胜前．“异质的平等”：地理教学评价的新视点．中学地理教学参考，2005，(7-8)：9.

难以确保所有（或几乎所有）的学生去学会那些被学校认为是重要的任务，达到教育过程的终极目标。

摘自：布卢姆B S，等．教育评价．邱渊、王钢、夏孝川，译．上海：华东师范大学出版社，1987：3-5

2．新课程地理教学评价

在我国新课程改革的指导性文件《基础教育课程改革纲要（试行）》中，明确提出要“改变课程评价过分强调甄别与选拔的功能，发挥评价促进学生发展、教师提高和改进教学实践的功能。”提倡建立促进学生全面发展、教师不断提高、课程不断发展的评价体系，改革和完善考试制度，促进考试命题改革以及考试结果的合理使用等。[①]

与传统的地理教学评价相比，新课程地理教学评价的转变主要体现在以下几个方面。

1）评价目标发展化

地理教学的本质目的在于促进学生地理素质的发展。新课程地理教学评价突破了以往把甄别和选拔作为唯一评价目的的做法，从“选拔适合教育的儿童”，转向“创造适合儿童的教育”，发挥评价的激励作用，以促进学生地理素质的发展为首要目标，倡导使教学评价为学生的发展服务，通过评价帮助学生制订地理学习和发展计划，促进学生主体性和创造性的发挥，让学生通过主动建构的过程来学习地理知识，培养地理能力，形成人与自然和谐发展的价值观念。

此外，通过评价促进地理教学活动中的另一主体——地理教师的发展，以及促进地理课程和教学整体水平的提高，都是本次新课程改革所提倡的。

2）评价内容综合化

随着网络时代的来临，“知识爆炸”的出现，仅仅掌握存量的地理知识已经不是地理素质水平高的表现。在浩如烟海的知识世界中，怎样获得自己需要的信息，以及怎样使用这些信息来解决现实世界中的问题，成为学生地理学习的重要目标。

新课程地理教学评价不再局限于把学生的认知能力作为唯一的评价内容，不再仅仅评价学生对地理知识的掌握情况和地理技能的发展水平，而是把学生在地理学习的过程中表现出来的个性特点、学习的兴趣和积极性，以及提出地理问题、收集地理信息、分析和解释问题、表达和交流自己的发现和见解等，作为地理教学评价的重要内容。

评价内容的综合化，体现出现代社会对学生素质全面发展的要求。

3）评价主体多元化

新课程地理教学评价，要求打破传统的以地理教师为唯一评价主体的状况，促进学生的自我评价、自我反思、自我教育和自我发展。其他评价主体的加入，如同学、家长和社区等，使评价主体由单一走向多元。

评价主体的多元化，特别是学生既作为被评价者，又作为评价者，使学生获得了对自身地理素质发展发表意见的机会和权力，能够在与教师和其他评价主体的沟通和互动中，表达自己的发展诉求，提高了学生在评价和学习活动中的主体地位，同时有利于提高学生学习地理的积极性和主动性，使其主动承担促进自身发展的职责。

4）评价方式多样化

新课程强调在开展教学评价时，要由过去过分强调定量的评价方法，转向定性和定量评

① 中华人民共和国教育部．基础教育课程改革纲要（试行）．教基［2001］17号．

价相结合的评价方法；由过去过于重视终结性评价，转向过程性评价与终结性评价相结合。

定量评价由于具有其较好的客观性而备受推崇，但是随着评价内容的综合化，以及实际操作过程中对定量评价的简单化和绝对化的运用，定性评价的方法越来越受到重视。定性的评价方法能够全面、深入、细致地再现评价对象，能够弥补定量评价方法的不足。对学生地理课堂上的行为进行观察和记录，对学生进行访谈，对学生的地理作业进行分析，建立地理成长记录袋等，都属于定性的评价方法。定性和定量的方法并不互相排斥，二者结合使用，能够更加科学全面地对学生的地理素质发展水平进行评价。

终结性评价过于关注学生学习的结果，忽视了学生获取地理知识和地理思维发展的过程。过程性评价把重心放到学生求知、思考和探究的过程，以及在各个阶段的进步过程，有利于及时了解学生在地理学习中遇到的困难、付出的努力和取得的进步，有利于教师及时掌握这些信息并对学生进行持续高效的指导。从功能和目的的角度来说，过程性评价重在促进发展，终结性评价重在检验效果，二者缺一不可。

案例 10-1

现在回顾本人的从教历程，自 1990 年秋走上高中地理教学岗位，我与学生共同渡过了十四个春秋。期间，我在地理教学中对学生的评价从单一的分数评价开始，评价观念不断发生转变，最后迷上这个领域，大致经历了三个阶段。

一是考试决定阶段，这是从教后的最初五年，属于地理教育生涯中的适应阶段。我从一个懵懵懂懂的书生突然转变成为人师表的教师，纵然有许多教育的理想与书本知识，但面临现实似乎根本就派不上用场，学校领导、班主任、家长似乎只关心一点：考试成绩！我所有的努力也只有一个目的，就是如何让学生在有限的地理学习时间内提高效率，以提高考试成绩。当然，受这种指导思想的影响，我对学生的地理学习情况评价也只有一张成绩记录单，每一次单元测试成绩累积、平均得出平时成绩，还有期中考试成绩、期末考试成绩，按“三三四”原则计算每个学生的总评成绩，每学期期末上交班主任，对学生的评定工作便告一段落。这期间，我也不清楚作为一名地理教师，自己的工作得到了什么样的评价，只记得任教的第一届高中毕业生在江苏省地理会考中取得了优异的成绩，优秀率达到 96%，老校长一边翻看着成绩统计表，一边说：“小朱，教得不错，继续努力！”

二是过程参与阶段，这大概是从教后的第二个五年吧，正在向经验型教师过渡。有件事对我的影响很大：一个地理成绩只能及格的男生，特别酷爱天文，对各种天文现象与活动如数家珍，常与我探讨天文知识，应该说在此方面他总是我的老师。1994 年秋，著名的苏梅克-列维 9 号彗星与木星相撞，我就开玩笑地对他说：“你如果能就‘彗木相撞’事件成功地出一期黑板报，并在年级中开一次讲座，我就给你期末考试成绩加 10 分。”结果他成功了。同年 11 月，他又带地理兴趣班的学生开展了观测狮子座流星雨现象。我也信守诺言，最后给他奖励 15 分，这样，地理学科成为他成绩册上唯一能达到优秀的学科。更重要的是，他在学校找到了自信，总体成绩不断进步，最后顺利升入本科院校学习。这个学生的成长使我深深地反思，我能否给学生提供充分展示地理兴趣爱好与能力的机会？能否将平时学习地理的表现也作为总评成绩的组成部分？后来，我就向学生公布一项“地理期末总评成绩的加分规则”，具体条目有：(1) 如果你在课堂上提出一个有思考价值的问题或有创意地解答问题，期末成绩加 1 分；(2) 如果你结合地理学习内容撰写一篇小论文并在班级演讲，期末成绩加 2 分；(3) 如果你给班级出一期地理黑板报或墙报，期末成绩加 2 分；(4) 如果你策划并组织一次地理班会，期末成绩加 2 分；(5) 如果你在全校范围内组织一次地理课外兴趣活动，期末成绩加 5 分。这个评价规则的改变，缩短了我与学生之间的距离，课前、课后我的身边常常围满学生。学生学习地理的热情高涨，课堂上常有开心的笑声与激烈的争辩声。回顾这段历程，我很庆幸，没有任何领导与同事来批评我这一擅自做主的另类行径，或者说根本就没有人来关注，因为我所在的学校有着充分民主、自由的土壤，老校长曾说："只要有想法，就去行动。"

三是关注质评阶段，这是新世纪到来的阶段。读着 2000 年颁布的《全日制普通高级中学地理教学大纲（修订版）》，我开始对评价有了理性的思考，而不只是不断记录给学生加分的理由与分值。我想学生平时的表现与成绩不应只是我说了算，还应该让学生之间相互交流、相互评判地理学习的态度与能力，还应该按照新大纲新教材的要求，结合地理研究性学习活动，开展形式多样的成绩评价工作。于是，我将全班分成若干个研究性学习小组，每个学习小组除完成课堂的地理学习任务外，都承担着地理小专题的研究性学习任务，我给每个小组发一个文件袋，让他们存放自己的研究性学习成果。我们不定期举行各小组研究成果展览，让大家一起评说优点与缺点，当然优秀的成果依然能够获取期末加分。重要的是"地理学习喜报"诞生了，每半个学期，我给那些在地理学习方面有突出表现与成果的学生发一张贺卡，这张贺卡就是反馈给学生、家长的喜报，实际上就是一份表示个人努力程度与地理学习成就的"告家长书"。2004 年秋，当我调离学校岗位清理物品时，我最不舍得抛弃的就是厚达 1 米多的地理研究性学习文件袋，现在看来就是新课程所谓的地理档案袋吧，这里面不仅装载着学生学习过程的材料，还见证着我与学生共同奋斗、共同成长的美好回忆。

摘自：朱雪梅．高中地理新课程发展性评价．济南：山东教育出版社，2009：8-9

随堂讨论 10-2

案例 10-1 中，作者对教学评价的认识经历了哪些阶段？每个阶段的特点是什么？

10.1.3 地理教学评价的教学意义

在地理教学中，适当地运用教学评价，能够极大地促进教学效率的提高。教学评价在地理教学中的意义主要表现以下几个方面。

1. 诊断作用

在地理教学活动开始之前，教师可以先通过评价了解学生对学习活动的准备情况，包括学生的知识、能力和技能基础，学生对地理学习的期望，以及投入学习的动机水平。如果学生在知识基础上存在缺陷，在开展新的教学活动之前，应该采取适当的补救措施，以免学生跟不上教学进度。如果学生的能力和技能水平较低，在教学过程中就应该注意加强有关方面的培养和训练。动机水平过低会导致学生学习积极性不高，教师要想办法让学生了解地理学习的意义和重要性，在教学中注意联系学生的兴趣点，以提高学生学习的主动性和积极性。

学生的头脑并非空空如也的容器，他们原有知识的内容和结构，都会对其学习造成重要影响。美国著名认知心理学家奥苏伯尔在其所著的《教育心理学》扉页上，有一句被广泛引用的话："如果我不得不把全部教育心理学还原为一条原理的话，我将会说，影响学习的最重要的因素是学生已经知道了什么，根据学生原有的知识状况进行教学。"在奥苏伯尔提出的"有意义学习理论"中，学生原有的知识结构被放在了特别关键的位置。① 发挥地理教学评价的诊断作用，正是我们了解学生已有知识和能力状况的有效途径。

2. 导向作用

地理中考、高考作为较高利害的学生学业能力评价方式，对中学地理教学产生了重要的影响，被形象地称为教师教学和学生学习的"指挥棒"。实际上，在实际的地理教学中，设计良好的地理教学评价也具有较好的导向作用。这种导向作用可以分为两个方面：对教师教学的导向作用，以及对学生学习的导向作用。

地理教师设计教学评价时，必须考虑课程标准的相关要求。教师熟悉地理课程标准的过程，以及把课程标准转变为评价标准的过程，实际上是地理课程标准影响地理教学评价，进而影响整个地理教学实施的过程。教学评价对地理教师教学的影响，即表现为通过地理课程标准来影响地理教师的教学设计。

在地理教学过程中，让学生明确地理教师对他们的期望，即明确他们自己应该掌握哪些知识内容，发展哪几方面的能力，这也会起到"指挥棒"的导向作用，给学生以明确的努力方向。不过，需要注意的是，用容易理解的行为动词来描述评价标准（或者理解为教学目标），并告知于学生，对学生知识和技能的掌握是有帮助的，但是对高层次地理能力的培养以及情感、态度和价值观的形成却不一定有效，因为这种教学目标需要学生经历长期潜移默化的影响后才能达到。

3. 调控作用

地理教学评价的调控作用是指在教学过程中，地理教师根据对学生的参与程度、回答问题的积极性和正确情况、情绪变化情况等，及时改变预定的教学方法和教学策略，控制教学进度，调动学生的兴趣和积极性，以使地理教学达到最优效果。

地理教师应该根据教学评价的结果对自己的教学过程进行实时调整，而不能不顾课堂的实际情况，按部就班依照事先准备的教学设计方案进行。教师"在教学时要不断地进行评价，以确定下一步要采取什么行动，学生的哪些能力得到了发展，哪些还有待发展，是否达到了某一节课或某个单元的教学目的"。②

地理课堂教学是地理教师和学生对话和交流的过程，这个过程有可能大体按照教师之前的计划进行。一位负责任的地理教师会尽可能对课堂上将要发生的情况进行最充分的准备，但是实际上，在众多影响因素的共同作用下，任何教师也不可能预料到课堂上的一切情况。这就需要地理教师不断通过评价来感知实时的课堂状态，调整自己的预设，及时处理各种随时生成的课堂状况。

4. 激励作用

地理教师对学生的评价对学生的地理学习具有激励作用。学生有获得教师肯定、实现自

---

① 罗星凯．学生面对情境性问题为何会如此失常．人民教育，2010，(11)：33.

② 美国国家研究理事会科学、数学及技术教育中心《国家科学教育标准》科学探究附属读物编委会．科学探究与国家科学教育标准——教与学的指南．罗星凯译．北京：科学普及出版社，2004：74.

我价值的愿望，这种愿望的满足，将有助于保持其学习热情和求知欲。学习心理学的有关研究认为，推动和促进学生课堂学习的动机主要是成就动机。[①] 成就动机是人们在完成任务的过程中力求获得成功的内部动因，亦即个体对自己认为重要的有价值的事情乐意去做，努力达到完美的一种内部推动力量。个体的成就动机由两种稳定的倾向组成，即希望成功与害怕失败。在具体的成就导向的情境中，个体的成就动机水平等于这两种倾向的代数和。[②] 教师要努力使学生保持在较高的动机水平上，在课堂教学中，教师应及时把评价信息反馈给学生，如对学生参与讨论的积极性给予肯定，对在讨论中表现出良好地理素养的学生给予表扬，对精力不集中的学生给予善意的提醒等。

在地理考试中取得好成绩的学生，会获得学习地理的自信心。教师应该及时对他们进行鼓励，进一步提高其学习地理的积极性。对于地理考试成绩不理想的学生，教师应及时与他们一起找到背后的深层次原因，然后查漏补缺，对他们进行有针对性的辅导。教师充满人性关怀的个体辅导，对学生更是一种情感上的激励。

10.2 地理教学评价的基本策略与案例研究

关键词：地理教学；评价主体；评价内容；评价方法；评价程序

本节我们主要从三个方面展开讨论，即在地理教学评价活动中，谁来评价（评价的主体）、评价什么（评价的内容）以及如何评价（评价的程序）。

10.2.1 地理教学评价的主体

传统的评价理念认为，对学生进行评价的主体就是教师。实际上，现在已经认为这是一种狭隘的观念。对学生进行评价的主体还应该包括他们自己，还有他们的同学和家长等。

1. 学生个体的自我评价

学生的自我评价，即学生对自己的地理学习活动进行总结反思的评价过程。

个体自我评价的优点在于易于实施，能增强学生评价和反思的能力，有利于正确面对个体自身在成长过程中的进步和不足；缺点是因为缺乏外部参照系和横向比较，自我评价可能会具有较强的主观性。[③]

一般在他人评价之前，可以先将评价的标准和内容交给学生，让他们先进行自我评价。有人认为，这种自我评价可以使学生将评价标准进行领会和内化，并以此规范自己的学习行为。自我评价形成的自我反馈环节，还有利于克服学生对他人评价的逆反心理。[④]

很多学生偶尔都会自发进行反思性活动，这实际上就是一种自我评价。但是这种反思是开放的、缺乏组织和计划的，所以反思的结果在促进学生地理学习方面的作用有限。地理教师有组织有计划地让学生进行自我评价活动，对学生的地理学习具有更大的促进作用。但是，只有真正触发学生的深层次反思性思维活动（而不是对地理教师布置任务的表面应付），

---

① 陈澄．地理教育测量与评价．上海：华东师范大学出版社，2001：22.

② 张林，黎冰，刘永兴．关于成就动机的研究综述．内蒙古师范大学学报（社会科学版），2003，(6)：77.

③ 许爱红．多元学生评价的理论与实践．济南：明天出版社，2005：15.

④ 王景英．教育评价理论与实践．长春：东北师范大学出版社，2001：46.

自我评价的效果才能真正达成。

2. 来自个体外部的评价

来自学生个体外部的评价，即地理教师和其他学生，以及家长等对某学生的地理学习情况进行的评价。从课堂教学的角度来说，主要是指教师和同学对学生的课堂表现进行的评价。

虽然都期望作出最真实的评定，但是在具体的评价活动中，评价主体的情感、意志等非理性因素会影响其对评价对象的评定结果。学生个体自评时，很可能会由于担心被看不起而对自己评价过高，或者因为过于谦虚而对自己评价过低。从这个方面来说，来自外部的评价往往比个体自我评价更加客观，因此有“旁观者清”的说法。

外部主体特别是地理教师对学生进行评价时，可以对不同学生的地理学习状态和水平进行横向比较，进而可以以平均水平为参照，对每个学生在班级内所处的大致位置有一定的了解。教师在学生心中具有特殊的地位，来自地理教师的评价往往最容易获得学生的信任，使学生认清自己在地理学习方面的优势和不足，从而增加学生学习地理的积极性，激励他们有针对性地查漏补缺，取得地理素质的全面发展。

一个班级里的同学，是生活和学习在一起的同伴。很多同学之间还结下深厚的友谊，是无话不谈的朋友。同学之间的评价可以在地理课堂上有组织的进行，更多地则是在他们的日常交流中以非正式的方式进行。非正式的评价可能发生在学生生活的任何时刻，如课外交流和聊天时等。

一般来说，家长和学生之间的亲密关系是其他人无法比拟的。家长对自己的孩子有最全面的了解，同时也是学生从事家庭活动的最直接观察者。所以，家长参与学生评价，能够提供更全面而翔实的信息。

案例 10-2

地理学习平时成绩考察（评价）表（示例）

<table>
<tr><td>姓名</td><td></td><td>班级</td><td></td><td>学号</td><td></td><td>小组</td><td></td></tr>
<tr><td>学习态度（满分 10）</td><td colspan="4">1. 迟到早退（　　）次；
2. 不遵守纪律（　　）次；
3. 不交作业（　　）次；
4. 作业不认真完成（　　）次。</td><td colspan="3">共扣分：
科代表评分：</td></tr>
<tr><td>学习兴趣（满分 20）</td><td colspan="4">1. 主动提问（　　）次；
2. 主动回答问题（　　）次；
3. 提出有创意的问题（　　）次；
4. 研究性学习成果（　　　　　　　　）。</td><td colspan="3">自我评分：________
小组评分：________</td></tr>
<tr><td>学习方法（满分 20）</td><td colspan="4">自我评价：
上课的方法：
复习方法：</td><td colspan="3">小组评分：________</td></tr>
<tr><td>总分（满分 50）</td><td colspan="7"></td></tr>
<tr><td>家长评语</td><td colspan="4">请问：你的孩子对地理学习有兴趣吗？他会用地理知识给你们解释自然现象和社会现象吗？他的地理学习能力如何？学习方法怎样？</td><td colspan="3"></td></tr>
<tr><td>教师评语</td><td colspan="7"></td></tr>
</table>

资料来源：张哲江．地理教学与学业评价．广州：广东教育出版社，2005：183-184

随堂讨论 10-3

1. 案例 10-2 评价表有何优点，有何缺点？你能否尝试改进这个评价表？

2. 学生的自我评价，以及来自教师和同学的评价，哪种评价对促进学生的发展更有价值？说说你的理由。

10.2.2 地理教学评价的主要内容

根据《地理课程标准》的评价建议，新课程的地理教学评价可以从以下几个方面来进行。

1. 对地理知识理解与应用的评价

评价学生地理知识理解和应用状况的标准，主要是衡量其理解能力和在解决实际问题中运用已学知识的能力。理解能力的评价主要看学生对地理概念、原理、规律和理论的表述状况；知识运用能力的评价主要看学生能否激活所储存的已学知识，能否将相关知识迁移到具体情境之中。

2. 对地理技能形成与运用的评价

评价学生地理技能的形成与运用状况，主要是考查学生对各种地理技能的功能、方法和要领的了解程度，选择应用地理技能的合理程度，运用地理技能的熟练程度，以及应用地理技能所取得的学习和研究成果的正确程度和实际价值。

资料卡片 10-2

美国《国家地理课程标准》中的“地理技能”

地理技能提供了我们地理思考的必要工具与技术。它是地理科了解地球上自然、人文类型和过程重要的特有方法。当我们决定我们的重要福利时——何地购屋或租屋，何地找工作，如果获得工作或购买朋友的房屋，何地购物、度假或上学，我们均需利用地理技能。所有这些决定均涉及获得、整理和利用地理资讯的能力，每日的决定和社区获得，与有系统地思索环境和社会问题联系在一起。社区有关空气、水和土地污染问题，或诸如何地安置产业、学校和住宅区的位置问题，也需要地理资讯的精巧利用。企业和政府决策，从寻找一超级市场或一区域性机场的最适位置，到资源使用或国际贸易问题，均涉及地理资料的分析。

地理技能帮助我们做成理性的政治决策。不论是外交事务和国际经济政治政策，或是地方性土地分区与土地利用的评估问题，地理技能均使我们能搜集和分析资讯，作出具有立法基础的结论，而且在行动过程上作出理性的决定。地理技能也帮助我们赞成和反对公共政策问题，作出有效且说服人的辩论。

依据地理教育联合委员会编撰而于 1984 年由美国地理学者协会和全国地理教育委员会出版的《地理教育指引：初等和中等学校》内容来看，一位有地理学素养的人，其地理技能应该具有五项：

1. 发问地理信息。

2. 获取地理信息。
3. 组织地理信息。
4. 分析地理信息。
5. 回答地理问题。
……

摘自：李熏枫．生活化地理：美国国家地理科课程标准（1994 年）．黄朝恩译．1997

3. 对地理科学方法掌握的评价

对地理科学方法掌握的评价，应重点了解学生对地理观察、区域分析与综合、地理比较等常用地理研究方法的领悟、掌握状况和运用水平。其评价标准：一是评价学生是否了解地理方法运用的步骤、要领；二是评价学生能否灵活运用正确的地理方法分析和解决问题。

4. 对学生探究活动质量的评价

对学生探究活动质量的评价，建议从学生能否发现和提出地理问题，提出问题的假设，独立思考和解决地理问题，合理表达、交流探究成果等方面进行评价。

5. 对情感态度与价值观形成的评价

对情感态度与价值观形成的评价，应关注学生在以下方面的变化与发展。

(1) 对地理学科的认识：评价学生是否具有地理学习动机与学习兴趣；能否体会地理学与现实生活的密切联系和地理学的应用价值；是否具有地理审美情趣与鉴赏力。

(2) 科学精神与态度：评价学生在观察、调查、实验和报告撰写中是否精确、严谨，是否具有实事求是、坚持真理、勇于创新的科学精神。

(3) 对自然地理环境与社会的态度和责任感：评价学生是否初步形成了可持续发展的观念，是否初步形成了环境、资源的保护意识和法制意识，是否初步具有了对社会和自然环境的责任感，是否养成了关心和爱护人类环境的行为规范。

观察是评价学生情感、态度和价值观的重要方式。要注意观察学生在日常行为和学习活动中的表现，搜集评价信息，为进行有针对性的评价提供依据。

对学生情感、态度和价值观进行评价，主要采用调查分析法，即在评价理论指导下，通过问卷、访谈、测试等调查手段，搜集评价对象的有关资料，经过比较分析作出判断。

10.2.3 地理教学评价的方法

地理教师对学生进行评价的方法主要有课堂观察和提问、交流式谈话、纸笔测验、调查问卷和成长记录袋等。这些方法，有的偏重于定性评价，有的偏重于定量评价。所谓定性评价，是指评价主体通过开放的方式，收集评价对象各方面的信息，对评价对象作出描述、分析与评价结论；定量评价则是指通过结构化的方式，预先设定可以操作化的评价内容，收集评价对象可以量化的信息，并运用数学方法作出评价结论。最常见的实例是，学期结束时教师对学生的总结性评语，属于定性评价；而用考试分数来衡量学生是否达到课程标准的要求，则属于定量评价。

定性评价和定量评价的优点和缺点是互补的。定性评价能够收集更加全面的信息，有利于对学生的表现作出全面的评价，但是由于缺乏客观的衡量标准，这种评价的主观性太强；定量评价则正好弥补了定性评价过于主观的缺点，它有客观的评价标准和评价程序，获取的信息客观而精确，评价的结论客观而可信。但是并非所有的内容都可以进行量化，不合理的量化操作过程也会导致不科学的评价结论。①

在实际的地理教学中，对能够量化的评价内容尽量进行量化，以使的评价结果尽量科学和客观。但是对于学生的高级思维能力以及情感、态度和价值观等难以量化的内容进行评价时，应采用定性的评价方法。在作出最终评价结果时，最好能够定性和定量评价相结合，使评价结果全面而客观。

以下我们分别对这些方法进行讨论。

1. 课堂观察和提问

课堂观察是指地理教师在课堂上对学生的现场表现进行的观察。进行课堂观察要注意以下方面：①有目的的观察。即要明确为什么观察，希望通过观察解决什么问题。②有计划的观察。地理教师应该提前做好观察计划，如观察全部学生还是个别学生？观察的顺序是怎样的？这些都应该提前有所考虑。③有选择的观察。课堂上会发生各种各样的现象，教师要观察哪些要素？什么时候观察？这些都是需要考虑后作出选择的。有所选择之后，才能避免众多的信息干扰，做到有的放矢。

课堂提问是指教师通过有针对性提问的方式，对学生的地理学习状况进行了解。教师的问题可以是课前设计好的，也可以是根据课堂情形而随时设计的。教师根据学生的回答，判断学生对相关地理知识、技能和方法等的掌握情况，也可以了解学生在学习过程中的困难和感悟等。

2. 交流式谈话

所谓交流式谈话，是指地理教师有目的地与个别学生进行深入语言交流的方式，对学生的地理学习情况进行了解和评价。有些学生可能有测验障碍，面对纸笔测验无法表现出真正的地理学业水平，这时通过交流式的谈话对学生进行评价，就有可能获得学生真实的地理学习情况信息。此外，在对学生进行地理情感、态度和价值观方面的评价时，交流式谈话的方式比纸笔测验更加具有可操作性。

交流式谈话与课堂提问的主要区别是：前者是地理教师有针对性地选择特定的学生，如有地理学习障碍的学生，与之进行一对一的互动谈话，教师根据学生的回答随时调整自己的问题，同时给出一定的引导信息，从而对学生的地理学习困难进行较为深入细致的了解和评价，这种谈话一般是在不受其他人影响的环境下进行的；而后者一般是在地理课堂上，地理教师面对全体学生提出问题，有回答意愿的学生自主进行回答。或者教师提问后，点名让某学生回答，但是这种问答的环境也是有全体学生在场的。

交流式谈话比课堂提问更加自由和深入，可以等同于一对一的师生访谈。由于只有教师和受访学生参与，没有面对其他同学的压力，受访学生会感到比较轻松，教师有可能得到更加全面细致的评价信息。但是，采用这种方式需要教师付出更多的精力和时间成本，教师需要具备较好的访谈能力和亲和力，才能更好地运用这种方法来开展地理教学评价活动。

3. 纸笔测验

纸笔测验是最常见的传统地理教学评价方式，也是地理教师最熟悉的评价方式。它是指教师根据测试目的，命制一定数量的地理试题并组成试卷，学生用笔在书面试卷上书写作答，然后教师根据学生的答题情况，对其进行评分并作出评定结论的地理教学评价方式。目前学期中、学期末的地理考试，以及单元测验和随堂测验等，基本都采用纸笔测验的方式。

---

① 王景英．教育评价的理论与实践．长春：东北师范大学出版社，2001：46-47.

纸笔测验一般采用选择题、填空题、简答题、论述题或者填图绘图题等题型。

纸笔测验具有很多优点。一份地理试卷编制成功以后，可以对每一个学生进行测试。教师通过评阅试卷，即可对所有学生的地理学习状况进行了解，这就具有较高的效率；在测试实施之前，教师一般有足够的时间来完善试卷，而不像课堂提问和交流式谈话一样需要教师根据实际情况作出实时调整，这对教师来说可以更加从容；纸质试卷可以存档，作为学生的成长记录，在必要时可以翻阅查看。对于学生来说，所有人面对的都是同一份试卷，可以保证测验形式的公平性。

但是，作为一种教学评价方式，纸笔测验也有一些缺点。首先，并非学生所有的地理素质都可以通过纸笔测验的方式检测出来。在评价学生的地理知识和技能水平方面，纸笔测验是比较有效的；但是在有些方面，如学生的地理情感、态度和价值观，目前还很难通过纸笔测验进行全面深入的评价。其次，地理教师的命题和组卷水平将直接决定着纸笔测验的效度。并非所有地理教师都具备命制高水平地理试题以及合理编制试卷的能力，而低水平的试题和不合理的组卷将无法达成检测学生真实地理素质水平的评价目标。

4. 问卷调查

地理学习问卷调查常常用于收集学生的学习兴趣、学习态度，以及价值观念等评价信息。地理教师通过提前设计一系列问题，制作成问卷，对学生的想法进行调查。通过问卷获得的信息，可以与纸笔测验等形式获得的评价信息相互印证，或者通过数学方法计算二者的相关关系，以便深入地了解学生的学业水平及其影响因素，从而改进地理教学，更好地促进学生的学习和发展。

调查问卷可以获得大量的背景信息，作为作出评价结论的参考。但是在设计问卷时需要注意，学生面对某些问题，有可能会作出地理教师所“期望”的回答。例如，面对“你是否喜欢上地理课?”这样的问题，由于担心回答“不喜欢”会引起教师的反感，绝大多数学生都会回答“喜欢”，这样就无法获取最真实的信息。最简单的解决办法是实施问卷调查时采取“无记名”的方式，以减轻学生的压力，或者由学校统一实施调查，作为利益相关者的地理教师适当回避，这也是一种较好的解决途径。

案例 10-3

地理学习调查问卷（示例）

亲爱的同学，本问卷是为了对你的地理学习情况进行了解而设计的，其中不涉及个人信息，请放心填写，如实作答。谢谢！（请在每题后面符合你的感受的选项方框内画“√”）

	非常同意	比较同意	同意	不太同意	不同意
1. 地理知识在生活中非常有用	□	□	□	□	□
2. 地理学习锻炼和增强了我的学习能力	□	□	□	□	□
3. 在地理课上，我经常做其他科的作业	□	□	□	□	□
4. 地理课是“副科”，开不开都一样	□	□	□	□	□
5. 地理课加重了学习负担，会考结束就不应再开	□	□	□	□	□
6. 我有兴趣，但是由于高考压力只好放弃	□	□	□	□	□

7. 我的方向感差，到陌生地方搞不清东南西北	□	□	□	□	□
8. 地理老师只是照本宣科，枯燥无味	□	□	□	□	□

随堂讨论 10-4

1. 与纸笔测验相比，问卷调查在评价哪些方面更有优势?
2. 除了上面提到的事项以外，开展问卷调查还需要注意哪些问题?
3. 选择一个调查主题，讨论应怎样设计一份合理的问卷。

5. 成长记录袋

成长记录袋就是把个人的成果系统地收集起来，放在一个合适的容器如文件夹、档案袋（或者光盘、闪存、移动硬盘等电子存储设备）里，每过一段时间，根据所收集的内容对学生的进步或进步过程等进行评价，以这样的方式进行的评价就是成长记录袋评价。①

通过成长记录袋的方式，收集学生的地理作业、作品、试卷、学习反思等，可以反映学生地理学业水平的增长及其过程，为地理教学评价提供非常翔实的第一手资料。地理成长记录袋来自于学生地理学习的真实环境，其内容还可以根据学习的进展不断进行更新和扩充，有利于教师对学生进行全面的评价和学生自己的反思与自评。

使用成长记录袋的方法开展地理教学评价，需要教师思考很多问题。例如，应该收集哪些资料并放入记录袋，收集的不同类别的作品样本在实际评价活动中的权重怎样确定，记录袋使用的时间频率怎样才合适，选择何种容器存放作品样本，怎样与其他评价方式相结合作出评定结论，等等。

10.2.4 地理教学评价的基本程序

地理教学评价大体可以按照以下几个步骤来进行。

1. 了解评价背景

教学评价的背景包括学生在开始某一阶段地理学习之前已有的地理素质基础，以及在该阶段的地理学习经历等。

学生的地理素养包括其地理知识、技能和能力发展状况，以及价值观倾向等。地理学习经历主要包括所学习的课程，所使用的地理教材、地图册和教辅材料，所参加的地理野外考察等活动，所参观过的博物馆、展览馆、工厂和企业等。

了解这些信息，有助于地理教师掌握学生已有的基础和所获得学习经验，为制定评价目标、确定评价方法、收集评价信息和作出评价结论等后续程序奠定基础。

2. 制定评价目标

这里的评价目标是指学生通过地理学习应该达到的发展目标。制定目标时，应该根据地理课程标准的要求，考虑学生实际的地理学习经历，围绕知识与技能、过程与方法、情感态度与价值观三个角度制定全面的评价目标。

制定的目标应该具有较好的操作性，并细化为具体的评价指标。这些指标可以在作出评

① 余林．课堂教学评价．北京：人民教育出版社，2007：12.

价结论时作为参照。如果评价指标要同时被多名评价者使用，那么应该保证不同的评价者对这些指标具有一致的理解。例如，某学校地理教研组制定了初中第一学年的地理评价指标，每个地理教师要根据这些指标对自己的学生开展评价，那么这些教师应该通过讨论等办法来达到理解上的一致性。

案例 10-4

怎样制定可操作的评价指标

英国著名教师、课程研发专家伊恩·史密斯（Ian Smith）在其著作中举例说明了如何把评价目标细化为具体的指标。

一些教现代语言的教师关注如何发展学生的词汇量。最初，他们认为学习目标应该是："我们将学会使用法语中常用的字词和短语来谈论假期这一话题。"

然后，他们就试图据此写出实现这一目标的指标。有人说："实现指标就是学生能够做这件事儿了！"通过讨论，他们意识到需要关注学生学习的过程而不是结果。于是，他们将学习目标表述得更为具体，并讨论到学习方法，最后利用实现指标来列举他们想要学生学会使用的方法。

学习目标

知道用哪些方法来扩展自己关于"假期"的法语词汇。

实现指标

我能从列出的词汇中找出认识的单词和短语；

我能将同类词汇归到一起；

我能向同伴解释为什么这些词汇属于同一类；

我能告诉同伴为什么他们的词汇是同一类；

我能将所有的字词和短语划分到五个相似的类别中。

摘自：伊恩·史密斯．如何开展促进学习的评价．基础教育课程．2011，(5)：60

随堂讨论 10-5

1. 根据案例 10-4 中的"实现指标（实际就是具体的评价指标）"，与我们传统的地理课堂教学评价指标进行比较，说明异同点。

2. 参考案例 10-4，以必修 1"地球的运动"内容为例，设计"实现指标"。

3. 收集评价信息

根据评价目标，选用合适的评价方法来收集评价信息。利用评价来调控课堂教学的过程，可以采用随堂观察和提问的方法；评价全体学生地理知识和技能水平，可以采用纸笔测验的方法；需要对个别学生进行深入了解和评价时，可以采用一对一的交流式对话和访谈；想了解影响学生地理学习质量的因素并为评价和教学改革提供信息，可以采用问卷调查的方法；若要评价学生地理素质发展和提高的过程，可以采用成长记录袋的方法。

单一的评价方法往往只能获取相对较为单一的信息。采用的方法越多，能够获取的评价信息越全面，但是也需要评价者付出更多的精力和时间。在具体开展地理教学评价时，地理教师应该根据情况，选用一种或几种评价方法的组合，在可能的前提下，尽量收集全面的评价信息。

4. 作出评价结论

作出评价结论的过程主要包括两个环节：第一，对所收集的评价信息进行统计和分析；第二，对统计分析的结果进行解释，作出评定结果判断。

严格地说，前期收集评价信息的过程，实际上是对学生的地理学业质量状况进行“测量”的过程，这个过程基本不涉及价值判断。在对测量的结果进行统计分析之后，教师根据实际情况对该结果进行解释，并对学生的地理素质水平作出评定（如评出优秀、良好、合格、不合格等等级），这个过程是进行价值判断的“评价”过程。当然，这是从狭义的角度来理解评价的。

教师所作出的评价结论，一方面要客观公正，真正反映学生的地理学业质量水平；另一方面，也要考虑学生的可接受程度，避免对学生学习地理的积极性和自信心造成伤害。单一的一个分数或者等级很难起到促进学生发展的作用。教师应根据评价结果，指出学生的优点和不足，以及今后应该努力的方向。

10.3 地理考试命题的基本方法与案例研究

关键词　地理考试；试题命制；试卷编制；试题评析

10.3.1 地理试题的功能和特点

试题是教育和心理特质测试中的一个测量单元，它具有刺激情境和应答形式的规定，它的目的是要获得被试的应答，并根据应答对学生的某些心理特质方面（如知识、能力等）的水平进行推测。①

1. 地理试题的功能

地理试题具有测量功能和教育功能。

地理试题的测量功能是指对学生的地理素质水平进行测量的功能，是地理试题的最根本的功能。地理素质是多方面的，如对地理知识的掌握，地理技能的形成，对地理事物形成和演变过程的理解，对地理科学研究方法和学习方法的掌握，以及地理情感、态度与价值观的形成等。学生的地理素质是内隐的，而不是外显的，即我们不能直接通过眼睛看到学生的地理素质。教师通过观察等办法，也可以在一定程度上感知学生地理素质的发展水平，但这是感性认识，而且很可能不准确。把精心命制的地理试题组成试卷，来对学生的地理素质进行测试，让学生通过答题的过程，把自身的地理素质表现出来，是一个把学生的地理素质“外显化”的过程。

此外，地理试题也具有教育功能。一方面，学生在答题的过程中，需要对其已有的地理知识进行提取、思考、理解、加工和运用，这是一个调动其地理思维、展现其地理技能和能力的过程，这种过程对学生的地理素质具有一定的强化作用。另一方面，试题所设置的地理情境若新颖有趣且与学生的生活实际联系紧密，会调动学生学习地理的积极性和兴趣，使他

① 臧铁军．考试评价分析及诊断基础与实务．北京：首都师范大学出版社，2011：38.

们感受到地理学习是有用的。有研究表明，传统考试中的“差生”，面对设计良好的开放性地理试题时，其地理学习兴趣能够得到激发。因为传统考试一般采用封闭题，学生答题结果非对即错，往往使“差生”有挫败感。而开放题使这部分学生在答题时有较大的发挥空间，不会觉得无从下手，从而有利于增强其学习自信心。

但是，需要说明的是，试题的测量功能是其基本功能，是试题存在的根本价值和意义所在。在考虑体现试题的教育功能时，不能影响和削弱试题的测量功能。

2. 地理试题的特点

有人认为，试题由立意、情境和设问三个要素构成。

立意反映了考查目的（包括知识与能力），是试题的核心或主题。对立意的具体要求有：①立意要正确实现考试目的，体现能力考查的主旨；②立意要准确，每题的考查目标应独立、完整；③立意要重点突出，考查目标要有层次和相关性。

情境是实现立意的材料和介质，关系着立意表达的程度。在试题中对情境设置的要求是：①服从立意，根据立意的要求、选择有关的知识内容，尽量避免无用信息；②根据考生的生活经验和理解程度设计情境；③情境科学、可信；④情境新颖，有相当的信息量和一定深度。

设问是试题的问题设置。它是试题的呈现形式，规定了考生需要做出的反应形式，关系着立意的实现程度。对设问的具体要求是：围绕立意，根据情境选编设问；设问针对重点内容并涵盖其他内容；设问形式新颖、巧妙、灵活；设问语言准确、简明、通俗。[①]

以一道试题为例（2011 年江苏省高考地理卷），对以上三个要素进行简单分析。

某同学骑自行车自甲地向乙地持续行进，进行野外地理考察。该同学利用手持 GPS 接收机每间隔 60 秒自动记录一次位置。图 1 是考察线路地质剖面图，图 2 是 GPS 所记录的位置分布图。据此回答 1～2 题。

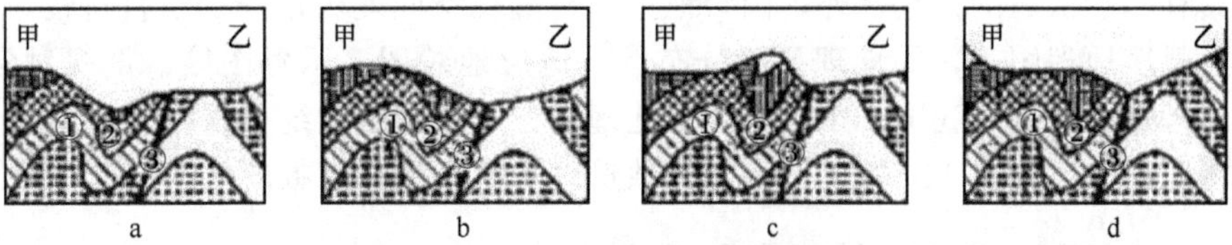

图 1

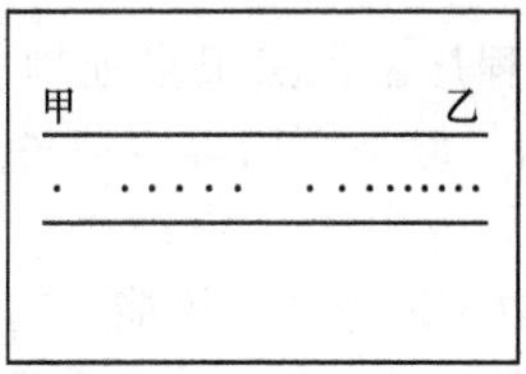

图 2

1. 图 1 中①、②、③所对应的地质构造依次是（　　）

A. 向斜、背斜和断层　　B. 断层、向斜和背斜

① 张亚南．地理教育测量：理论及其在地理高考命题评价中的应用．北京：科学出版社，2000：70-71.

C. 背斜、向斜和断层　　　　　　　　D. 背斜、断层和向斜

2. 与图 2 相对应的剖面图是（　　）

A. a 图　　　　B. b 图　　　　C. c 图　　　　D. d 图

该题目立意新颖，意图通过具体情境，考查学生的读图和用图能力。

在情境的设置上，该题以某学生骑自行车开展野外考察活动为背景，情境真实可信，与学生的生活实际联系较为紧密。利用 GPS 接收机记录位置信息，体现了现代地理信息技术在地理学习和研究中的应用。此情境既不脱离学生可理解的生活实际，又不落俗套，显得新颖有趣。

第 1 题，设问为“图 1 中①、②、③所对应的地质构造依次是什么”，考查学生对几种地质构造类型的理解情况以及读图能力，属于对基础知识和基本能力的考查；第 2 题设问为“与图 2 相对应的剖面图是哪一幅”，这是一道内涵丰富的题目，我们可以通过答题过程来仔细体会该题目所蕴涵的意趣：观察 GPS 记录的位置分布图，可以发现，位置点之间的距离并不是相等的。其变化情况为：先是非常稀疏，后来变得相对稠密但分布均匀，然后再次变为稀疏，之后位置点变得越来越稠密。由此推断，该同学行进速度的变化情况为：开始速度很快，接着减速后基本匀速行进，紧接着再次加速，其后逐渐减速。仔细观察 a、b、c、d 四幅图即可发现，它们显示的地质构造完全相同，不同之处在于地表形态。在以“自行车”作为交通工具的情况下，只有 d 图的地表形态（先下坡，再为平地，接着再下坡，最后上坡）符合题目要求，即为正确答案。

要正确作答第 2 题，要求学生首先读懂 GPS 记录的位置分布图，把该图转化为单位时间内行进速度的变化，之后寻找与之相符的地表形态。该题通过这样的设问方式，巧妙地联系野外实践活动的实际，考查学生对地形剖面图的理解和运用能力，即通过自行车的行进速度变化来判断骑行路线地形状况的能力。

除了具有一般试题的特点之外，因为地理学科重视空间能力培养的学科特性，地理试题一般需要配很多地理图表，如地理要素分布图、地形地貌图、示意图等，重视对学生读图、用图能力的考查。根据对我国 2011 年 10 份地理高考试卷进行的统计，10 份试卷共 169 道地理题目，使用图（表）共 110 幅，图（表）数量约占地理题目总数的 65%。[①]

10.3.2　地理试卷编制的程序和要求

1. 地理试卷编制的基本程序

编制试卷应该遵循一些基本的程序。虽然很多地理教师在编制试卷时更多的是“凭感觉”，最后也没有发现会出什么问题。但是可以肯定地说，遵循科学程序来编制的试卷，在考查学生的学习状况方面会更加有效。

第一，要明确测试的目的和对象。地理考试可能是有不同的目的，如教学活动开始前教师可能希望检验一下学生已有的地理知识基础；某单元教学结束后，教师可能希望了解学生在这一单元的学习情况；一个学期的地理教学接近尾声时，教师可能希望考查学生整个学期的学习结果。较低利害的考试，如教师编制的单元测验或者随堂练习，在保证基本科学性的前提下，试卷的编制可以相对随意一些；但是如果测试结果将作为依据对学生进行分等定级，甚至决定学生的升学机会的话，测试的设计就需要非常严谨。另外，试卷的编制者还应

---

① 李家清，冯士季．2011 年地理高考试题的亮点与不足．基础教育课程，2011，(9)：49.

该对测试对象有一定的了解，这样在编制试卷时才能有的放矢。

第二，要根据测试的目的确定试卷在知识和能力上的覆盖范围。也就是说，要明确试卷希望考查学生对哪些地理知识点的掌握情况，以及在每一个知识点上学生应该达到的认知层次，还有哪些特殊的学科能力（如读图能力等）是学生应该具备的。因为地理教学是基于《地理课程标准》的，所以此时应参考课程标准的相关要求。

第三，根据测试的需要，确定考试时间、使用的题型和试题数量。题型包括选择题、填空题、简答题和论述题，以及作图题等。题量的多少根据考试时间而定，在一定的时间内，学生只能完成一定数量的题目。当然，学生的答题时间跟试题本身的难易程度也有关系。

第四，根据以上信息，制作测试的设计框架。① 设计测试框架时，常用的工具是双向细目表，它一般是一个二维表格，并至少包含三个方面的内容：知识维度，如课程标准中要求学生掌握的知识点；能力维度，如课程标准所要求的学生在每个知识点上应该达到的认知水平；每一个知识和能力维度上各类型试题的数量和比例。表10-1为细目表的常见格式。

表10-1　试题设计二维细目框架

知识维度	能力维度		
	记忆（$x1$，$y1$）	理解（$x2$，$y2$）	应用（$x3$，$y3$）
知识点1	$a1$，$b1$	$a2$，$b2$	$a3$，$b3$
知识点2	$a4$，$b4$	……	……
知识点3	……	……	……
……	……	……	……

注：表格中x、a表示题目数量；y、b表示百分比数。

在细目表中，应基于对测试目的的分析，体现哪些知识点和能力维度是该次测试重点考查的内容。

第五，选择和命题试题。试卷编制者可以从已有的题库中选择试题直接使用，或者修改后使用，也可以自己命制题目。基于对自己学生的了解，地理教师自己命题的题目，或者把他人的题目经过修改后再使用，有时更能测查学生的地理知识掌握情况和能力发展程度。

第六，查漏补缺，打磨试题。当试题数量积累到一定程度之后，试卷编制者应该对照双向细目表，检查试题是否能够覆盖各个知识点和能力维度。若在某些知识点上试题比较集中甚至超过所需数量，可以择优选用；在另一些知识点上，试题的数量可能不足，此时则应该着力补齐。准备的试题数量一般应该多于双向细目表的要求，因为经过仔细考查之后，有些试题也许因为不合格而不能使用。所有的试题都应该经过仔细打磨之后，确定不存在科学性问题或者测试技术上的问题，才能在试卷中采用。试卷中的图片、地图和表格应该进行完善。

第七，组成试卷，准备答案和评分说明。所有题目都准备好以后，就可以把题目组成试卷。此时应考虑不同题型的排列顺序，如选择题、填空题和问答题的顺序。具体试题的排列顺序也应该考虑，一个简单的办法是根据学生学习的顺序来排列，同时应遵循“先易后难”的原则。试卷的引导语、试卷文字的字体和字号、图表的编号等细节的问题，若能加以考虑的话，则能进一步提高试卷的质量。组卷完成之后，应该准备试卷的标准答案和评分说明，以便在评分时使用。

① 崔允漷，邵朝友．如何基于标准命题：从双向细目表走向测验设计框架．上海教育科研，2007（8）：36．

第八，正式测试。编制完善的试卷可以在正式测试时使用。测试时，有时考生会提出有关试卷或者试题的疑问，试卷编制者应做好回答这些问题的准备。

2. 地理试卷编制的基本要求

试卷编制是一项专业性很强的工作，并不是仅仅根据个人经验就可以做好的。不过，地理教师处理班级考试数据时，一般并不需要用到高级的心理测量学，因为个别班级的样本容量太小，不能获得稳定可靠的测验和项目统计量。但是一份地理试卷编制完成以后，还是应满足一些基本的测量学指标，其中最常用的是信度、效度，以及试题的难度和区分度指标。

1）信度

所谓信度是指测量结果的稳定性和可靠性程度。如果用同一测量工具反复测量某人的同一特质，多次测量结果间的一致性程度就叫信度。[①] 好比用一把尺子去测量一本书的长度，如果两次或多次测量的结果是基本一致的，则说明测量结果是可靠的，即具有很高的信度。

测验结果会受到考生的动机和情绪、完成时限、主被试关系等因素的影响，评分者的主观因素和测试环境等外部因素也会对考试结果产生影响。这些影响造成了任何教育测量都会存在误差。测量的结果实际上包含了被测量对象特质的实际水平和误差两部分。所以从理论上来说，对同一考生两次或多次测试的结果不可能完全一样。

一个测验的信度一般是以两次测验结果的相关系数来表示。两次平行测验上实测分数的相关系数叫做信度系数。信度系数的取值介于－1～1，信度系数越大，测试越可靠。如果两次测验结果完全一样，即信度系数为1，则表明测验完全可靠。但是，这种情况是很少出现的。因为测验的误差是必然存在的，误差有大小之分，但是不可能不存在。对一次测验来说，误差越大，信度越低；误差越小，信度越高。信度系数为负数的情况也很少见，所以考试的实际信度系数一般为0～1。

信度有重测信度、复本信度、内部一致性信度、评分者信度等多种类型。信度系数需要多高才合适，要根据测试的类型和目的来确定。一般学业成绩考试要求信度系数在0.90以上，个性测验和兴趣测验的信度系数可稍低，一般要达到0.70～0.80。[②]

因为信度系数的计算至少需要两次平行测验的分数作为数据来源，所以一般地理教师组织的班级地理测验并不具备这个条件。但是由于信度是测验可靠性的重要指标，所以在命题和编制试卷时还是要进行充分考虑，避免误差的影响，使测验结果尽量接近学生的实际地理素质水平。

有人认为，试题的质量会影响考试的信度系数。主要表现为以下几个方面。[③]

第一，试题的数量。如果题目数量如果过少，可能会使测验分数容易受试题取样偶然因素的影响，导致测验的信度系数偏低。第二，题目的难度。难度过大或者过小，导致学生普遍得低分或者普遍得高分，使测验分数频数分布曲线呈偏态分布，从而影响测验结果的信度。第三，题目的区分度。面对区分度较好的题目，水平高的学生得高分，水平低的学生得低分，这样才能保证测试的可靠性和稳定性。

试题难度和区分度的涵义在本节后面会提到。教师可以根据以上几点来考虑，提高自己组织的地理考试的信度。

---

① 冯建新．现代教育评价与测量学．北京：中国社会科学出版社，2005：91.

② 顾海根．心理与教育测量．北京：北京大学出版社，2008：26.

③ 陈澄．地理教育测量与评价．上海：华东师范大学出版社，2001：104.

2）效度

具有良好的信度并不是一个测验成为“好测验”的充分条件。例如，用一把尺子去测量一本书的长度，即使反复测量的结果都一致，但是如果尺子本身的刻度就是不精确的，那么虽然每次的读数都一样，却每次都是不准确的，即所得的测量结果总是以稳定的规律偏离书本的真正长度。再如，如果我们用一把直尺去测量台灯的亮度，显然不能达到想要的测量目的。因此，一个高质量的地理测验还需要满足另一个重要的测量学指标——效度。

效度是指一个经验性指标能测量它所要测量的对象的程度。[①] 换一种说法，按照美国心理测量协会 1985 年的定义，效度是指根据考试分数所作出的推测或决策有意义、适当、有用的程度。要使考试的分数成为考生能力的有意义的衡量标志，就必须要保证考试只测量了该能力，几乎不测量任何其他的东西。[②] 这些说法都很抽象，简单来说，效度就是衡量一个考试“是否考到了想考的东西”的指标。例如，若要考查学生对“气温随海拔的变化规律”的理解，用以下题目来考查。

从泰山的山脚到山顶，平均气温的变化情况为（　　）

A. 逐渐升高　　B. 逐渐降低　　C. 先升高后降低　　D. 不发生变化

比用下面这个题目来考查，其效度肯定更好。

泰山的海拔大约为（　　）

A. 500 米　　B. 1500 米　　C. 2500 米　　D. 5000 米

一般将效度分为内容效度、效标关联效度和构想效度。有研究证明，三种效度之间存在高度的相关。甚至有人认为，三者并非平行的概念，而是互相包含的。

内容效度是指测验内容对想要测量的内容领域的覆盖程度。例如，一次地理测验应该包含足够的题目来测量学生对人文地理、自然地理、中国地理、世界地理等知识的掌握程度，若题目没有覆盖所有想要考查的知识模块，则表明这次地理测验的内容效度是不够的。内容效度不容易通过数学统计的方法进行估算，一般采用逻辑分析的办法进行评价。对一次测验来说，若要评价其内容效度，必须首先明确其测量目的所规定的内容领域，然后才能根据测验中的题目是否具有足够的代表性，来评判其内容效度。

效标关联效度是指测验与实际测量目标之间的符合程度。效标关联效度需要用一个外部标准来衡量，这个“标准”可以是一次具有同样测量目标但是效度更高的测验，也可以是对被试实际行为表现的观察。以高等学校入学考试为例，作为一次选拔性考试，我们的假设是，通过这次测验的考生比没有通过的考生具有更高的学业水平和发展潜力。如果这个假设被证实，就说明这个测验有较好的效度。若通过对这些学生在高等学校学习情况的观察发现，在入学考试中获得高分的群体与获得低分的群体相比，前者确实取得了较好的学业成绩，或者用更短的时间完成了学业，就说明入学考试具有较高的效度。在这个例子中，对入学后大学生的学业进展状况进行观察的过程，就是对“效标”进行测量的过程，效标分数作为“标准”，又被用来评价入学考试的效度。像这样的，获得测验（此例为入学考试）分数以后，过了一定时间，才能获得效标分数（此例为对学生学业进展状况的观察结果）的得出的测验效度称为“预测效度”；若测验分数和效标分数可以同时获得，得到的测验效度被称为“同时效度”。效标关联效度可用相关法进行估算，即用计算测验分数与效标分数之间的相关系数来衡量效标关联效度的高低。

---

① 许建钺，赵世诚，杜智敏，等．简明国际教育百科全书·教育测量与评价．北京：教育科学出版社，1992：340.

② 雷新勇．大规模教育考试：命题与评价．上海：华东师范大学出版社，2006：17-18.

构想效度是指测验能够测量到某一个理论构想或者心理特质的程度。因为学生的心理特质是内隐的，不能被直接观察到，但是一般用可以观察到的稳定的行为对之进行推测。这种用与之相联系的行为表现来推测学生内部心理特质（如地理学习兴趣、地理学习动机、地理思维能力等）的理论假设，称为“构想”。构想效度的目标是判断测验是否提供了一个特定构想的有效的测量。如果测验分数跟构想所表现的行为测量之间的关系模式一致，或同关于构想的完美测量所预期的关系模式一致，那么该测验具有高的构想效度。[①] 例如，我们假设可以用学生课外学习地理的时间和频率来推测的地理学习兴趣，若经过观察，确实发现课外学习地理的学生的地理学习兴趣很高，则说明该测验的构想效度很高；但是，若经过观察发现，很多学生课外学习地理是因为地理老师布置了大量作业而且要求严格，并非其自身喜欢学习地理，则说明该测验的构想效度很低。

3）试题的难度

所谓难度就是指题目的难易程度，一般用答对或通过该题目的学生人数比例来表示。

当题目分数是二分变量时（即答对得满分，答错不得分），题目难度的计算公式为

$$P=\frac{R}{N}$$

式中，P 为难度值；R 为答对该题的考生人数；N 为考生总人数。

当题目分数为多级分值（如根据作答情况，分别可得 0、1、2、3 分）时，难度是全体考生所得分数的平均值与该题总分的比值。题目难度的计算公式是

$$P=\frac{\overline{X}}{X_{max}}$$

式中，P 为难度值；$\overline{X}$ 为全体考生在该题的平均分；X_{max} 为该题总分。

难度值一般用小数表示，取值为 0～1。难度值越大（即通过率越高），题目越容易；难度值越小（即通过率越低），题目越难。

测验的总体难度可以理解为所有学生在该测试中的平均得分与测试总分的比值，能够通过题目难度计算出来。

一般的地理测试，其难度为多少才合适呢？这需要根据测试的目的和性质来确定。

教师组织的日常测验，其目的在于检测学生的地理学习情况，发现其优势和不足，从而采取有针对性的教学策略，促进学生学业水平的提高。这种测验一般是以学生群体的平均水平作为参照标准来衡量每个学生的发展水平的，称为常模参照测验。这种测验中，若题目的难度过大或过小，即 P 值接近 0 或 1，也就是考生在该题上几乎全部答错或者全部答对时，就无法提供考生地理素质水平发展的差异信息。所以，一般要求这样的试卷总体难度为 0.5 左右，各个题目的难度可以在 0.5±0.2 上下浮动，尽量减少过难和过易的题目。经验和研究均表明，整个测验难度在 0.5 左右，所有题目难度分布在 0.3～0.7 的测验，考生的得分呈正态分布。

例如，毕业会考等考试是以外部标准（如地理课程标准等）来衡量学生的学业水平的，这种测验称为标准参照测验。因为测试目的在于检测学生是否达到了评价标准的要求，所以一般根据标准（如课程标准、考试大纲等）命题即可，无须刻意设定测试的难度。

4）试题的区分度

题目的区分度是指题目对学生学业能力的区分程度和鉴别能力。区分度高的题目，能有

① 顾海根．心理与教育测量．北京：北京大学出版社，2008：66.

效鉴别水平不同的学生；区分度低的题目不能有效鉴别水平不同的学生。试题的区分度是测验是否有效的指示器。

如果在应答某一道题目时，高水平的学生能得高分，低水平的学生只能得低分，就表明该题目能够有效区分学生的学业水平，即具有很好的区分度；否则，若高水平和低水平学生在应答这道题目时，他们的得分不能表现出差异，则表明这道题目的区分度较低，甚至没有区分度。

区分度是对测验的效度和信度要求在具体题目上的表现。

地理教师组织的一般测验中，可以用极端分组法粗略计算试题的区分度。具体做法是：根据总测验成绩，取考生的高分组（一般取分数最高的27%）和低分组（一般取分数最低的27%），然后分别求出两组考生在同一题目上的得分率（难度），进而计算该题目的区分度，即

$$D = P_{H}-P_{L}$$

式中，D 为题目的区分度；P_{H} 为高分组的得分率；P_{L} 为低分组的得分率。

例如，在某题目上，高分组得分率为0.69，低分组得分率为0.32，则该题目区分度为0.37。

在标准化和大规模测验中，需要组织预试并精确计算题目的区分度，从而选择合适的题目在正式测验中使用。这时需要采用相关法来分析题目的区分度，可以用点二列相关、二列相关、Φ相关等计算区分度，具体可参阅相关教育统计学教材。[①]

判断题目区分度高低的经验性标准很多，如英国剑桥大学考试委员会认为，当题目的二列相关系数大于0.25时，该题目便具有良好的区分度。[②] 从经验来看，当单项选择题的二列相关系数达到0.4时，即具有非常好的区分度。一般来说，分层次计分的问答题，其区分度一般比选择题更高，有时可以达到0.6甚至0.7以上。选拔性考试对题目区分度的要求很高，以便鉴别和筛选学生；达标考试在这方面的要求就没有那么高。但是无论如何，编制测验时，题目的区分度应尽可能提高。

3. 保证试卷质量的基本办法

1）命题者自审

命题者应该具备对自己编制的地理试卷的自审能力。通过自己的审查，先尽可能地排除可能出现的问题。自查的内容主要包括：①每道题目的测试目标是否明确，是否与课程标准的要求相一致；②试题和情境的表述是否存在科学性问题；③每种题型的试题是否符合基本的命题规范；④文字表述是否模糊或者存在歧义，可能导致考生理解困难或误解；⑤文字表述是否累赘繁杂；⑥试卷中是否存在前后相互提示答案的题目；⑦试题情境是否重复；⑧地图、示意图、数据表格等是否清晰，容易理解；⑨答题引导语是否表述简明清晰；⑩是否保留了足够的答题空间；⑪参考答案是否正确无误；⑫试卷的字体、字号、行距等格式设置是否符合美观要求；等等。

明确地理测试的目的，并弄清楚试卷中每道题目所对应的测试目标，是命题和进行试卷质量自审的前提和必要条件。否则，就会导致有人评论高考命题时所说的，“一般情况下，只有在命题或考试完成后具体评价试题时才能真正让能力要求‘对号入座’”。[③]

---

① 胡中锋．教育测量与评价．广州：广东高等教育出版社，2006：52.

② 冯建新．现代教育评价与测量学．北京：中国社会科学出版社，2005：117.

③ 张亚南．基于评价的命题．中国考试，2011，(7)：12.

命题者自审后，若发现问题，应根据实际情况进行调整或修改。必要时，需要替换不合适的题目。若前期命制的题目数量较为充裕，此时将显得比较从容，否则有可能因为发现有些题目存在重大问题而捉襟见肘。

2）专家或同行审题

因为个体的局限，仅仅通过命题者的自审不可能发现所有的问题。此时，请地理教育考试专家，或者有经验的地理教师同行帮助审查，能够发现更多隐含的问题。专家或同行审题同样需要考虑上面列举的那些方面，但是不同的人有不同的视角，可能面对同一个问题时，仁者见仁，智者见智。命题者应该在综合各方面意见的基础上，根据实际情况综合考虑，决定是否采纳修改建议。

邀请专家或同行参与审题时，需要注意做好试卷的保密工作。要防止试题泄露，导致在前期命题工作中所付出的努力付诸东流。越是高利害的地理考试，越要注意保密。

3）预测试

有条件的前提下，可以实施一定规模的预测试，还可以对部分参与预测试的考生进行访谈，以进一步确定试卷和题目符合预期的设计。特别是在大规模的地理考试中，预测试是检验试卷质量的重要办法。

所谓预测试就是在正式测试之前，选取一定数量的、与测试群体年龄和能力特征相似的学生，提前试做试卷。预测试的结果包括访谈和统计分析所得的测量学指标，可以作为修改试卷和题目的重要参考。预测试样本的选择以及数据的统计、分析等，教育测量相关论著中均有涉及，本处不做详细介绍。

预测试结束后，可以抽取部分学生进行访谈，以通过学生的视角来更加深入地了解试卷质量。选取访谈学生时，应尽量包含不同类别的学生，使每个学生都具有一定的代表性，如平时地理成绩分别为好、中、差的学生，男生和女生，等等。访谈时，应根据受访谈学生的作答情况，询问其对试卷的总体感觉，如他/她认为哪些题目较难，哪些题目较容易，对哪些题目影响较深刻，比较喜欢哪些题目等；对于具体的每一道题目，可以询问其作答思路，如选择题，可以询问他/她为什么选择那个选项，而不选其他选项。访谈应该在轻松愉快的气氛中进行，使被访谈者没有任何压力，从而获取真实信息。访谈结束后，可以送给被访谈学生一个小礼物，以感谢他/她的配合与协助。

10.3.3 地理试题的命制

地理试题一般可以分为客观性试题和主观性试题，选择题、填空题、是非判断题一般属于客观性试题；而问答题、论述题属于主观性试题。有些看似填空题的题目，如果需要学生填写大段的文字表述，实际属于问答题或论述题。

以下只讨论地理纸笔测验中常见的几种基本题型。

1. 填空题

所谓填空题，是把一个完整的句子里面删去一些字词，并让考生补充完整的题型。例如：

我国最大的内流河是__________河。（我国1978年地理高考试题）[①]

__________峰是世界第一高峰。（我国1978年地理高考试题）

① 本章选用的我国1952～1993年地理高考试题均来自：国家教育委员会考试中心，普通高等学校全国统一考试（1952～1993）试题及解答汇编·地理．北京：人民教育出版社，1996.

命制填空题时，到底应该删去哪些字词，是需要命题者根据测试目的反复考虑的。一般来说，留空格的地方正是要考查的知识点。

填空题常常用来考查需要学生对地理知识的记忆能力，如上面的两个例子。所以，一般不提倡用教材上的原句去掉个别关键词来设计填空题，以免导致学生对地理课本的死记硬背。不过，设计良好的填空题，也可以考查较高层次的地理能力。例如：

当墨西哥城（西七区）是 5 月 31 日 20 时（区时）时，北京应是______月______日____时（夏时制）。（我国 1986 年地理高考试题）

上题并非仅仅靠记忆就能作答的题目。它需要考生知道北京所在的时区，并在理解时区和区时的基础上，通过计算得出正确答案。

在命制填空题时，要能够让学生很容易看出自己应该填写的答案类型。例如，是应该填写时间、地点、增长率还是方位？是要填写一个动词、形容词还是名词？否则会使学生手足无措。例如：

阅读材料，回答问题。

材料一 图 22 为太平洋西部部分海域海洋初级生产力分布图（注：图略，图中长江入海口附近的海域标有“E”地）。

材料二 海洋初级生产力是指浮游植物、底栖植物及自养细菌等通过光合作用制造有机物的能力……海洋初级生产力主要受光照、温度、营养盐、海水垂直运动等因素的影响。

(1) 略。

(2) E 地海洋初级生产力高的原因是，位于长江口附近，海水中的___①___较为丰富；海底地形类型是___②___，深度较___③___，___④___较为充足。（2011 年我国某省高考地理卷）

该题参考答案为：①营养盐；②大陆架；③浅；④光照。

这道填空题的编制程序是：命题者预先对 E 地海洋初级生产力高的原因进行了解释，然后将该解释中的部分关键词隐去，留出空缺，要求考生补充完整。对于第②处空缺，要求考生填写该处的海底地形类型，在一定程度上能够考查考生对海底地形分布情况的了解。而对于第①、④两处空缺，到底该填什么呢？是否所给参考答案即为唯一正确答案呢？试想一下，若在①处填入浮游植物、底栖动物或者自养细菌，甚至某一具体浮游植物的名字，在文字逻辑上是否也算通顺？是否也能作为 E 处海洋初级生产力高的原因？此外，若将①、④两处的答案互换，难道会对题干原意产生很大影响吗？

类似这种补充句子的填空题，要求考生填入的仅仅是 1～2 个简单的词汇，若设计良好，就容易保证评分的客观性。而对于本题①、④两处填空来说，因为上下文对其内容的限制性不强，导致多种填答方式都可以完成语句的逻辑关系，并形成对海洋初级生产力的解释。这样就会给评分工作带来很大的难度，若评分时死扣参考答案，就可能造成很多考生的无谓失分。从考生的角度来说，他们明明知道这样的题目有一个预先制定的“标准答案”，为了得分，就只能费尽心思去猜测命题者的意图。另外，本题第③处空缺，根据文字逻辑关系，只能填“深”或“浅”字，猜对的概率可以达到 50%。这样的情况，在编制填空题时也应尽量避免。

2. 选择题

选择题由一个“题干”和几个“选项”组成。题干设置情境并设问，需要考生从几个选项中挑选出正确的一个，作为题干所提问题的答案。① 多数情况下，选择题的题干是一个未完成的句子。在我国的正规测验中，选项的数目一般为4个。国外大型教育考试的题目，选项的数目根据实际需要可能设置为3～5个。

选择题具有内容覆盖率较好、施测和计分方便、评分客观，以及方便学生作答、节约考生时间等优点，因此备受好评，并在标准化测验中被广泛采用。但是由于预先设置的选项具有限制性，不利于学生发散思维和创造性思维的发挥，对学生的表达能力等也无法进行考查，所以并非测量最高认知水平的最佳选择。选择题的另外一个缺点是，学生的作答过程实际是从选项中挑选正确答案的过程，这样就无法避免学生通过猜测来答题的可能性。

虽然选择题是我们最常见的题型，但是要想编制高水平的选择题，需要命题者具有丰富的命题经验和专业的命题技巧。格朗伦德、康诺利和奥尼尔全面地总结了选择题的命制规则，把其总结为17个方面。②

（1）试题的主干语本身要富有意义，并应当提出一个清晰的问题。

（2）主干语应该不受无关材料的影响。

（3）主干语应尽可能多地包括试题的内容，但能提供答案线索的除外。重复性的短语应当包含在主干语中，而不应在每一个选择项中重复陈述。

（4）所有的选择项在语法上应该与试题的主干语一致，并具有差不多的长度，这样就不会对答案提供线索。

（5）一个试题应当仅包含一个正确的或明确的最佳答案。

（6）用于测量理解力的试题应有新意，而不能只是照抄的重复材料，也不应是教材中已有的题目。

（7）所有备择答案中的错误项应表面上似乎合理，并且要与所测的知识整体和学习经验有关。

（8）主干语和正确答案之间的文字联想或老一套的短语都要避免。

（9）正确答案在答卷上的位置不应固定，而应以大致相等的频率和随机的顺序出现。

（10）一些特殊的备择答案如“都没有”、“上述全部”等不宜过多使用。

（11）在错误的答案中，应当避免出现范围很广的术语（如“从不”、“总是”、“所有”）。

（12）主干语的否定陈述不宜过多使用。

（13）避免使用意义相近或相互释义的备择答案。

（14）避免使用征询意见的试题。

（15）避免使用包含难以理解且与测验目的无关成分的试题，如偏僻的词汇或复杂的句子结构。

（16）避免使用连锁试题，即其答案对后面试题的回答有暗示作用的试题。

（17）当有更合适的其他试题格式时，就不要使用多项选择题。

以上规则大多是形式上的命题建议。要想命制具有创新性和深刻内涵的题目，则需要命题者在实践经验积累的过程中逐渐理解和把握。

以下以几道选择题为例，进行简单分析。

（2003年江苏省高考文综卷）在靠近海岸的地区，影响海洋表层盐度的主要因素是（　　）

---

① 根据正确选项的个数，选择题分为单项选择题、双项选择题和不定项选择题（即正确答案个数分别为唯一一个、两个，以及不确定的个数）．双项选择题的命制规则与单项选择题基本相同，不定项选择题已经很少被采用，本处提到的“选择题”特指单项选择题．

② 许建钺，赵世诚，杜智敏，等．简明国际教育百科全书·教育测量与评价．北京：教育科学出版社，1992：258-259.

A. 蒸发　　B. 降水　　C. 洋流　　D. 河川径流

上题考查学生对影响海水盐度的因素的理解。四个选项涉及的因素都会对海水盐度产生影响，互相能够对正确答案产生干扰。因题干限定为“靠近海岸的地区”，故D为正确选项。

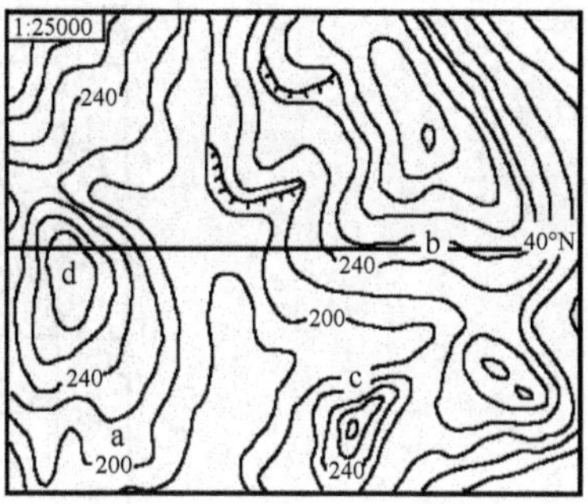

(2007年天津高考文综卷)① 暑假，某地理小组在下图（冀东某地等高线地形图）所示地区野外考察。读图回答：

1. 在a、b、c、d四处中，学生们发现林木最茂密的地方是（　　）

A. a　　B. b　　C. c　　D. d

2. 夜晚，学生们宿营最为安全的地点是（　　）

A. a　　B. b　　C. c　　D. d

上题考查学生判读等高线地形图的能力。但是，只有考生较好地理解了地形对林木生长的影响以及安全的宿营地需要满足的条件，才能够正确作答该题目。作答时，考生需要对各选项所在地点进行逐个分析，最后确定最佳答案。

以下不属于行星的是（　　）

A. 地球　　B. 金星　　C. 太阳　　D. 火星

上题要求学生判断哪颗天体不属于行星，属于对基础知识的考查。一般来说，选择题的题干中尽量不要用“不属于……的是”、“不正确的是”等否定陈述。在万不得已的情况下，若只能用否定陈述，可以像上题一样，在否定语下面加着重号进行提示，以防学生误解而答错题目。

3. 问答题

简答题是要求考生用几个短语或句子对一个问题进行回答的题型。与选择题相比，简答题的优点是需要学生自己产生一个正确答案，而不是仅仅从几个备选项中做出选择。因为需要通过考生的陈述来判断其知识掌握和理解能力水平，所以考生的语言表达能力会对其得分产生影响，而这有可能会影响测试的效度。以下是一个简答题的例子。

(2010年高考全国文综卷) 阅读图文资料，完成下列各题。

葡萄的糖分含量越高，配制出的葡萄酒酒精度越高。葡萄生长过程中，特别是成熟期的光照及昼夜温差与其糖分积累呈正相关。下图a中甲、乙两地均为优质葡萄产地。图b为乙地典型的葡萄种植园景观。世界上酒精最高（16.2°）的优质葡萄酒就是使用乙地及其附近所产的葡萄酿制而成的。

(1) 分析甲地有利于种植葡萄的地形、气候条件。

(2) 分析乙地葡萄种植园地表鹅卵石堆积的原因。

(3) 简述乙地气候类型和特点，并说明气候以及葡萄种植园地表鹅卵石对葡萄生长的影响。

在编制问答题时，提问应简洁明确，防止学生产生误解；情境设置不宜过于复杂，以减轻学生的阅读和理解负担。对于答案较为开放的问答题，在正式测试前，宜进行适当的预测试，以免由于命题者考虑不周而使学生的答案过于开放，来自学生的五花八门的答案可能导

① 本章引用的样题，其题号、图号均重新编号，与其在原试卷内的编号不尽相同。后面有些样题亦做如此处理，不再说明。

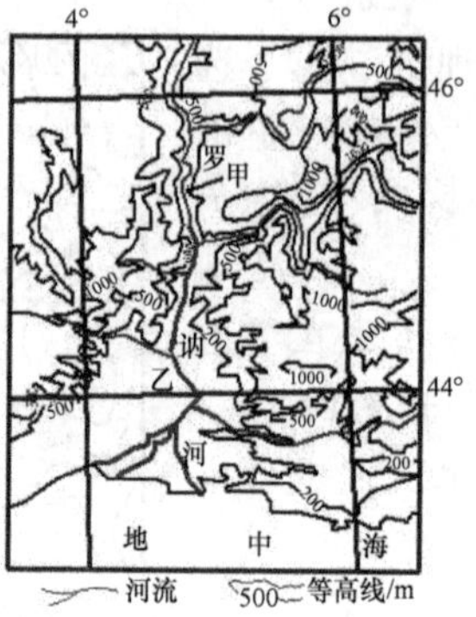

a

b

致无法合理评分。人工评分不可避免带有主观性成分，在一定程度上会影响信度。评分工作管理时，可以采用有效的机制尽量避免这种负面影响。

4. 带有材料情境的综合题

在我国的地理考试特别是地理高考中，带有材料情境的综合性试题已经被广泛使用。这种题型一般是在一个情境下设置一个题组，从多个方面来考查学生的地理知识和地理能力。这个题组可能是选择题的组合，或者填空题的组合，也可能是选择题、填空题、问答题等各种题型的组合。以下是一个综合题的例子。

（2011 年高考文综新课标全国卷）第二次世界大战后，美国通过大量技术投入和大规模专业化生产，成为世界最大的大豆生产国和出口国。巴西自 20 世纪 70 年代开始种植大豆，在积极培育优良品种的同时，鼓励农民组建农场联合体，实现了大豆的规模化生产与经营。目前，巴西的大豆产量、出口量仅次于美国。中国曾是世界最大的大豆生产国和出口国，近些年大豆的质量下降（品种退化，出油率低），生产成本较高，成为世界最大的大豆进口国。据此完成 1～3 题。

1. 巴西大豆总产量增加的潜力大于美国，主要是因为巴西（　　）

A. 技术力量较雄厚　　B. 气候条件较优越

C. 可开垦的土地资源较丰富　　D. 劳动力较充足

2. 在国际市场上，巴西大豆价格低于美国的主要原因是巴西（　　）

A. 专业化水平较高　　B. 科技投入较大

C. 劳动生产率较高　　D. 劳动力价格较低

3. 中国要提高大豆质量需（　　）

A. 加大科技投入　　B. 扩大种植面积

C. 增加劳动力投入　　D. 加大化肥使用量

上题以美国、巴西和中国的大豆产量与销售情况作为情境，设置了三个选择题，分别考查学生对影响农业生产的区位因素、影响农产品价格的因素以及中国提高大豆质量的可行途径的认识和理解。

因为是各种题型的组合，所以在命制方法上基本遵循其他几种题型的方法。不过需要注意的是，情境的设置要与学生的生活实际相联系。在情境之下命题和设问时，要紧密联系情境，充分发挥情境的作用，不能“为了情境而情境”，导致情境和题目“两张皮”。情境是为了给考生提供必要的信息，或者帮助考生理解的，不能为了“赶时髦”而加上所谓的“情境”，否则的话，不但对考生答题无益，反而增加了他们的阅读负担。如下即是两个设置了

“不必要”情境的例子，这种情况大量出现在某些地理试卷中.

题一，“五十六个民族，五十六枝花，五十六个兄弟姐妹是一家……”，这首歌唱出了我国各族人民的心声。我国少数民族中，人口最多的是（　　）

A. 维吾尔族　　B. 藏族　　C. 壮族　　D. 蒙古族

题二，首次由中国举办的世界博览会于 2010 年 5 月 1 日至 10 月 31 日在上海市举行。世博园的沙特阿拉伯馆为“月亮船”造型，被沙漠、绿洲、海洋相间环绕，在其地面和屋顶栽种着枣椰树。上海世博会开幕式时间为北京时间（东八区）4 月 30 日 20 时，在沙特阿拉伯（东三区）收看中央电视台现场直播的当地时间是（　　）

A. 4 月 30 日 15 时　B. 4 月 30 日 20 时　C. 4 月 30 日 23 时　D. 5 月 1 日 1 时

显然，在上面两题中，如果把加下划线的部分（即所谓的情境）去掉，毫不影响学生答题，对试题实现其测量功能不产生任何影响。加上了这几句话，反而增加了学生的阅读量，耽误了其答题时间。

10.3.4　地理试题评析的基本思路

大规模教育考试结束后，可以对考生的作答结果进行统计，然后根据统计结果对试题进行多维度的量化分析。但是对于地理教师而言，自己任教的班级一般只有几十名学生，测试规模较小，测试结果由于样本过少而不具备统计意义。地理中考和高考等大规模考试的结果数据一般不对外公布，而且，一般地理教师只有经过专门学习，才具备使用统计方法对测验和试题进行详细分析的能力。在本节前面，我们已经介绍了对测验和试题的信度、效度、难度和区分度等指标进行分析的基本办法。因此，在这里，我们仅讨论通过质性的方法对地理试题进行分析的基本思路。

1. 了解测验背景

只有先对测验的背景进行深入的了解，掌握尽量多的背景信息，在评析试题才能有的放矢。测验的背景主要包括测验目的、施测时间和环境、考生的年龄和心理特征、考生已有的学习经历和应该达到的平均学业水平等。

测验目的决定了测验的性质，没有明确目的的测验是盲目的，这种测验也就没有价值和意义。目的不明确的测验，对其试题进行评析是也没有意义的。

测验的时间和环境会对测验的结果产生影响，从而影响评析人对试题的判断。例如，在气温非常高的夏天举行的低利害性考试，考生可能急于结束考试而采取不认真的态度，这种情况可能导致试题测量学指标不正常，如造成试题难度过大等。若评析试题时参考其测试结果，应该对施测时间和环境进行考虑，估计其可能的影响。

考生的年龄和心理特征、考生已有的地理学习经历和应该达到的平均地理学业水平等，是地理试题是否符合测试目的的重要指标，在评析试题之前应该对此有所了解。例如，对高中生开展的测试，用初中阶段的题目可能是不合适的。对于一些单纯考查学生对地理知识记忆情况的题目，考生由于长时间没有回顾而忘记了，导致题目难度过高。从这个角度来说，考查初中阶段知识的题目，对于某些没有复习习惯的高中生而言，其难度会更大。

2. 试做试题

要想真正了解试题，评析者必须像考生一样，认真地试做试题，并在此过程中仔细体会该试题。

在试做试题之前，先不要查看参考答案，以免思维受到局限。作答完成后，检查无误，可核对参考答案，看自己的作答是否与参考答案一致。若不一致，应思考产生差异的原因。

3. 分析试题

在前述工作的基础上，评析者可以着手分析试题。分析的角度主要包括以下几方面：题目考查的知识内容；作答该题目需要考生具备的技能和能力；作答该题目的一般思维过程；题目的文字表述是否通顺清晰，无疑义；题目的图表是否清晰无误，易于理解；题目的情境和图表等信息对作答的影响，等等。

试做试题的过程，实际已经进行了部分分析工作，但那更多是感性的。此时应更加细致和深入的考虑试题的各个方面。除前述角度外，若能够得到测试数据，还应对题目的难度和区分度等指标进行统计分析。

4. 作出试题评析结论

最后可以作出评析结论。根据前述分析结果，可以评判该试题是否符合测试目的、立意是否明晰准确、考查的知识内容和能力层次是什么、情境和设问是否合适、其效度如何等。

复习与思考

1. 简述教学评价的主要理论模式及其特点。
2. 简述传统地理教学评价的不足，以及新课程所提倡的地理教学评价的理念和方法。
3. 简述地理教学评价的教学意义。
4. 简述开展地理教学评价的方法和程序。
5. 简述地理试卷编制的基本程序，以及保证地理试卷的质量的基本途径。
6. 简述每种地理题型的编制规则和注意事项。
7. 选取一道近年地理高考或中考试题，并对该试题进行评析。